体育院校通用教材

# 体育统计学

## （第4版）

雷福民 主编

全国体育院校教材委员会 审定

人民体育出版社

**图书在版编目（CIP）数据**

体育统计学 / 雷福民主编. -- 4 版. -- 北京：人民体育出版社，2024

体育院校通用教材

ISBN 978-7-5009-6426-1

Ⅰ. ①体… Ⅱ. ①雷… Ⅲ. ①体育统计—体育院校—教材 Ⅳ. ①G80-32

中国国家版本馆 CIP 数据核字（2024）第 025632 号

*

人 民 体 育 出 版 社 出 版 发 行

天 津 中 印 联 印 务 有 限 公 司 印 刷

新 华 书 店 经 销

*

787 × 1092 16 开本 19.5 印张 492 千字

1991 年 6 月第 1 版 2024 年 7 月第 4 版

2024 年 7 月第 4 版 第 1 次印刷（总第 37 次印刷）

*

ISBN 978-7-5009-6426-1

定价：68.00 元

社址：北京市东城区体育馆路 8 号（天坛公园东门）

电话：67151482（发行部） 邮编：100061

传真：67151483 邮购：67118491

网址：www.psphpress.com

# 编　委　会


**主　编**　雷福民（西安体育学院）

**副主编**　刘　炜　唐东辉　何国民

赵书祥　夏成生　李伟平

**编　委（按章节顺序）**

刘　炜（上海体育大学）

游永豪（合肥师范学院）

赵　晔（沈阳体育学院）

谭延敏（中南民族大学）

孙立娟（河北体育学院）

傅　佳（西安体育学院）

李旭芝（西安体育学院）

夏成生（成都体育学院）

唐东辉（北京师范大学）

何国民（武汉体育学院）

周　珂（河南大学）

张慧清（河南大学）

张留伟（北京体育大学）

李世明（中国海洋大学）

赵书祥（北京体育大学）

文　静（杭州师范大学）

黄德春（安徽师范大学）

魏德样（福建师范大学）

李伟平（西安体育学院）

王秋萁（西安体育学院）

杜新星（西安体育学院）

# SPSS“分析”菜单主要命令

SPSS“分析”菜单中，常用体育统计方法对应的主要命令包括：描述统计（数据描述）、比较平均值（*t* 检验、单因素方差分析）、相关（相关分析）、回归（回归分析）、分类（聚类分析）、降维（因子分析）、非参数检验（非参数假设检验）、多重响应（调查问卷分析）等。

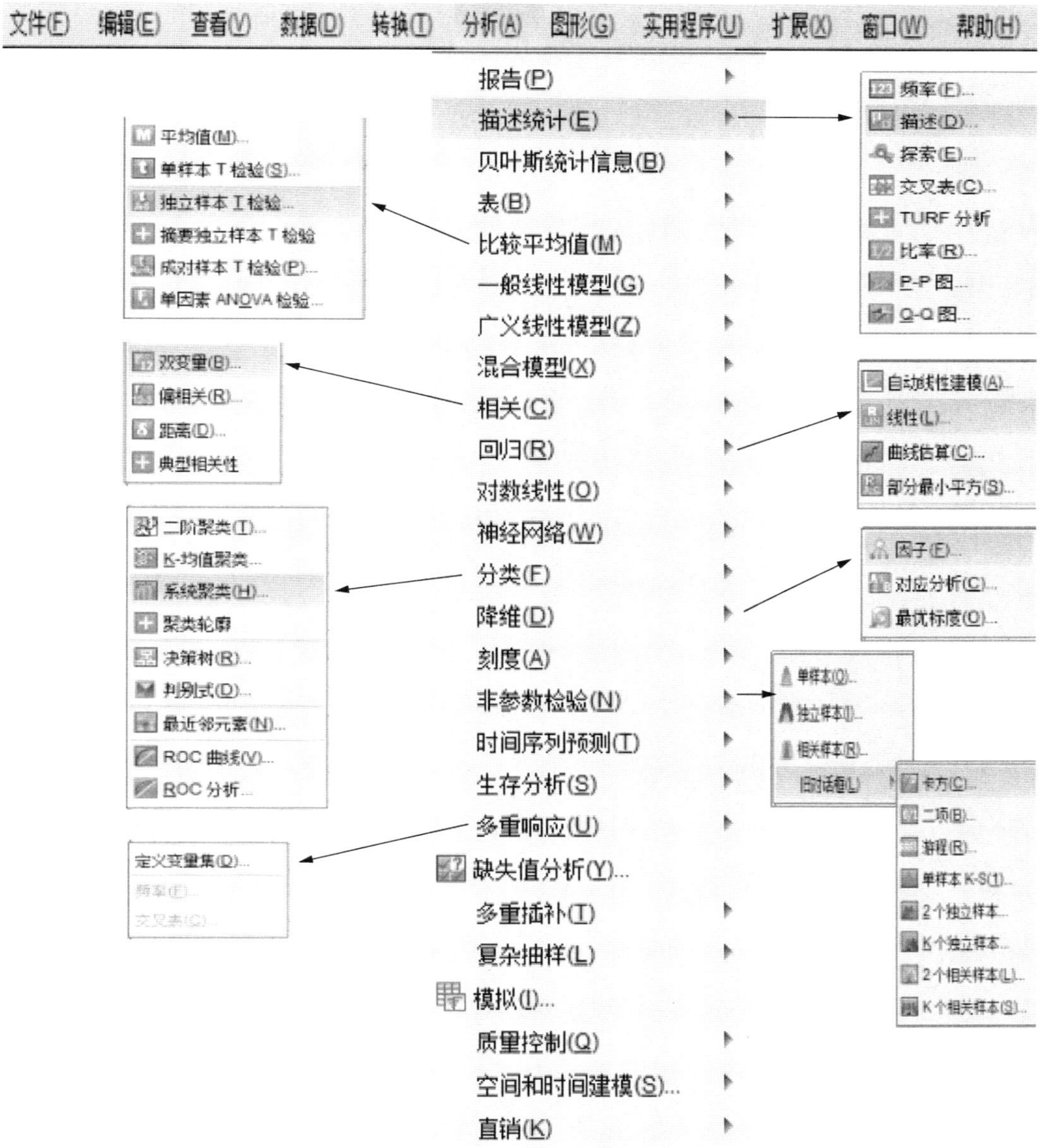


SPSS 26.0“分析”菜单主要命令

# 前　　言

随着信息技术的不断发展，人类完全进入了大数据时代。大数据时代挑战着传统统计学的思维和研究模式，统计学只有与时俱进，勇敢地接受挑战，才会走得更长远。面对铺天盖地的海量数据，如何准确地进行定量化测度，是人们一直关注的问题。

让数据说真话，是现代社会人们的基本生存技能。若要挖掘数据价值，分析内在规律，就需要了解统计学并掌握必要的统计技能。体育统计学是一门应用学科，是体育与统计学的相互融合。学习体育统计学是一种体验过程，我们应该让这种体验变得快乐。体育统计学的教材要紧密联系实际，注重软件操作，避开繁杂公式，着重培养能力，使体育类专业学生和体育工作者既可以少花时间和精力，又可以学到统计学的精髓，从而真正在体育科学研究中发挥其重要作用。

本书力求结构合理、概念准确、内容通俗易懂，在内容安排上，结合专业特点，例题贴合体育，软件操作规范。本书的主要内容包括绪论、统计数据、数据描述、概率分布及应用、抽样估计、假设检验、方差分析、相关分析、回归分析、非参数假设检验、聚类分析、判别分析、因子分析、体育综合评价、SPSS 体育应用实例、问卷的信效度分析，以及常见统计误用问题的诊断等。

本书包含思政课堂内容，注重爱国主义教育，坚持实事求是的科学态度，有助于学生养成用数据说话的习惯，树立正确的统计数据观。本书使用 SPSS 26.0 统计软件，重点介绍描述统计、比较均值、相关、回归、分类、降维、非参数假设检验、多重响应等功能，还特别增加了进阶内容，融入了拓展知识，配套了实例演示视频，有利于培养学生的操作技能和应用水平。本书各章后附有习题，并配有习题参考答案，可作为普通高等院校体育类各专业本科与研究生教材，也可作为体育工作者的参考书。

本书的编写工作由中国体育科学学会体育统计分会牵头，由全国体育院校 21 位具有丰富教学经验的统计学科教师共同完成。具体各章的编写人员如下：第一章，刘炜；第二章，游永豪（第一、二、三节）、赵晔（进阶内容、拓展知识）；第三章，谭延敏（第一、二、三、四节）、孙立娟（进阶内容、拓展知识）；第四章，傅佳、李旭芝；第五章，夏成生；第六章，唐东辉；第七章，何国民；第八章，周珂、张慧清；第九章，张留伟、李世明；第十章，赵书祥；第十一章，文静；第十二章，黄德春；第十三章，魏德样；第十四章，李伟平；第十五章，王秋茸；第十六章，杜新星。全书由雷福民担任主编并统稿。

由于编者能力有限，书中难免有不妥之处，敬请广大读者批评指正，以便改进和完善。

《体育统计学》编写组

2024 年 1 月

# 目　　录

# 第一章 绪　论

在现实生活中，统计数据和统计图表无处不在。掌握常用的统计技能，已成为人们的基本需求。统计学是一门关于数据的科学，人们只有了解统计知识，掌握统计分析方法，才能形成正确的思维模式，方便做出各种统计决策。体育统计学是体育领域中的统计学，渗透于体育的教学、训练、管理、科研等各个领域。本章主要介绍体育统计学的研究内容、学科体系、方法体系、应用领域，以及体育统计学的概念、形成、发展及常用统计软件。

## 第一节 统计学概述

### 一、统计学的研究内容

统计学是一门关于数据的科学，研究的是来自各领域的数据。人们给统计学下的定义很多，比如："统计学是收集、分析、表述和解释数据的科学"（《不列颠百科全书》）；"统计是一门收集、分析、解释和提供数据的科学"（《韦氏第三版新国际英语词典》第 3 版）；"统计指的是一种方法，用来设计实验、获得数据，然后在这些数据的基础上组织、概括、演示、分析、解释和得出结论"（Mario F.Triola，《初级统计学》）；"统计学是用以收集数据、分析数据和由数据得出结论的一组概念、原则和方法"（Gudmund R. Iversen，《统计学》）。综合地说，统计学是收集、处理、分析、解释数据，并从数据中得出结论的科学。

数据收集涉及的内容包括如何选用数据来反映社会、经济、自然各方面状况，以及这些数据应如何采集；如何进行抽样，以保证样本能有效地代表总体，并能估计和控制抽样误差；如何合理设计实验，以便以较小的代价取得数据，同时又要保证后续数据分析的有效性等。

数据处理涉及的内容有数据预处理，包括查错、纠错、删除重复数据、处理无效值和缺失值等；对各类数据进行汇总、整理，并按一定的规范用直观的统计图、表等进行呈现；按一定的目的和要求进行数据筛选；将有联系的数据进行关联，以便反映更多信息等。

分析数据、解释数据并从数据中得出结论，即统计分析，它是继数据收集、整理之后的一项十分重要的工作，是在前几个阶段工作的基础上，通过分析从而对研究对象形成更为深刻的认识。统计学家经过长期研究提出了众多的方法，用于对不同领域、不同场合、不同目的的数据进行统计分析。这些方法或简单或复杂，都是我们学习统计学的重要内容。

### 二、统计学的学科体系

统计学是从不同的源头，通过不同路径发展起来并最终融合而成的，其部分分支的学科归属目前仍有不同的观点。例如，数理统计，有的统计学家认为其属于数学的分支，有的统计工作者则认为其属于统计学的内容。学科是相对独立的知识体系，在我国现行的学科分类国家标准（GB/T 13745—2009《学科分类与代码》）中，“统计学”和“数学”是两个不同的一级学科，但内容有一定的交叉，如“数理统计学”和“应用统计数学”作为二级学科同时存在于“数学”和“统计学”两个一级学科中。该标准中，统计学一级学科下共有 10 个二级学科：统计学史、数理统计学、应用统计数学、经济统计学、科学技术统计学、社会统计学、人口统计学、环境与生态统计学、生物与医学统计学、统计学其他学科（该标准分别在 2011 年 12 月、2016 年 7 月发布了两个修改单，但均未涉及统计学内容）。

上述标准中，“统计学”下的二级学科较好地覆盖了目前我国统计学科的主要内容。应用目的的不同、分类标准的不同，可以产生不同的学科分类体系。国家标准 GB/T 13745—2009 主要是为科技政策和科技发展规划及科研项目、科研成果统计和管理服务的。如果从发展源头和研究对象出发，统计学的主要分支如图 1-1-1 所示。

- 统计学
  - 数理统计学
    - 数理统计学
      - 抽样理论
      - 假设检验
      - 非参数统计
      - 方差分析
      - 相关回归分析
      - ……
    - 应用统计数学
  - 社会经济类统计学
    - 社会统计学
      - 教育统计
      - 劳动统计
      - 文化与体育统计
      - 生活质量统计
      - ……
    - 经济统计学
      - 国民经济核算
      - 经济统计分析
      - ……
    - 科学技术统计学
    - 人口统计学
    - ……
  - 自然类统计学
    - 环境统计学
    - 生物统计学
    - 生态统计学
    - 资源统计学
    - ……

图 1-1-1　统计学的主要分支

数理统计学是数理统计学派发展起来的一大类统计学分支。数理统计学派是在统计分析科学学派的基础上，用研究自然科学的方法研究社会现象，把概率论引进统计学而形成的统计学学派。1908 年，威廉·希利·戈塞（William Sealy Gosset）以笔名“Student”发表了关于 $t$ 分布的论文，这是一篇在统计学发展史上具有划时代意义的文章，它提供了用小样本推测总体情况的工具，开创了统计学的新纪元，使数理统计学派开始快速发展。数理统计学的研究对象不限于人类的社会、经济领域，但其涉及的研究变量都为随机变量。目前，数理统计学作为统计学和数学的交叉领域，已经发展出非常丰富的内容，并应用于人类科学研究和生产实践的各领域中，且仍然在快速发展。

社会经济类统计学是社会统计学派发展起来的一大类统计学分支。社会统计学派是在国势学派与政治算术学派的基础上，沿着凯特勒的“基本统计理论”发展起来的，它以人类社会、经济领域的现象和过程为对象进行统计描述和分析，研究各类社会经济现象的变动原因和规律。社会统计学派在研究对象上认为统计学是研究总体而不是研究个别现象的，同时认为由于社会现象的复杂性和整体性，所以必须对总体进行大量观察和分析，研究其内在联系，才能揭示现象的内在规律。社会经济类统计学以人类社会、经济的各方面状况为研究对象，以了解、描述、分析人类社会、经济各方面的总体情况为目的。该类统计学以统计描述为主，一般认为其涉及的研究变量主要是普通变量（而不是随机变量），但有时也会基于抽样调查进行推算，或在统计描述的基础上进行深入分析，从而涉及数理统计的内容。目前，绝大多数国家都设有专门机构从事该类统计工作，形成了专门的调查体系。由于普通变量可以看作随机变量的特殊情况，所以社会经济类统计学和数理统计学也可以统一在一个大统计学系统中。

自然类统计学是社会经济类统计学将统计描述、分析对象拓展到人类经济、社会领域以外形成的。随着人类社会对人与自然关系的逐步重视，自然类统计学也得到了快速发展，并根据统计描述对象的不同形成了许多分支，如资源统计学、生态统计学等。

另外，统计学和管理学有一个交叉领域，即现场统计学。现场统计学以生产作业现场为研究对象，从而获取生产作业现场的统计数据，并运用统计学和其他定量分析方法进行分析，来提高现场管理水平及效益。数理统计学提供的通常是通用方法，社会经济类统计学、自然类统计学通常都以宏观视角进行研究。现场统计学则专注于生产作业现场这类微观场景，有别于数理统计学和社会经济类统计学，所以并不能归入上述学科体系中，但其收集、分析数据的方法与社会经济类统计学、数理统计学有很多交叉之处。不过现场统计学在体育领域有特殊的运用，从而形成了一个有自己特色的小分支。

## 三、统计学的方法体系

统计学是关于数据的科学，其方法体系可以分为收集数据的方法、描述和呈现数据的方法、分析数据的方法等。

### （一）收集数据的方法

社会经济类统计学以人类社会、经济的各方面状况为研究对象，以了解、描述、分析人类社会、经济各方面的总体情况为目的，其大量的工作是收集社会经济领域的相关数据来反映其运行状况。统计学家通过对社会经济各个领域的特点进行大量研究，将各种社会经济现象抽象为不同的术语，并设计出合适的统计指标来对其进行测量和分析，最终针对社会经济的各个分领域制定收集、分析数据的特定内容和方法，从而形成社会经济类统计学下的各个分支。

数理统计学中涉及收集数据的方法主要包括抽样理论、实验设计及相应的数据分析方法，其中抽样理论也常常应用于社会经济类统计学中。

（二）描述和呈现数据的方法

在收集完数据以后，就需要在收集的数据中寻找有用的信息。在数据文件中可以直接看到每个数据，但当数据较多时，直接看数据很难把握重点，也不易提炼出有用信息，因此必须借助一些方法帮助我们对数据进行概括性的描述，并直观地进行呈现。描述和呈现数据的方法主要有两类：数据的概括性度量和统计图表。数据的概括性度量可以反映数据的集中趋势、离散程度和分布形状等，使我们可以对一组数据有概括性的了解。概括性度量虽然可以极大地简化数据，但常常会损失有用信息且不够直观，各种统计图表则可以弥补这一缺憾。各种统计图表可以从不同的角度对数据进行直观呈现和比较，常常可以反映出概括性度量容易丢失的某些信息。概括性度量与设计合理的统计图表配合，可以以密集的形式归纳和展示数据，也便于对数据进行比较，常用来更有条理地组织数据并支持观点。

随着计算机技术、信息科学与统计学的融合发展，大型数据集的数据描述和呈现也越来越多地采用可视化方法，并在此基础上进行可视分析。我们在实践中要的其实不是数据，而是蕴藏在数据中的信息。当我们获取数据以后，可视化可以更好地帮助我们发现知识和信息。笼统地说，数据可视化是指将大量集中的数据以图形图像的形式表示，并利用数据分析和开发工具发现其中未知信息的处理过程。一直以来，数据可视化就是一个处于不断演变之中的概念，其边界在不断地扩大。最初的数据可视化是以表格、图形的状态在纸质上展示出来的，然而这样的方法并不适用于处理大量数据，目前运用信息技术的数据可视化管理已经逐渐成为主流。在实践中，数据可视化一般指的是技术上较为高级的方法，如利用图形图像处理、计算机视觉及人机交互，通过表达、建模及对立体、表面、属性的静态或动画显示，从而对数据进行可视化解释。可视化最初作为一种工具用来增强信息受众从处理后的数据中看到现象的能力，现在已在此基础上发展出可视分析。可视分析利用可视化界面及人与界面的交互过程分析数据，以获得对复杂数据信息的洞察，从而使人与机器高效协作，并将人机两方的优势进行深度有效融合。

（三）分析数据的方法

社会经济类统计、自然类统计的各个分支领域都按本领域的特点有自己的分析内容和方法。例如，在人口统计中，常常对人口规模、人口构成、人口密度、人口变动情况等进行统计分析；在产业活动统计中，常常对产业集中度、产业融合度、最低经济规模、市场绩效、产业结构等进行统计分析；而在国民经济核算中，可以对国内生产总值（gross domestic product，GDP）、国民经济各部门的收入分配、宏观经济动态等进行统计分析。在这些基本的统计分析基础上，也会利用数理统计等各种定量分析工具进行进一步的分析，如分析人口规模与经济社会发展水平的关系、收入对居民消费的影响等。

数理统计为我们提供了众多的统计分析方法，这些统计方法一般都是某种特定场景通用的，适用于社会、经济、自然等各个领域，用来分析、说明某类特定问题。数理统计方法可以分为一元统计方法和多元统计方法，一元统计方法是一次只对一个随机变量的数据进行分析；多元统计方法则是分析多维空间中的多维数据，在一次分析中同时对多个随机变量进行综合分析。因此，多元统计方法要比一元统计方法复杂很多。

数理统计以推断统计方法为主，其中最基本、最重要的是各种参数估计和假设检验方法。参数估计是根据从总体中抽取的随机样本对各种总体的参数做出估计，并给出基于概率的估计精度；假设检验则用来判断样本与样本、样本与总体的差异是由抽样误差引起的还是因本质差别造成的，其中显著性检验是假设检验中最常用的一类方法。参数估计和假设检验是复杂统计方法的基础，从原理上看，各种复杂的统计分析方法通常都会包括一系列特定的参数估计和假设检验。

数理统计分析方法众多，其中均数和率的检验、各种方差分析方法在体育领域的实验数据、调查数据分析中被广泛应用。另外，数理统计中有许多描述和分析变量间关系的方法，其中相关分析、各种回归分析、主成分分析、因子分析、聚类分析、判别分析、结构方程模型、调节效应与中介效应分析等，目前在体育领域中都有着广泛的应用。

### 四、统计学的应用领域

数理统计作为通用的定量分析方法，在许多领域的研究、生产、管理实践中都有广泛的应用，有时在生活中也会用到。目前，在医学、经济学、社会学、心理学、教育学、管理学、体育学等领域的研究中，数理统计的方法被广泛运用。不同领域的数理统计在统计方法的应用上各有侧重点，通常自成体系，有些领域（如医学、心理学、经济学等）还基于自身的需要提出了不少新的统计方法，并逐步应用到其他领域，充实并发展了数理统计的内容。因此，数理统计学常常按应用领域分为医学统计学、经济统计学、社会统计学、心理统计学、教育统计学、管理统计学、体育统计学等。

在民族学与文化学、新闻学与传播学、图书情报与文献学及公共卫生和社会保障领域的研究中，数理统计方法的使用也越来越多。而统计分析模型与计算机结合产生了人工智能，目前方兴未艾。在保险业、金融业、工业、农业、商业等行业的产品研发和管理实践中，数理统计也有着广泛的应用，甚至起着至关重要的作用，如保险产品研发。

社会经济类和自然类统计本身就是按应用领域来确定内容的。我国国家统计局每年都会将各领域中比较成熟的统计成果汇总成册出版，如《中国统计年鉴》《中国统计摘要》等。

在有些领域中，有较成熟的社会经济类统计的同时，数理统计的应用也有独特的方法体系。例如，在我国医疗卫生领域，社会经济类统计中有成熟的卫生统计，而数理统计在该领域的应用也极具特色，有许多基于医学研究需要而提出的特殊方法，并形成了医学统计；在教育领域，我们所说的“教育统计”，有时是指社会经济类统计中反映教育领域状况的统计内容和数据，有时则是指数理统计在教育领域的应用。

## 第二节　体育统计学概述

### 一、体育统计学的概念

体育统计学是体育领域中的统计学，分为广义和狭义两种。狭义地讲，**体育统计**是数理统计在体育领域中的应用，它以概率论为基础，研究体育领域中大量随机现象的统计规律性。广义地讲，**体育统计**是一门关于体育领域数据的科学，是收集、处理、分析、解释体育领域相关数据，并从数据中得出结论的科学。对应于统计学的分支，我国广义的体育统计目前主要由以下三个板块组成。

第一，数理统计在体育领域的应用。与许多其他应用领域一样，数理统计在体育领域中也有着广泛的应用，目前在运动训练、体育教育、体育经济和管理、运动心理、运动生理、运动生物化学、运动生物力学、体育保健和运动医学等领域，数理统计方法都是重要的定量分析工具。体育学科具有综合性，目前各分支学科与母学科的融合越来越深入，母学科的研究方法不断被引入体育学科，所以体育领域中使用的统计方法也非常丰富，但各分领域常用的统计方法各有侧重。由于数理统计对体育学科的影响巨大，所以在许多学者的心中，体育统计就是数理统计在体育中的应用，这是狭义的体育统计概念。

第二，体育领域中的社会经济类统计。我国目前体育领域中的社会经济类统计主要有体育事业统计、体育及相关产业统计、体育消费统计等。其中，体育事业统计属于社会统计下属文化与体育统计学的内容，是体育部门根据我国有关的统计报表制度对各项体育事业所做的统计，反映我国竞技体育、群众体育、学校体育的现状和发展情况，以及相关的人、财、物、活动的情况。国家体育总局每年都会将相关统计数据汇编成册，为各级政府相关部门提供决策依据，其中部分指标的数据也会收录进《中国统计年鉴》。体育及相关产业统计是经济统计在体育部门的应用，国家统计局每年会核算、发布体育相关产业及其分行业的总产出、增加值等核心指标数据。体育消费统计属于社会统计中生活质量统计学的内容，我国不少地区会不定期地开展居民体育消费统计调查，并形成调查报告。

第三，体育比赛中的技术统计。在对抗性项目，特别是球类项目中，比赛时的技术统计数据是教练员现场决策和指挥的重要依据，也是事后深入分析球队和运动员竞技水平及状态的基础。体育比赛中的技术统计以比赛现场为研究对象，数据来自比赛现场，并运用运动项目特定的指标和分析方法进行定量分析，或使用统计学等通用定量分析方法结合项目特点进行分析，以帮助教练员、运动员及时调整比赛和训练策略，从而提高竞技水平和对比赛的把控能力，改善比赛效果。竞技体育的“生产作业”主要就是训练和比赛，所以体育比赛中的技术统计从本质上来讲属于现场统计的范畴。体育比赛中技术统计数据的现场分析，主要使用各项目的特定指标与方法进行快速分析，而不是通用的数理统计方法，事后的分析也常常带有明显的项目特征，如计算球员效率、运动员价值分析等，这使技术统计在体育中的应用与一般的数理统计不同。当然，与其他领域的现场统计一样，体育比赛的技术统计数据在事后的深入分析中，也常常使用各种通用数理统计方法，但目的主要是改进训练计划、提高竞技能力。

## 二、我国体育统计的形成和发展

### （一）数理统计在我国体育领域的应用

数理统计在我国体育领域的应用可以追溯到 20 世纪 30 年代。当时以徐英超为代表的老一辈体育教育工作者将概率论引入体育研究中，提倡用统计方法研究体育问题；20 世纪 40—60 年代，徐英超等体育教育工作者在西北师范学院体育专业、北京体育学院本科班和助教班开设了体育测验与统计课程；20 世纪 80 年代，随着全国体质测试、体育科研等对数理统计方法的需求，各体育院校陆续开设了体育统计专业基础课；1982 年，由华中师范大学刘厚生等学者发起，在武汉举办了第一届全国体育统计论文报告会，并成立了全国体育统计研究会；1984 年，中国体育科学学会接纳体育统计研究会为其下属体育统计专业委员会，为以后的学科发展奠定了坚实的基础；20 世纪 90 年代初，《体育统计学》教材编写小组完成了第一本全国体育院（系）的《体育统计学》统编教材，为推广和普及数理统计方法在我国体育领域中的应用起到了很大的作用。

进入 21 世纪以后，数理统计在我国体育领域中的应用得到了快速发展。2002 年，由全国《体育统计》教材小组编写、全国体育院校教材委员会审定的体育院校通用教材《体育统计》由人民体育出版社出版。该教材第一次将专业统计软件 SPSS 的使用引入教材，将教师、学生从繁杂的统计计算过程中解放出来，从而使多元统计的基础内容得以引入。此后，假设检验、方差分析、分类变量的独立性卡方检验、非参数检验、多元线性回归、主成分分析、因子分析、聚类分析、判别分析等方法在我国体育领域得到了快速普及。

2010 年以后，随着体育与其他学科交叉研究的不断深入，其他学科的研究方法与手段被逐渐引入体育相关研究中，数理统计在我国体育科研中的应用也不断向更深、更广的领域拓展。目前，我国体育相关研究中应用较多的数理统计方法，除上述比较普及的方法外，还有时间序列分析、生存分析、对应分析、虚拟变量回归、logistic 回归、Logit 回归、曲线回归和多项式回归、路径分析、结构方程模型、属性资料的多元分析等，各种抽样方法、群组实验设计方法，以及统计学和运筹学交叉领域的层次分析法，也被广泛使用。另外，面板数据分析、分层线性模型、广义线性模型、调节效应与中介效应分析、成分数据分析、数据挖掘、元分析、单被试实验设计等方法的应用也逐渐增多；空间统计方法、大数据分析方法、断点回归设计、分位数回归、ordered probit 模型（顺序概率单位回归）等方法也开始使用。

### （二）我国体育事业统计的形成和发展

我国的体育事业统计研究始于 20 世纪 80 年代，统计体系形成于 20 世纪 90 年代。1985 年 8 月，我国第一次体育发展战略讨论会在青海省西宁市举行。会议结束以后，经过专家论证，最后确定将《中国体育事业指标体系》列为重点课题之一。1986 年，中华人民共和国国家体育运动委员会（简称“国家体委”，现为国家体育总局）计划司与华中师范大学合作成立“中国体育事业指标体系”课题组，依据当时我国体育事业发展对统计的需求，开始展开专题研究。1988 年形成研究成果，其主体“中国体育事业指标体系”根据“投入—活动—产出”模型的构思设计制定，为建立与完善我国体育事业统计体系进行了必要的理论准备。20 世纪 90 年代初，鉴于我国改革开放的形势，为了使体育事业统计更好地反映体育事业发展的变化，国家体委对我国体育事业统计进行了调整。1991 年 12 月，国家体委发布了《体育统计工作管理办法》，使体育事业统计工作在制度化、规范化建设方面迈上了一个新的台阶，为体育统计工作的顺利开展提供了制度保证。1992 年，各级体育部门开始执行《体育事业统计报表制度》，加快了我国体育事业统计的制度化建设。经过一系列的调整，我国体育事业统计体系初步形成，建立了一套比较完善的、规范的体育事业统计指标体系和统计制度，培养了一支具有专业化水平的统计人员队伍。

2003 年和 2004 年，国家体育总局经济司对《体育事业统计年报报表》进行了多次修订，统计的范围由以竞技体育、财务情况为主扩大到社会体育指导员、体育彩票、全民健身情况等新领域。2005 年的全国体育事业统计开始按照修订后的 2004 年度统计年报报表形式执行。2006 年，国家体育总局经济司、中国体育科学学会体育统计分会、西安体育学院共同组成课题组，再次系统地研究了我国体育事业统计体系，构建了新的符合我国国情的体育事业统计体系。该项研究系统优化了竞技体育统计指标、群众体育统计指标、体育场地统计指标、体育事业财务统计指标及体育科教、宣传与对外交流统计指标，构建出包括 6 个一级指标、31 个二级指标和 261 个三级指标的体育事业统计年报统计指标体系。优化后的体育事业统计指标体系内容涵盖面更广，基本覆盖了体育事业的各个领域。

### （三）我国体育产业统计的形成和发展

我国体育产业统计始于 2000 年左右。20 世纪 90 年代以来，我国体育产业在拉动内需、推动国民经济发展与产业结构调整中的作用日益引起决策部门的关注。随着一些体育产业强省提出了摸清体育产业家底的需求，进行体育产业统计工作的必要性逐渐凸显。

1997 年，浙江、江苏、上海等省市体育局，以及国家体育总局信息所等单位分别开展了体育产业统计指标问题的研究。2001 年，国家体育总局体育经济司承担了国家哲学社会科学基金资助项目“我国体育产业发展现状调查”，初步确定了我国体育产业的统计指标体系及统计方案。2001—2003 年，北京、浙江、四川、辽宁、安徽、上海、广东等多个省市相继采用专项调查的方法对本地区的体育产业进行统计调查，其中北京连续三年、浙江连续两年开展了体育产业统计工作。这些探索性的工作为我国的体育产业统计积累了宝贵的经验。但是当时没有建立与国民经济行业分类接轨的体育产业分类标准，各省在统计指标、统计口径、核算方法等方面也不尽相同，这在一定程度上影响了对我国体育产业发展状况的整体认识和各地区间的差异认识。

因此，国家体育总局和国家统计局于 2006 年 5 月共同组织开展了“中国体育及相关产业统计研究”。该项研究由国家统计局局长担任顾问，国家体育总局副局长、国家统计局总统计师担任领导小组组长，来自国家体育总局、国家统计局、中国体育科学学会体育产业分会、上海体育学院、国家体育总局体育科研所、国家体育总局体育信息中心、北京体育大学等单位的几十位专家学者共同参与研究。通过研究，明确了体育及相关产业的概念，制定了与我国国民经济行业分类接轨的体育及相关产业的分类标准，建立了一套规范的体育产业统计指标体系，并在此基础上根据我国体育产业发展的实情和国家现有的统计基础，提出了我国体育及相关产业的统计实施方案，对 2004 年我国体育及相关产业的总产出、增加值、从业人员等核心指标进行了测算，获取了我国体育产业方面权威的数据。该项目还制定了体育及相关产业专项调查的方案，明确了当时我国体育产业专项调查的范围、调查对象、调查方法、增加值核算办法，设计了统计软件，为开展全国性的、统一的体育产业专项调查提供了强有力的支持。该项目研究成果之一的《体育及相关产业分类（试行）》于 2008 年 6 月 18 日由国家统计局和国家体育总局正式联名印发，它是我国体育行业首个具有约束力的国家统计标准，为建立科学、系统、可行的体育产业统计制度，推动我国体育产业科学发展奠定了基础。另一个重要成果《全国体育及相关产业专项调查实施方案》得到了国家统计局的充分认可（国统制〔2008〕59 号），并正式批准国家体育总局根据这一方案在全国范围内开展体育产业专项调查工作。2008 年 9 月，国家体育总局、国家发展改革委、国家统计局联合发文《关于做好全国体育及相关产业专项调查的通知》（体经字〔2008〕600 号），运用该成果在北京、上海、广东、福建等 16 个省市正式开展了全国体育及相关产业专项调查，对 2006 年和 2007 年全国体育产业发展状况进行了统计。调查结果全面揭示了全国及 16 个地方省市体育产业的总产出、增加值和从业人员情况，客观地反映了全国及 16 个地方省市体育产业在国民经济中的地位和作用，为国家体育总局和地方体育行政部门制定体育产业发展规划提供了重要的依据。部分课题组成员在后续工作中还对建立测算体育产业统计核心指标的长效机制等进行了进一步的研究，自此国家统计局和国家体育总局每年都会发布我国体育产业总产出、增加值等核心指标的数据。

2009 年以后，我国不少专家、学者又对体育产业统计的细节内容进行了许多研究，2015 年国家统计局正式发布了《国家体育产业统计分类》（中华人民共和国国家统计局令 2015 年第 17 号）；随着国民经济行业分类标准的修订，体育产业统计分类也进行了相应的调整，2019 年国家统计局又发布了《体育产业统计分类（2019）》（国家统计局令 2019 年第 26 号）。2022 年体育产业统计正式进入法规阶段，2022 年 6 月 24 日第十三届全国人民代表大会常务委员会第三十五次会议修订的《中华人民共和国体育法》第七十六条规定："国家完善体育产业统计体系，开展体育产业统计监测，定期发布体育产业数据"，从此体育产业统计有了法律保障。

### （四）我国比赛现场的技术统计

比赛中出现的各项技术统计数据是运动员（或球队）比赛状态最客观和直接的反映。运动员（或球队）在比赛中的各种竞技能力的表现可以由各项技术统计指标的数据来体现，而教练员通过分析这些数据能获取许多有用的信息，据此进行针对性的训练，从而促进竞技水平的有效提升。同时，技术统计数据可以帮助球队了解运动员的潜力和价值（在篮球等技术统计比较成熟的集体球类项目中，球员的价值几乎就体现为技术统计数据），并作为球员转会的重要评价依据。另外，技术统计也可以使观众更好地了解比赛及赛场上运动员的表现。技术统计作为比赛的组成部分，在许多项目的发展上起到了积极的促进作用，尤其在高水平的联赛中，常常拥有较为完善的技术统计系统。

我国比赛现场的技术统计是随着球类竞技运动的开展而逐步发展的。在技术统计实施方面，目前大多数球类项目比赛时都会进行技术统计工作，且平均水平高于非球类项目，也有一些非球类对抗性项目会或多或少地进行一些技术统计。

比赛现场的技术统计，自然是指标越系统、越详细越好，但指标设置受技术统计数据获取和记录的方法及水平的制约，有好的统计指标体系但无法获取或记录数据，就只能停留在理论上。因此，赛场上数据获取和记录方法的进步，通常都会极大地推进技术统计水平的提高。

传统的技术统计采用"人工观察+纸笔记录"的方式进行，这一方式被广泛使用，并持续了很长时间。该方式需要在赛前设计好技术统计表格或统计用图，在比赛进行中根据运动员技术发挥的情况在表格或统计图中记录数据或做各种标志，等赛后再集中进行数据汇总、计算和分析。这种方式具有投资少、适应性强等优点，但记录速度慢，容易造成差错，且不能马上得到汇总情况，后期数据处理和再利用也比较困难。

随着计算机的普及，"人工观察+计算机记录"的计算机辅助技术统计系统开始兴起。该方法在国外使用较早，1976 年蒙特利尔奥运会上就使用了电子计算机进行资料和数据的收集与储存，我国在 20 世纪 80 年代也开始开发和使用，如排球项目。该方式是利用事先设计好的技术统计程序，在比赛进行时由录入人员操作计算机，并录入人工观察比赛现场或比赛录像得到的技术统计数据。录入的数据保存在计算机中，可以在比赛进行中或结束后马上得到统计汇总情况和简单分析结果。目前，国内许多项目都开发了该类软件，所用设备也基本上迁移到笔记本式计算机、掌上计算机、平板电脑等移动设备上。该类系统的输入设备，前期根据所用计算机类型以键盘、光笔、鼠标为主，之后随着触摸屏的普及，通过触摸屏输入已成趋势。“移动设备+触摸屏输入”为比赛现场的技术统计数据录入提供了极大便利，大幅提高了技术统计的效率。但该方法仍然是基于人工观察获取数据，对不能通过简单的人工观察获取的数据则无能为力。

计算机技术应用于技术统计的另一个分支，是采用“比赛影像+视频分析系统”的计算机辅助分析系统。该类系统以比赛录像为基础，以人机交互的方式，通过图像解析等手段，可以获取无法通过简单的人工观察获取的数据，如跑动速度、距离等运动学数据及生物力学方面的定量数据。该类系统技术复杂、对计算机的性能要求较高，常常以工作站的形式出现，通常价格不菲。另外，该类系统由于功能复杂，不能快速地获取或录入数据，所以一般不用于比赛现场。

技术统计数据获取和记录方法的发展方向，是“比赛影像+图像识别和追踪技术”的实时数据提取与分析系统。通过对比赛影像中的图像识别，配合影像追踪技术，可以自动识别比赛中运动员的技术运用情况，自动记录后就可完成比赛的技术统计工作。这里的比赛影像可以是录像，也可以是现场直播影像。当然，对现场直播影像进行实时的图像识别和追踪以获取技术统计数据，由于时效性要求，需要强大的硬件支撑。鉴于计算机技术的不断发展和硬件性能的快速提高，比赛现场的技术统计预计在不久的将来就可以实现“自动化”。

我国技术统计领域的研究主要集中在某运动项目技术统计指标及规范的研究、计算机辅助技术统计分析软件的开发、技术统计数据分析等方面，其中数据分析的内容最多。在技术统计数据分析方面，大部分是对某项目技术统计常规指标作简单分析的研究，也有一些采用项目特定方法评价运动员场上表现的研究，还有一些借助数理统计或其他数学方法对技术统计数据进行深入分析以揭示项目内在逻辑或胜负规律的研究。整体上看，我国在技术统计领域的研究还有很大的提升空间。

## 三、常用统计软件

随着统计方法越来越复杂，现在绝大多数的统计计算都是用统计软件在计算机上进行的。因此，理解计算机的输入和输出内容比知道计算机软件是如何计算的更重要。为了将师生从复杂、烦琐的统计计算中解放出来，本书的重点将放在介绍基本概念、基本原理、统计方法的作用和适用场合、统计结果的理解和应用等方面，具体的计算则交给专业统计软件进行。目前国内最常用的统计分析软件主要有 SAS、SPSS、Stata、R 语言等，它们各自的特点如下。

SAS 是生物统计领域的老牌软件，其权威性一直很高。SAS 原来一直需要写代码语言进行统计操作，直到 2004 年推出的第 9 版中才加入了点击式界面。SAS 的优势是权威性高、分析语法完善，与 Office 软件的接口齐全；缺点是入门困难。SAS 在复杂统计分析方面有优势，目前在银行金融和医学统计领域使用较多。

SPSS 是目前国内使用较普遍的统计分析软件之一。SPSS 的优势是安装方便，点击式操作界面完善，操作简单，上手容易，功能上已覆盖了绝大部分的常用统计分析方法，也具有较高的权威性。其缺点在于与 Office 的接口不全，语法运算不够强大，虽然也可以进行复杂的多步骤运算，但是分析语法写起来不方便。目前，SPSS 在社会科学研究、市场研究、体育科研等许多领域被广泛应用。

Stata 是一款小巧的统计软件，它进行运算的特点是完全将数据读入内存，计算结果展示较快。该软件采用的也是写语法进行运算的模式，与 SAS 类似。以 Stata 16.0 为例，Stata 有 Small（精简版）、IC（标准版）、SE（特殊版）、MP（多处理器版）等多个版本，功能依次增强。其高级版本功能丰富，除传统的统计分析方法外，还收集了近 20 年发展起来的许多新方法。在使用上，该软件既可以方便地采用菜单式操作，又可以通过编辑命令灵活地实现复杂的统计分析（这也是该软件的主要吸引力之一），还具有丰富的外部命令包，因而在许多领域得到广泛应用。从 15.1 版本开始，Stata 官方提供了简体中文语言包，大幅方便了中国的用户。但由于其复杂功能需要编程、早期版本需要一定的英语基础，所以在我国体育领域中普及程度不如 SPSS。

R 语言是一款自由免费的软件，它最早源于 1980 年左右贝尔实验室开发的 S 语言（S-Plus 软件），后来被新西兰奥克兰（Auckland）大学的统计教师们更改为 R 语言。与其说 R 是一款统计软件，不如说 R 提供了一个数学计算的环境，因为 R 只是提供各种数学计算及函数功能，从而使使用者能够灵活地开发自己想要的统计功能。当然，现在已经有很多前辈研究者写好的 R 语言的统计分析包可以加载使用了。R 语言的优势是免费、开放和不断发展，对各种最新的统计方法也常常可以找到他人贡献的统计分析包；缺点是入门难，没有先验知识或编程经验的人可能会发现很难学习 R 语言，另外 R 语言本身不能保证统计分析结果的权威性，其权威性要下沉到具体的统计分析包才能说明。

考虑到 SPSS 入门容易，且提供的功能对于普通体育工作者已足够，本书中的统计计算将采用 SPSS。

# 第三节 基本概念

## 一、总体和样本

一个研究问题中具有相同性质的全部观测对象的集合称为一个**总体**（population），总体中的每个观测对象都称为一个**个体**（case，也称个案、单位、元素），从总体中抽取出来的用来代表或推测总体的一部分个体的集合称为**样本**（sample）。样本中个体的数量称为**样本含量**（sample size，也称样本容量、样本量），一般用 $n$ 表示。所以，总体和样本都是以个体为元素的集合，总体是全集，样本是总体的非空真子集。

如果一个总体中只包含有限的个体，则称为**有限总体**；如果一个总体中包含无限多的个体，则称为**无限总体**。

**【例 1-3-1】**若要调查 2022—2023 学年上海市高一男生的 100 米跑成绩。由于学生人数太多，在实际调查时我们在上海随机抽取 8 个区，每个区随机抽取一个高级中学，每个中学中随机抽取一个高一班级，这样共抽取了 8 个班级，将这 8 个班级中的男生合在一起作为上海市高一男生的代表，共有 168 人。

**分析**：这项调查中，总体为 2022—2023 学年在上海市读高一的所有男生的集合，每个 2022—2023 学年在上海市读高一的男生都是这个总体中的一个个体。假如 2022—2023 学年在上海市读高一的男生有 43016 人，则该总体中有 43016 个个体，该总体是有限总体。抽取出来的 168 个男生是该总体的样本，样本含量 $n$=168。

在应用中，总体、个体、样本总是和具体的指标联系在一起的，所以通常也直接指这些指标的值。例如在例 1-3-1 中，总体可以说是这 43016 名男生，也常常说是这 43016 名男生对应的 43016 个 100 米跑成绩。

**【例 1-3-2】**某教师在跳远教学中进行教法实验，对照组 40 名学生用传统的甲方法教学，实验组 42 名学生用改进了的乙方法教学，希望能证明乙方法比甲方法的效果好。两组学生实验前的基础基本相同，教学时数、条件、环境也相同，教学效果用实验后的跳远成绩衡量。

**分析**：在说明两种教学方法效果的差异时，我们不是要说明“乙方法用于实验组这 42 名学生的效果”好于“甲方法用于对照组这 40 名学生的效果”，而是想说明“从总体上来说，乙方法的效果比甲方法的效果好”，即“所有可能的教学对象在用乙方法教学后的跳远成绩”好于“所有可能的教学对象在用甲方法教学后的跳远成绩”。所以衡量甲方法教学效果的总体为“所有可能的教学对象用甲方法教学后的跳远成绩”（简称“甲总体”），对照组的 40 名学生是“甲总体”的样本；衡量乙方法教学效果的总体为“所有可能的教学对象用乙方法教学后的跳远成绩”（简称“乙总体”），实验组的 42 名学生是“乙总体”的样本。我们希望能证明乙方法比甲方法的效果好，也就是想证明“乙总体”的总体均值大于“甲总体”的总体均值。由于现实中一般做不到对“所有可能的教学对象”都用某一种方法来教学，所以这里的“甲总体”和“乙总体”都不是真实存在的总体，只在理论上存在，都是理论总体。两个总体的总体均值都未知，要证明“乙总体”的总体均值大于“甲总体”的总体均值，我们只能根据两个样本的情况来推断，所以要进行假设检验（见第六章的内容）。

实践中经常会遇到这类需要比较不同方法效果的问题。一般而言，衡量某方法效果的总体为“所有可能被施加该方法的对象，在施加了该方法以后的效应值”。

## 二、抽样及随机抽样

**抽样**是指从总体中抽取一部分个体组成样本。**随机抽样**也称概率抽样，是指使总体中每个个体被抽到的概率都相同（或已知）的抽样。

样本是用来代表或推测总体的，需要对总体有好的代表性，但抽样方法的不同导致有的样本代表性好些，有的样本代表性差些。用随机抽样方法抽取的样本称为**随机样本**。并不是所有带有一定随机性的抽样都能称为随机抽样，如调查中常用的偶遇抽样，也不是所有带有一定随机性的样本都能称为随机样本。由于整个推断统计都是建立在随机抽样基础上的，所以理论上讲，如要使用推断统计方法，必须采用随机抽样的方法进行抽样。但在实际工作中，有时无法获得真正的随机样本，如果样本有足够的随机性和无偏性，样本含量又较大，也常常被近似地当作随机样本使用。

要准确理解随机抽样方法，先要理解抽样单位和抽样框的概念。**抽样单位**是指直接抽样使用的基本单位，也常简称为单位或单元。例如，要在某学校的学生中抽取 200 名左右的学生组成样本，可以直接以“学生”为单位抽取，也可以以“班级”为单位抽取。**抽样框**是指一次直接抽样中所有抽样单位的名单。在上例中，若直接以“学生”为单位抽取，则抽样框为该校所有学生的名单；若以“班级”为单位抽取，则抽样框为该校所有班级的名单。

基本的随机抽样方法主要包括简单随机抽样、分层抽样、整群抽样、等距抽样等。得到样本的抽样方法不同，用来估计总体参数时的方法也不同。

1. 简单随机抽样

**简单随机抽样**是直接从含有 $N$ 个抽样单位的抽样框中等概率、不放回地抽取 $n$ 个单位组成样本。我们平时经常使用的抽奖就属于简单随机抽样方法，但在抽样单位数量较多的情况下，一般使用随机数帮助进行抽样。通常只有在各单位之间差异程度较小时才采用这种方法，但简单随机抽样是其他各种随机抽样形式的基础。一般笼统地说，“随机抽样”通常是指简单随机抽样。

2. 分层抽样

**分层抽样**也称为分类抽样、类型抽样，就是将总体中的个体按其属性特征划分成若干不相重叠的类（层），然后在每个类（层）中按简单随机抽样方法抽取一个子样本，再将这些子样本合起来构成总样本。例如，我们要调查某高校学生的体育消费情况，考虑到男、女生的消费特点不同，将学生按性别分为两个层，然后在男生和女生中各抽一个子样本，合并后构成总样本。样本含量在各层中的不同分配方法，可以形成不同的分层抽样子方法，最常见的方法是按照各层中个体的数量比例来分配样本含量。由于通过划类分层，增大了各类型中单位间的共同性，所以分层抽样可以在不增加样本规模的情况下降低抽样误差，同时便于了解总体内不同层次的情况。该方法适用于总体情况复杂，各单位之间差异较大、单位较多的情况。

3. 整群抽样

**整群抽样**的抽样单位不是一个一个的个体，而是由个体组成的一个一个小群体。抽样时，从抽样框中随机抽取一些小群体，然后将抽到的这些小群体合并构成总样本。例如，要在某学校的学生中抽取 200 名左右的学生组成样本参加体质抽查，为了方便组织，采用整群抽样方法。由于该校每个班的学生数为 40 名左右，所以以班级为抽样单位，把该校所有班级的名单放在一起形成抽样框，然后用简单随机抽样的方法抽取 5 个班级，将这 5 个班级的学生作为体质抽查的样本。该方法一般用于小群体间差异性不大或者不适宜单个抽选个体的情况。

4. 等距抽样

**等距抽样**也称为机械抽样或系统抽样，是将总体中各单位按一定的标志排序后，按相等的间隔抽取样本单位。例如，要在某学校的学生中抽取 2%左右的学生组成样本参加体质抽查，可将所有学生的名单按学号排成队列，并随机地抽取一名学生，然后从该生开始向后按每 50 名的间隔抽取一名学生，到达队列尾部后接到队列的最前面继续，直到整个队列轮转一圈。进行等距抽样时，总体中各单位的排列，相对于研究变量来说应该是随机的，否则对估计出来的总体参数要进行纠偏处理。等距抽样操作简单，是实际工作中应用较多的方法。

5. 多段抽样

**多段抽样**又称分段抽样、多级抽样，它按照抽样元素（个体）的隶属关系把抽样过程分为几个阶段进行。具体做法是先从总体中随机抽取若干个大群，然后从每个抽到的大群中抽取若干个小群，这样一级一级抽取下去，直到抽到最基本的抽样元素（个体）为止。其中，各个阶段用的抽样方法可以不一样。当总体规模特别大或总体分布的范围特别广、不易获得个体名单时，常常采用多段抽样的方法。

样本虽然是用来代表总体的，但毕竟不是总体本身，由于个体之间通常会存在差异，所以样本和总体会有一定的误差。这种由于抽样引起的样本和总体之间的误差称为**抽样误差**。一般而言，随着样本含量的增大，抽样误差呈减小的趋势。

## 三、总体参数和样本统计量

1. 总体参数

**总体参数**是可以根据总体中所有个体的数据计算出来的，用来描述总体特征的概括性数值度量，通常简称为"参数"。参数通常是研究者想要了解的总体的某种特征值，如总体均值、总体标准差、总体比例等。总体参数需要根据总体中所有个体的数据来计算，所以通常是未知的，但可以进行理论推算或根据样本推断。在统计中，参数通常用希腊字母表示。

2. 样本统计量

**样本统计量**是根据样本数据计算出来的，用来描述样本特征的概括性数值度量，通常简称为"统计量"。例如，样本均值、样本标准差、样本比例等都是常用的统计量。由于一个总体可以抽取很多样本，所以统计量是样本的函数。统计量是进行统计分析的重要工具，除像样本均值、样本标准差、样本比例这样的样本特征数外，各种统计方法还会根据分析的需要构造出一些特定的统计量来反映样本的某方面特征，并推导出其数值的分布规律（即统计量服从的分布，如正态分布、$t$ 分布、$F$ 分布等），以帮助我们进行分析和推断。在实际问题中，统计量通常是已知的或能够计算出来的。统计量通常用英文字母表示。

## 四、概念、变量与指标

1. 概念

**概念**是对现象的抽象，是一类事物的属性、特征等在人们主观上的反映。例如，学生、学校、身高、性别、年级等都是我们常见的概念。一个概念在观测时所处的状态（或具体表现），称为**概念的值**。在一次分析中，有些概念处于同一状态，即只有一个可能值；而另一些概念，不同的个体或同一个体不同时间会处于不同的状态，所以值是会变化的，有多个可能值。例如，在分析2023年第四季度复旦大学学生的体育消费情况时，"学生所属学校”这个概念只有“复旦大学”这一个可能值；而“学生的体育消费”则因人而异，有很多个可能值。

2. 变量

**变量**是指在一次分析中具有一个以上可能值的概念；只有一个可能值的概念称为**常量**（或**恒量**）。变量和常量是相对于具体分析而言的，同样是“学生所属学校”这个概念，假如我们要分析2023年第四季度上海市高校学生的体育消费情况，由于上海有许多高校，所以它就有多个可能值，是变量。统计分析主要是分析变量，变量是进行统计分析的一个重要基石。变量通常是反映现象或事物某种特征或属性的，通过分析一个（些）变量值的变化与另一个（些）变量值的变化的联系，可以推理出变量之间的关系，或者说事物的各种特征或属性之间的联系。

变量的值即**数据**，数据可以是定量的，也可以是定性的。一个变量，如果它的值是说明事物类别的一个名称，一般称为**分类变量**，如学校、专业、性别等；如果它的值是说明事物有序类别的一个名称，一般称为**顺序变量**，如年级、名次、等级等；如果它的值是用来反映事物某方面特征的量的大小的数字，一般称为**数值型变量**，如身高、100米跑成绩、某时间段的体育消费等。

3. 指标

**指标**是反映现象或事物特定方面特征的概念，其值是可观测或可通过计算直接得到的。

在科学研究中，指标常常是抽象概念操作化定义的产物。我们常常需要对一些抽象概念进行分析，而这些抽象概念无法直接观测，这时我们可用反映该概念各个侧面的一组可观测现象来说明该概念所处的状况（概念的操作化），这一组可观测现象就是这一概念的一组指标，这种指标常常称为**观测指标**。例如，身高、体重等是“儿童发育状况”的观测指标；50米跑成绩、立定跳远等是“身体素质”的观测指标。在体育科研经常使用的各类测量量表中，各个测量题项都是该量表所测概念（通常是抽象概念）的观测指标，我们可以通过这一组观测指标的情况来推测量表所测概念的状况。

在社会经济统计领域，有许多统计指标。**统计指标**是指反映总体现象特定方面数量特征的概念，如GDP、总产出、人口出生率、城镇居民收入水平等。社会经济统计领域中对概念的操作化定义，主要是给出对概念进行量化的方法，统计指标通常也是对抽象概念操作化以后得到的。例如，为了反映经济运行的成果，人们提出了一个名为“生产成果”的概念，并给出其操作化定义：“一定时期内经济主体在生产过程中生产的各种产品的总价值”，根据这个操作化定义就得到了“总产出”这个统计指标。统计指标除上述含义外，有时也指反映总体现象数量特征的具体数值，如2023年我国国内生产总值为1260582亿元。前一种理解适用于统计理论、统计设计和科学研究，后一种理解通常用于实际统计工作。

观测指标和统计指标，两者都常常简称为“指标”，都是反映现象或事物特定方面特征的概念，并且其值是可观测或可通过计算直接得到的。

在统计分析中，有多个可能值的指标都可以是分析中的变量，但变量不一定是指标，也可以是代表某些抽象概念的虚拟变量。

拓展知识：大数据简介

思政课堂

习题 1

习题 1 参考答案

# 第二章　统 计 数 据

数据的收集既是统计工作的第一个环节，又是整个统计活动的基础，还是进行统计分析的前提和保证统计数据质量的关键。数据整理是统计工作过程的重要环节，是对收集到的数据进行分类、汇总、加工，使其系统化、条理化的过程。本章主要介绍统计数据的收集、整理和展示。

## 第一节　统计数据的收集

### 一、统计数据的类型

#### （一）离散变量与连续变量

根据数值是否连续，可以将变量分为**离散变量**（discrete variable）和**连续变量**（continuous variable）。可取值能一个个列举出来的变量称为离散变量，可取值能充满一个区间的变量称为连续变量。

离散变量的数值之间都是间断不可再细分的，且只能用计数的方法取得。例如，性别，用 1 代表男、2 代表女，那么 1 和 2 之间不会存在其他数据，只能用计数的方法从数据集中获取 1 和 2 的整数个数。

连续变量的数值是连续可无限细分的，又称为定量变量（quantitative variable）或数值变量（numerical variable）。例如，身高，若测得某人的身高为 1.75m，另一个人的身高是 1.76m，那么有没有人的身高介于两者之间呢？如果仪器够精确，我们会发现还有人的身高是 1.756m 或 1.7566m。也就是说，身高的数据是连续并可不断细分的。

#### （二）变量的测量尺度

根据变量的测量尺度，可以把变量分为定类变量、定序变量、定距变量和定比变量四类。

1. 定类变量

**定类变量**（categorical variable）的特点是无序、无距、无原点，又称名义变量（nominal variable）、无序分类变量（unordered categorical variable）。定类变量可以将观察单位按某种属性或类别分组计数，仅包含类别信息，其变量值仅用于代表类别差异，无法进行加、减、乘、除各种运算，如性别、职业、生源地、损伤史等。对于“性别”，用 1 代表“男”、2 代表“女”，这里的 1 和 2 只用于对观察单位分类，没有大小或优劣之分。

### 2. 定序变量

**定序变量**（ordinal variable）的特点是有序、无距、无原点，又称等级变量（ranked variable）、有序分类变量（ordinal categorical variable）。定序变量可以根据变量的某种属性对观察单位进行排序或比较优劣。定序变量不仅包含类别信息，还包含次序信息，但由于无法测出类别或次序之间的准确差值，所以只能分类或排序，无法进行加、减、乘、除各种运算，如成绩等级、运动等级、获奖等级、年级、名次、学历等。对于“成绩等级”，如果1代表“优秀”（90～100分）、2代表“良好”（80～89分），那么我们只能说1比2好，但不能确定具体好了多少。

### 3. 定距变量

**定距变量**（interval variable）的特点是有序、有距、无原点。定距变量不仅可以根据变量的某种属性对观察单位进行排序，还可以准确地测出变量值之间的差异，比定序变量增加了距离信息。定距变量的一个重要特征是其取值只有相对零点，没有绝对零点（原点）。

典型的定距变量就是温度，世界上绝大部分国家使用的温度单位为摄氏度（℃），也有一些国家使用的温度单位为华氏度（℉）。0℃是指在1标准大气压下，纯净的冰水混合物的温度。可见，0℃是主观确定的，并非客观存在。0℃相当于−32℉，华氏度＝32+摄氏度×1.8。在1标准大气压下，冰的熔点为32℉，水的沸点为212℉，中间有180等份，每等份为华氏1度，记作“1℉”。因此，温度的取值并不存在绝对零点（无原点），只能计算温差（距离），如今天与昨天的温差，无论单位采用℃还是℉，都是一个客观值。由于不存在绝对零点，所以定距变量的变量值只可以进行加、减运算，但是无法计算两个变量值之间的比值（乘、除）。

### 4. 定比变量

**定比变量**（scale variable）的特点是有序、有距、有原点。定比变量存在绝对零点，可以计算变量值之间的比值，比定距变量增加了一个比例信息，如身高、体重、肺活量等。0cm说明没有长度，0kg说明没有质量，0mL说明没有体积，这些都是客观存在的绝对零点（虽然没有任何人的身高、体重、肺活量会是0）。定比变量的变量值可以进行加、减、乘、除各种运算。

SPSS将定类变量用“名义”表示；将定序变量用“有序”表示；由于定距变量和定比变量的测量值很相似，SPSS将其合并用“标度”表示。定类变量和定序变量都属于离散变量，而定距变量和定比变量一般当作连续变量处理。

## （三）变量的存储类型

变量的存储类型是指数据以何种方式进行存储，SPSS列出了9种存储类型，如图2-1-1所示，可归纳为数值型、日期型和字符型3类。

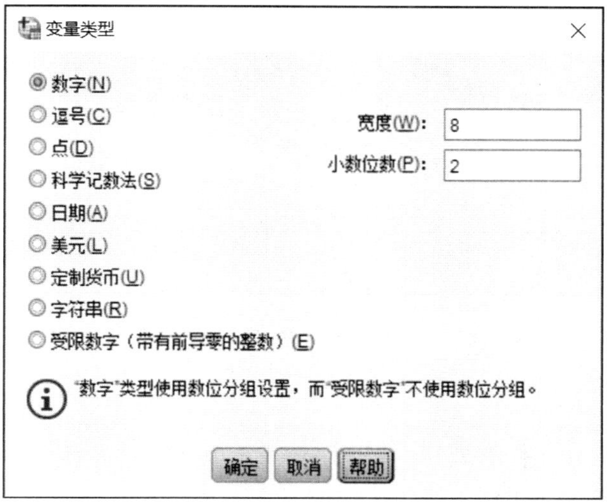


图 2-1-1　变量的存储类型

1. 数值型变量

数值型（numeric）变量：值为数字的变量。定类、定序、定距、定比四种变量都可以存储为数值型变量。图 2-1-1 中的“数字”“逗号”“点”“科学记数法”“美元”“定制货币”“受限数字（带有前导零的整数）”等类型都是数值型变量。

2. 日期型变量

日期型（date）变量：一种数值变量，其值以若干种“日历-日期”或“时钟-时间”格式中的一种显示。从列表中选择一种格式，输入日期时可以用斜杠、连字符、句号、逗号或空格作为分隔符。两位数年份值的世纪范围在 SPSS 的“编辑”菜单→“选项”→“数据”命令中设置确定。SPSS 日期型变量存储的是该日期和时间与 1582 年 10 月 15 日前一天零点相差的秒数。例如，1582 年 10 月 15 日的存储就是 60×60×24×1=86400，1582 年 10 月 16 日的存储就是 60×60×24×2=172800，把变量类型调整为“数字”类型即可看到。比 1582 年 10 月 15 日更早的日期，SPSS 无法存储。

3. 字符型变量

字符型（string）变量：变量的值不是数值，不能参与计算。字符串值可以包含任何字符，但可包含的最大字符数不超过定义的长度。字符型变量区分大小写字母，用汉字或拼音录入姓名时可以选择“字符串”类型。

（四）变量的属性

变量的属性是指变量的性质和含义，包括变量的名称、类型、宽度、小数位数、标签、值、缺失、列、对齐、测量、角色等，可以在变量视图中设置（图 2-1-2），也可以在“数据”菜单→“定义变量属性”命令打开的对话框中设置。

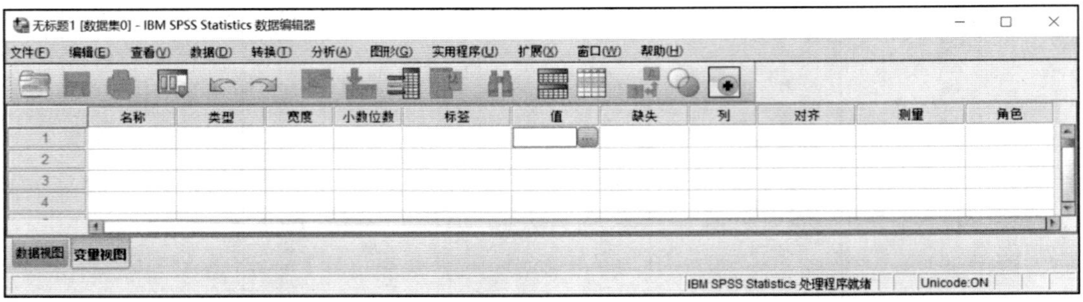


图 2-1-2　变量的属性

1. 名称

名称（name）是指变量名称，一般第一个字符必须是汉字或字母或字符“@”，后续字符可以是字母、数字、非标点字符和句点“.”的任意组合。

2. 类型、宽度、小数位数

类型（type）是指变量的存储类型，主要分为数值型、日期型和字符型 3 类。选择数值型和字符型变量时，可以设置变量的宽度或/和小数位数。

3. 标签

标签（label）用于对变量进行描述和说明。例如，若调查问卷中的题目为“A2.你喜欢的运动项目有哪些？”，则“名称”可以输入“A2”，“标签”可以输入“你喜欢的运动项目有哪些？”。

4. 值

单击值（values）单元格右侧的按钮，打开“值标签”对话框，可以对每个变量值进行描述。定类变量和定序变量一般都可以进行“值标签”设置。

5. 缺失

缺失（missing）用于定义数据中的缺失值。被定义的缺失值将不会参与各种计算。一旦定义了缺失值，并保存了数据文件，下次打开时就不需要重新定义缺失值。

6. 列

列（columns）是指变量在数据视图中显示的列宽，也就是显示的列所占的字符数。在数据视图中拖动列边框可以调整列宽，但调整列宽不会改变数据的大小。

7. 对齐

对齐（align）用于设置变量值在数据视图单元格内的对齐方式，包括左对齐、右对齐、居中对齐。单击“列”下方的单元格，会出现相应的下拉菜单供选择。

8. 测量

测量（measure）是指变量的测量尺度。

9. 角色

在默认设置下，系统将所有变量自动分配为“输入”角色。

## 二、统计数据的来源

体育实践工作中的统计数据主要来源于观察、调查、实验和文献资料等。第一手数据资料一般来自观察、调查、实验，而第二手或第三手数据资料则一般来源于文献资料。

1. 观察法

采用观察法获取数据一般需要制订观察记录表，以方便观察时随时记录数据，常见于体育教学、运动训练、体育比赛等实践活动中。例如，教师在听评课时使用的“听评课记录表”；乒乓球教练员为了解运动员打法制订的“乒乓球技术统计表”；篮球比赛中记录员使用的“篮球比赛记录表”等。

2. 调查法

采用问卷调查法获取统计数据时需要制订调查问卷；采用访谈调查时需要制订访谈提纲。在被调查者允许的情况下，有时也可以借助录音或录像等设备。无论是调查问卷、访谈提纲，还是录音、录像设备都是记录调查数据的常用工具。

3. 实验法

实验数据一般包括基本数据和测试数据。基本数据指受试者的姓名、性别、年龄、运动等级等人口统计学数据，可以制订简易的调查问卷记录这些数据；测试数据指在实验控制的情况下采用实验仪器测试的数据，仪器无法存储的数据可以记录在调查问卷中，仪器可以存储的数据可以在测试完后从仪器中导出使用。这里要注意基本数据和测试数据的匹配问题，基本数据和测试数据中都要有关于受试者的唯一标识，如“姓名”“编号”等。

4. 文献资料法

文献资料中的数据资料都可以被再次利用。例如，国家统计局公布的 GDP（国内生产总值）、CPI（consumer price index，居民消费价格指数）、PPI（producer price index，生产者价格指数）等指标数据经常被经济学家用于判断宏观经济状况；国家国民体质监测中心发布的《国民体质监测公报》中的数据经常被体育科研人员发表成果时引用；以往研究成果中的数据经常被当前研究者引用。

从文献资料中获取数据再利用的典型统计学方法是 Meta 分析。该方法是一种以综合研究结果为目的，对大量单个同类研究结果进行定量分析的统计学方法。一般分为六步：①提出需要并可以解决的问题；②选择合适的效应指标；③确定文献的检索策略，检索文献；④评价文献质量，纳入满足要求的文献；⑤提取纳入文献中的相关数据进行统计学处理；⑥报告研究结果。第五步就是提取纳入文献中的相关数据，例如，在典型的定量资料 Meta 分析中，通常需要从纳入的文献中提取干预组和实验组的样本含量、平均数、标准差，以及其他可能影响研究结果异质性的相关变量。

## 三、统计调查的形式

### 1. 普查

**普查**是指为某一特定目的而专门组织的全面调查。普查的目的是摸清和掌握有关国情、国力的基本统计数据，为国家制定有关政策或措施提供依据，如人口普查（10 年 1 次逢 0）、农业普查（10 年 1 次逢 6）、经济普查（10 年 2 次逢 3、8）、体育场地普查（10 年 1 次逢 3）。

普查的涉及面广、调查单位多，需耗费大量人力、物力和时间，因此普查通常是一次性或长周期的，但它搜集的资料全面，可获得比较准确、规范的信息。

### 2. 抽样调查

**抽样调查**是从调查对象的总体中随机抽取一部分单位作为样本进行调查，并根据样本调查的结果来推断总体数量特征的一种非全面调查方法。

抽样调查可以节省大量的人力、物力和时间，能够以较少的投入取得必要的统计数据，从而提高调查质量和数据的时效性。抽样调查已成为世界各国普遍采用的一种统计数据收集方法。一些不必要、难以或无法进行全面调查的对象，如国民的体质健康状况、膳食结构调查及某些具有破坏性的产品质量检验等均适合用抽样调查的方法。

### 3. 重点调查

**重点调查**是一种非全面调查方法，它通过在调查对象中选取一部分重点单位进行调查，以了解总体的基本情况。重点单位是指在总体中只占一小部分但具有举足轻重地位的单位，其标志值在总体标志值中占据极大的比例，因此，通过对这些单位的调查一般能够掌握总体的基本情况。

例如，要了解全国民用航空业的经营情况，只要对中国国际航空公司、中国南方航空股份有限公司、中国东方航空集团有限公司等几家大型航空公司的经营情况进行调查就能达到目的。因为这些企业虽然在全国航空企业中只占少数，但它们占有绝大部分的市场份额。

重点调查可用较少的人力、物力和时间，获得反映总体基本情况的资料。当调查任务只要求掌握调查对象的基本情况，而总体中部分单位又能较集中地反映所要研究的问题时，就比较适宜进行重点调查。

### 4. 典型调查

**典型调查**是一种非全面调查方法，它根据调查的目的和要求，在对调查对象进行全面分析的基础上，有意识地选择部分有代表性的单位进行调查。

根据调查单位之间差异的大小，典型单位的选择可采用以下两种方式。

（1）若调查单位之间差异小，则可适当选择一两个典型单位，作“解剖麻雀”式的调查。

（2）若调查单位之间差异大，则可采取“划类选典”的方式，将调查的总体分成若干类型，然后在每一类型中选择典型单位进行调查。

## 四、统计数据的误差

统计数据的误差就是测量值（$m$）与真实值（$t$）之差。测量值是测试工作中实际的观测值，真实值则是反映受试者真实水平的值。例如，在一次立定跳远测试中，实际测得的立定跳远成绩（$m$）为 2.65m，但受试者立定跳远的真实水平（$t$）是 2.70m，那么这里就存在-0.05m 的绝对误差（$m-t$）和约-1.85%的相对误差$\left(\frac{m-t}{t}\times 100\%\right)$。测试工作中经常存在各种类型的误差，误差过大会使测量结果失去参考价值，因此需要了解误差产生的原因，并在测试工作中尽量避免或减小误差。

根据误差的性质可以把误差分为系统误差、随机误差、抽样误差和过失误差四类。

### 1. 系统误差

系统误差指偏离规定测量条件或测量方法产生的有规律性的误差。例如，体重计在使用前未清零，起始质量为 2kg，那么每个受试者的体重测量值都会增加 2kg；测量身高时，测试者比受试者高时会低头看刻度，比受试者低时会抬头看刻度，这样会造成测量值规律性偏低和偏高。这种误差可以通过改变测试条件或测试方法来避免或减小。

### 2. 随机误差

随机误差是指由偶然因素造成的误差。随机误差使测量值或偏大或偏小，具有不确定性。这种误差无法避免，但是可以减小。例如，采用同一设备多次测量同一受试者安静时的心率，得到的测量值不会完全相同。测试设备的精确性、受试者的自然变异等因素都会影响随机误差的大小，而且无法避免。但是，采用精确性更高的测试设备、测试前让受试者有足够的安静休息时间、用多次测量的均值作为测量值等方法都可以减小误差。

### 3. 抽样误差

抽样误差是指个体差异和抽样造成的样本统计量与总体参数之间的偏差。由于个体差异的存在，随机抽取若干个体形成的样本与总体之间会存在偏差，样本均值不会等于总体均值，样本标准差也不会等于总体标准差。随机抽样产生的抽样误差属于随机误差，无论采用哪种抽样方法都会产生抽样误差，这无法避免。扩大样本含量是减小抽样误差的常用手段。

### 4. 过失误差

过失误差是指由于测试人员粗心大意造成的误差，如将立定跳远成绩 2.71m 登记成 2.17m。增强测试人员的责任心，实行科学严格的监督、检查、验收制度，可以有效地避免过失误差。

# 第二节 统计数据的整理

## 一、数据输入

在 SPSS 中输入数据的一般原则：每一个观测个体的数据占一行，每一个变量占一列。

（一）定义变量

下面以实际工作中收集数据时经常遇到的题目类型进行介绍。

1. 填空题、简答题

具体题目如下。

A1．姓名：________。
A2．身高：________cm。
A3．体重：________kg。
C1．谈谈你对北京 2022 年冬奥会的感受。________________

其中，“A1”和“C1”需要录入汉字或字母，是字符型变量，“A2”和“A3”需要录入连续数据，属于连续变量。

2. 单选题

具体题目如下。

A4．学校所在区域：
（1）市（区） （2）县城 （3）乡镇 （4）农村
A5．你对体育运动的喜欢程度：
（1）喜欢 （2）比较喜欢 （3）一般 （4）不太喜欢 （5）不喜欢

其中，“A4”为定类变量，“A5”为定序变量。

3. 多选题

具体题目如下。

B1．暑假期间你有哪些计划？【可多选】
（1）旅游 （2）打工 （3）躺平 （4）学习 （5）其他
B2．闲暇时间你经常做什么？【限选两项】
（1）看电视 （2）刷短视频 （3）读书 （4）体育运动 （5）旅游
（6）睡觉 （7）聚会 （8）玩游戏 （9）其他

在回答多选题时，回答者可以选择一个选项，也可以选择多个选项，所以多选题不能像单选题那样只定义一个变量，否则会无法统计分析。对多选题需要定义多个基本变量，每个基本变量都是定类变量。SPSS 定义基本变量的方法有两种，即二分法和类别法。

（1）二分法。

二分法是把多选题的每个选项当作一个只有两个选项的单选题，可以定义为“1”代表“是”（简写为1-是，下同），说明受试者选择了该选项；0-否，说明受试者没有选择该选项。

（2）类别法。

类别法是把受试者做出的每个“选择”分别当作一个具有全部选项的单选题。

当多选题不限制选项数目时，经常采用二分法定义基本变量；当限制选项数目时，则经常采用类别法定义基本变量。

#### 4. 排序题

具体题目如下。

B3．请从以下运动品牌中选择你最喜欢的3个，并按喜欢程度由强到弱排序：________________。

（1）特步　（2）安踏　（3）鸿星尔克　（4）361°　（5）匹克

B4．请把以下运动饮料品牌按喜欢程度由强到弱排序：________________。

（1）脉动　（2）尖叫　（3）红牛　（4）健力宝　（5）佳得乐

排序题与多选题有点相似，都需要受试者做出多个选择，但是排序题还需要对多个选择进行排序。另外，两者定义基本变量的方法与统计分析方法都不相同。

对于排序题，可以从选项个数或次序个数两个角度定义基本变量。例如，“B3”的选项个数是5，次序个数是3；“B4”的选项个数是“5”，次序个数也是5。

某个受试者填写上述所有题目的结果如下。

A1．姓名：<u>呦呦呦</u>。

A2．身高：<u>180</u>cm。

A3．体重：<u>75</u>kg。

A4．学校所在区域：

<u>（1）</u>市（区）　（2）县城　（3）乡镇　（4）农村

A5．你对体育运动的喜欢程度：

（1）喜欢　<u>（2）</u>比较喜欢　（3）一般　（4）不太喜欢　（5）不喜欢

B1．暑假期间你有哪些计划？【可多选】

<u>（1）</u>旅游　<u>（2）</u>兼职　（3）躺平　<u>（4）</u>学习　（5）其他

B2．闲暇时间你经常做什么？【限选两项】

（1）看电视　<u>（2）</u>刷短视频　（3）读书　<u>（4）</u>体育运动　（5）旅游

（6）睡觉　（7）聚会　（8）玩游戏　（9）其他

B3．请从以下运动品牌中选择你最喜欢的3个，并按喜欢程度由强到弱排序：<u>（3）、（1）、（2）</u>。

（1）特步　（2）安踏　（3）鸿星尔克　（4）361°　（5）匹克

B4．请把以下运动饮料品牌按喜欢程度由强到弱排序：<u>（3）、（1）、（2）、（4）、（5）</u>。

（1）脉动　（2）尖叫　（3）红牛　（4）健力宝　（5）佳得乐

C1．谈谈你对北京2022年冬奥会的感受。

<u>中国很强大，很多外国人都学会了唱《义勇军进行曲》</u>。

若将“B1”按二分法定义，“B2”按类别法定义，“B3”按次序个数定义，“B4”按选项个数定义，结果如图 2-2-1 所示。

| | 名称 | 类型 | 宽度 | 小数位数 | 标签 | 值 |
|---|---|---|---|---|---|---|
| 1 | 姓名 | 字符串 | 12 | 0 | | 无 |
| 2 | A2 | 数字 | 8 | 2 | 身高 | 无 |
| 3 | A3 | 数字 | 8 | 2 | 体重 | 无 |
| 4 | A4 | 数字 | 8 | 2 | 学校所在区域 | {1.00, 市（... |
| 5 | A5 | 数字 | 8 | 2 | 你对体育运动的... | {1.00, 喜欢}... |
| 6 | B1_1 | 数字 | 8 | 2 | 旅游 | {.00, 否}... |
| 7 | B1_2 | 数字 | 8 | 2 | 兼职 | {.00, 否}... |
| 8 | B1_3 | 数字 | 8 | 2 | 躺平 | {.00, 否}... |
| 9 | B1_4 | 数字 | 8 | 2 | 学习 | {.00, 否}... |
| 10 | B1_5 | 数字 | 8 | 2 | 其他 | {.00, 否}... |
| 11 | B2_1 | 数字 | 8 | 2 | 闲暇时间你经常... | {1.00, 看电... |
| 12 | B2_2 | 数字 | 8 | 2 | 闲暇时间你经常... | {1.00, 看电... |
| 13 | B3_R1 | 数字 | 8 | 2 | 第1 | {1.00, 李宁}... |
| 14 | B3_R2 | 数字 | 8 | 2 | 第2 | {1.00, 李宁}... |
| 15 | B3_R3 | 数字 | 8 | 2 | 第3 | {1.00, 李宁}... |
| 16 | B4_1 | 数字 | 8 | 2 | 特步 | {1.00, 第1}... |
| 17 | B4_2 | 数字 | 8 | 2 | 安踏 | {1.00, 第1}... |
| 18 | B4_3 | 数字 | 8 | 2 | 鸿星尔克 | {1.00, 第1}... |
| 19 | B4_4 | 数字 | 8 | 2 | 361° | {1.00, 第1}... |
| 20 | B4_5 | 数字 | 8 | 2 | 匹克 | {1.00, 第1}... |
| 21 | C1 | 字符串 | 300 | 0 | 谈谈你对北京2... | 无 |

图 2-2-1　多种题目定义完成后的变量视图

（二）输入数据

输入数据需要在“数据视图”界面完成，要满足“每一个观测个体的数据占一行”的基本原则。各种题目类型的输入方法如下。

（1）**填空题、简答题**：直接输入结果（无论是汉字、字母或数字）。

（2）**单选题**：输入被选中选项的数字编号。例如，对于题目“A5”，受试者选中了“（2）比较喜欢”，就输入“2”。

（3）**二分法定义的多选题**：若“值标签”设置为“1-是、0-否”，且“1”表示选择了该选项，则在被选中的选项中输入“1”，未被选中的选项中输入“0”。例如，对于题目“B1”，受试者选中了“（1）旅游、（2）兼职、（4）学习”，那么在 B1_1、B1_2、B1_4 中都输入“1”，在 B1_3、B1_5 中输入“0”。

（4）**类别法定义的多选题**：与一般的单选题一样，录入被选中选项的数字编号。例如，对于题目“B2”，受试者选中了“（2）刷短视频、（4）体育运动”，那么需要在 B2_1、B2_2 中分别输入“2”“4”。

（5）**按次序个数定义的排序题**：输入该次序的选项编号。例如，“B3_R1”事实上在问“把以下运动品牌按喜欢程度由强到弱排序，排第 1 的是哪个品牌？”。根据受试者的回答，第 3 个选项“（3）鸿星尔克”排第 1，于是就在“B3_R1”中输入“3”。同理，在

B3_R2、B3_R3 中分别输入“1”“2”。

在 B3_R1～B3_R3 三个题目中依次输入的数字“3,1,2”，与受试者回答的数字“3,1,2”顺序是一致的，很方便输入。

（6）**按选项个数定义的排序题：**录入该选项的次序编号。例如，“B4_1”事实上在问“把以下运动饮料品牌按喜欢程度由强到弱排序，脉动排第几？”。根据受试者的回答，“脉动”被排在了第 2 位，于是就在“B4_1”中输入“2”。同理，在 B4_2～B4_5 中分别输入“3”“1”“4”“5”。

在 B4_1～B4_5 五个题目中依次输入的数字“2,3,1,4,5”，与受试者回答的数字“3,1,2,4,5”顺序不同，这会导致输入数据时容易出错。此时可以修改题目的设计方法，以方便输入数据，如图 2-2-2 所示。

按选项个数定义排序题时，建议的题目设计方法（以“B4”为例）：

B4. 根据你对以下运动饮料品牌的喜欢程度连线。

| 品牌 | （1）脉动 | （2）尖叫 | （3）红牛 | （4）健力宝 | （5）佳得乐 |
|---|---|---|---|---|---|
| | | | | | |
| 排序 | 第 喜欢 | 第 2 喜欢 | 第 3 喜欢 | 第 4 喜欢 | 第 5 喜欢 |

图 2-2-2 修改题目设计

输入完成后的“数据视图”窗口如图 2-2-3 所示。

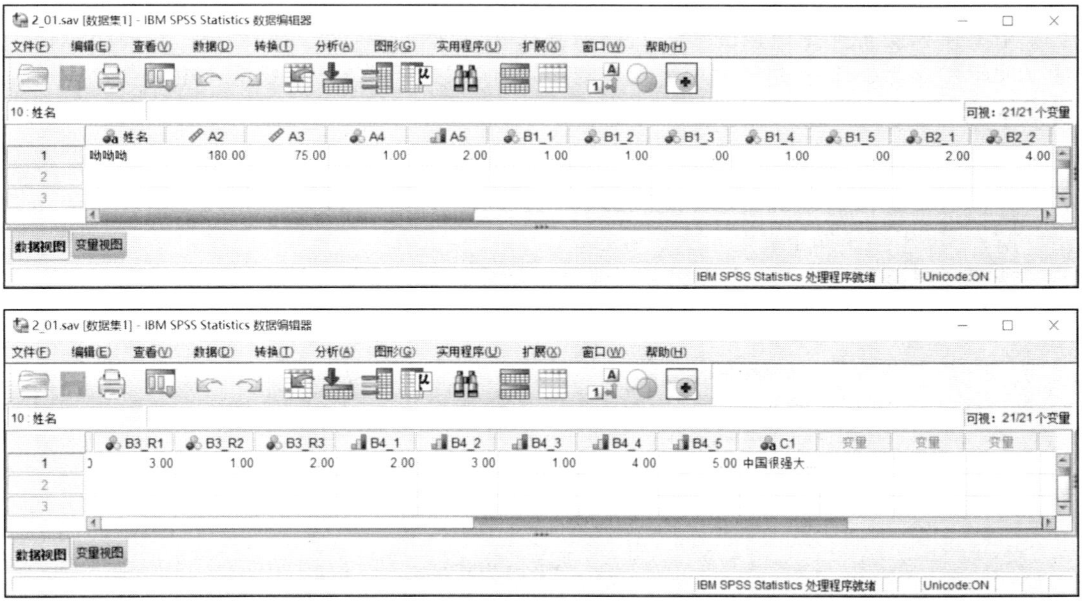

图 2-2-3 多种题目定义完成后的变量视图

在“数据视图”窗口中单击工具栏中的按钮，可以切换查看“值”与“标签”选项。

## 二、数据整理

### （一）计算变量

**计算变量**是 SPSS 根据已知变量采用算术表达式、函数计算出新变量的过程。选择“转换”菜单→“计算变量”命令，即可打开“计算变量”对话框，图 2-2-4 是根据身高（B1）、体重（B2）来计算 BMI（body mass index，身体质量指数），BMI = 体重/身高 $^2$（$kg/m^2$）。

SPSS 的操作结果如图 2-2-5 所示。

图 2-2-4 “计算变量”对话框

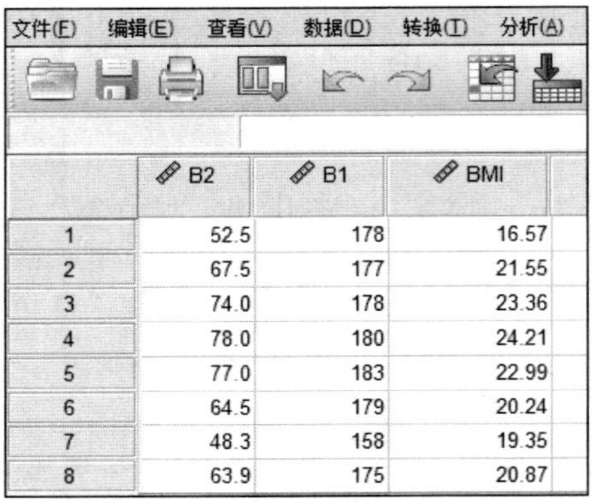


图 2-2-5 计算的新变量 BMI 和数据

### （二）个案排秩

**个案排秩**是把变量值按照一定的规则排秩并保存的过程。“个案排秩”可以将数值变量（非字符串型、非日期型的变量）直接排秩，可以按一个分组变量分组排秩，也可以按多个分组变量的子组排秩。

**【例 2-2-1】** 在 SPSS 中，把“体质得分（B8）”从小到大排秩（分低则秩小、分高则秩大）。

**解：** SPSS 操作如下。

选择“转换”菜单→“个案排秩”命令，打开“个案排秩”对话框，如图 2-2-6 所示。

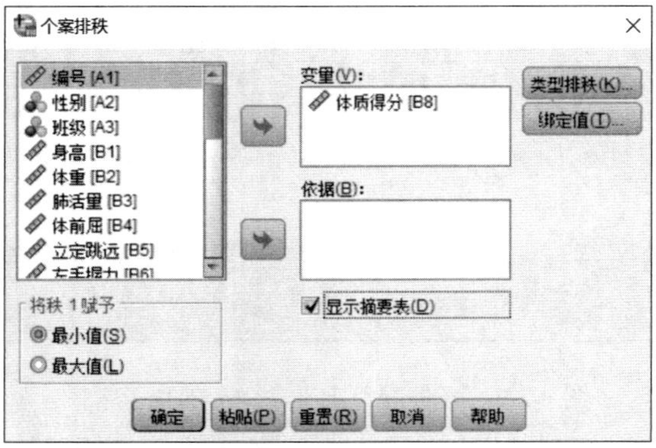


图 2-2-6 “个案排秩”对话框

单击“类型排秩”和“绑定值”按钮，可以打开“个案排秩：类型”和“个案排秩：绑定值”对话框，如图 2-2-7 所示。

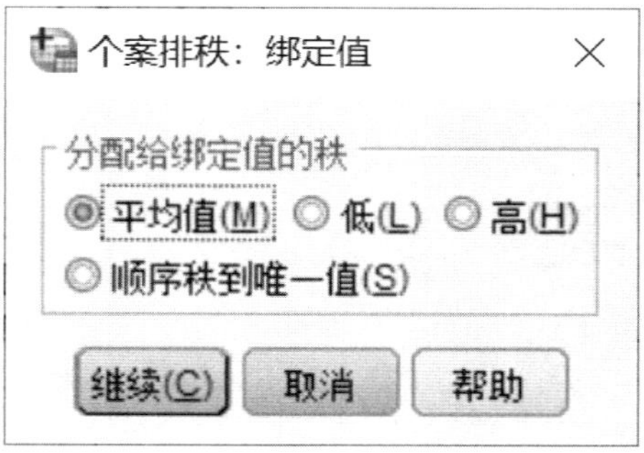


图 2-2-7 “个案排秩：类型”和“个案排秩：绑定值”对话框

查看数据编辑器会在变量末尾看到新变量和排秩后的数据。

如果需要根据“性别（A2）”分组，就把“体质得分”在各组内按从大到小的顺序排秩（降序排秩）。SPSS 操作：将“体质得分”移入“变量”列表框中；将“性别”移入“依据”列表框中；将秩 1 赋予“最大值”。

如果需要根据“班级（A3）”“性别（A2）”分组，就把“体质得分”在各组内按从大到小的顺序排秩。SPSS 操作：将“体质得分”移入“变量”列表框；依次把“班级”“性别”移入“依据”列表框；将秩 1 赋予“最大值”。这里要注意的是，选入分类变量时，要先选择“班级”，再选择“性别”。这样在“班级×性别”的 6 个子组中，都是分别降序排秩。

### （三）选择个案

**选择个案**是选择部分个案参与后续的统计分析。

**【例 2-2-2】**在 SPSS 中描述体育类专业学生因迷恋网游而逃课的情况。

A3. 你的专业：（1）文史类　　（2）理工类　　（3）艺术类　　（4）体育类

**解**：SPSS 操作如下。

（1）选择“数据”菜单→“选择个案”命令，打开“选择个案”对话框，如图 2-2-8 所示。

（2）选中“如果条件满足”单选按钮，单击“如果”按钮，打开“选择个案：if”对话框。

（3）在右侧的空白处输入“A3=4”，再单击“继续”按钮，就选中了体育类专业学生。同时会发现，在“选择个案”对话框中“如果”按钮的右侧增加了“A3=4”。

（4）单击“确定”按钮，在数据集右下角的状态栏会看到“过滤开启”4 个字，这说明数据集处于“选择个案”状态。在“数据视图”窗口会发现，未被选中的个案编号上有一条斜线，在后续的统计分析中，这部分数据将不会被分析，如图 2-2-9 所示。

图 2-2-8　“选择个案”对话框 1

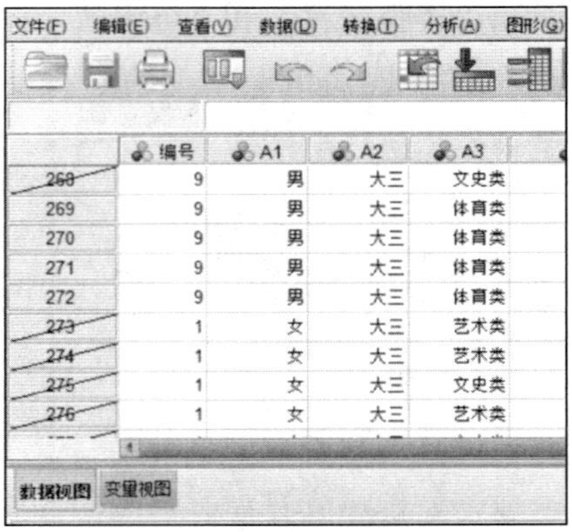


图 2-2-9　“选择个案”对话框 2

（四）个案排序

**个案排序**可以基于一个或多个排序变量的值对活动数据集的个案（行）排序，有升序和降序两种形式。如果选择了多个排序变量，那么个案将按“排序”列表中前一个变量类别中的每个变量对个案进行排序。例如，如果选择“性别”作为第一个排序变量，选择“年龄”作为第二个排序变量，那么将按每个性别类别中的年龄对个案进行排序。

**【例 2-2-3】**在 SPSS 中，按照“性别（A2）”“体质得分（B8）”排序，前者升序，后者降序。

**解：**SPSS 操作如下。

（1）选择“数据”菜单→“个案排序”命令，打开“个案排序”对话框，如图 2-2-10 所示。

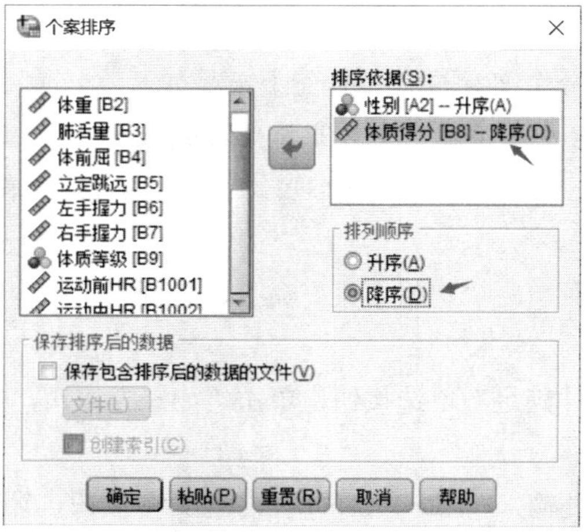


图 2-2-10　“个案排序”对话框

（2）把“性别”选入右侧的“排序依据”列表框，选中下面的“升序”单选按钮；把“体质得分”也选入“排序依据”列表框，选中“降序”单选按钮。

（五）标识重复个案

**标识重复个案**是指当个案数量较多时经常存在重复记录的现象，统计分析时，为了避免受重复个案的影响，可以采用该功能标识重复的个案。如果需要删除重复的个案，可以选择“数据”菜单→“选择个案”命令，打开“选择个案”对话框，设置选择个案的条件后再选择“删除未选定的个案”命令进行删除。

**【例 2-2-4】**在 SPSS 中，统计学生的考试分数。由于部分学生参加了两次考试，存在两个记录，现需要取两次考试中最好的成绩作为最终成绩。

**解**：SPSS 操作如下。

（1）选择“数据”菜单→“标识重复个案”命令，打开“标识重复个案”对话框，如图 2-2-11 所示。

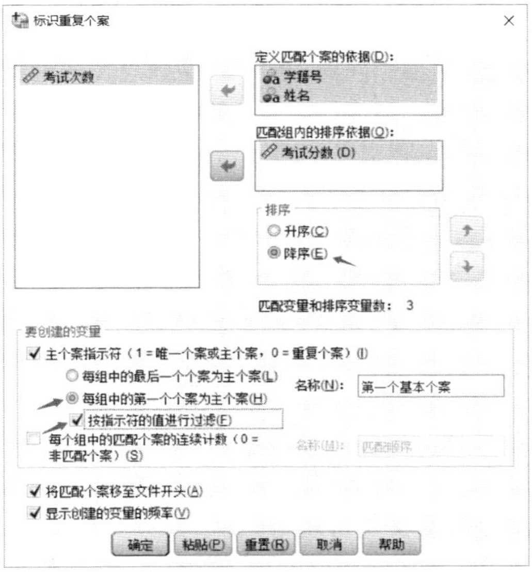


图 2-2-11 “标识重复个案”对话框

（2）“定义匹配个案的依据”列表框：用于选入定义匹配个案的变量，当变量的值相同时，视为重复个案。本例中选入“学籍号”和“姓名”两个变量。

（3）“匹配组内的排序依据”列表框：用于选入排序变量，可以把重复个案依据“排序变量”排序。选择多个排序变量时，将按“排序”列表中前一个变量类别中的每个变量对个案进行排序。

排序决定了每个匹配组内的“第一个”和“最后一个”个案，这些个案会影响后面关于“主个案”的选择。

本例中要保留两次考试中最好的成绩，因此把“考试分数”作为排序变量，并按降序排序。

（4）“要创建的变量”区域：用于定义标识变量，并标识重复个案。

“主个案指示符”中明确指出：1 = 唯一个案或主个案，0 = 重复个案。这说明在将要创建的标识变量中，会用“1”代表不重复的个案及“主个案”（重复个案中想要保留的个案），用“0”代表重复个案。本例中，“考试分数”是按降序排序的，第一个个案是最好的成绩，所以选中“每组中的第一个个案为主个案”单选按钮。在“名称”文本框中输入标识变量名称。

“按指示符的值进行过滤”复选框：选中此复选框，会按照标识变量进行过滤，相当于选择“数据”菜单→“选择个案”命令，然后只选择标识变量值为“1”的个案参与后续的统计分析。

（5）单击“确定”按钮，在“数据视图”窗口可以查看生成的标识变量“第一个基本个案”，其中，“0”代表“重复个案”，此时会发现“0”所在的个案编号上都有一条斜线（图 2-2-12），这说明后续的统计分析不会考虑重复个案。在输出窗口可以看到“标识变量”的频数分布表，包括重复个案和主个案的频数、占比等。

| | 学籍号 | 姓名 | 考试分数 | 考试次数 | 第一个基本个案 |
|---|---|---|---|---|---|
| 1 | 1913431027 | 郭泌汝 | 95 | 1.00 | 1 |
| 2 | 1913431027 | 郭泌汝 | 90 | 2.00 | 0 |
| 3 | 1913431047 | 刘梦媛 | 94 | 2.00 | 1 |
| 4 | 1913431047 | 刘梦媛 | 84 | 1.00 | 0 |
| 5 | 1913431069 | 邱聿芳 | 90 | 1.00 | 1 |
| 6 | 1913431069 | 邱聿芳 | 88 | 2.00 | 0 |
| 7 | 1913431020 | 丁一 | 93 | 1.00 | 1 |
| 8 | 1913431022 | [illegible] | 85 | 1.00 | 1 |

图 2-2-12　定义“重复个案”后的数据集

（六）数据有效性的验证

实际工作中收集到的数据时常会存在异常值，异常值会导致统计分析结果存在较大偏差。**数据有效性的验证**可以帮助我们采用定义规则的方法，自动查找并标识异常个案。这里的规则包括单变量规则和交叉变量规则。

（1）单变量规则是对单个变量取值有效性的检查，有效值可以是离散值，也可以是一个范围。

（2）交叉变量规则是可应用于单一变量或变量组合的用户定义规则，交叉变量规则由标记无效值的逻辑表达式定义。

数据有效性的“验证”一般分为 3 步：确定规则、定义规则、验证数据。

**【例 2-2-5】**对以下几个题目进行数据有效性的验证。

**A1. 性别：**（1）男　　（2）女

**B1. 大学期间，你从事兼职情况：**

（1）没有兼职过（若选该项，跳过 B2）　（2）偶尔兼职　（3）经常兼职

**B2. 兼职的主要时间：（可多选）**

（1）节假日　（2）非节假日的周末

（3）工作日课余时间（周 1～周 5）　（4）其他

**C1. 周一至周五你平均每天看电子屏幕的时间：**________小时（可以有小数，如 1.5 小时）。

**解：**SPSS 操作如下。

**步骤 1：确定规则。**

考虑到篇幅原因，在此仅确定较为重要的几条规则。

（1）A1：取值只能是“1”或“2”，属于单变量规则，定义有效值分别为“1”或“2”。

（2）C1：取值为一个范围[0,24)，属于单变量规则，定义有效范围为[0,24)。

（3）B1 和 B2 之间的一个逻辑：B1=1 时，B2 的各个选项不能被选择，属于交叉变量规则，需要定义无效值逻辑表达式。另外，B1 和 B2 之间还存在其他逻辑，可以自行探索。

下面定义 A1 和 C1 的单变量规则，对定义交叉变量规则的方法可以自行探索。

**步骤 2：定义规则。**

（1）选择“数据”菜单→“验证”→“定义规则”命令，打开“定义验证规则”对话框，如图 2-2-13 所示。

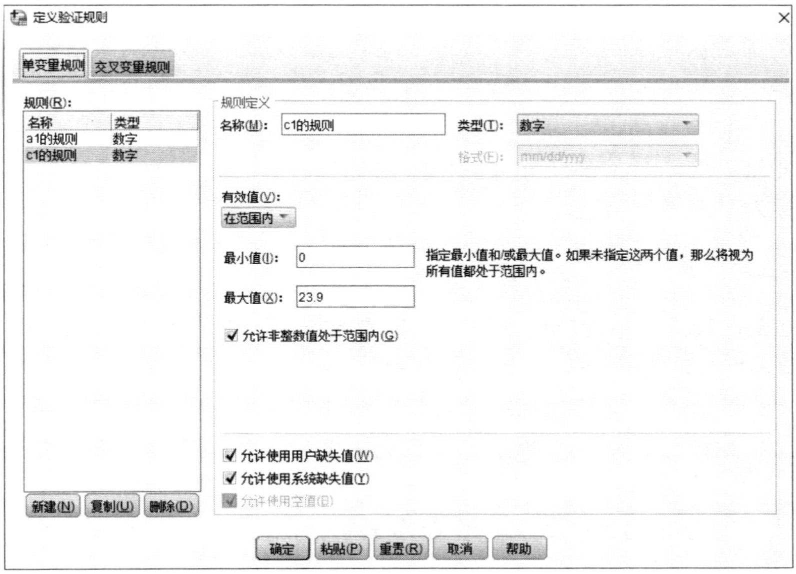


图 2-2-13　“定义验证规则”对话框

（2）单击“单变量规则”选项卡，定义 A1 和 C1。

A1 的规则：在“名称”文本框中输入“A1 的规则”，在“有效值”下拉列表中选择“在列表中”选项，分别输入“1”和“2”两个“值”。单击左下角的“新建”按钮，定义 A1 的规则。

C1 的规则：在“名称”文本框中输入“C1 的规则”，在“有效值”下拉列表中选择“在范围内”选项，最小值和最大值分别输入“0”和“23.9”两个“值”，单击“确定”按钮，定义好的规则被临时保存。

**步骤 3：验证数据。**

（1）选择“数据”菜单→“验证”→“验证数据”命令，打开“验证数据”对话框。

（2）“变量”：把需要进行数据有效性验证的变量移入“分析变量”列表框中，也就是选入案例中的题目（A1、C1）。把“编号”移入“个案标识变量”列表框中，这样就可以通过“编号”里的数字标识异常个案。

（3）“基本检查”：为分析变量、个案标识和全部个案选择基本检查。

（4）“单变量规则”：给选入的分析变量指定单变量规则，也可以定义新的单变量规则或修改目前的规则。

（5）“交叉变量规则”：选择需要执行的交叉变量规则，也可以定义新的交叉变量规则或修改目前的规则。

（6）“输出”：如果根据任何单变量或交叉变量验证规则存在异常个案，就可以列出每个个案违反规则的报告。

（7）“保存”：可以将记录违规的变量保存到活动数据集中。

（8）单击“确定”按钮。

这样，在输出窗口就可以看到“规则描述”“变量摘要”“个案报告”等。

### （七）异常值的查找和处理

**异常值**是指数据集中距离大多数数据明显较远的数据。数据录入错误、编码错误、缺失值定义错误、测试操作失误、特殊个案等因素都会产生异常值。异常值往往会对分析结果产生较大的影响。

在单个变量上的明显偏高或偏低的值称为单变量异常值；在两个或多个变量的组合上异常的值称为多变量异常值。

#### 1. 异常值的查找

采用 SPSS 查找异常值的常用方法：选择“数据”菜单中的“标识异常个案”“数据有效性的验证”“个案排序”命令；选择“图形”菜单→“图表构建器”中的“直方图”、“箱图”（用“○”和“*”标注的数据）和“散点图”（明显偏离的点）命令；选择“分析”菜单→“描述统计”中的“频率”和“交叉表”命令。具体操作方法可以查看有关章节。

对于服从正态分布的连续数据，还经常采用标准分法，即计算每个个案的标准分 $\left(z=\dfrac{x-\overline{x}}{s}\right)$，把 $|z|$ 大于 2、2.5、3 或 4 的个案值视为异常值（$|z|>3$，也就是 $x>\overline{x}+3s$ 或 $x<\overline{x}-3s$）。可以先选择 SPSS 中的“分析”菜单→“描述统计”→“描述”命令计算变量的均值（$\overline{x}$）和标准差（$s$），然后选择“转换”菜单→“计算变量”命令计算个案的标准分，最后选择“数据有效性的验证”或“个案排序”命令查找异常值。

#### 2. 异常值的处理

查找到异常值以后，首先要通过查阅原始资料或数据集，找到异常值产生的原因，如果是录入错误、编码错误或缺失值定义错误等，可以重新输入、编码或定义；如果是测试操作失误，可以重新测试；如果已经无法弥补错误，可以考虑删除；如果是特殊个案造成的，如测量身高时，只有一人身高为 2.25m，其他人身高都在 1.90m 以下，那么就要从研究目的出发，考虑特殊个案是否具有研究价值，如果有研究价值就可以保留，如果没有研究价值就可以删除。当异常值需要保留时，经常采用“重新分组”或“改变计分”等办法降低异常值对分析结果的影响。例如，把身高为 1.8m 以上的个体合并为一组，把肺活量数值大于 $\overline{x}+3s$ 的个体都评价为 100 分。

（八）替换缺失值

在收集数据时，若数据缺失则会产生缺失值。当调查对象拒绝回答某些问题，或某些问题不适合调查对象回答时都会产生缺失值。此时在录入数据时可以空着或者录入特殊数据，如 999、666 等，然后在“变量视图”界面把这些特殊数据定义为缺失值。缺失值不会参与到后续的统计分析中。

当缺失值不影响后续的统计分析时，尽量不要考虑“替换”。只有当缺失值会导致某些统计分析无法正常运行时，才需要考虑“替换缺失值”。

**【例 2-2-6】**某数据集中，“立定跳远”数据存在缺失值，请按照“用‘立定跳远’的平均值替换缺失值”的要求来替换缺失值。

**解**：SPSS 操作如下。

（1）选择“转换”菜单→“替换缺失值”命令，打开“替换缺失值”对话框，如图 2-2-14 所示。

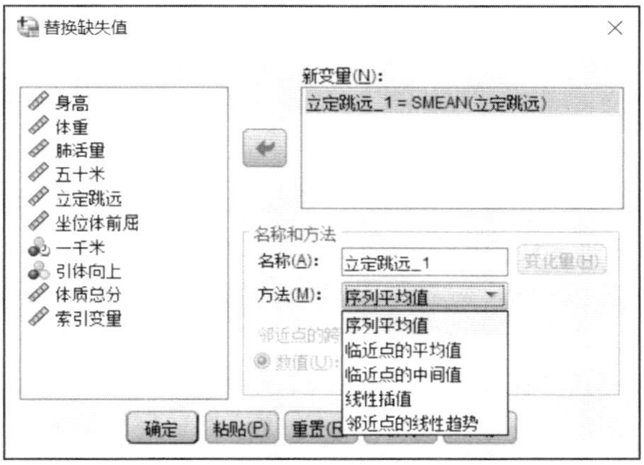


图 2-2-14 “替换缺失值”对话框

（2）把替换变量“立定跳远”选入右侧的“新变量”列表框中，此时，“新变量”列表框中会出现“立定跳远_1=SMEAN(立定跳远)”的文字内容。下方的“名称”文本框为包含替换缺失值后的新变量名称，这里输入“立定跳远_1”；“方法”下拉列表为替换缺失值的方法，默认为“序列平均值”选项，也就是用现有变量“立定跳远”的平均值替换缺失值。

（3）单击“确定”按钮，在数据集变量末尾生成替换缺失值后的新变量（结果变量）“立定跳远_1”，包括替换了的预测值。此时，输出窗口会显示“结果变量”的基本信息，包括结果变量的名称、替换的缺失值数量、个案数等。

**替换缺失值的各种估算方法简单介绍如下。**

（1）序列平均值：使用替换变量的平均值替换缺失值。

（2）邻近点的平均值：使用缺失值邻近点的有效值的平均值来替换缺失值。选择该选项后，“邻近点的跨度”由灰色变为黑色，“数值”是指缺失值上、下用于计算平均值的有效值个数。如果“数值”为“2”，则意味着用邻近缺失值的上面 2 个和下面 2 个（共 4 个）有效值的平均值替换缺失值。

（3）邻近点的中间值：使用缺失值邻近点的有效值的中位数来替换缺失值。邻近点的跨度为缺失值上、下用于计算中位数的有效值个数。类似“邻近点的平均值”的估算方法。

（4）线性插值：使用线性插值替换缺失值，即使用缺失值之前的最后一个有效值和之后的第一个有效值的平均值替换缺失值。如果序列中的第一个或最后一个个案具有缺失值，则不能替换。

（5）临近点的线性趋势：使用该点的线性趋势替换缺失值。现有变量在变量值为 1～$n$ 的索引变量上回归（自变量为索引变量，因变量为现有变量），缺失值将替换为其预测值。

需要注意的是，在以上 5 种方法中，只有使用“序列平均值”来替换缺失值的方法不受数据排列的影响，而其他方法都会受到数据排列的影响。这里的数据排列指个案在数据集中的先后顺序，与任何变量值的大小无关。

## 第三节　统计数据的展示

### 一、统计图

**统计图**（statistical chart）是能够简洁、直观地反映变量数据特征的“点、线、面、体”等几何图形。体育科研工作中经常使用的作图工具包括 SPSS、Excel、Origin、GraphPad Prism、MATLAB 等。SPSS 的作图功能很强大，在此只介绍实际工作中常用的统计图类型和制图方法。

SPSS 制作统计图有两个主要步骤，即构建统计图和编辑统计图。

构建统计图时，“图形”菜单中的“图表构建器”是最常用的、功能较全面的构图模块，操作相对简单，易学易懂，本节将重点介绍。

**注意：**“图形”菜单虽然可以构建多种统计图，但是并不全面，还有很多统计图需要通过其他功能菜单来绘制。例如，茎叶图可以选择“分析”菜单→“描述统计”→“探索”命令绘制；P-P 图、Q-Q 图可以选择“分析”菜单→“描述统计”→“P-P 图”或“Q-Q 图”命令绘制；ROC 曲线图可以选择“分析”菜单→“分类”→“ROC 曲线”或“ROC 分析”命令绘制；控制图、帕累托图（Pareto）可以选择“分析”菜单→“质量控制”命令绘制等。

编辑统计图主要在“图表编辑器”和“图形画板编辑器”中完成。统计图构建完成后，在输出窗口双击统计图即可打开“图表编辑器”或“图形画板编辑器”对话框。

#### （一）统计图的构建和编辑

##### 1. 统计图的构建

选择“图形”菜单→“图表构建器”命令，打开“图表构建器”对话框，如图 2-3-1 所示。在该对话框中可以基于“图库”或“基本元素”构建统计图，其中，基于“图库”构建统计图更容易理解一些。

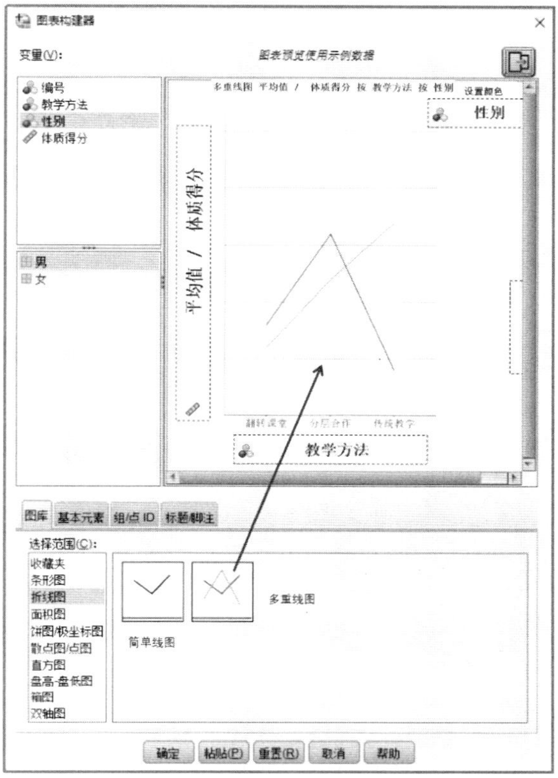


图 2-3-1 “图表构建器”对话框

单击“图库”选项卡，在“选择范围”列表框中选择一个统计图类别。单击选择的类别后，在右侧列表框中会提供多种统计图类型。双击需要的类型，该类型就会显示在上面的画布上。

2. 统计图的编辑

编辑统计图是利用“图表编辑器”把统计图编辑成需要样式的过程。双击输出窗口中的图表，打开“图表编辑器”对话框。在该对话框中可以添加选项、添加元素、编辑元素属性、修改文本内容，也可以移动元素、调整大小等。

（二）统计图模板的保存和应用

利用“图表编辑器”可以把设置好的统计图保存为统计图模板，还可以将这些设置应用到其他统计图中。

1. 统计图模板的保存

（1）在“图表编辑器”对话框中选择“文件”菜单→“保存图表模板”命令，打开“保存图表模板”对话框。

（2）选择要在模板中保存的设置。建议仅保存模板中明确需要的设置，如图 2-3-2 所示。

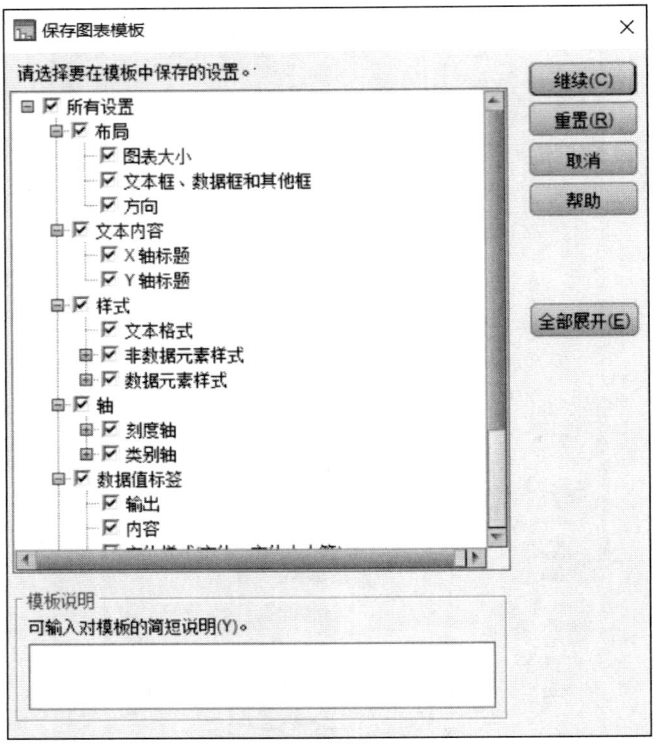


图 2-3-2　“保存图表模板”对话框

（3）单击“继续”按钮，然后输入新模板的文件名和位置，模板扩展名为“.sgt”。

（4）单击“保存”按钮。

2. 统计图模板的应用

（1）在“图表编辑器”对话框中选择“文件”菜单→“应用图表模板”命令，打开“应用模板”对话框。

（2）选择要应用的模板文件，单击“打开”按钮。

（三）折线图

**折线图**通过线段的升降来表示数值的变化趋势，其中线段端点的高低代表了数值的大小。此处的“数值”可以是连续变量的统计量（如平均值），也可以是离散变量的频数或构成比。

1. 描述连续变量的简单折线图

用折线图描述连续变量时，连续变量的统计量（如平均值）为 $Y$ 轴，还需要一个离散变量作为分组依据（$X$ 轴），如图 2-3-3 所示。

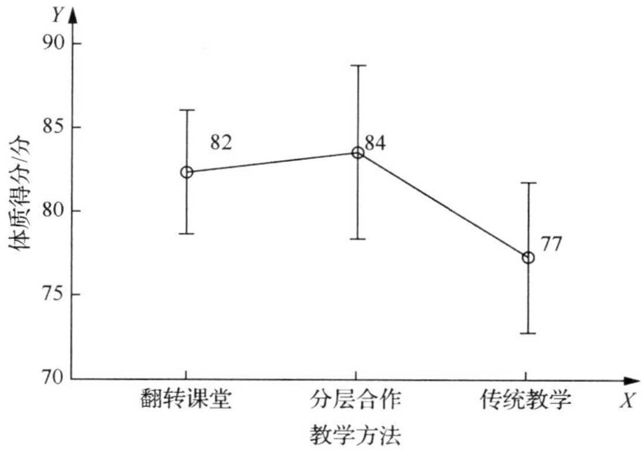


图 2-3-3　描述连续变量的简单折线图

2. 描述离散变量的简单折线图

用折线图描述离散变量时，只需要一个离散变量作为分组依据（X 轴），该变量各组的频数、构成比等指标都可以作为 Y 轴，如图 2-3-4 所示。

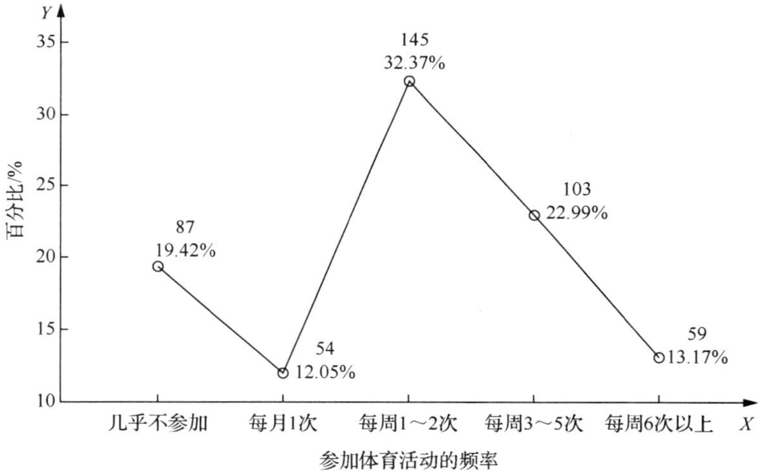


图 2-3-4　描述离散变量的简单折线图

3. 描述连续变量的多重折线图

用多重折线图描述连续变量时，该连续变量的统计量（如平均值）为 Y 轴，还需要两个离散变量，其中一个为 X 轴，另一个为分组变量，如图 2-3-5 所示。

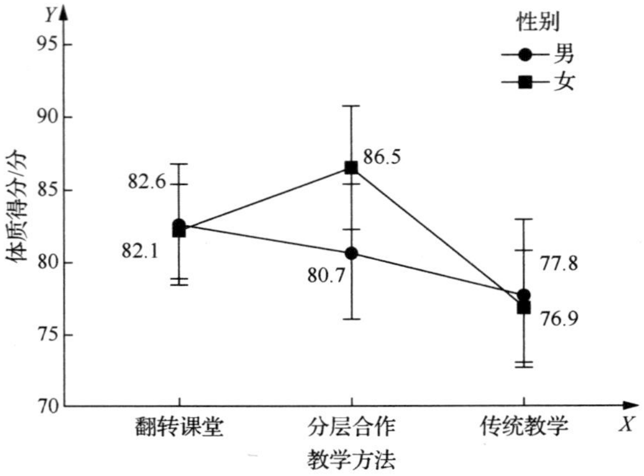


图 2-3-5　描述连续变量的多重折线图

4. 描述离散变量的多重折线图

用多重折线图描述离散变量时，仅需两个离散变量，其中一个为 $X$ 轴，另一个为分组变量，如图 2-3-6 所示。

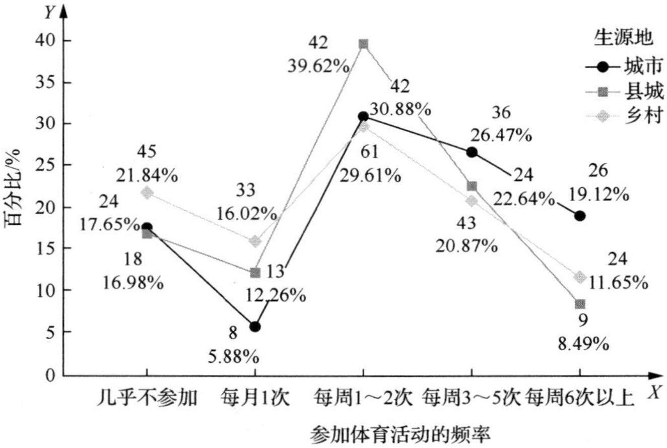


图 2-3-6　描述离散变量的多重折线图

（四）条形图

**条形图**（bar chart）用等宽直条的长短表示数值的大小。这里的数值一般是指分类变量的频数或构成比，也可以是连续数据的汇总指标（如平均值）。一般直条横置时称为条形图，纵置时称为柱形图或柱状图，在此都称为条形图。

1. 描述连续变量的简单条形图

用简单条形图描述连续变量时，SPSS 会首先对连续变量进行“分箱化”处理（离散化处理），然后计算各分箱的频数或百分比等指标，绘制的图形其实就是直方图，如图 2-3-7 所示。

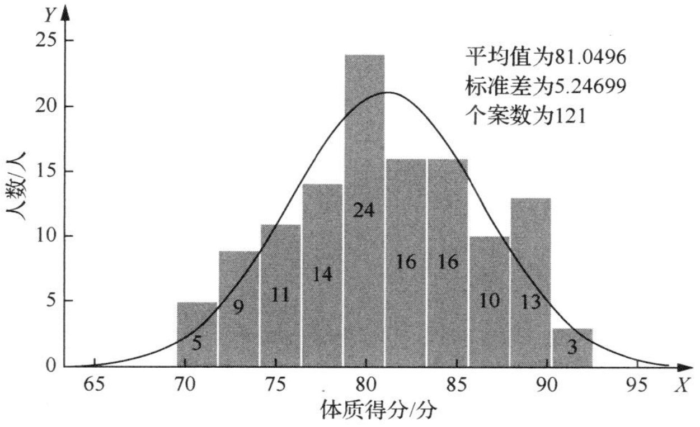


图 2-3-7 描述连续变量的简单条形图

2. 描述离散变量的简单条形图

用简单条形图描述离散变量时，SPSS 会根据各类别的频数或百分比等指标绘制简单条形图，如图 2-3-8 所示。

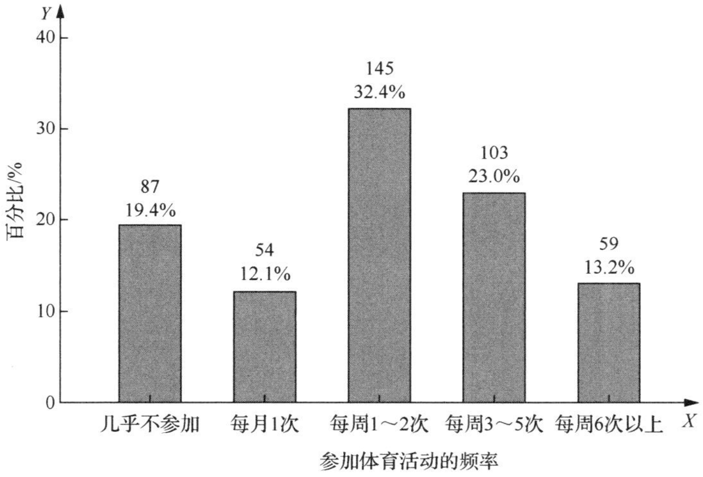


图 2-3-8 描述离散变量的简单条形图

3. 描述连续变量的簇状条形图

簇状条形图又称为群集条形图或复式条形图。该类图至少需要两个离散变量。若增加一个连续变量为纵轴时，可以描述两个离散变量交叉组合情况下连续变量的平均值等指标，还可以增加误差线。当仅有两个离散变量时，可以描述两个离散变量交叉组合的频数、百分比等指标。

在有一个连续变量的情况下，连续变量的统计量（如平均值）为 $Y$ 轴，一个离散变量为 $X$ 轴，另一个离散变量为分组变量，如图 2-3-9 所示。

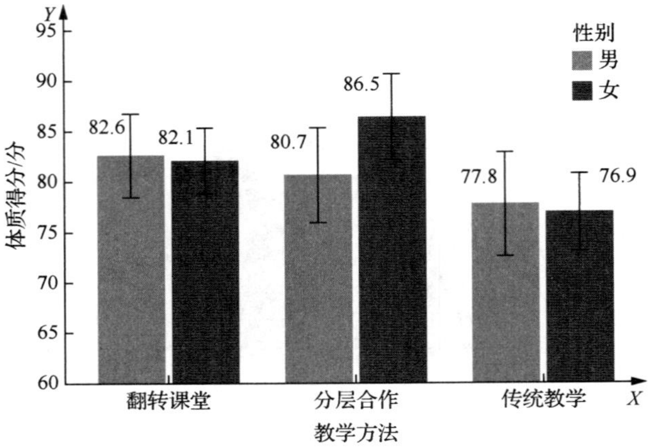


图 2-3-9　描述连续变量的簇状条形图

4. 描述离散变量的簇状条形图

用簇状条形图描述离散变量时，共需要两个离散变量，其中一个为 $X$ 轴，另一个为分组变量，如图 2-3-10 所示。

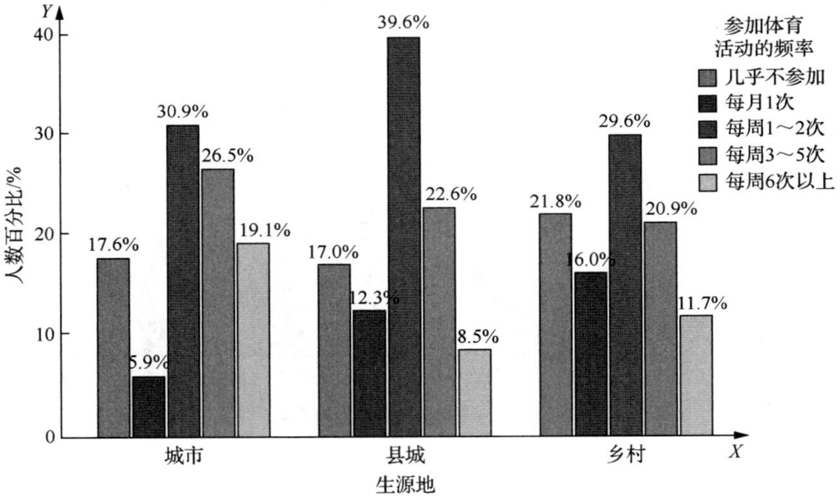


图 2-3-10　描述离散变量的簇状条形图

堆积条形图与簇状条形图的绘制方法和功能类似，在实际工作中也经常使用，这里不再详细介绍。图 2-3-10 所示的条形图是并排摆放的，而图 2-3-11 所示的条形图是堆积摆放的。

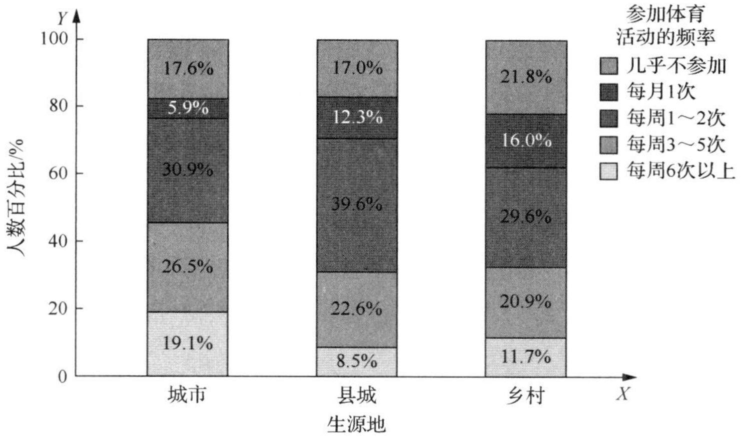


图 2-3-11 描述离散变量的堆积条形图

SPSS 提供的还有“3D 条形图”“误差条形图”等，绘制方法与前面介绍的方法类似，大家可以自行尝试。

（五）饼图

**饼图**（pie chart）用于表示离散变量各类别构成比的情况。圆形的总面积为 100%，扇形面积的大小表示各类别所占的百分比。

1. 单个饼图

只有一个离散变量需要描述时，可以采用单个饼图，根据各类别的频数或百分比绘制图形即可，如图 2-3-12 所示。

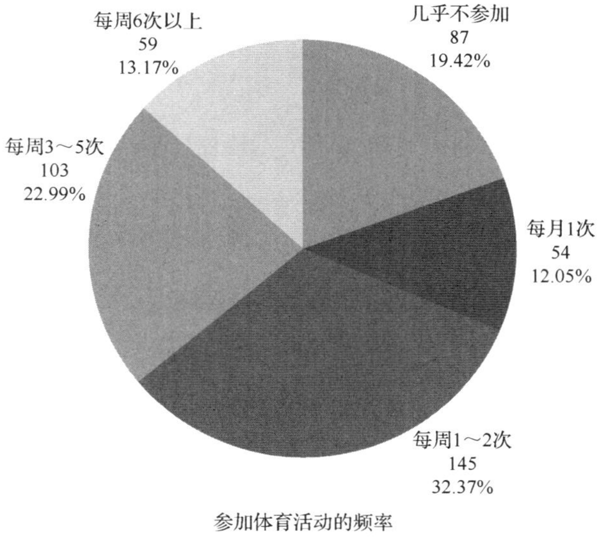


图 2-3-12 饼图

2. 组合饼图

需要描述离散变量在不同变量组合下的分布情况时，可以考虑组合饼图。绘制组合饼图时，除一个需要描述的离散变量外，还需要一个或两个分组变量，如图 2-3-13 所示。

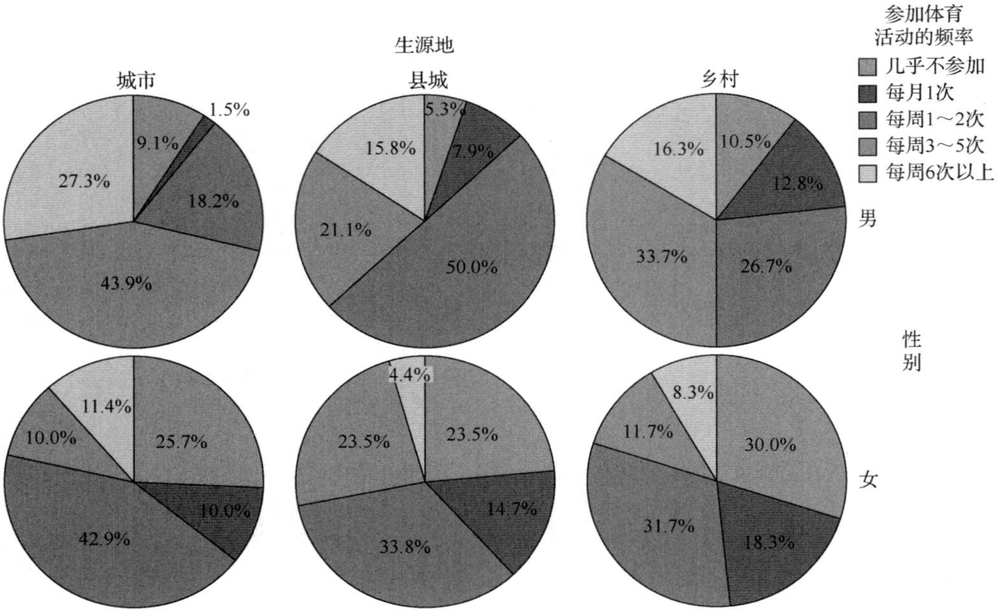


图 2-3-13　组合饼图

（六）直方图

**直方图**（histogram）主要用于描述连续变量的分布状况。数据被“分箱化”处理（离散化处理）后，根据各分箱的频数或百分比等指标绘制图形。SPSS 中部分类型的直方图也能处理离散变量。

1. 简单直方图与堆积直方图

简单直方图、堆积直方图分别与前面介绍的简单条形图和堆积条形图基本一致，可以参考前面有关章节，在此不再赘述。

2. 频率多边形图

频率多边形图是直方图的一种变体，是在直方图的基础上，把直方图顶部的中点（即组中值）用直线连接起来，再把原来的直方图抹掉。频率多边形图用连接线代替了直方图，在描述数据频率分布、累积频率分布时经常使用。基于“直方图百分比”绘制的频率多边形图如图 2-3-14 所示。

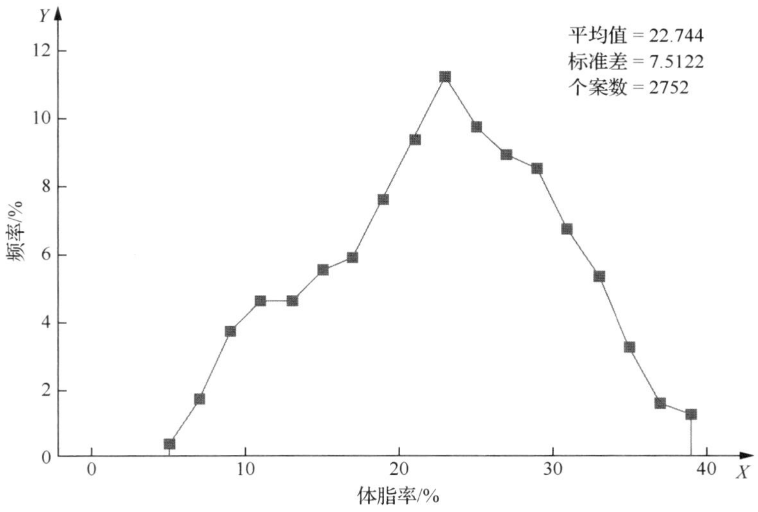


图 2-3-14 频率多边形图

3. 总体锥形图

总体锥形图又称为金字塔图或人口金字塔，可以按一个离散变量拆分，把一个连续变量构建成两个紧挨着的直方图，形似两个“底座”紧贴的金字塔（或锥体），如图 2-3-15 所示。

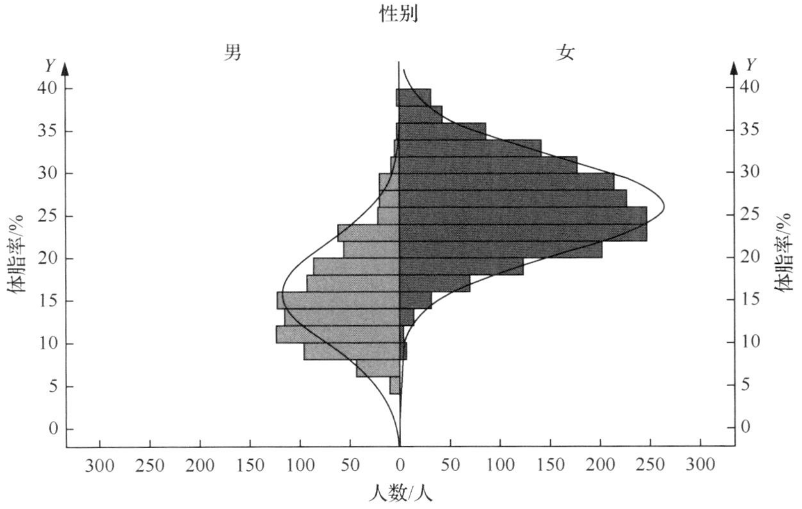


图 2-3-15 总体锥形图

（七）箱图

**箱图**（box plot）基于 5 个统计量绘制而成，包括最小值、第一个四分位、中位数、第三个四分位和最大值。箱图又称为箱线图、箱形图，主要用于描述连续变量，还可以确定异常值的位置。SPSS 提供了 3 类箱图：基于一个连续变量创建的 1-D 箱图，基于一个分类变量和一个连续变量创建的简单箱图，以及基于两个分类变量和一个连续变量创建的群集箱图。这里主要介绍简单箱图和群集箱图。

1. 简单箱图

简单箱图样图如图 2-3-16 所示。

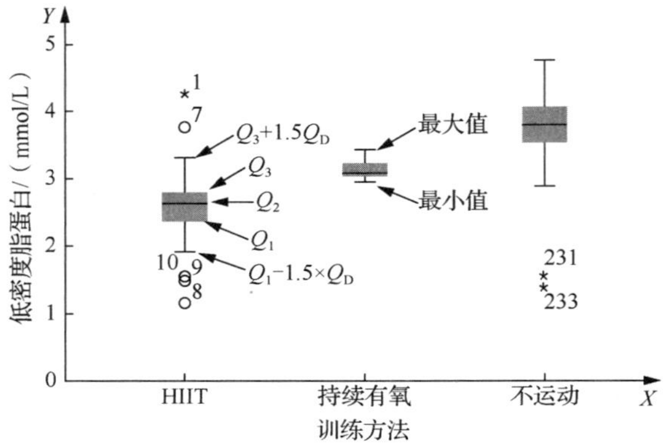


图 2-3-16　简单箱图

**箱图的解释如下。**

每个箱图都由箱体、最中间的横粗线、外延出来的两条细线和最外端可能存在的单独散点组成。

（1）箱体最中间的粗线表示变量的中位数（$Q_2$），则一半的个案值大于 $Q_2$，一半的个案值小于 $Q_2$。

（2）箱体上端和下端表示上、下四分位数（$Q_3$,$Q_1$）。这意味着，箱体包括 50%的个案，另外有 25%的个案值大于箱体上端值（$Q_3$），25%的个案值小于箱体下端值（$Q_1$），上端与下端的距离为四分位差（$Q_D = Q_3 - Q_1$）。箱体中粗横线上方与下方的面积代表个案的集中度，面积越大则集中度越小。

（3）箱体上、下细线从端点延伸至箱体高度的 1.5 倍，或者如果有一个在该范围内的极值，则延伸至最小值或最大值。超过 1.5 倍的用“○”表示，超过 3 倍的用“*”表示。符号旁边为离群值对应的行号，可以通过“数据值标签”属性设置，把行号换成离群值。

2. 群集箱图

群集箱图样图如图 2-3-17 所示。

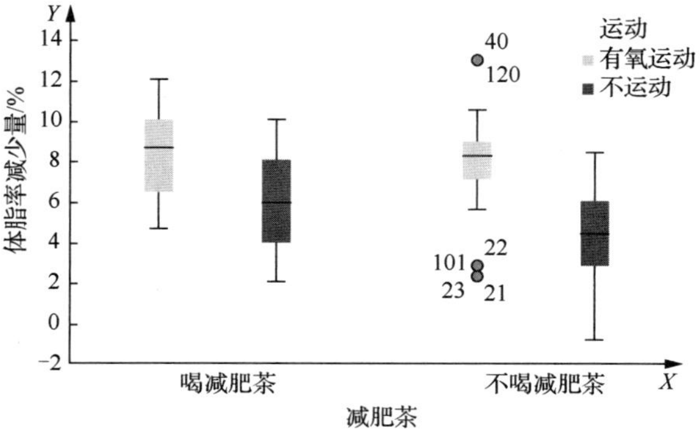


图 2-3-17　群集箱图

（八）散点图

**散点图**（scatter plot）是用点的密集程度和趋势表示连续变量间关系的统计图。简单散点图使用二维坐标系绘制两个变量，三维散点图使用三维坐标系绘制 3 个变量。如果需要绘制更多的变量，则可以尝试重叠散点图和散点图矩阵。

1. 简单散点图

简单散点图样图如图 2-3-18 所示。

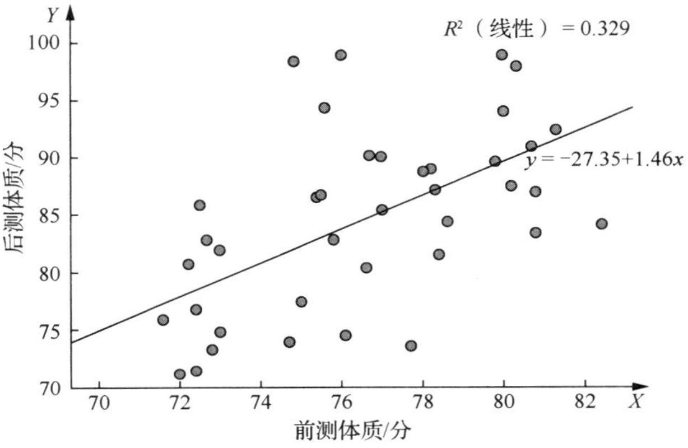


图 2-3-18　简单散点图

2. 分组散点图

分组散点图样图如图 2-3-19 所示。

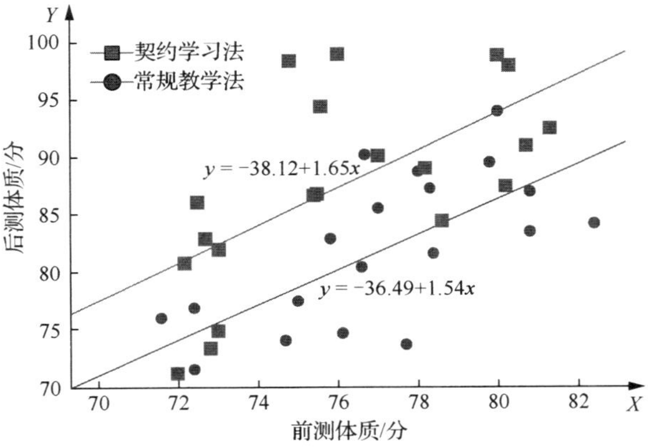


图 2-3-19　分组散点图

（九）双 *Y* 轴图

**双 *Y* 轴图**（dual *Y* axis chart）是指使用两个 *Y* 轴来分别描述两个不同类型的 *Y* 轴变量的统计图。例如，一个 *Y* 轴描述心率，另一个 *Y* 轴描述体重。在“图表构建器”中，既可以基于“图库”中的“双轴图”构建双 *Y* 轴图，也可以基于“基本元素”中的“”按钮构建双 *Y* 轴图，后者更灵活一些。双 *Y* 轴图样图如图 2-3-20 所示。

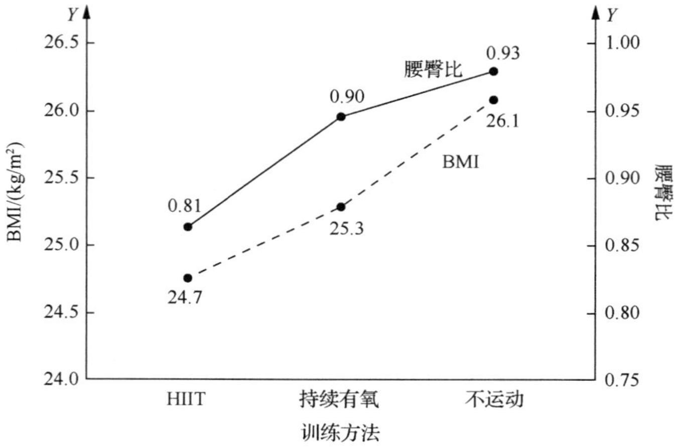


图 2-3-20　双 Y 轴图

（十）茎叶图

**茎叶图**（stem-and-leaf graph）用于描述连续变量的分布状况，其功能与直方图相似，但是直方图是把数据进行分组汇总，会损失一部分信息。茎叶图是文本化的图形，几乎能够利用所有数据的信息。

茎叶图样图如图 2-3-21 所示。

```
频数              茎      叶

 5.00  Extremes      (=<1.5)
 5.00             1 .    88999
 6.00             2 .    000111
 9.00             2 .    222233333
13.00             2 .    4444444455555
24.00             2 .    666666666666667777777777
27.00             2 .    888888888899999999999999999
48.00             3 .    000000000000000000000000000000000000011111111111
27.00             3 .    222222222233333333333333333
21.00             3 .    444444444444555555555
15.00             3 .    666667777777777
15.00             3 .    888888888999999
10.00             4 .    0000011111
10.00             4 .    2222222233
 3.00             4 .    445
 1.00             4 .    6
 1.00  极值          (>=4.8)

主干宽度:         1.000
每个叶:           1个案
```

图 2-3-21　茎叶图

茎叶图的解释如下。

（1）第一列为频数，表示所在行的观察频数。

（2）第二列为茎，表示实际值除以“主干宽度”（也就是茎宽）后的整数部分。

（3）第三列为叶，表示实际值除以“主干宽度”后的小数部分。

（4）“主干宽度：1.000”，是指“茎”的整数位数有一位。

（5）“每个叶：1 个案”，是指每个“叶”代表一个个案，该组有多少个“叶”就说明有多少个个案。

（6）第一行的“5.00 Extremes (=<1.5)”，表示“≤1.5”的被认为是离群值，前面的“5.00”表示有 5 个离群值。离群值的确定方法同箱图。

（7）最后一行的“1.00 极值 (>=4.8)”，表示“≥4.8”的被认为是离群值，前面的“1.00”表示有一个离群值。

以第四行“9.00　2. 222233333”为例介绍中间部分。频数为“9.00”，茎为“2”，叶为“222233333”。因为每个叶为一个个案，所以叶的数字个数与频数一致，都是 9。因为主干宽度为 1，2.2×1=2.2，2.3×1=2.3，所以 4 个 2.2 与 5 个 2.3 组成了 9 个数据，也就是 2.2～2.3 的人共有 9 个。“4 个 2.2”实际上是指“≥2.2”且“<2.3”的有 4 个。

### （十一）雷达图

**雷达图**（radar chart）是用一个二维图描述多个变量的常用图示方法，也称为蜘蛛图（spider chart）。雷达图的主要用途是对比个案在多个变量上的差异，或者评估个案值与标准值之间的差异，采用 Excel 制作雷达图非常方便。

雷达图样图如图 2-3-22 所示。

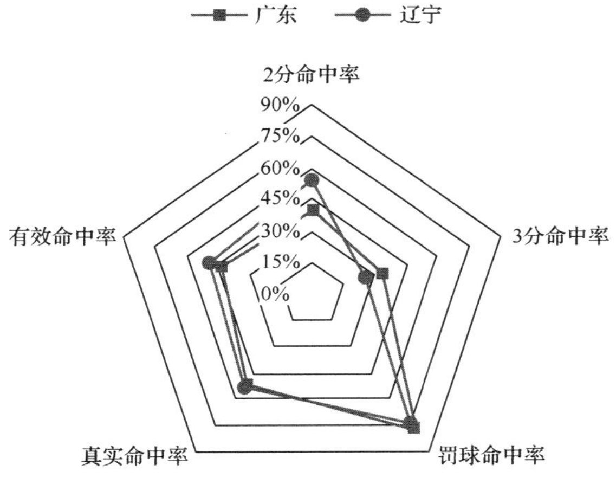


图 2-3-22　雷达图

雷达图的解释如下。

从单个指标的角度对比个案，可以直接对比数值的大小，离中心越远则值越大。据图 2-3-22 可知，广东队的 3 分命中率高于辽宁队，2 分命中率和有效命中率低于辽宁队，而真实命中率和罚球命中率与辽宁队基本一致。

从整体的角度对比个案，可以对比个案雷达线包围的面积大小，如果是高优指标，则面积越大越好。例如，在图 2-3-22 中，广东队和辽宁队雷达线包围的面积比较接近，说明整体而言，两个球队的进球能力很接近。

## 二、统计表

**统计表**（statistical table）是能够简洁、直观反映变量数据特征的表格。论文、研究报告等学术文献中经常用表格代替冗余的文字，以方便读者快速了解研究结果。

（一）统计表的构造

统计表由表序号、标题、栏目、线条、数据和备注组成。如图 2-3-23 所示，为学术文献中常见的“三线表”。

SPSS中的边框名称

表序号、标题→ 表1　每次运动时间状况

纵栏目→ ；上内框；水平类别边框（列）；数据区顶部边框

| 生源地 | 性别 | 30分钟以下 | | 30～59分钟 | | 60分钟以上 | | 总计 | |
|---|---|---|---|---|---|---|---|---|---|
| | | 人数 | % | 计数 | % | 计数 | % | 计数 | % |
| 城市 | 男 | 11 | 17.5 | 21 | 33.3 | 31 | 49.2 | 63 | 100.0 |
| | 女 | 13 | 24.5 | 24 | 45.3 | 16 | 30.2 | 53 | 100.0 |
| 县城 | 男 | 4 | 10.8 | 19 | 51.4 | 14 | 37.8 | 37 | 100.0 |
| | 女 | 13 | 23.2 | 33 | 58.9 | 10 | 17.9 | 56 | 100.0 |
| 乡村 | 男 | 13 | 15.9 | 29 | 35.4 | 40 | 48.8 | 82 | 100.0 |
| | 女 | 30 | 33.3 | 28 | 31.1 | 32 | 35.6 | 90 | 100.0 |

横栏目；数据区；下内框

备注→ 注：按行计算百分比。

图 2-3-23　统计表构造

1. 表序号和标题

表序号和标题要放在表格上方，表序号是对表的编号，不同的文献对编号有不同的要求。期刊论文篇幅较小，一般的编号方式为表 1、表 2、表 3、…，而图书、章节论文篇幅较大，一般的编号方式为表 1-1 或表 1-1-1，以及表 1.1 或表 1.1.1。标题要言简意赅，必要时可以在标题后面加上数据的单位等信息，如“kg”。

2. 栏目

栏目用于对数据分类，包括纵栏目和横栏目，分别用来说明表格的每列、每行数据所属的类别。栏目的类别排序要遵循一定的规律，如数量多少、行政区划、时间先后等，在图 2-3-23 中，纵栏目的类别排序按数字由小到大，横栏目的类别排序根据行政区划。若是对比分析，则被对比的类别一般放在前面，如“对照组”。

3. 线条

表格的线条有很多，不同的软件对线条的命名也不同。学术文献中的表格主要由三条长横线组成，俗称“三线表”。SPSS 中将这三条线分别称为上内框、下内框、数据区顶部边框。上内框和下内框一般较粗（经常是 1.5 磅或 2.25 磅），数据区顶部边框一般较细（经常是 1 磅），该边框的作用是把数据与变量名称隔开。当纵栏目需要分层时，经常增加一些短横线，SPSS 中称为“水平类别边框（列）”，如图 2-3-23 所示。

4. 数据

数据用阿拉伯数字表示。无数据时用“—”表示，缺失数据时用“…”表示，数据为 0 则记为“0”，不留空格。属性一致的行或列的小数位数要保留一致。例如，图 2-3-23 中每列数据的属性一致，那么每列数据的小数位数要保留一致。

5. 备注

备注是对表格各构成要素的必要说明，是可选项。对比分析时经常在数据的右上方标注“*”“#”“a”“b”等符号，然后在表下方备注说明其含义。

（二）三线表

三线表样例如表 2-3-1 所示。

**表 2-3-1 三线表样例**

| 指标 | $N$ | 最小值 | 最大值 | 平均数 | 标准差 |
|---|---|---|---|---|---|
| BMI/（$kg/m^2$） | 240 | 16.4 | 33.2 | 25.372 | 2.6122 |
| 腰臀比 | 240 | 0.45 | 1.35 | 0.8797 | 0.16362 |
| 低密度脂蛋白/（mmol/L） | 240 | 1.147 | 4.759 | 3.14863 | 0.635759 |

对比分析时常见的三线表样式如表 2-3-2 和表 2-3-3 所示。

**表 2-3-2 组间、组内对比时的三线表样例**

| 速度 | 无干扰 | | 干扰 | |
|---|---|---|---|---|
| | 对照组 | 实验组 | 对照组 | 实验组 |
| 旋转速度 | $4.33 \pm 1.84^{\#}$ | $3.05 \pm 1.34^{**}$ | $6.70 \pm 2.32^{\#\#}$ | $3.36 \pm 1.44^{**}$ |
| 最大旋转速度 | $14.15 \pm 7.79^{\#}$ | $9.64 \pm 4.56^{**}$ | $18.76 \pm 5.84^{\#\#}$ | $10.63 \pm 4.47^{**}$ |

← 组间、组内用不同符号分别标注

注：与对照组对比，“*”表示 $P < 0.05$，“**”表示 $P < 0.01$；与无干扰对比，“#”表示 $P < 0.05$，“##”表示 $P < 0.01$。

**表 2-3-3 多组间对比时的三线表样例**

| 运动类型 | 体脂率 | 腰臀比 | 总胆固醇/（mmol/L） | 低密度脂蛋白/（mmol/L） |
|---|---|---|---|---|
| 不运动 | $35.2 \pm 3.75$ | $0.93 \pm 0.13$ | $4.70 \pm 0.72$ | $3.76 \pm 0.52$ |
| 持续有氧 | $34.0 \pm 4.48$ | $0.90 \pm 0.16$ | $4.78 \pm 0.83$ | $3.12 \pm 0.14^{aa}$ |
| HIIT | $32.7 \pm 4.61^{aa}$ | $0.81 \pm 0.18^{aabb}$ | $4.76 \pm 0.80$ | $2.56 \pm 0.45^{aabb}$ |

← 与不同组对比时，用不同符号分别标注

注：与不运动对比，a 表示 $P < 0.05$，aa 表示 $P < 0.01$；与持续有氧对比，b 表示 $P < 0.05$，bb 表示 $P < 0.01$。

进阶内容：数据可视化

拓展知识：统计年鉴简介

思政课堂

习题 2

习题 2 参考答案

抽样问题诊断

# 第三章 数 据 描 述

利用统计图表展示测量、问卷、观察或实验等方法收集到的数据，能够大致了解数据分布的形状和基本特征。若要全面把握数据的分布特征，以便深入分析和推断，还需要找到数据分布特征的各个代表值。描述数据的分布特征可以从以下 3 个方面进行：一是数据分布的集中趋势，反映各数据向某个中心位置点集中的趋势；二是数据分布的离散程度，反映各数据由某个位置点向两边散开的趋势；三是数据分布的形状，反映数据分布的偏态和峰态。当数据量较大时，计算将变得烦琐，本章提供了用 SPSS 直接计算各指标的操作方法和步骤。

## 第一节 集中趋势的描述

集中趋势（central tendency）是指一组同质数据向某一中心值靠拢的程度。常用的集中趋势量数有众数、中位数、分位数、平均数。本节以统计数据的不同类型为逻辑起点，逐步介绍各个反映集中趋势的量数。需要说明的是，选用哪个集中量数来对数据的集中趋势进行描述，要根据数据的类型和特点来确定。下面介绍几种集中量数的含义及小样本的计算方法，有关大样本的计算可用 SPSS 软件来实现。

### 一、众数

**众数**（mode）是一组同质数据中出现次数最多的变量值，用“$M_o$”表示。它主要用于测量分类数据分布的集中趋势，也可测量顺序数据及数值型数据的集中趋势。众数是一种位置代表值，不受极端数据的影响。但并非所有的数据组都有众数，一组数据可能存在一个众数，也可能存在多个众数。一般情况下，当数据量较大时，众数才有意义。

对于小样本数据，直接数出数据的个数，个数最多的数据就是众数。如果样本含量较大，那么在频数分布表中频数最多的那一组的组中值即为众数。

**【例 3-1-1】**一名射箭运动员连续射靶 10 次，命中的环数分别是 7，6，9，10，8，7，8，8，10，9，求这名运动员射击环数的众数。

**解**：由于在这组数据中 8 出现了 3 次，是出现次数最多的数，所以众数 $M_o$=8（环）。

**【例 3-1-2】**以调查问卷的形式收集到某地区非正式结构体育社团成员的社团管理类型的频数统计表（表 3-1-1），计算管理类型的众数。

表 3-1-1 1253 名非正式结构体育社团成员的社团管理类型的频数分布

| 类型 | 频数/人 | 百分比/% |
|---|---|---|
| 体育协会 | 183 | 14.6 |
| 街道办 | 99 | 7.9 |
| 居委会 | 168 | 13.4 |
| 企事业单位 | 183 | 14.6 |
| 无人管理 | 446 | 35.6 |
| 不知道 | 174 | 13.9 |

**解**：这里的变量是非正式结构体育社团成员的社团管理类型，是一个分类变量，不同的管理类型就是变量值，所有选项中“无人管理”类型的人数最多，为 446 人，因此，众数为“无人管理”类型频数，即 $M_o = 446$。

因此，可以用“无人管理”作为非正式结构体育社团成员的社团管理情况这一变量的一个概括性度量，它对这一变量的代表性需要进一步分析。

**【例 3-1-3】**已知 100 名某年龄组跳远成绩的频数分布如表 3-1-2 所示，试求这组跳远成绩数据的众数。

表 3-1-2 100 名某年龄组跳远成绩的频数分布

| 组序号 | 组限/cm | 频数/人 | 累积频数/人 |
|---|---|---|---|
| 1 | 266～282 | 1 | 1 |
| 2 | 282～298 | 3 | 4 |
| 3 | 298～314 | 8 | 12 |
| 4 | 314～330 | 19 | 31 |
| 5 | 330～346 | 25 | 56 |
| 6 | 346～362 | 21 | 77 |
| 7 | 362～378 | 10 | 87 |
| 8 | 378～394 | 6 | 93 |
| 9 | 394～410 | 4 | 97 |
| 10 | 410～426 | 3 | 100 |

注：“组限”一行中的数据含左不含右，全书表同。

**解**：在表 3-1-2 中，频数最多的是第 5 组，频数为 25，组中值为 $\frac{330+346}{2}=338$，故 100 名某年龄组跳远成绩数据的众数 $M_o$=338（cm）。

## 二、中位数和分位数

在同质数据中，可以找到处于某个位置上的数据，这些位置上的数据就是相应的分位数，包括中位数、四分位数、十分位数、百分位数等。以下主要介绍中位数和百分位数。

（一）中位数

**中位数**（median）是指将一组同质数据排序后处于中间位置的那个变量值，用“$M_e$”表示。中位数将全部数据等分成两部分，50%的数据比中位数大，另外的 50%的数据比中位数小。它处于频数分配的中点，不受极端数值的影响。中位数主要用于测量顺序数据的集中趋势，也适用于数值型数据的集中趋势，不适用于分类数据。

1. 未分组数据中位数的计算步骤

未分组数据中位数的计算步骤如下。

（1）将数据按照从小到大的顺序排列；

（2）求项数：

$$O_m = \frac{n+1}{2} \quad (3\text{-}1\text{-}1)$$

（3）求中位数 $M_e$。

2. 未分组数据中位数的计算公式

未分组数据中位数的计算公式如下。

（1）当 $n$ 为奇数时，位于中间位置$\left(\text{即第}\frac{n+1}{2}\text{位置}\right)$的那个数即中位数：

$$M_e = X_{(n+1)/2} \quad (3\text{-}1\text{-}2)$$

（2）当 $n$ 为偶数时，位于中间两项$\left(\text{即第}\frac{n}{2}\text{与第}\frac{n}{2}+1\text{位置的两数}\right)$的平均数即中位数：

$$M_e = \frac{(X_{n/2} + X_{n/2+1})}{2} \quad (3\text{-}1\text{-}3)$$

**【例 3-1-4】**若 8 名运动员的铅球成绩（单位：m）为 10.20，10.35，10.84，10.68，11.38，11.05，11.21，10.92，试求这组数据的中位数。

**解：**（1）将数据按照从小到大的顺序排列：10.20，10.35，10.68，10.84，10.92，11.05，11.21，11.38。

（2）求项数：$O_m = \frac{n+1}{2} = \frac{8+1}{2} = 4.5$，即中位数位于第四项和第五项之间。

（3）求中位数：$M_e = \frac{10.84+10.92}{2} = 10.88\text{(m)}$。

**【例 3-1-5】**某实验过程中，观察 11 只大鼠的存活天数为（实验进行了 60 天）：4，10，7，50，3，15，2，9，13，>60，>60，求大鼠存活天数的中位数。

**解：**（1）将 11 个数据从小到大排列：

2，3，4，7，9，10，13，15，50，>60，>60

（2）求项数 $O_m$：$O_m = \frac{n+1}{2} = \frac{11+1}{2} = 6$。

（3）求中位数 $M_e$：存活天数的中位数为 $M_e = 10$（天）。

3. 中位数的优点

当数据严重偏态，有个别值特别大或特别小时，不会影响中位数的大小。因而当数据严重偏态，平均数失去应有的代表性时，用中位数来反映数据的集中趋势更合适。中位数适合于定序以上的变量。

（二）百分位数

中位数是从中间点将全部排序数据等分成两部分，与中位数相似的分法还有四分位数、十分位数和百分位数等，它们分别是用 3 个点、9 个点和 99 个点将排序数据 4 等分、10 等分和 100 等分后各分点上的变量值。

**百分位数**是指通过 99 个点将全部排序数据等分为 100 部分，每部分包含 1%的数据，处于各分点位置上的变量值，用 $P_k$（或 $x_i$）表示，其中，$k=1,2,\cdots,99$，表示百分位数的位置或分点或分点所对应的分数。$P_k$ 表示有 $k\%$ 的数据小于等于 $P_k$，有 $(100-k)\%$ 的数据大于等于 $P_k$。其中，$P_{50}$ 就是中位数 $M_e$，分点的位置记为 $i$。

百分位数的计算过程与中位数类似，具体步骤如下。

（1）将数据从小到大排列：$x_1,x_2,\cdots,x_n$。

（2）确定所求百分位数的位置 $i$：设求第 $k$ 百分位数，则位置为

$$i=\frac{(n+1)k}{100} \tag{3-1-4}$$

（3）确定百分位数 $P_k$：

① 若计算的 $i$ 为整数，则直接在排好的数据中找到第 $i$ 个位置的数据即为所求；

② 若计算的 $i$ 为小数，则取 $i$ 的整数位置的数据和下一个相邻数据的算术平均数即为所求。

**【例 3-1-6】** 测得 30 名男生的助跑摸高的数据（单位：cm）如下：

318，293，313，307，320，308，319，310，301，302
289，301，276，315，267，301，287，261，263，306
305，294，299，322，312，304，278，276，306，291

求第 25，50，75 百分位数。

**解**：（1）将 30 个数据从小到大排列：

261，263，267，276，276，278，287，289，291，293
294，299，301，301，301，302，304，305，306，306
307，308，310，312，313，315，318，319，320，322

（2）确定所求百分位数的位置 $i$：求第 25 百分位数，则位置为

$$i_{25}=\frac{(n+1)k}{100}=\frac{31\times 25}{100}=7.75$$

该结果不为整数，所以第 25 百分位数在第 7 位和第 8 位变量值之间。

（3）确定百分位数：取第 7 位和第 8 位观测值的算术平均数作为第 25 百分位数，即

$$P_{25}=x_{7.75}=\frac{287+289}{2}=288\text{（cm）}$$

所以 288 是第 25 百分位数，说明有 25%的摸高数据比它小。也可理解为若该群体有 100 个摸高数据，则会有 25 个数据比 288 小。

同理可得，第 50 百分位数是 301.5，第 75 百分位数是 311。这 3 个等分点把原始排序数据四等分，称为第一四分位数、第二四分位数、第三四分位数，分别记为 $Q_1,Q_2,Q_3$，它们统称为四分位数，记为 $Q$。

百分位数适用于定序以上的数据。

## 三、平均数

**平均数**也称为**均值**（mean），是指所有同质数据的总和除以数据的个数所得的商。也就是说，如果有一组数据 $x_i(i=1,2,\cdots,n)$，把

$$\bar{x}=\frac{x_1+x_2+\cdots+x_n}{n}=\frac{\sum_{i=1}^{n}x_i}{n}，简化为\bar{x}=\frac{\sum x}{n} \tag{3-1-5}$$

称为本组数据的平均数。其中，$\bar{x}$（读作 xbar）为平均数；$x_i$ 为某个变量；$n$ 为样本含量。

### （一）平均数的直接计算方法（未分组数据）

未分组数据可直接利用式（3-1-5）进行计算，该平均数为简单平均数（simple mean）。

**【例 3-1-7】** 若 5 名同学的跳高成绩（单位：m）为 1.60，1.62，1.68，1.65，1.64，求这 5 名同学跳高成绩的算术平均数。

**解**：这 5 名同学跳高成绩的算术平均数为

$$\begin{aligned}\bar{x}&=\frac{\sum_{i=1}^{5}x_i}{5}\\&=\frac{1.60+1.62+1.68+1.65+1.64}{5}\\&=1.638\text{（m）}\end{aligned}$$

一般情况下，计算的最后结果要比原始数据多保留一位小数，下同。

### （二）平均数的加权计算方法（分组数据）

根据分组数据计算的平均数称为加权平均数（weighted mean）。可以根据频数分布表中数据的频数计算加权平均数，也可以根据事先设置的权重计算加权平均数。权重就是各个数据的重要程度的系数（所有数据的权重之和等于 1）。用加权法计算平均数多用于学生体质或体育综合成绩的计算、教学评估的合成分数及多组数据平均数的合成等。

计算加权平均数的公式为

$$\bar{x}=\frac{x_1f_1+x_2f_2+\cdots+x_kf_k}{f_1+f_2+\cdots+f_k}=\frac{\sum_{i=1}^{k}x_if_i}{\sum_{i=1}^{k}f_i} \tag{3-1-6}$$

式中，$x_i$ 是分组数据中各组的重复值或者组中值；$f_i$ 为各组的频数，或权数；$k$ 为分组数。

**【例 3-1-8】** 某年级有 3 个班，一班有 35 人，学生的体育成绩平均分为 75 分；二班有 32 人，学生的体育成绩平均分为 78 分；三班有 36 人，学生的体育成绩平均分为 82 分。求这 3 个班体育成绩的总平均分。

**解**：这 3 个班体育成绩的总平均分为

$$\bar{x}=\frac{\sum_{i=1}^{k}x_if_i}{\sum_{i=1}^{k}f_i}=\frac{75\times35+78\times32+82\times36}{35+32+36}\approx78.4(\text{分})$$

**【例 3-1-9】**某教师在 100 名学生的评分中，教学基本功、教学内容、教学方法、教学创新的得分分别为 95 分、89 分、92 分、85 分，学校规定教学基本功、教学内容、教学方法、教学创新的得分权重分别是 30%、40%、20%、10%，试计算该教师的（总）平均得分。

**解**：该教师的（总）平均得分为

$$\bar{x}=95\times0.3+89\times0.4+92\times0.2+85\times0.1=91(\text{分})$$

**【例 3-1-10】**某班 20 名男生的引体向上成绩如表 3-1-3 所示，求这组数据的平均数。

**表 3-1-3　20 名男生的引体向上成绩频数分布**

| 引体向上成绩 $x$ | 人次 $f$ | $f\cdot x$ |
|---|---|---|
| 0 | 2 | 0 |
| 1 | 3 | 3 |
| 5 | 5 | 25 |
| 8 | 4 | 32 |
| 10 | 3 | 30 |
| 15 | 2 | 30 |
| 20 | 1 | 20 |

**解**：这组数据的平均数为

$$\bar{x}=\frac{\sum_{i=1}^{k}x_if_i}{\sum_{i=1}^{k}f_i}=\frac{0\times2+1\times3+5\times5+8\times4+10\times3+15\times2+20\times1}{2+3+5+4+3+2+1}=\frac{140}{20}=7(\text{个})$$

**【例 3-1-11】**一组跳远数据的频数分布如表 3-1-4 所示，计算这组数据的平均数。

**表 3-1-4　100 名学生跳远成绩的频数分布**

| 组序号 | 组限 | 组中值 $x_i$ /cm | 频数 $f_i$ | $f_i\cdot x_i$ |
|---|---|---|---|---|
| 1 | 266～282 | 274 | 1 | 274 |
| 2 | 282～298 | 290 | 3 | 870 |
| 3 | 298～314 | 306 | 8 | 2448 |
| 4 | 314～330 | 322 | 19 | 6118 |
| 5 | 330～346 | 338 | 25 | 8450 |
| 6 | 346～362 | 354 | 21 | 7434 |
| 7 | 362～378 | 370 | 10 | 3700 |
| 8 | 378～394 | 386 | 6 | 2316 |
| 9 | 394～410 | 402 | 4 | 1608 |
| 10 | 410～426 | 418 | 3 | 1254 |

**解**：这组数据的平均数为

$$\bar{x}=\frac{\sum_{i=1}^{k}x_i\cdot f_i}{\sum_{i=1}^{k}f_i}=\frac{34472}{100}\approx 344.7\text{（mm）}$$

（三）平均数的优缺点

（1）优点：平均数计算简便，适合代数运算，是一个用途较广、效果较好的统计量；平均数既考虑到了频次的多少，又考虑到了变量值的大小；平均数可靠、灵敏，对资料所提供信息运用充分。

（2）缺点：平均数易受少数极端数据的影响，故严重偏态的分布，用平均数往往不能较好地反映资料的集中趋势。

（四）平均数的意义

（1）平均数是反映同质对象观察值的平均水平或集中趋势的统计量，适用于定距以上测度的变量。

（2）对于多组数据，在同质、同单位的情况下，利用平均数可以比较多组数据的平均水平。

（五）平均数、中位数、众数间的关系

（1）当频数分布呈完全对称时，平均数、中位数、众数三者相同，如图 3-1-1 所示。

（2）当频数分布呈正偏态时，平均数大于中位数、众数小于中位数，如图 3-1-2 所示。

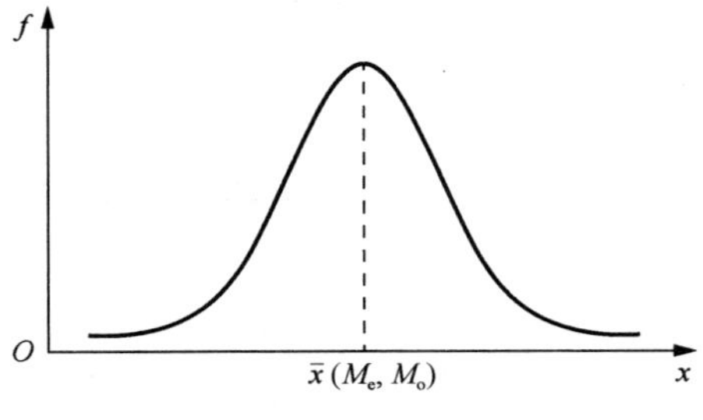


图 3-1-1　对称分布

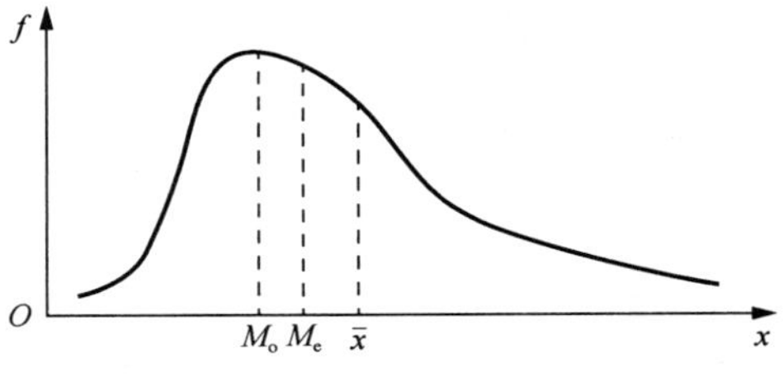


图 3-1-2　正偏态分布

（3）当频数分布呈负偏态时，中位数大于平均数、众数大于中位数，如图 3-1-3 所示。

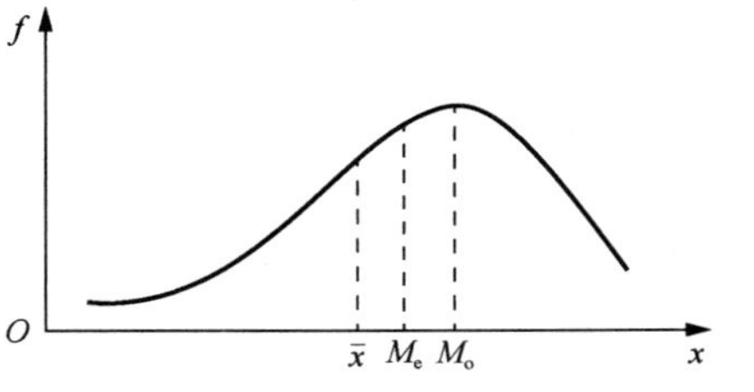


图 3-1-3　负偏态分布

平均数、中位数和众数都是描述数据集中趋势的统计量，它们分别适用于不同分布的数据资料。平均数适用于无异常值的正态分布或近似正态分布的数据资料；中位数适用于存在异常值且严重偏态的数据资料；众数适用于分布不匀，且个别数据重复次数较多的数据资料。

## 第二节　离散程度的描述

任何一组数据，尽管它们属于同质的数据，但在量上又是由具有差异的个体组成的，这些数据既是同质的又是有差异的，有时用集中趋势指标难以反映一组数据的全貌，这是由于一组数据除了集中水平的一面，还有离散程度的一面。例如，甲、乙两组运动员引体向上的成绩如下。

甲组：3，5，5，5，5，6，6；

乙组：1，2，4，5，6，9，8。

通过计算可知，以上两组成绩的平均数皆为 5 次，但两组内观察值的分布情况却不相同，乙组离散程度要大于甲组，因此，要全面反映变量的特征，除要考察变量的平均水平外，还必须反映变量的离散程度。

离散趋势是反映各变量值远离中心值的程度。差异（离散）量数是反映数据离散趋势的统计指标，主要有异众比率、四分位差、极差、平均差、方差、标准差、变异系数。

### 一、异众比率

**异众比率**（variation ratio）是指非众数组的频数占总频数的比例，用 $V_r$ 表示，其计算公式为

$$V_{\mathrm{r}}=\frac{\sum f_i-f_{\mathrm{m}}}{\sum f_i}=1-\frac{f_{\mathrm{m}}}{\sum f_i} \tag{3-2-1}$$

式中，$\sum f_i$ 为变量值的总频数；$f_{\mathrm{m}}$ 为众数组的频数。

异众比率主要用来衡量众数对一组数据的代表程度。异众比率越大，说明非众数组的频数占总频数的比例越大，众数的代表性越差；异众比率越小，说明非众数组的频数占总频数的比例越小，众数的代表性越好。异众比率主要适合测量分类数据的离散程度，对于顺序数据和数值型数据也可以计算异众比率。

**【例 3-2-1】**根据表 3-1-1 中的数据计算异众比率。

**解**：根据式（3-2-1），得

$$V_{\mathrm{r}}=\frac{\sum f_i-f_{\mathrm{m}}}{\sum f_i}=1-\frac{f_{\mathrm{m}}}{\sum f_i}=1-\frac{446}{1253}\approx 0.644=64.4\%$$

在所调查的 1253 名非正式结构体育社团成员中，非众数组的频数占比为 64.4%，即在所给资料中，众数不能代表的比例占总数的 64.4%，异众比率较大，说明众数的代表性较差，因此，用“无人管理”来代表社团管理的状况，其代表性不是很好。

再例如，随机抽取 A 体育学院运动训练专业 100 名学生，调查他们购买品牌运动鞋的地点，结果为 18 人只去商场购买，58 人只去专卖店购买，24 人选择其他。那么专卖店购买的人数 58 就是众数，计算异众比率为 42%，异众比率较小，说明众数的代表性较

好。因此，专卖店作为A体育学院运动训练专业学生品牌运动鞋的主要购买地点是有代表性的。

此外，利用异众比率可以比较不同总体或样本的离散程度。例如，对B体育学院运动训练专业学生也进行了上述同样的调查，计算的异众比率为38%，则说明与A体育学院相比，专卖店作为B体育学院运动训练专业学生品牌运动鞋主要购买地点的代表性更好一些。

## 二、四分位差

**四分位差**（quartile deviation）也称为内距或四分间距，它是一组数据中第三四分位数与第一四分位数之差的一半，记为$Q$，其计算公式为

$$Q=\frac{Q_3-Q_1}{2} \tag{3-2-2}$$

四分位差的意义是除去两端各1/4的部分，用中间50%部分来测定1/4的距离大小。四分位差去掉了极端数据，不受极端值的影响，适用于顺序数据的离散程度，也可以计算数值型数据的四分位差，但不适合分类数据。

**【例3-2-2】** 采用例3-1-6的数据，计算30名男生助跑摸高数据（单位：cm）的四分位差。

**解**：根据例3-1-6的计算结果$Q_1=288$，$Q_3=311$，所以四分位差为

$$Q=\frac{Q_3-Q_1}{2}=\frac{311-288}{2}=11.5\text{（cm）}$$

测量数值型数据离散程度的方法主要有极差、平均差、方差和标准差，其中最常用的是方差和标准差。

## 三、极差

**极差**（range）也称为全距，是一组数据的最大值和最小值的差，用字母$R$表示，即

$$R=x_{\max}-x_{\min} \tag{3-2-3}$$

$R$越大表示数据的离散程度越大，反之则越小。使用极差描述数据的离散程度公式比较简单，但是公式中只涉及了最大值和最小值两个数据，而中间的大部分数据信息未在极差中体现，信息不全，容易受到极值的影响，因此，极差不能准确描述数据的离散程度，如果存在极端数据，就不宜采用极差来描述数据的离散程度。

**【例3-2-3】** 8名运动员的铅球成绩（单位：m）为10.20，10.35，10.68，10.84，10.92，11.05，11.21，11.38，试求这组数据的极差。

**解**：这组数据的极差为

$$R=x_{\max}-x_{\min}=11.38-10.20=1.18\text{（m）}$$

## 四、平均差

**平均差**（mean deviation）也称为平均绝对离差，它是各变量值与其平均数离差绝对值的平均数，用$M_{\mathrm{d}}$表示。

未分组数据平均差的计算公式为

$$M_{\mathrm{d}}=\frac{\sum_{i=1}^{n}|x_i-\bar{x}|}{n} \tag{3-2-4}$$

式中，$n$ 为数据个数，$i=1,2,\cdots,n$。

分组数据平均差的计算公式为

$$M_{\mathrm{d}}=\frac{\sum_{i=1}^{k}|M_i-\bar{x}|f_i}{n} \tag{3-2-5}$$

式中，$k$ 为分组数，$i=1,2,\cdots,k;M_i$ 为第 $i$ 组的组中值。

**【例 3-2-4】**根据表 3-1-4 所示的 100 名学生跳远成绩频数分布表的数据（单位：cm），计算跳远成绩的平均差。

**解：**根据式（3-2-5），得 100 名学生跳远成绩数据的平均差计算表（表 3-2-1）。

**表 3-2-1 100 名学生跳远成绩数据平均差计算表**

| 组限 | 频数 $f_i$ | 组中值 | $\|M_i-\bar{x}\|$ | $\|M_i-\bar{x}\|f_i$ |
|---|---|---|---|---|
| 266～282 | 1 | 274 | 70.7 | 70.7 |
| 282～298 | 3 | 290 | 54.7 | 164.1 |
| 298～314 | 8 | 306 | 38.7 | 309.6 |
| 314～330 | 19 | 322 | 22.7 | 431.3 |
| 330～346 | 25 | 338 | 6.7 | 167.5 |
| 346～362 | 21 | 354 | 9.3 | 195.3 |
| 362～378 | 10 | 370 | 25.3 | 253.0 |
| 378～394 | 6 | 386 | 41.3 | 247.8 |
| 394～410 | 4 | 402 | 57.3 | 229.2 |
| 410～426 | 3 | 418 | 73.3 | 219.9 |
| — | 100 | — | — | 2288.4 |

所以

$$M_{\mathrm{d}}=\frac{\sum_{i=1}^{k}|M_i-\bar{x}|f_i}{n}=\frac{2288.4}{100}=22.884\text{（cm）}$$

平均差是每个数据与平均数的平均差异程度，它能全面反映一组数据的离散状况。平均差越大，说明数据的离散程度越大；反之，则说明数据的离散程度越小。为了避免离差之和等于零，平均差在计算时取了绝对值，即以离差的绝对值之和来表示总离差。平均差的计算不太方便，因而实际中应用不多，但平均差的实际意义清楚，理解起来较容易。

## 五、方差和标准差

### （一）方差和标准差的计算

**方差**（variance）是指所有变量值与其平均数离差平方的算术平均数。方差常用在统计推断中，方差的单位是原始变量值单位的平方，不太符合习惯；**标准差**（standard deviation）是方差的平方根。两者都适用于数值型数据。

对于原始数据来讲，若一个总体中有 $N$ 个观察值，即 $x_1,x_2,\cdots,x_N$，则总体方差的计算公式为

$$\sigma^2=\frac{\sum(x-\mu)^2}{N} \tag{3-2-6}$$

总体标准差的计算公式为

$$\sigma=\sqrt{\frac{\sum(x-\mu)^2}{N}} \tag{3-2-7}$$

式中，$\sigma^2$ 为总体方差；$\mu$ 为总体平均数；$N$ 为总体中的个体数目。

如果一个样本包含了 $n$ 个观察值 $x_1,x_2,\cdots,x_n$，则样本标准差 $S$ 的计算公式为

$$S=\sqrt{\frac{\sum(x-\overline{x})^2}{n}} \tag{3-2-8}$$

根据数理统计的研究，用样本资料获得的标准差，往往比总体标准差小，为了得到总体标准差较好的估计值，可将分母中的 $n$ 减去 1，即

$$S=\sqrt{\frac{\sum(x-\overline{x})^2}{n-1}} \tag{3-2-9}$$

式中，$S$ 为样本标准差；$n-1$ 为**自由度**（能够进行独立变化的变量个数），记为 $n'$。

样本方差的计算公式为

$$S^2=\frac{\sum(x-\overline{x})^2}{n-1} \tag{3-2-10}$$

**【例 3-2-5】** 求 3 个数据 2，4，6 的标准差和方差。

**解：** 由题得

$$\overline{x}=\frac{\sum x}{n}=\frac{2+4+6}{3}=4$$

$$S=\sqrt{\frac{\sum(x-\overline{x})^2}{n-1}}=\sqrt{\frac{(2-4)^2+(4-4)^2+(6-4)^2}{3-1}}=2$$

$$S^2=\frac{\sum(x-\overline{x})^2}{n-1}=\frac{(2-4)^2+(4-4)^2+(6-4)^2}{3-1}=4$$

计算标准差时也可利用式（3-2-11），可省去计算平均数的过程。如果平均数不是整数，那么根据四舍五入的均值计算的标准差就不是很准确。公式的演变过程利用了 $\sum$ 的运算法则。

$$S=\sqrt{\frac{\sum x^2-\frac{\left(\sum x\right)^2}{n}}{n-1}} \tag{3-2-11}$$

$\sum$ 的运算法则（$a$ 为常数）如下。

（1）$\sum a=na$；

（2）$\sum(x_i + y_i) = \sum x_i + \sum y_i$；

（3）$\sum(a \pm x_i) = na \pm \sum x_i$；

（4）$\sum ax_i = a\sum x_i$，$\sum \frac{1}{a}x_i = \frac{1}{a}\sum x_i$；

（5）$\sum x_i \cdot y_i \neq \sum x_i \cdot \sum y_i$，$\sum x_i^2 \neq \left(\sum x_i\right)^2$。

式（3-2-11）的变化过程如下。

$$\sum(x_i - \overline{x})^2 \Leftrightarrow \sum x_i^2 - \frac{\left(\sum x_i\right)^2}{n}$$

$$\begin{aligned}\sum(x_i - \overline{x})^2 &= \sum(x_i^2 - 2x_i\overline{x} + \overline{x}^2) \\ &= \sum x_i^2 - 2\sum x_i\overline{x} + \sum \overline{x}^2 \\ &= \sum x_i^2 - 2\overline{x}\sum x_i + n\overline{x}^2 \\ &= \sum x_i^2 - 2\frac{\sum x_i}{n}\sum x_i + n\left(\frac{\sum x_i}{n}\right)^2 \\ &= \sum x_i^2 - 2\frac{\left(\sum x_i\right)^2}{n} + \frac{\left(\sum x_i\right)^2}{n} \\ &= \sum x_i^2 - \frac{\left(\sum x_i\right)^2}{n}\end{aligned}$$

小样本标准差的直接求法（不计算均值）步骤如下。

（1）列标准差的计算表，求出变量的和$\sum x$和变量的平方和$\sum x^2$；

（2）根据标准差的计算公式求 $S$，即

$$S = \sqrt{\frac{\sum x^2 - \frac{\left(\sum x\right)^2}{n}}{n-1}}$$

**【例 3-2-6】** 已知 10 名学生的引体向上的数据（单位：次）为 7，3，9，6，10，12，5，11，4，13，试求这组数据的标准差。

**解：**（1）列标准差的计算表，求出变量的和$\sum x$和变量的平方和$\sum x^2$，如表 3-2-2 所示。

**表 3-2-2　10 名学生引体向上数据标准差的计算**

| 编号 | $x$ | $x^2$ |
|---|---|---|
| 1 | 7 | 49 |
| 2 | 3 | 9 |
| 3 | 9 | 81 |
| 4 | 6 | 36 |
| 5 | 10 | 100 |

续表

| 编号 | $x$ | $x^2$ |
|---|---|---|
| 6 | 12 | 144 |
| 7 | 5 | 25 |
| 8 | 11 | 121 |
| 9 | 4 | 16 |
| 10 | 13 | 169 |

（2）根据标准差的计算公式求 $S$，即

$$S=\sqrt{\frac{\sum x^2-\left(\sum x\right)^2/n}{n-1}}$$

$$=\sqrt{\frac{750-80^2/10}{10-1}}$$

$$\approx 3.5（次）$$

（二）标准差的意义

标准差是描述数据离散程度的统计量，对于多组数据，在同质、同单位、平均数相等或近似相等的情况下，可以比较多组数据的离散程度（3 个条件缺一不可）。标准差越小，说明观察值的离散程度越小；标准差越大，说明观察值的离散程度越大。

例如，测得两名运动员在竞赛期内的 10 次标枪专项成绩如下（单位：m）。

甲队员：40.50，41.26，40.44，39.62，40.12，42.10，39.84，40.18，38.70，39.54；

乙队员：40.48，42.88，40.50，29.50，38.00，43.32，38.72，41.82，36.84，40.24。

经计算，

$$\bar{x}_{甲}=40.23\text{m}，\ \bar{x}_{乙}=40.23\text{m}；\ S_{甲}\approx 0.945\text{m}，\ S_{乙}\approx 2.07\text{m}$$

甲、乙两名队员标枪成绩的平均数都是 40.23m，但是观察甲队员的最好成绩为 42.10m，最差成绩为 38.70m，而乙队员的最好成绩为 43.32m，最差成绩为 29.50m，甲队员的成绩相对乙队员的成绩的极差小，并且由计算可知 $S_{甲}<S_{乙}$，这说明甲队员的成绩比乙队员稳定。

## 六、变异系数

方差和标准差是反映数据离散程度的指标。一方面，其数值大小受原变量平均值的影响，变量值绝对水平高的，离散程度的测量值自然也就大；变量值绝对水平低的，离散程度的测量值自然也就小。另一方面，采用不同计量单位计量的变量值，其离散程度的测量值也就不同。因此，对于平均数不同或计量单位不同或不同组别的变量值，是不能用标准差直接比较其离散程度的。为了消除变量值水平高低和计量单位不同对离散程度测量值的影响，需要计算变异系数。

**变异系数**（coefficient of variation）是反映变量离散程度的统计指标，是以样本标准差除以平均数的商的百分比来表示的，其表达式为

$$\text{CV}=\frac{S}{\bar{x}}\times 100\% \tag{3-2-12}$$

变异系数无单位，变异系数的值越小，说明数据的离差越小，数据相对就越整齐。对运动员成绩而言，运动员成绩越稳定；反之，越不稳定。变异系数是描述数据离散程度的统计量，能够比较多组数据的离散程度。

**【例 3-2-7】**有一名男运动员的主项是100米跑，兼项是跳远。在竞赛期内，对其主、兼项各进行了20次测试，结果如下。

100米跑：$\bar{x}_1 = 12\text{s}$，$S_1 = 0.15\text{s}$；

跳远成绩：$\bar{x}_2 = 5.9\text{m}$，$S_2 = 0.18\text{m}$。

试比较该运动员的主、兼项成绩的稳定性。

**解：**由题中数据，得

$$\text{CV}_{100\text{米跑}} = \frac{S}{\bar{x}} \times 100\% = \frac{0.15}{12} \times 100\% = 1.25\%$$

$$\text{CV}_{\text{跳远}} = \frac{S}{\bar{x}} \times 100\% = \frac{0.18}{5.9} \times 100\% \approx 3.05\%$$

因为$\text{CV}_{100\text{米跑}} < \text{CV}_{\text{跳远}}$，所以该运动员的主项100米跑的成绩比兼项跳远成绩稳定。

变异系数是一个相对数，用于比较性质不同、单位不同或平均数不等的数据的差异程度，可以反映个体的稳定性（选择参赛运动员）和群体的整齐程度。在运动训练中，对于同组训练的运动员，若他们成绩的变异系数值较大，则说明他们不适合同组训练，应分别制订不同的训练计划。

## 第三节 偏态与峰态的描述

集中趋势和离散程度分别反映了数据分布的两个重要特征，但是要全面描述数据分布的特点，还需要知道数据分布的形状是否对称、偏斜程度和扁平程度等，通常用偏态与峰态来描述分布形状，最常用的方法是计算偏态系数和峰态系数。

### 一、偏态及其测度

**偏态**（skewness）是由统计学家皮尔逊（K. Pearson）于1895年首次提出的，是对数据分布是否对称的测量，也称为偏度。常用的统计量为偏态系数，用SK表示，它的大小反映了数据分布的偏斜方向和程度。由原始数据计算SK的公式为

$$\text{SK} = \frac{\dfrac{\sum (x-\bar{x})^3}{n}}{S^3} \tag{3-3-1}$$

若$\text{SK} = 0$，则分布对称，SK越接近于0，偏斜程度越低；

若$\text{SK} > 0$，则分布右侧有长尾，称为正偏态，如图3-3-1所示；

若$\text{SK} < 0$，则分布左侧有长尾，称为负偏态，如图3-3-2所示。

若$\text{SK} > 1$或$\text{SK} < -1$，则称为高度偏态；若$0.5 < \text{SK} < 1$或$-1 < \text{SK} < -0.5$，则称为中度偏态。

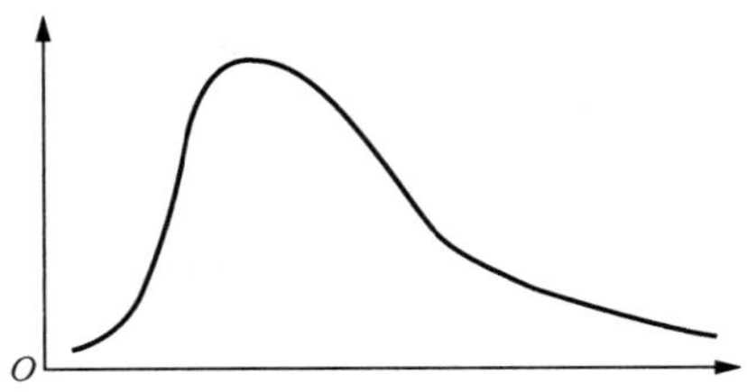


图 3-3-1　正偏态分布（SK＞0）

图 3-3-2　负偏态分布（SK＜0）

**【例 3-3-1】** 已知 24 名男生 1500 米跑的分数如下：

62，63，57，73，70，57，77，77，76，58，85，81

44，54，48，50，53，59，77，45，68，73，80，60

求偏态系数 SK。

**解**：由原始数据求得，平均值为 64.5 分，标准差为 12.3 分。代入式（3-3-1），得

$$\mathrm{SK}=\frac{\frac{\sum(x-\bar{x})^3}{n}}{S^3}=\frac{\frac{(62-64.5)^3+(63-64.5)^3+\cdots+(60-64.5)^3}{24}}{12.3^3}$$

$$\approx -0.07$$

## 二、峰态及其测度

**峰态**（kurtosis）是由统计学家皮尔逊于 1905 年首次提出的，是对数据分布尖峰或平峰程度的测量，也称为峰度。常用的统计量为峰态系数，用 Ku 表示，它是反映数据分布尖峰或平峰程度的指标，由原始数据计算 Ku 的公式为

$$\mathrm{Ku}=\frac{\frac{\sum(x-\bar{x})^4}{n}}{S^4}-3 \qquad (3\text{-}3\text{-}2)$$

如图 3-3-3 所示，若 $\mathrm{Ku}=0$，则称为正态分布；若 $\mathrm{Ku}>0$，则称为尖峰分布；若 $\mathrm{Ku}<0$，则称为平峰分布。

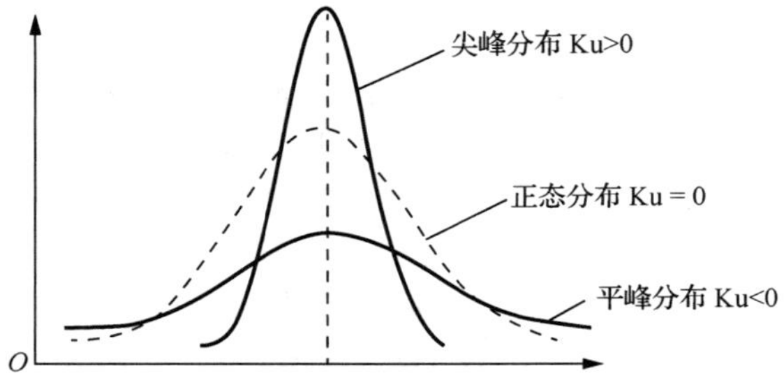


图 3-3-3　峰态系数与分布形态

**【例 3-3-2】** 采用例 3-3-1 中 24 名男生 1500 米跑的分数数据，求峰态系数 Ku。

**解**：将例 3-3-1 中求得的平均值和标准差代入式（3-3-2），得

$$\mathrm{Ku}=\frac{\frac{\sum(x-\bar{x})^4}{n}}{S^4}-3=\frac{\frac{(62-64.5)^4+(63-64.5)^4+\cdots+(60-64.5)^4}{24}}{12.3^4}-3$$

$$\approx -1.3$$

# 第四节 描述统计应用举例

在体育实践中，通常涉及大样本数据，手动利用公式计算不仅非常烦琐，而且容易出错，SPSS 软件则有效地解决了这一问题，下面结合实例来介绍如何使用 SPSS 计算描述性统计量。

**【例 3-4-1】** 某年龄段 104 名男生助跑摸高的成绩如下（单位：cm）：

318，294，305，284，311，293，292，312，294，309
313，292，304，309，315，307，290，278，294，320
320，309，276，286，278，308，307，306，299，306
319，306，291，305，301，310，294，322，300，287
301，294，300，296，261，302，302，304，273，310
289，300，296，304，288，306，298，265，318，303
301，321，305，306，286，294，305，310，299，258
299，265，304，306，270，276，295，255，280，305
315，309，277，263，298，267，306，315，281，253
301，302，306，302，310，287，314，322，282，315
261，262，320，257

请运用 SPSS 软件计算其平均数、中位数、众数、标准差、方差、极差、最大值、最小值、四分位数、偏态系数和峰态系数，以及第 10、30、90 百分位数。

**解**：用 SPSS 软件计算描述性统计量的步骤如下。

**步骤 1**：选择"分析"菜单→"描述统计"→"频率"命令，打开如图 3-4-1 所示的"频率"对话框。

**步骤 2**：双击"助跑摸高成绩"选项，将其选入"变量"列表框，然后单击"统计"按钮，打开如图 3-4-2 所示的"频率：统计"对话框。

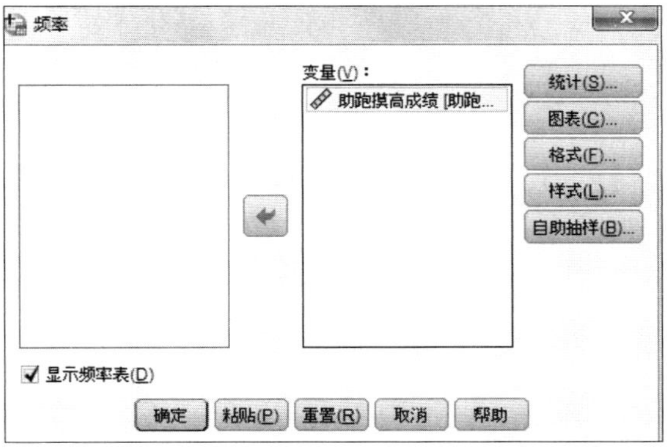


图 3-4-1 "频率"对话框

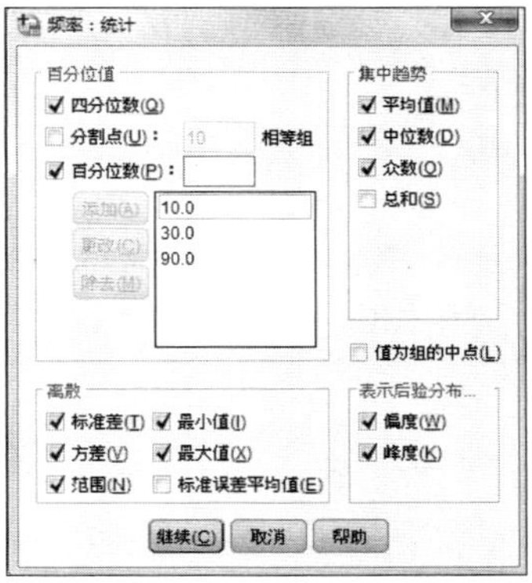


图 3-4-2 "频率：统计"对话框

**步骤 3**：选中"平均值""中位数""众数""标准差""方差""范围""最大值""最小值""偏度""峰度""四分位数"复选框，然后选中"百分位数"复选框，在其后的文本框中分别输入 10，30，90 后，依次单击下面的“添加”按钮，然后单击“继续”按钮，返回上一级菜单。

**步骤 4**：单击“确定”按钮，完成计算，其结果如表 3-4-1 所示。

**表 3-4-1　助跑摸高成绩统计量**

| 个案数 | | 平均数 | 中位数 | 众数 | 标准差 | 方差 | 偏态系数 | 偏态标准误差 | 峰态系数 | 峰态标准误差 |
|---|---|---|---|---|---|---|---|---|---|---|
| 有效 | 缺失 | | | | | | | | | |
| 104 | 0 | 296.53 | 301.00 | 306 | 17.005 | 289.164 | −0.855 | 0.237 | 0.051 | 0.469 |

| 极差 | 最小值 | 最大值 | 百分位数 | | | | | |
|---|---|---|---|---|---|---|---|---|
| | | | 10 | 25 | 30 | 50 | 75 | 90 |
| 69 | 253 | 322 | 266.00 | 287.25 | 292.00 | 301.00 | 307.75 | 315.00 |

表 3-4-1 是描述统计结果，由表可知，本例的样本含量 $n = 104$，缺失值 = 0，104 名男生助跑摸高的平均数为 296.53，中位数为 301.00，众数为 306，标准差为 17.005，方差为 289.164，偏态系数为-0.855，峰态系数为 0.051，极差（全距、范围）为 69，最小值为 253，最大值为 322，第一四分位（25%）数为 287.25，第二四分位（50%）数为 301.00（即中位数），第三四分位（75%）数为 307.75，第 10 百分位数为 266.00，第 30 百分位数为 292.00，第 90 百分位数为 315.00。

进阶内容：相对数与动态分析

拓展知识：探索性数据分析

思政课堂

习题 3

习题 3 参考答案

平均数问题诊断

# 第四章　概率分布及应用

概率论是研究随机现象数量规律的数学分支。概率论的起源与赌博问题有关。概率与统计的一些概念和简单的方法，早期也主要用于赌博和人口统计。伴随着人类的社会实践，人们需要了解各种不确定现象中隐含的必然规律，并用数学方法研究各种结果出现的可能性大小，从而产生了概率论，并使之逐步发展成一门严谨的学科。目前，概率与统计的方法广泛应用于自然科学、经济学、医学、金融保险、体育等领域。本章重点介绍概率的基本知识、随机变量的概率分布，以及正态分布在体育中的应用，主要给后续体育统计学内容的学习提供坚实的理论基础。

## 第一节　概率的基本知识

### 一、随机现象、随机试验与随机事件

在自然界和日常生活中，有许许多多的现象。有些现象的结果事先就能知道在一定条件下一定会发生。例如，在标准大气压下，水持续加热到100℃时必然会沸腾；在重力作用下，水定会从高处往低处流；在体育运动过程中，会消耗能量。这类在一定条件下必然发生的现象称为确定性现象或必然现象。还有一类现象，有多种可能结果，但事先无法确定哪个结果会出现。例如，在体育运动过程中，肌肉有可能会拉伤，也有可能不会；篮球运动员罚球时，无法预知自己能否将此球投进，也就是说，此球有可能进，也有可能不进。这类在相同的条件下，可能会出现不同结果的现象称为**随机现象**。随机现象的结果虽然具有不确定性，但在相同条件下进行重复观测，结果就会呈现某种规律性。对随机现象进行观察的过程称为试验，如果一个试验满足以下3个特征：

（1）试验可以在相同条件下重复进行；

（2）每次试验的可能结果不止一个，事先能明确所有可能的结果；

（3）只有在每次试验结束后，才能确定哪个结果出现。

这样的试验我们称为**随机试验**，记作 $E$。

下面举几个随机试验的例子：

$E_1$：记录某举重运动员在一小时训练中抓举的重量。

$E_2$：观察射击运动员一次射击命中靶心的情况。

$E_3$：乒乓球单打比赛中，记录获胜方的比赛局数。

$E_4$：记录运动员的100米跑训练成绩。

$E_5$：在一批篮球中，任意抽取一个，测试它的反弹高度。

随机试验产生的结果称为随机事件，简称事件，通常用大写字母 $A,B,C$ 来表示。在每次试验中，一定发生的事件称为必然事件，一定不发生的事件称为不可能事件。必然事件和不可能事件是随机事件的极端情况。

分析试验：观察某次比赛中 3 次罚篮的进球情况。

（1）这个试验可以在相同条件下重复进行，每次试验前就知道所有可能的结果为 4 种，但试验结束后才能确定哪个结果会出现，因此该试验是随机试验。

（2）这个试验共有 4 种可能结果，即进球数为 0 个、1 个、2 个、3 个。

（3）事件 $A$："进球个数为奇数"，可表示为 $A=\{1,3\}$。

若试验结果是进了 3 个球，则称事件 $A$ 发生；若试验结果是进了 2 个球，则称事件 $A$ 没有发生。

（4）若事件 $B$ 为"进球个数为 4 个"，则事件 $B$ 为不可能事件。

（5）若事件 $C$ 为"进球数不多于 3 个"，则事件 $C$ 为必然事件。

**【例 4-1-1】** 在下列给出的事件中，指出哪些是不可能事件，哪些是必然事件，哪些是随机事件。

（1）手机没电了，而手机屏亮着；

（2）在平面内，两点可确定一条直线；

（3）运动康复训练治疗颈椎病效果显著；

（4）花样滑冰选手完成阿克塞尔三周跳；

（5）过十字路口遇到红灯；

（6）太阳从西边出来了；

（7）通过体育统计这门课的考试。

**解：** 在这些事件中，不可能事件是（1）、（6）；必然事件是（2）；随机事件是（3）、（4）、（5）、（7）。

## 二、随机事件的概率

对于随机事件，它在一次试验中可能发生，也可能不发生，但在相同条件下，如果进行大量重复试验，它的发生就具有一定的规律性。因此，我们通过大量重复试验来揭示其统计规律性。例如，抛掷一枚质地均匀的硬币，观察出现正面的情况。历史上许多著名的数学家都进行过这一试验，结果如表 4-1-1 所示。当试验次数数值非常大时，出现正面的频率总是在数值 0.5 附近摆动，并随着抛掷次数的增加，这种摆动幅度越来越微小。这表明出现正面的频率具有稳定性，于是可以用数值 0.5 来描述"出现正面"这个事件发生的可能性大小，从而揭示了"出现正面"这个事件发生的规律。

**表 4-1-1　抛掷硬币试验结果统计**

| 试验者 | 抛掷硬币次数/$n$ | 出现正面的次数/$m$ | 出现正面的频率/（$m/n$） |
|---|---|---|---|
| 蒲丰 | 4040 | 2048 | 0.5069 |
| 皮尔逊 | 12000 | 6019 | 0.5016 |
| | 24000 | 12012 | 0.5005 |
| 维尼 | 30000 | 14994 | 0.4998 |

这样的例子还有很多，概括起来，就得到了概率的定义：

**同一条件下进行多次重复试验，若事件 $A$ 发生的频率随着试验次数的不断增加，稳定在常数 $p$ 附近做微小摆动，则称常数 $p$ 为事件 $A$ 发生的概率，记作 $P(A)=p$。**

由上述定义可知，当试验次数足够多时，概率 $P(A)$可以由所观察到的事件 $A$ 发生的频率来逼近。假定在相同条件下，重复进行了 $n$ 次试验，事件 $A$ 发生了 $m$ 次，则事件 $A$ 发生的概率就是

$$P(A)=\frac{\text{事件}A\text{发生的次数}}{\text{重复试验的总次数}}=\frac{m}{n} \tag{4-1-1}$$

式中，比值 $\frac{m}{n}$ 为相对频数或频率。比值越大，表示事件 $A$ 发生越频繁，也就意味着在一次试验中事件 $A$ 发生的可能性越大。对于必然事件，有 $m=n$，所以必然事件的概率为 1；对于不可能事件，有 $m=0$，所以不可能事件的概率为 0。而一般事件发生的概率在 0～1 范围内。

例如，如果想知道某电商平台所销售的羽毛球拍的合格率，就需要对产品进行抽查检验。如果抽检的批次为 60（相当于进行了 60 次试验），合格批次为 56，那么可以大致认为，该平台所售羽毛球拍的合格率近似地为合格产品的相对频数 $\frac{m}{n}=\frac{56}{60}\approx 0.933$。抽取的批次越多，频率值就会越接近于想要的概率值。也就是说，概率是理论值，频率是实际值。

生活中常见的例子，如某校学生的近视率、排球比赛中的拦网成功率、跳发球成功率、运动肌肉损伤的康复率等，这些都是可以用频率来近似代替概率的。

我们还有一个概念称为“小概率事件”，指的是在大量重复试验中，一个事件发生的概率非常小，接近于 0。在统计学中，通常把概率低于 0.05 的事件认为是**小概率事件**。在一次试验中，小概率事件几乎是不可能发生的，这一原则被称为**小概率原则**。小概率原则是进行统计推断的重要依据。

## 三、古典概型

概率反映了随机事件发生的可能性大小。概率是稳定的，频率是在变化的，频率是概率的近似值。要想近似程度足够好，就要在同一条件下，做大量的重复试验，而这一点在实际中是很难做到的。在生活中还有一类既简单又常见的概率问题，在计算概率时，不需要通过大量的试验，只需通过逻辑思维的方法，直接计算即可。我们先来看如下几个试验。

试验 1：在一个不透明的盒子中装有 10 个标有号码的乒乓球，除号码外，球的大小、质地等都一样，观察摸出的乒乓球球号。

试验 2：班级里有 32 名同学，学号为 01 号～32 号，观察教师进行提问时被抽到学生的学号情况。

试验 3：抛掷一枚质地均匀的骰子，观察出现的点数。

这类试验具有以下两个特征。

（1）有限性，即试验的所有可能的结果是有限个。

（2）等可能性，即每个结果的出现是等可能的。

我们称这样的概率类型为**古典概型**，也称为等可能概型。

在古典概型中，对事件概率进行计算时，将试验的所有可能的结果数记为 $n$，事件 $A$ 中包含的结果数记为 $m$，则事件 $A$ 发生的概率为

$$P(A)=\frac{\text{事件}A\text{包含的结果数}}{\text{试验的所有可能的结果数}}=\frac{m}{n} \qquad (4\text{-}1\text{-}2)$$

**【例 4-1-2】** 观察运动员投篮的情况，你认为这是一个古典概型吗？

**解：** 不是。虽然投篮只有两种可能结果：中和不中，满足特征（1）；但每种结果的出现不是等可能的，即投篮“中”的概率一般不会等于投篮“不中”的概率，不满足特征（2）。

在计算古典概率的问题时，首先要确定该试验是否属于古典概型，然后找出试验的所有可能结果数（记作 $n$）和所求事件包含的结果数（记作 $m$），最后所求事件的概率就是 $\frac{m}{n}$。

**【例 4-1-3】** 抛掷一枚质地均匀的骰子，定义事件 $A$ 为“出现的点数大于 4”，求事件 $A$ 的概率。

**解：** 骰子有 6 面，分别表示 1 点、2 点、…、6 点，是有限的，满足特征（1）；骰子是均匀的，即每一个点数的出现是等可能的，满足特征（2）。

所以这属于古典概型，试验中包含的总结果数 $n=6$，而事件 $A$ 中包含的结果数 $m=2$，所以

$$P(A)=\frac{m}{n}=\frac{2}{6}=\frac{1}{3}$$

在计算古典概型时，经常会用到排列组合方面的相关知识，主要有以下几点。

（1）不重复排列公式：从 $n$ 个不同的元素中，任意取出 $m$ 个 $(m \leqslant n)$，按一定的顺序排成一列，这样的排列数共有 $\mathrm{A}_n^m$ 个，其中，

$$\mathrm{A}_n^m = n\cdot(n-1)\cdots(n-m+1)$$

当 $m=n$ 时，

$$\mathrm{A}_n^n = n(n-1)(n-2)\cdots 2\times 1 = n!$$

例如，$\mathrm{A}_5^3=5\times 4\times 3=60$，$\mathrm{A}_7^2=7\times 6=42$，$\mathrm{A}_4^4=4!=24$。

（2）可重复排列公式：从 $n$ 个不同的元素中，有放回地取出 $m$ 个 $(m \leqslant n)$，按一定的顺序排成一列，这样的排列数共有 $n^m$ 个。

（3）组合公式：从 $n$ 个不同的元素中，任意取出 $m$ 个 $(m \leqslant n)$，不考虑顺序合成一组，这样的组合数共有 $\mathrm{C}_n^m$ 个，其中，

$$\mathrm{C}_n^m=\frac{n!}{m!(n-m)!}=\frac{n\cdot(n-1)\cdots(n-m+1)}{m(m-1)\cdots 2\times 1}$$

例如，$\mathrm{C}_7^2=\frac{7\times 6}{2\times 1}=21$，$\mathrm{C}_{10}^4=\frac{10\times 9\times 8\times 7}{4\times 3\times 2\times 1}=210$，$\mathrm{C}_{10}^6=\mathrm{C}_{10}^{10-6}=\mathrm{C}_{10}^4=210$。

**【例 4-1-4】** 游泳队中共有 15 名运动员，其中 6 名女运动员，9 名男运动员。

（1）现从中任选 2 名运动员去参加比赛，有多少种选取方式？

（2）若已选出 2 名女运动员和 2 名男运动员去参加混合泳接力赛，则有多少种排法？

**解：**（1）选出的 2 名运动员可能是 2 女、2 男或 1 男 1 女 3 种情况，故选取方式共有 $\mathrm{C}_6^2+\mathrm{C}_9^2+\mathrm{C}_6^1\mathrm{C}_9^1=105$（种），或者直接表示成 $\mathrm{C}_{15}^2=105$（种）。

（2）选出的 2 名男运动员和 2 名女运动员参加混合泳接力赛，可见这是要考虑顺序的，故接力方式共有 $\mathrm{A}_4^4=24$（种）。

# 第二节　随机变量的概率分布

## 一、随机变量

从随机事件及其概率中可以看到，随机试验所有可能结果的呈现形式，有数值形式的，也有非数值形式的。无论哪一种形式，我们总可以将试验的所有可能结果与数值对应起来。例如，在投篮试验中，试验的所有可能结果是“投中”或“未投中”，那么我们可以定义“投中”为数字 1，“未投中”为数字 0。再如，抛掷一枚质地均匀的骰子，试验的所有可能结果是 1 点～6 点，其结果本身就是数值形式，这时，我们就用 1～6 对应相应的结果。这样一来，随机试验的结果就全部可以用数量来进行描述。

当用一个变量的取值来表示随机试验的结果时，该变量随着试验的不同结果而取不同的值，这种取值具有随机性的变量称为**随机变量**。

随机变量一般用大写字母 $X,Y,Z$ 等来表示，随机变量的具体取值一般用小写字母 $x,y,z$ 等来表示。

例如，在上面的投篮试验中，用 $X$ 表示投篮结果，那么“ $X=0$ ”表示事件“投篮未投中”；“ $X=1$ ”表示事件“投篮投中”。在掷骰子试验中，记 $X$ 表示出现的点数，则“ $X=4$ ”表示事件“掷出的点数为 4”；“ $X\geqslant 4$ ”表示事件“掷出的点数大于等于 4”，即掷出了 4 点、5 点和 6 点；若要表示事件“掷出奇数点”，则可以表示成“ $X=2k-1(k=1,2,3)$ ”。再如，在初三男子立定跳远测试中，记 $X$ 为跳远成绩，那么“ $180\leqslant X<245$ ”就表示事件“跳远成绩在 180～245cm 范围内”，这里，随机变量的取值是某一个区间范围。

随机变量是随机事件的数量表现。有了随机变量后，就可以用随机变量的取值来表示随机事件，对随机事件及概率的讨论问题就可以转化为对随机变量的取值及概率的研究。

**【例 4-2-1】**某运动员有 3 个比赛项目将参加市级运动会的金牌角逐，观察其取得的金牌数。记 $X$ 为该运动员取得的金牌数，说出以下 $X$ 的不同取值分别代表了什么事件。

（1） $X=0$；（2） $X\geqslant 1$；（3） $X=4$；（4） $0\leqslant X<4$。

**解：**该运动员有 3 个项目将参加金牌角逐，则 $X$ 的所有可能取值为 $0,1,2,3$ 。

（1）“ $X=0$ ”表示事件：“该运动员一枚金牌都没有获得”。

（2）“ $X\geqslant 1$ ”表示事件：“该运动员至少获得了一枚金牌”。

（3）“ $X=4$ ”表示“该运动员获得了 4 枚金牌”，是不可能事件。

（4）“ $0\leqslant X<4$ ”表示“该运动员所获得金牌数大于等于 0 枚且小于 4 枚”，是必然事件。

**【例 4-2-2】**在体操比赛中，观察某运动员的完成动作得分情况（得分保留小数点后两位）。记 $X$ 为运动员体操完成动作的得分，将下列各事件用随机变量的取值表示出来。

（1）事件“完成动作的得分为满分”；

（2）事件“完成动作的得分在 9.00 分以上”；

（3）事件“完成动作的得分不高于 8.80 分”。

**解：**由题得 $X$ 可以取区间[0,10]内的任意一个值。

（1）事件“完成动作的得分为满分”可表示为“ $X=10.00$ ”。

（2）事件“完成动作的得分在 9.00 分以上”可表示为“$9.00 < X \leqslant 10.00$”。

（3）事件“完成动作的得分不高于 8.80 分”可表示为“$0.00 \leqslant X \leqslant 8.80$”。

根据随机变量的取值情况，可以将它分为离散型随机变量和非离散型随机变量两大类。非离散型随机变量的范围相当广泛，情况也很复杂，其中最重要、最常见的就是连续型随机变量。本书只限定于研究离散型随机变量和连续型随机变量两种。

## 二、离散型随机变量及其概率分布

若随机变量 $X$ 的所有可能取值是可以一一列举的，即随机变量只能取有限个或可列无数个可能值，则称随机变量 $X$ 为离散型随机变量。例如，对 50 名运动爱好者进行问卷调查，其中记 $X$ 为喜欢慢跑的人数，则 $X$ 的取值只能是 $0,1,2,\cdots,50$ 这些数值之一，是可以一一罗列的，所以 $X$ 就是一个离散型随机变量；又如，运动员的性别，结果只有男或女两种情况，定义“男运动员”对应数字 1，“女运动员”对应数字 0，记 $X$ 为运动员性别，则 $X$ 的取值只能是 0 或 1，所以 $X$ 也是一个离散型随机变量。这里，试验结果与数字之间的对应是人为规定的，不具有其他实质性含义，只作为一个区分标识。当然也可以规定“男运动员”对应数字 0，“女运动员”对应数字 1。

下面我们再给出几个离散型随机变量的例子。

（1）一场足球比赛，规定“输”对应数字 0，“赢”对应数字 3，“平”对应数字 1，记 $X$ 为比赛结果，则 $X$ 为离散型随机变量，取值为 $0,1,3$。

（2）一次射击，观察中靶次数。记 $X$ 为中靶次数，则 $X$ 为离散型随机变量，取值为 $0,1$。

（3）一场篮球比赛，观察犯规的次数。记 $X$ 为犯规次数，则 $X$ 为离散型随机变量，取值为 $0,1,2,\cdots$。

（4）一局乒乓球比赛，观察赢的一方至少要打多少个球。记 $X$ 为赢的一方的打球个数，则 $X$ 为离散型随机变量，取值为 $11,12,13,\cdots$。

对于离散型随机变量，我们除要知道随机变量的所有可能取值情况外，还要知道随机变量分别取这些值时的概率如何，这样才能对离散型随机变量的统计规律有个全面的掌握。

列出离散型随机变量 $X$ 的所有可能取值 $x_1, x_2, \cdots$，以及取每个值时对应的概率 $p_1, p_2, \cdots$，则离散型随机变量 $X$ 的概率分布可以用如下两种形式来表示。

（1）表格法，如表 4-2-1 所示。

**表 4-2-1　离散型随机变量的概率分布**

| $X$ | $x_1$ | $x_2$ | $x_3$ | … |
|---|---|---|---|---|
| $P$ | $p_1$ | $p_2$ | $p_3$ | … |

（2）公式法，即

$$P\{X = x_i\} = p_i \quad (i = 1,2,3,\cdots) \tag{4-2-1}$$

离散型随机变量的概率分布也称为分布律，具有以下性质：

（1）$p_i \geqslant 0$，$i = 1,2,3,\cdots$；

（2）$p_1 + p_2 + \cdots + p_i + \cdots = 1$，简记为 $\sum p_i = 1$。

反之，具有以上两个性质的分布列表定能作为某一个离散型随机变量的概率分布。

**【例 4-2-3】** 下面的 4 个列表中，能作为离散型随机变量 $X$ 的概率分布的是（ ）。

A.

| $X$ | 1 | 2 | 3 |
|---|---|---|---|
| $P$ | 0.5 | −0.5 | 1 |

B.

| $X$ | 1 | 2 | 3 |
|---|---|---|---|
| $P$ | 0.25 | 0.5 | 0.75 |

C.

| $X$ | 1 | 2 | 3 |
|---|---|---|---|
| $P$ | 0.5 | 0.15 | 0.35 |

D.

| $X$ | 1 | 2 | 3 |
|---|---|---|---|
| $P$ | 0.15 | 0.27 | 0.42 |

**解**：由概率分布的性质，知概率值要求非负，可排除 A 选项；又由所有的概率值之和为 1，可排除 B 和 D 选项。故本题应选 C。

**【例 4-2-4】** 已知离散型随机变量 $X$ 的概率分布如表 4-2-2 所示，求 $m$ 的值。

**表 4-2-2 离散型随机变量 $X$ 的概率分布**

| $X$ | 0 | 1 | 2 |
|---|---|---|---|
| $P$ | $m$ | $2m$ | $2m$ |

**解**：由表 4-2-2 可知，随机变量 $X$ 的取值只能是 0,1,2，而取每个值时对应的概率为 $m,2m,2m$。根据概率分布的性质（2），有

$$m+2m+2m=1$$

解得 $m=1/5$。

**【例 4-2-5】** 抛掷一枚质地均匀的硬币 2 次，求硬币正面出现次数的概率分布。

**解**：抛掷硬币 2 次，观察出现的结果，记 T、H 分别表示正面、反面，则试验的所有可能结果为 TT、HT、TH、HH，所以正面出现的次数为 0 次、1 次、2 次。

用 $X$ 表示抛掷硬币 2 次中正面出现的次数，则 $X$ 有 3 个可能值，即 0,1,2。

依题意，求得

$$P\{X=0\}=\frac{1}{4},\quad P\{X=1\}=\frac{1}{2},\quad P\{X=2\}=\frac{1}{4}$$

列成概率分布表，如表 4-2-3 所示。

**表 4-2-3 $X$ 的概率分布**

| $X$ | 0 | 1 | 2 |
|---|---|---|---|
| $P$ | $\frac{1}{4}$ | $\frac{1}{2}$ | $\frac{1}{4}$ |

掌握了离散型随机变量的概率分布，就能计算出随机变量任意取值的概率。在上例中，我们根据概率分布就可以知道出现正面的次数大于 0 次的概率为 3/4，即 $P\{X>0\}=P\{X=1\}+P\{X=2\}=3/4$。

下面介绍两个常见的离散型随机变量的概率分布。

1. 两点分布

我们将只出现两种可能结果的试验称为伯努利试验，它是一种最简单的随机试验。例如，抛掷一枚质地均匀的硬币，只会出现正面朝上或反面朝上两种情况中的一种。一般地，把试验的两个结果看作“成功”和“失败”，分别用数值“1”和“0”来表示，若定义随机变量 $X$ 为一次伯努利试验中成功的次数，则 $X$ 的取值情况就只能是 0 和 1 两种，记“$X=1$”的概率为 $p(0<p<1)$，那么“$X=0$”的概率就是 $1-p$。我们把随机变量只取两个值 0,1 的分布称为两点分布，亦称为伯努利分布、0–1 分布。它是最简单的一种离散型随机变量的分布，其概率分布如表 4-2-4 所示。

**表 4-2-4　两点分布**

| $X$ | 0 | 1 |
|---|---|---|
| $P$ | $1-p$ | $p$ |

在实际生活中，一次射击中的“中”与“不中”的概率分布、运动员性别中“男”与“女”的概率分布、金牌争夺中“取得金牌”与“未取得金牌”的概率分布、血液化验中“阴性”与“阳性”的概率分布、测试结果中“合格”与“不合格”等，均属于两点分布。

两点分布的期望 $E(X)=p$，方差 $D(X)=p(1-p)$。

2. 二项分布

在一次伯努利试验中，设成功是指事件 $A$ 发生，失败即指事件 $A$ 不发生，并将事件 $A$ 发生的概率设为 $p(0<p<1)$，那么事件 $A$ 不发生的概率就为 $q=1-p$。

若将伯努利试验在相同条件下，独立地重复进行 $n$ 次，$n$ 为某个确定数值，则该试验就称为 $n$ 重伯努利试验。独立是指 $n$ 次试验中，任何一次试验结果发生的可能性大小都不受其他次试验结果的影响，每次试验中，事件 $A$ 发生的概率 $p$ 值都是相同的。

在 $n$ 重伯努利试验中，事件 $A$ 恰好发生 $k$ 次的概率如何来计算呢？

我们可以这样想，从 $n$ 次试验里面选出 $k$ 次试验，这样的选法有 $C_n^k$ 种。选出的 $k$ 次试验是让事件 $A$ 发生，事件 $A$ 在每次试验中发生的概率为 $p$，剩下的 $n-k$ 次试验中事件 $A$ 未发生，事件 $A$ 在每次试验中未发生的概率为 $q=1-p$。各次试验之间是相互独立的，故 $n$ 重伯努利试验中，事件 $A$ 恰好发生 $k$ 次的概率就是 $C_n^k p^k q^{n-k}$。

用随机变量 $X$ 表示“$n$ 重伯努利试验中成功的次数”，此时，它所服从的概率分布就是二项分布。

设离散型随机变量 $X$ 服从的概率分布可表示为

$$P\{X=k\}=C_n^k p^k q^{n-k} \quad (0<p<1,\ p+q=1,\ k=0,1,2,\cdots,n) \tag{4-2-2}$$

则称随机变量 $X$ 服从参数为 $n,p$ 的**二项分布**（binomial distribution），记作 $X\sim B(n,p)$。

二项分布的期望 $E(X)=np$，方差 $D(X)=npq$。

**【例 4-2-6】** 在一次篮球比赛中，甲方投 3 分球时被乙方侵犯，裁判员判罚乙方犯规并让甲方罚篮 3 次，（每罚进一球可得一分，设甲方罚篮命中率为 85%），求出甲方 3 次罚篮得分的概率分布。

**解**：甲方罚篮有 4 种结果，即①三罚不中；②三罚一中；③三罚二中；④三罚全中。依题意，命中的概率为 0.85，那么不中的概率就是 0.15。用 $X$ 表示 3 次罚篮得分，根据以上 4 种情况可知，$X$ 可以取 0,1,2,3 这 4 个可能值，即 $X \sim B(3,0.85)$，于是，

① 三罚不中，即 $P\{X=0\}=0.15^3 \approx 0.0034$；

② 三罚一中，即 $P\{X=1\}=C_3^1 \times 0.85 \times 0.15^2 \approx 0.0574$；

③ 三罚二中，即 $P\{X=2\}=C_3^2 \times 0.85^2 \times 0.15 \approx 0.3251$；

④ 三罚全中，即 $P\{X=3\}=0.85^3 \approx 0.6141$。

列成概率分布表，如表 4-2-5 所示。

**表 4-2-5　甲方三次罚篮得分的概率分布**

| $X$ | 0 | 1 | 2 | 3 |
|---|---|---|---|---|
| $P$ | 0.0034 | 0.0574 | 0.3251 | 0.6141 |

在进行概率分布计算时，可以利用 Excel 中的统计函数快速求解。

**【例 4-2-7】** 已知 $X \sim B\left(5,\dfrac{1}{3}\right)$，求 $P\{X \leqslant 3\}$ 及 $P\{X=3\}$。

**解**：在 Excel 中的操作步骤如下。

**步骤 1**：在单元格分别输入 $n,p,X$ 名称及对应值，在所求概率处插入统计函数“BINOM.DIST”，如图 4-2-1 所示，单击“确定”按钮。

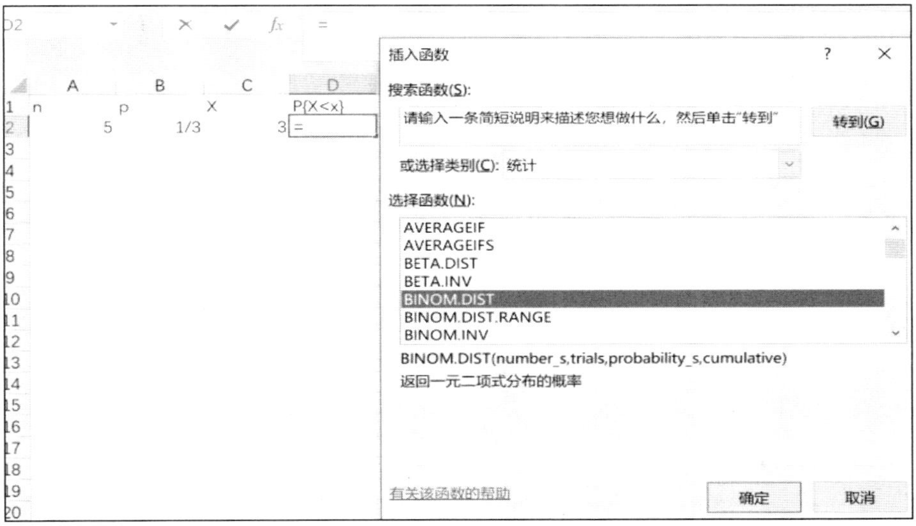


图 4-2-1　插入统计函数“BINOM.DIST”

**步骤 2**：选择“函数参数”。注意，图 4-2-2 为逻辑值输入“TRUE”，是累积概率分布函数，本题即 $P\{X \leqslant 3\}$；图 4-2-3 为逻辑值输入“FALSE”，是概率密度函数，本题即 $P\{X=3\}=C_5^3 \times \left(\dfrac{1}{3}\right)^3 \times \left(\dfrac{2}{3}\right)^2$。

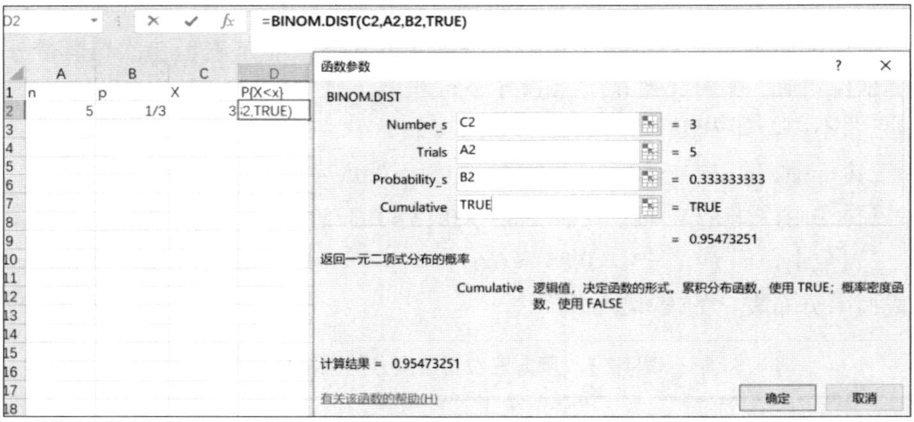


图 4-2-2　累积概率分布函数参数的选择

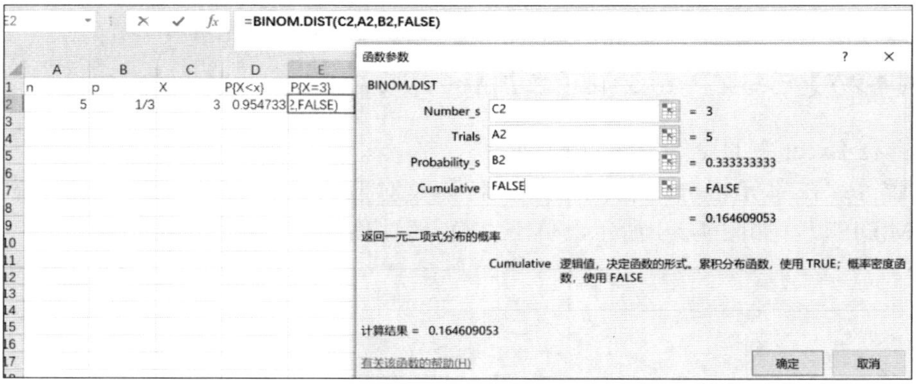


图 4-2-3　概率密度函数参数的选择

**步骤 3**：单击“确定”按钮，取得概率值，如图 4-2-4 所示。

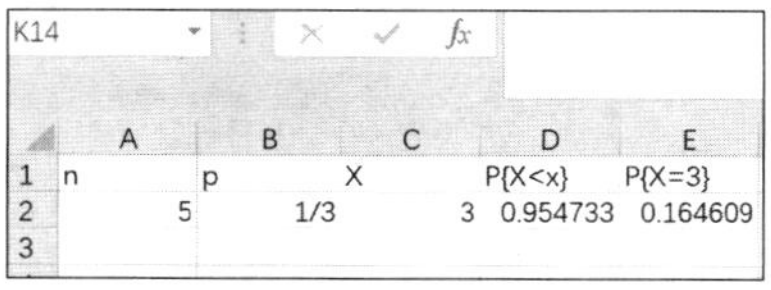


图 4-2-4　二项分布概率值的确定

从而得

$$P\{X \leqslant 3\} \approx 0.9547 , \quad P\{X = 3\} \approx 0.1646$$

## 三、连续型随机变量及其概率分布

在离散型随机变量的概率分布中，随机变量的取值只能是有限个或可列无数个。而连续型随机变量的所有可能取值连续地充满了整个区间，是无限的、不可数的。例如，某体操运动员在完成动作后的得分，在理论上可以取[0,10]整个区间内的任意一个值。体育运动中跳远的距离、潜水的深度、跑步的速度，以及人体测量中的身高、体重、肺活量等都是连续型随机变量。对于这种随机变量，一般用概率密度函数来描述概率分布。

在描述数据时，以组距为横轴，频率除以组距为纵轴，绘制出频率分布直方图，这样就可以用直方图的面积来表示对应组的频率。图 4-2-5 为某地 100 名 12 岁男孩身高的频率分布直方图。从图中可以看出，身高在[135,140)区间段上的概率近似为$0.03\times 5=0.15$。在直方图中，绘制出折线图，当增加样本含量，同时让分组尽可能地细分，可以想象，数据越多，分得越细，折线就会变得越来越平滑，越来越接近于一条曲线。用这条曲线可以准确地刻画出变量（男孩身高）的分布情况，曲线与横轴围成的面积表示变量在各个范围内的概率。如图 4-2-6 所示，图中阴影部分的面积就可以表示为变量落在区间$[a,b)$上的概率，这条曲线称为概率密度曲线，该曲线所对应的函数为概率密度函数。

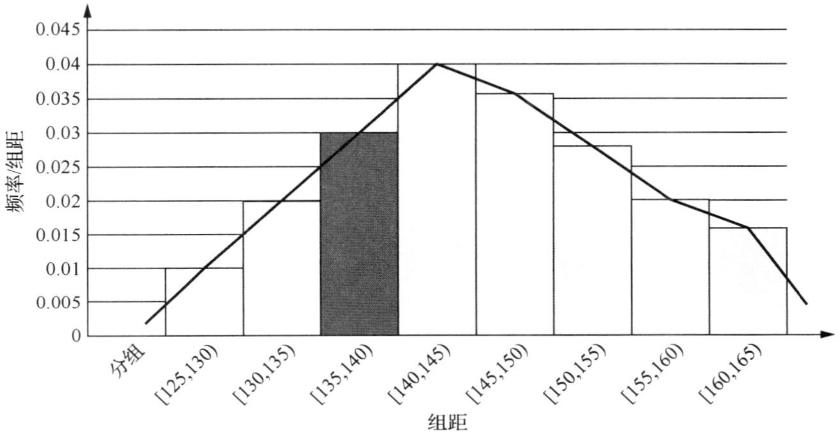


图 4-2-5　某地 100 名 12 岁男孩身高的频率分布直方图

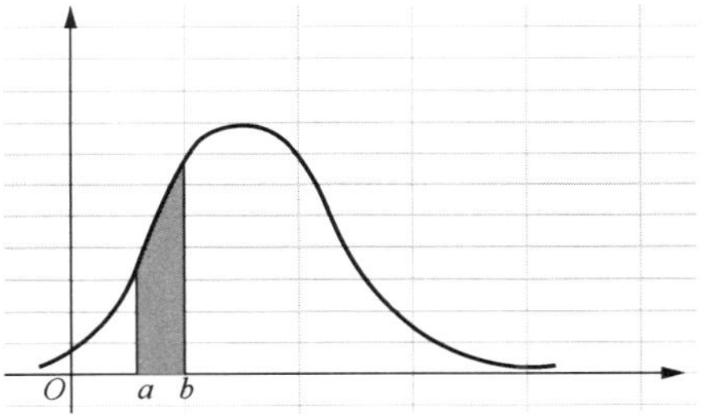


图 4-2-6　连续型随机变量的概率密度曲线

连续型随机变量的概率密度函数具有以下性质：

（1）$f(x)\geqslant 0$，$-\infty<X<+\infty$，即概率密度曲线在 $x$ 轴的上方；

（2）$P\{-\infty<X<+\infty\}=1$；

（3）连续型随机变量在给定区间内取值的概率等于概率密度曲线在该区间上所围成区域的面积；

（4）$X$取任一值时的概率为零，即 $P\{X=m\}=0$。

由性质（4），得

$$P\{a<X\leqslant b\}=P\{a\leqslant X<b\}=P\{a\leqslant X\leqslant b\}=P\{a<X<b\}$$

**【例 4-2-8】**已知连续型随机变量 $X$ 的概率密度函数为

$$f(x)=\begin{cases}\dfrac{1}{2}x-1, & 2<x<4\\ 0, & \text{其他}\end{cases}$$

求 $P\{2<X\leqslant 3\}$。

**解**：随机变量 $X$ 的概率密度如图 4-2-7 所示。

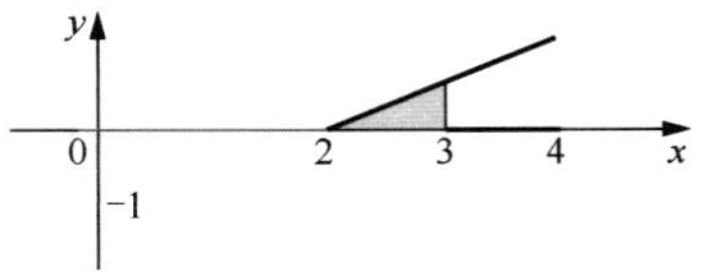


图 4-2-7　随机变量 $X$ 的概率密度曲线

由图 4-2-7 可知，所求概率即为图中阴影部分的面积，所以

$$P\{2<X\leqslant 3\}=\frac{1}{2}\times 1\times\frac{1}{2}=\frac{1}{4}$$

**【例 4-2-9】**下列各曲线中，能作为连续型随机变量 $X$ 的概率密度曲线的是（　　）。

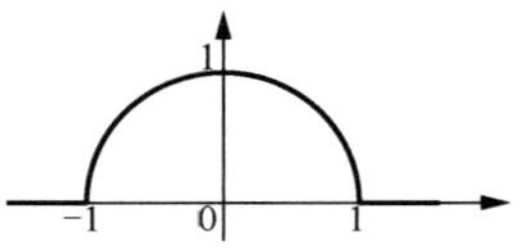


A.

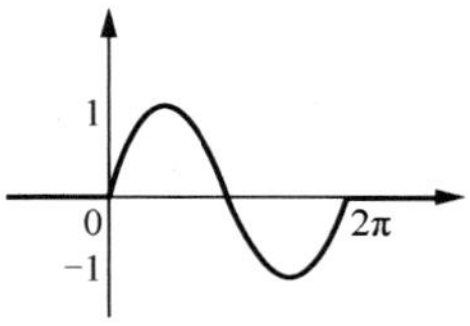


B.

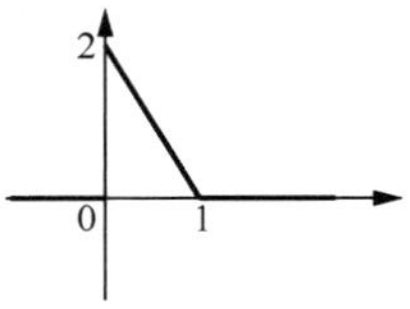


C.

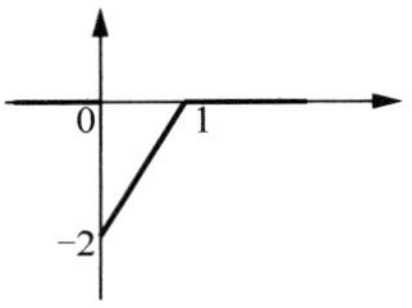


D.

**解**：由概率密度函数的性质（1），可排除 B、D；再结合性质（2）（3）可排除 A。故此题应选 C。

当概率密度函数 $f(t)$ 是一条曲线时，通过面积计算概率，就要用到微积分的相关知识，即 $P\{X<x\}=\int_{\infty}^{x}f(t)\mathrm{d}t$，很不方便，因此我们常常借助编制好的概率分布函数表直接查取得到。

在常见的连续型概率分布中，正态分布具有十分重要的意义，其应用非常广泛，下面主要介绍正态分布的理论。

## 四、正态分布

### （一）正态分布及其性质

**正态分布**最早是由棣莫弗和拉普拉斯发现的，但由于德国数学家高斯（Carl Friedrich Gauss）在研究误差理论过程中，开创性地研究了正态分布，因此，正态分布也被称为**高斯分布**。

生活中的许多现象都可以由正态分布来描述，如中国成年男子的身高、体重，学生的考试成绩，青少年的红细胞数目等。另外，正态分布也是很多分布的极限分布，如二项分布、泊松分布的极限就是正态分布，而且由正态分布还可以推导出其他一些重要的分布，如 $t$ 分布、$\chi^2$ 分布、$F$ 分布等。

若随机变量 $X$ 的概率密度函数为

$$f(x)=\frac{1}{\sqrt{2\pi}\sigma}e^{-\frac{(x-\mu)^2}{2\sigma^2}} \quad (-\infty<x<\infty)$$

式中，$\mu$ 和 $\sigma$ 都是常数，并且 $\sigma>0$，则称随机变量 $X$ 服从参数为 $\mu$ 和 $\sigma$ 的正态分布，记作 $X\sim N(\mu,\sigma^2)$。通过验证，我们可以得知正态分布概率密度函数中的两个参数 $\mu$ 和 $\sigma$，分别就是对应随机变量的均值和标准差。

概率密度函数所对应的曲线为**正态分布曲线**，如图 4-2-8 所示。

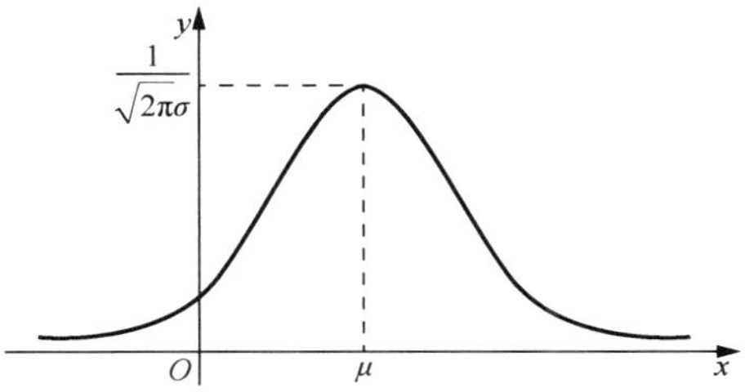


图 4-2-8 正态分布曲线

正态分布曲线是一条中间隆起、两边对称的平滑的钟形曲线，结合正态分布的概率密度函数可知，正态分布曲线有以下五个性质。

（1）曲线关于直线 $x=\mu$ 呈左右对称，$\mu$ 决定了曲线的中心位置。固定 $\sigma$ 值，改变 $\mu$ 值大小，曲线的形状不变，只是沿着 $x$ 轴进行左右平移变换，如图 4-2-9 所示。

（2）在对称轴的两侧，函数的单调性不同。在区间 $(-\infty,\mu)$ 内，曲线单调上升，在区间 $(\mu,+\infty)$ 内，曲线单调下降。当 $x=\mu$ 时，$f(x)$ 取得最大值 $\frac{1}{\sqrt{2\pi}\sigma}$，即峰值。整个曲线呈单峰型，在横轴上方，如图 4-2-8 所示。

（3）曲线以 $x$ 轴为渐近线。相等长度的区间，若距离 $\mu$ 越远，则变量落在该区间上的概率就越小。

（4）变量 $X$ 可在整个横轴上取值（即 $-\infty<X<+\infty$），曲线覆盖下的区域的面积为 1，即变量 $X$ 落在 $(-\infty,+\infty)$ 上的概率为 1，如图 4-2-10 所示。

（5）固定 $\mu$ 值，$\sigma$ 越大，最大值越小，峰值下降，曲线平缓；$\sigma$ 越小，则结果相反。也就是说，$\sigma$ 的大小决定了正态曲线是呈“矮胖型”还是“高瘦型”，如图 4-2-11 所示。

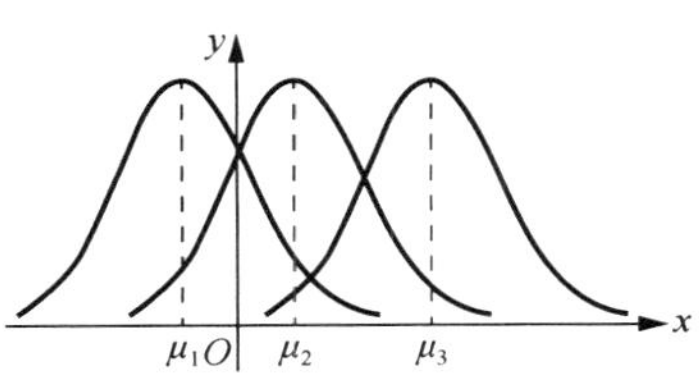


图 4-2-9 $\mu_1<\mu_2<\mu_3$

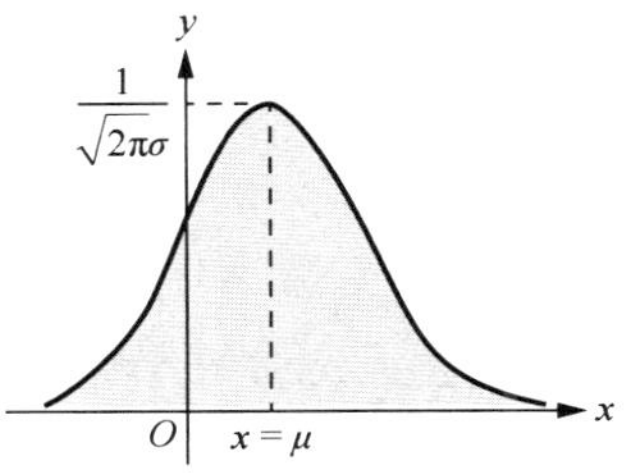


图 4-2-10 $P\{-\infty<X<+\infty\}=1$

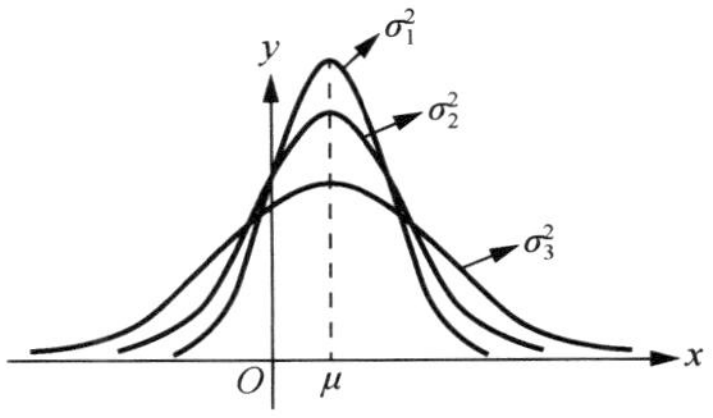


图 4-2-11 $\sigma_1^2<\sigma_2^2<\sigma_3^2$

**【例 4-2-10】** 以下对正态分布曲线的描述中，正确的是（ ）。

A. $\sigma$ 不变，$\mu$ 增大，曲线右移　　B. $\sigma$ 不变，$\mu$ 减小，曲线右移

C. $\mu$不变，$\sigma$增大，曲线右移　　　　D. $\mu$不变，$\sigma$减小，曲线右移

**解**：由性质（1）可知，曲线的对称轴是$x=\mu$，改变$\mu$值，会使曲线左右平移。因此$\mu$增大，曲线右移，故选 A。

正态分布是最常见，也是最重要的一种分布，这种取中间值的可能性大，取两边值的可能性小的连续型随机变量，通常都可以认为服从或近似服从正态分布。例如，调查某校学生的肺活量，其肺活量为随机变量，该随机变量分布的特点是肺活量在某一个范围（平均值附近）内的人数最多，而非常高和非常低的人数则较少。

特别地，当$\mu=0$，$\sigma=1$时的正态分布称为标准正态分布，记作$N(0,1)$。

（二）标准正态分布及标准正态分布表

对于一般正态分布的概率密度函数，均值$\mu$和标准差$\sigma$的取值不同，函数就会不同，那就意味着不同情况下要想获得正态曲线在某个区间内的概率，工作量就会很大。而对于标准正态分布，其概率密度函数为$f(u)=\dfrac{1}{\sqrt{2\pi}}\mathrm{e}^{-\frac{u^2}{2}}\ (-\infty<u<+\infty)$，其中不含有任何未知参数。标准正态分布曲线如图 4-2-12 所示。

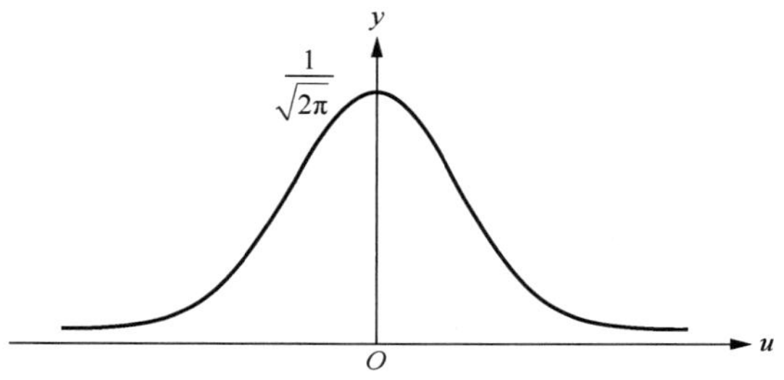


图 4-2-12　标准正态分布曲线

标准正态分布曲线关于$y$轴对称，并完全处于横轴上方，左右两端向横轴无限接近。当$u=0$时，$f(u)$取得峰值，即最大值为$\dfrac{1}{\sqrt{2\pi}}\approx 0.3989$。曲线覆盖下区域的面积为 1，即标准正态变量落在$(-\infty,+\infty)$上的概率为 1。

一般正态分布曲线有很多条，标准正态分布曲线只有确定的一条，因此，将标准正态分布的函数值制成了标准正态分布表（附表 1 和附表 2），利用这两个附表就可以直接求得标准正态变量$U$落在区间$(-\infty,\alpha]$上的概率。例如，$P\{U\leqslant 0\}=0.5$，$P\{U\leqslant 1.46\}=0.9278$。

常用的值有

$$P\{U\leqslant -1.64\}=0.0505,\quad P\{U\leqslant -1.96\}=0.0250,\quad P\{U\leqslant -2.58\}=0.0049$$

为此，我们需要将不同参数的一般正态分布转化成标准正态分布，具体转化过程如下：

若$X\sim N(\mu,\sigma^2)$，则$U=\dfrac{X-\mu}{\sigma}\sim N(0,1)$。

**【例 4-2-11】** 已知$X\sim N(0,1)$，查附表 1 和附表 2 计算：

（1）$P\{X\leqslant 0.15\}$；（2）$P\{X\geqslant 1.2\}$；（3）$P\{|X|<2\}$。

**解**：附表 1 和附表 2 提供的是标准正态变量 $X$ 落在区间 $(-\infty,\alpha]$ 上的概率，如果要求标准正态变量 $X$ 落在其他区间内的概率，则需要先进行一些处理再查表。

（1）$P\{X \leqslant 0.15\} = 0.5596$；

（2）$P\{X \geqslant 1.2\} = 1 - P\{X < 1.2\} = 1 - 0.8849 = 0.1151$；

（3）$P\{|X| < 2\} = P\{-2 < X < 2\} = P\{X < 2\} - P\{X \leqslant -2\} = 0.9772 - 0.0228 = 0.9544$。

**【例 4-2-12】** 已知 $X \sim N(8,2^2)$，求 $P\{7 < X \leqslant 11\}$。

**解**：将服从正态分布的变量 $X$ 通过公式 $U = \dfrac{X-\mu}{\sigma}$ 转变为服从标准正态分布的变量 $U$，于是

$$P\{7 < X \leqslant 11\} = P\left\{\frac{7-8}{2} < \frac{X-8}{2} \leqslant \frac{11-8}{2}\right\} = P\{-0.5 < U \leqslant 1.5\}$$
$$= P\{U \leqslant 1.5\} - P\{U \leqslant -0.5\}$$
$$= 0.9332 - 0.3085 = 0.6247$$

这里在进行概率分布计算时，同样可以利用 Excel 中的统计函数。

**【例 4-2-13】** 已知 $X \sim N(8,2^2)$，利用 Excel 统计函数计算 $P\{X \leqslant 7\}$。

**解**：在 Excel 中计算的步骤如下。

**步骤 1**：在单元格中分别输入平均数、标准差、变量名称及各对应实值，同时在所求概率处插入统计函数“NORM.DIST”，如图 4-2-13 所示，然后单击“确定”按钮。

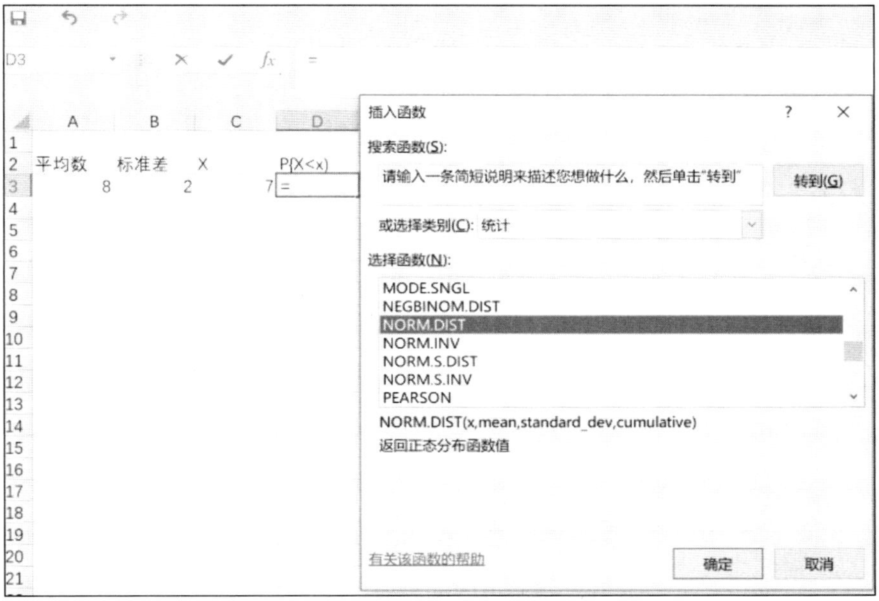


图 4-2-13 插入统计函数“NORM.DIST”

**步骤 2**：在“函数参数”对话框中选择各参数，如图 4-2-14 所示。特别指出，逻辑值输入“TRUE”是累积概率分布函数，本题即 $P\{X \leqslant 7\}$；逻辑值输入“FALSE”是概率密度函数，本题即 $f(7) = \dfrac{1}{\sqrt{2\pi} \times 2} e^{-\frac{(7-8)^2}{2\times 2^2}} = \dfrac{1}{2\sqrt{2\pi}} e^{-\frac{1}{8}}$。

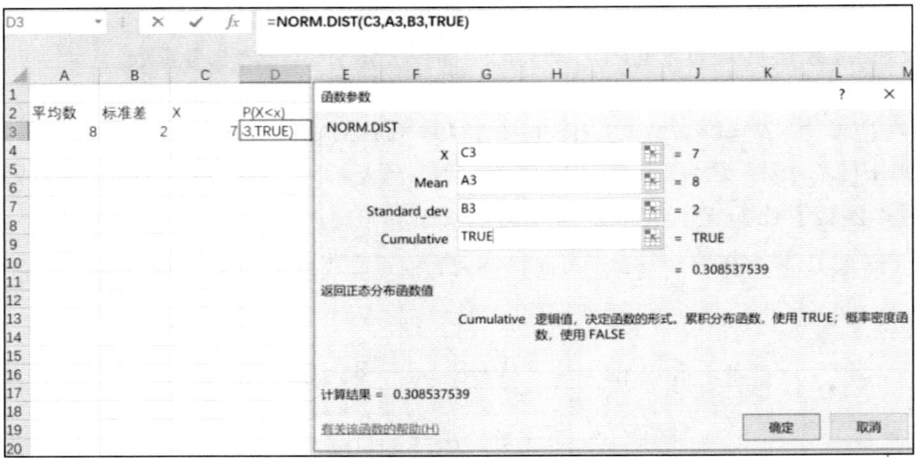


图 4-2-14 函数参数的选择

**步骤 3**：单击“确定”按钮得到概率值，如图 4-2-15 所示，即 $P\{X \leqslant 7\} = 0.308538$。

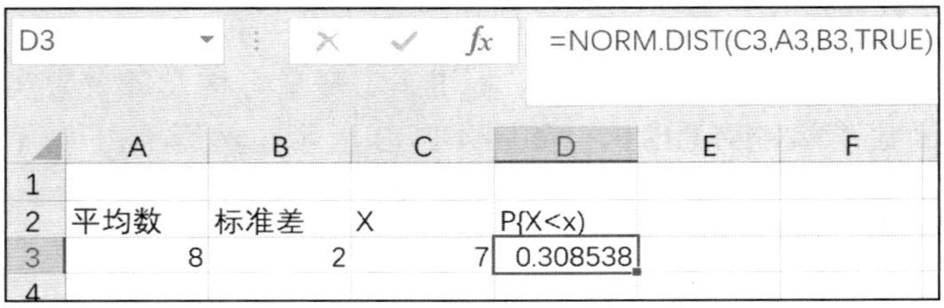


图 4-2-15 概率值的确定

**注意**：如果是标准正态分布，则需要选择“NORM.S.DIST”统计函数。

（三）$3\sigma$ 原则

若 $X \sim N(\mu,\sigma^2)$，通过计算，可得到

$$P\{\mu-\sigma < X < \mu+\sigma\} = P\left\{-1 < \frac{X-\mu}{\sigma} < 1\right\} = P\{-1 < U < 1\}$$

$$= P\{U < 1\} - P\{U \leqslant -1\} = 0.8413 - 0.1587 = 0.6826$$

同理，有

$$P\{\mu-2\sigma < X < \mu+2\sigma\} = 0.9544$$

$$P\{\mu-3\sigma < X < \mu+3\sigma\} = 0.9974$$

可以看到，虽然在一般正态分布中，变量 $X$ 的取值范围是 $(-\infty,+\infty)$，但 $X$ 的值落在区间 $(\mu-3\sigma,\mu+3\sigma)$ 内的概率高达 0.9974，如图 4-2-16 所示。也就是说，$X$ 落在这个区间段上几乎是肯定的。这个结论就是所谓的“$3\sigma$ 原则”。

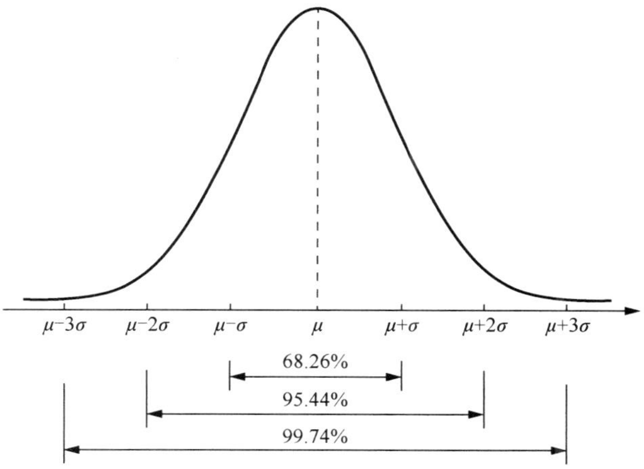


图 4-2-16　正态分布在特定区域取值的概率（面积）

# 第三节　正态分布在体育中的应用

体育比赛结果的不确定性让其充满了魅力。体育运动中，许多随机现象服从正态分布，因此正态分布理论在体育赛事、运动训练、体育教学、体育管理等方面有着广泛的应用。

## 一、确定正常值范围

正常值范围亦称参考值，根据正态分布理论可知，$P\{\mu-3\sigma<X<\mu+3\sigma\}=0.9974$，即 99.74%的数据落在距离中心平均数正负 3 个标准差范围内，其包括了绝大多数观察值的波动范围，我们称之为 99.74%正常值范围。

通常总体平均数、总体标准差未知，可以用大样本的平均数与标准差代替。划分正常值的概率尺度不同，界限范围也就不同，常见的正态分布资料正常值范围的制定如表 4-3-1 所示。

**表 4-3-1　正态分布资料正常值范围**

| 概率 | 双侧正常值范围 | | 单侧正常值范围 | |
|---|---|---|---|---|
| | 上限 | 下限 | 单上限 | 单下限 |
| 90% | $\bar{X}+1.645S$ | $\bar{X}-1.645S$ | $\bar{X}+1.28S$ | $\bar{X}-1.28S$ |
| 95% | $\bar{X}+1.96S$ | $\bar{X}-1.96S$ | $\bar{X}+1.645S$ | $\bar{X}-1.645S$ |
| 99% | $\bar{X}+2.58S$ | $\bar{X}-2.58S$ | $\bar{X}+2.33S$ | $\bar{X}-2.33S$ |

需要指出的是，如果统计数据不服从正态分布，而是呈现偏态，那么正常值的确定就需要用百分位数法。

**【例 4-3-1】**已知某市小学六年级女生 50 米跑的成绩 $X\sim N(9.880,0.830^2)$（单位：s），试求该市小学六年级女生 50 米跑成绩的 90%正常值范围。

**解：** 50 米跑的成绩过大或过小均属于异常，其正常值范围宜为双侧，所以

$$9.880\pm1.645\times0.830\text{（s）}\rightarrow9.880\pm1.365\text{（s）}\rightarrow8.515\sim11.245\text{（s）}$$

故该小学六年级女生 50 米跑成绩的 90%正常值范围为 8.515～11.245（s）。

**【例 4-3-2】** 某体育学院女生的肩宽 $X$（单位：cm）服从正态分布，即 $X\sim N(32.980, 3.970^2)$，试求该体育学院女生肩宽的 95%正常值范围。

**解：** 人体肩宽过大或过小均属于异常，其正常值范围宜为双侧，所以

$$32.980\pm1.96\times3.970(\text{cm})\rightarrow32.980\pm7.781(\text{cm})\rightarrow25.199\sim40.761(\text{cm})$$

故该体院女生肩宽的 95%正常值范围为 25.199～40.761（cm）。

**【例 4-3-3】** 已知某市小学六年级女生坐位体前屈（单位：cm）$X\sim N(9.871,8.331^2)$，试求某市小学六年级女生坐位体前屈的 95%正常值范围。

**解：** 中小学生坐位体前屈数值过小属于异常，其正常值范围宜为单下限，所以

$$9.871-1.645\times8.331=-3.833(\text{cm})$$

故该市小学六年级女生坐位体前屈 95%的正常值范围为大于-3.833cm。

## 二、制订考核标准

体育考核成绩的分布要合理，常常需要借助正态分布理论制订考核标准。体育比赛项目由于度量规则的不同，主要分为高优项目与低优项目。所谓高优项目就是数值越大，成绩越好，如跳远、跳高、铅球等田赛项目；低优项目则是数值越小，成绩越好，如 100 米跑、110 米栏、1500 米跑等径赛项目。运用正态分布理论制订考核标准时需要分清成绩优劣的位置。高优项目的优秀成绩在正态分布图形右侧，不及格成绩在图形左侧；低优项目的优秀成绩在图形左侧，不及格成绩在右侧。

**注意：** 在制订考核标准时，通常来说，不及格比例、优秀比例都不宜过高。

如果大样本随机变量 $X$ 服从正态分布，即 $X\sim N(\bar{x},S^2)$，则 $U=\dfrac{X-\bar{x}}{S}$，可得 $X=\bar{x}+US$。

**【例 4-3-4】** 已知某市小学五年级男生一分钟的跳绳成绩 $X$（单位：次）服从正态分布，即 $X\sim N(102.07,33.89^2)$，如果规定 5%的不及格率，12%的优秀率，则该市小学五年级男生一分钟跳绳成绩的优秀标准、及格标准各为多少？

**解：** $X$ 为一分钟跳绳成绩，数值大成绩好，数值小成绩差，属于高优项目，所以不及格成绩在图形左侧，优秀成绩在图形右侧。

及格标准：$0.05\approx0.0505$，查标准正态分布表（附表 1），得 $0.0505=P\{U<-1.64\}$，则 $x_{及格}=\bar{x}+US=102.07-1.64\times33.89\approx47$（次）。

优秀标准：$1-0.12=0.88$，查附表 2，得 $0.88\approx0.8790=P\{U<1.17\}$，则 $x_{优秀}=\bar{x}+US=102.07+1.17\times33.89\approx142$（次）。

因此，该市小学五年级男生一分钟跳绳的及格标准为 47 次，优秀标准为 142 次。

**【例 4-3-5】** 已知某市小学六年级女生 50 米跑的成绩（单位：s）$X\sim N(9.88,0.83^2)$，如果规定 8%不及格，48%及格，32%良好，12%优秀，则该市小学六年级女生 50 米跑的及格标准、良好标准、优秀标准各为多少？

**解：** $X$ 为 50 米跑的成绩，数值大成绩差，数值小成绩好，属于低优项目，所以优秀成绩在图形左侧，不及格成绩在图形右侧。

优秀标准：查附表 1，得 $0.12 \approx 0.1210 = P\{U < -1.17\}$，则 $x_{优秀} = \bar{x} + US = 9.88 - 1.17 \times 0.83 \approx 8.909$（s）。

良好标准：查附表 1，得 $0.12 + 0.32 = 0.44 \approx 0.4404 = P\{U < -0.15\}$，则 $x_{良好} = \bar{x} + US = 9.88 - 0.15 \times 0.83 \approx 9.756$（s）。

及格标准：查附表 2，得 $1 - 0.08 = 0.92 \approx 0.9207 = P\{U < 1.41\}$，则 $x_{及格} = \bar{x} + US = 9.88 + 1.41 \times 0.83 \approx 11.050$（s）。

故该市小学六年级女生 50 米跑的及格标准为 11.050s，良好标准为 9.756s，优秀标准为 8.909s。

## 三、估计频数分布

**【例 4-3-6】**已知某市小学一年级男生的体重（单位：kg）$X \sim N(25.69, 5.63^2)$，试求出该市小学一年级男生体重低于 20kg 的人数比例、高于 40kg 的人数比例及 20～40kg 范围内的人数比例。

**解**：将一般式化为标准式，得

$$P\{X < 20\} = P\left\{\frac{X - \bar{x}}{S} < \frac{20 - \bar{x}}{S}\right\} = P\left\{U < \frac{20 - 25.69}{5.63}\right\} \approx P\{U < -1.01\}$$

查附表 1，得

$$P\{U < -1.01\} = 0.1562$$

将一般式化为标准式，得

$$P\{X > 40\} = 1 - P\{X \leqslant 40\} = 1 - P\left\{\frac{X - \bar{x}}{S} \leqslant \frac{40 - \bar{x}}{S}\right\}$$

$$= 1 - P\left\{U \leqslant \frac{40 - 25.69}{5.63}\right\} \approx 1 - P\{U \leqslant 2.54\}$$

查附表 2，得

$$1 - P\{U \leqslant 2.54\} = 1 - 0.9945 = 0.0055$$

将一般式化为标准式，得

$$P\{20 \leqslant X \leqslant 40\} = P\left\{\frac{20 - \bar{x}}{S} \leqslant \frac{X - \bar{x}}{S} \leqslant \frac{40 - \bar{x}}{S}\right\} = P\left\{\frac{20 - 25.69}{5.63} \leqslant U \leqslant \frac{40 - 25.69}{5.63}\right\}$$

$$\approx P\{-1.01 \leqslant U \leqslant 2.54\} = P\{U \leqslant 2.54\} - P\{U < -1.01\}$$

查附表 1 和附表 2，得

$$P\{U \leqslant 2.54\} - P\{U < -1.01\} = 0.9945 - 0.1562 = 0.8383$$

故该市小学一年级男生体重低于 20kg 的人数比例为 15.62%，高于 40kg 的人数比例为 0.55%，20～40kg 范围内的人数比例为 83.83%。

**【例 4-3-7】**某体院女生的肩宽 $X$（单位：cm）服从正态分布，即 $X \sim N(32.98, 3.97^2)$，其中，吴佳佳的肩宽为 42cm，试求该体院女生的肩宽低于吴佳佳肩宽的人数比例，并判断吴佳佳的肩宽是否在该体院女生肩宽的 95%正常值范围内。

**解**：$P\{X < 42\} = P\left\{U < \dfrac{42 - 32.98}{3.97}\right\} \approx P\{U < 2.27\} = 0.9884$。

故该体院女生的肩宽低于吴佳佳肩宽的人数比例为 98.84%。

该体院女生肩宽的 95%正常值范围为 $32.980 \pm 1.96 \times 3.97$（cm），即 25.199～40.761（cm）。

因为 42cm > 40.761cm，所以吴佳佳的肩宽不在该体院女生肩宽的 95%正常值范围内。

## 四、标准分

服从正态分布的体育项目，通过计算标准分，既能看出个体成绩在群体中的排位优劣，还能进行不同项目成绩间的综合比较。需要注意的是，不论何种分数，都应遵循成绩越好得分越高的原则。

所谓标准分就是以平均数为基点，标准差为单位的分数，记作 $Z$，也称 $Z$ 分。计算公式如下：

$$Z=\frac{X-\overline{x}}{S}\text{（高优项目）} \tag{4-3-1}$$

$$Z=\frac{\overline{x}-X}{S}\text{（低优项目）} \tag{4-3-2}$$

**【例 4-3-8】** 已知某市小学六年级女生 50 米跑的成绩（单位：s）$X\sim N(9.88,0.83^2)$，小学五年级男生一分钟跳绳的成绩（单位：次）$Y\sim N(102.07,33.89^2)$，其中，小学六年级女生丽丽 50 米跑的成绩为 9s，五年级男生亮亮一分钟跳绳的成绩为 120 次。试问：丽丽与亮亮谁的成绩好？

**解：** 50 米跑为低优项目，一分钟跳绳为高优项目。先计算各自的标准分 $Z$，再比较标准分，谁的分数高谁的成绩就好。

丽丽标准分公式为 $Z=\dfrac{\overline{x}-X}{S_x}$，即

$$Z_1=\frac{9.88-9}{0.83}\approx 1.060\text{（分）}$$

亮亮标准分公式为 $Z=\dfrac{Y-\overline{y}}{S_y}$，即

$$z_2=\frac{120-102.07}{33.89}\approx 0.529\text{（分）}$$

可以看出，亮亮的标准分低于丽丽，故丽丽的成绩比亮亮好。

为了避免负分数，可以把标准分 $Z$ 转化为没有负分数的 $D$ 分，即

$$D=5+Z \tag{4-3-3}$$

例如，例 4-3-8 中，丽丽的 $D$ 分为 $5+1.06=6.06$，亮亮的 $D$ 分为 $5+0.529=5.529$。

**【例 4-3-9】** 已知某市小学六年级女生坐位体前屈（单位：cm）$X\sim N(9.87,8.33^2)$，其中，六年级女生小乐坐位体前屈为 12cm，试问：小乐坐位体前屈成绩的 $Z$ 分、$D$ 分各为多少？该市小学六年级女生坐位体前屈成绩小于小乐的人数比例为多少？

**解：** 因为坐位体前屈为高优项目，所以小乐的标准分

$$Z=\frac{X-\overline{x}}{S}=\frac{12-9.87}{8.33}\approx 0.256$$

$D$ 分为

$$D=5+Z=5+0.256\approx 5.256$$

因为

$$P\{X<12\}=P\left\{U<\frac{12-9.87}{8.33}\right\}\approx P\{U<0.26\}=0.6026$$

所以该市小学六年级女生坐位体前屈成绩小于小乐的人数比例约为 60.26%。

## 五、累进评分

在体育项目中，不同运动水平下提高相同幅度的成绩，其难度是不相同的。例如，100 米跑成绩从 12.5s 提高到 12.3s，与从 11.5s 提高到 11.3s，虽然提高幅度相同，但是难度是不一样的。分数是价值的体现，一般来说，运动水平越高，成绩提高难度越大，相应得分也越高，这种得分方法被称为累进评分法。

为体现成绩提高难度大相应得分高的思想，得分应该为非线性的，通常我们采用二次方程，一般累进评分表的得分公式为

$$Y = kD^2 + B \tag{4-3-4}$$

式中，$Y$ 为累进分数；$D$ 为 $D$ 分；$k,B$ 为待定值。

累进评分表的编制步骤如下。

（1）根据测试数据（服从正态分布）确定满分点、记分基点的成绩及对应评分分数，同时计算出评分基点、满分点的 $D$ 分。

评分基点、满分点成绩一般依数据的最小值、最大值而定，通常范围为 $\bar{x} \pm 3S$ 或 $\bar{x} \pm 5S$；对应分值，满分可以为 100 分或 1000 分等，基点记分可以为 0 分或 60 分等。$D$ 分的计算根据式（4-3-3）。

（2）确定评分间距。记分间距的大小，反映了评分表的详细程度。

（3）确定累进评分方程。把基分点、满分点成绩的 $D$ 分与评分分数代入式（4-3-4），求出待定值 $k,B$，确定得分方程。

（4）编制累进评分表。将各个评分成绩的 $D$ 值代入得分方程，取得累进分数并制成评分表。

**【例 4-3-10】** 某地区高中男生铅球成绩（单位：cm）服从正态分布，已知大样本 $\bar{x} = 700\text{cm}$，$S = 20\text{cm}$，最高成绩 754cm，最低成绩 644cm，记分间距为 1cm，试编制该地区高中男生铅球成绩的累进评分表。

**解**：（1）根据最大值与最小值，确定出记分范围为平均值加减正负 3 个标准差，即 $\bar{x} \pm 3S$，即 $700 \pm 3 \times 20(\text{cm})$，于是，可得最低成绩为 640cm，最高成绩为 760cm。640cm 的 $D$ 分为 $5-3=2$，760cm 的 $D$ 分为 $5+3=8$。

拟定累进评分最低分值为 0，最高分值为 1000。最低成绩 640cm 对应的最低累进记分为 0 分，$D$ 分为 2，最高成绩 740cm 对应的最高累进记分为 1000 分，$D$ 分为 8。

（2）确定评分间距。拟定评分间距为 1cm。

（3）确定累进评分方程。把评分基点、满分点的 $D$ 值与分数代入式（4-3-4），则有

$$\begin{cases} 0 = k \cdot 2^2 + B \\ 1000 = k \cdot 8^2 + B \end{cases}$$

解得

$$\begin{cases} k = \dfrac{50}{3} \\ B = -\dfrac{200}{3} \end{cases}$$

所以累进评分方程为

$$Y=\frac{50}{3}D^2-\frac{200}{3}$$

（4）编制累进记分表。在 Excel 中操作如下。

**步骤 1**：录入铅球成绩，从低向高，记分间距为 1cm，根据式（4-3-1）编辑 $Z$ 分公式，如图 4-3-1 所示；根据式（4-3-3）编辑 $D$ 分公式，如图 4-3-2 所示。

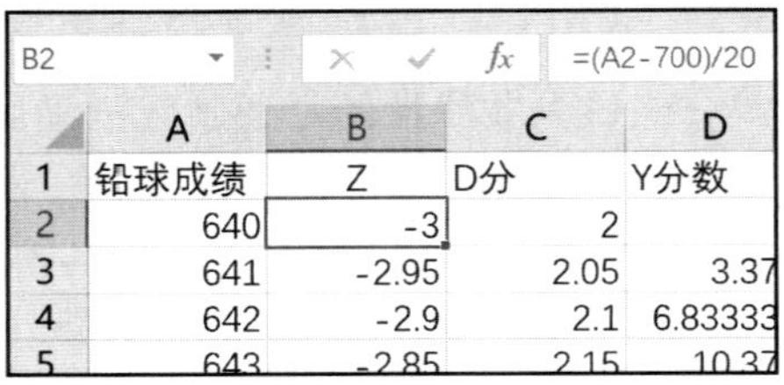

B2 =(A2-700)/20

| | A | B | C | D |
|---|---|---|---|---|
| 1 | 铅球成绩 | Z | D分 | Y分数 |
| 2 | 640 | -3 | 2 | |
| 3 | 641 | -2.95 | 2.05 | 3.37 |
| 4 | 642 | -2.9 | 2.1 | 6.83333 |
| 5 | 643 | -2.85 | 2.15 | 10.37 |

图 4-3-1　$Z$ 分公式编辑

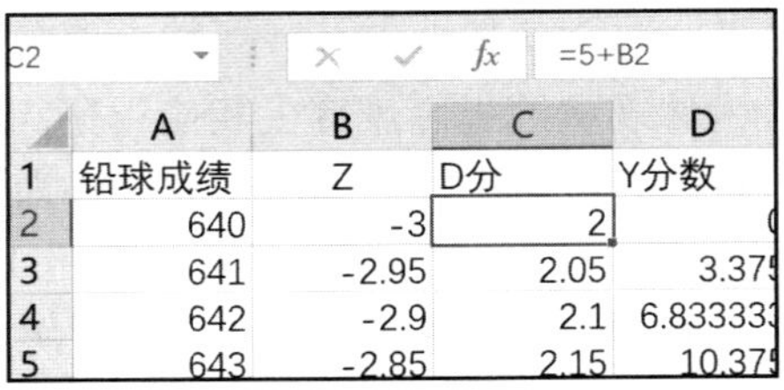

C2 =5+B2

| | A | B | C | D |
|---|---|---|---|---|
| 1 | 铅球成绩 | Z | D分 | Y分数 |
| 2 | 640 | -3 | 2 | 0 |
| 3 | 641 | -2.95 | 2.05 | 3.375 |
| 4 | 642 | -2.9 | 2.1 | 6.83333 |
| 5 | 643 | -2.85 | 2.15 | 10.375 |

图 4-3-2　$D$ 分公式编辑

**步骤 2**：根据评分方程 $Y=\frac{50}{3}D^2-\frac{200}{3}$ 编辑累进评分分数 $Y$ 的公式，如图 4-3-3 所示，随后进行公式复制。

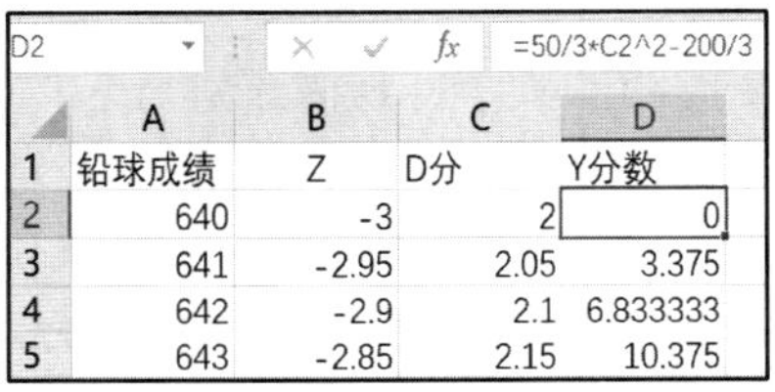

D2 =50/3*C2^2-200/3

| | A | B | C | D |
|---|---|---|---|---|
| 1 | 铅球成绩 | Z | D分 | Y分数 |
| 2 | 640 | -3 | 2 | 0 |
| 3 | 641 | -2.95 | 2.05 | 3.375 |
| 4 | 642 | -2.9 | 2.1 | 6.833333 |
| 5 | 643 | -2.85 | 2.15 | 10.375 |

图 4-3-3　$Y$ 分数公式编辑

**步骤 3**：得到累进评分表，如表 4-3-2 所示。

**表 4-3-2　高中男生铅球成绩与累进分数对照表**

| 铅球成绩 | $Z$ 分 | $D$ 分 | $Y$ 分数 | 铅球成绩 | $Z$ 分 | $D$ 分 | $Y$ 分数 | 铅球成绩 | $Z$ 分 | $D$ 分 | $Y$ 分数 | 铅球成绩 | $Z$ 分 | $D$ 分 | $Y$ 分数 |
|---|---|---|---|---|---|---|---|---|---|---|---|---|---|---|---|
| 640 | −3 | 2 | 0 | 652 | −2.4 | 2.6 | 46 | 664 | −1.8 | 3.2 | 104 | 676 | −1.2 | 3.8 | 174 |
| 641 | −2.95 | 2.05 | 3 | 653 | −2.35 | 2.65 | 50 | 665 | −1.75 | 3.25 | 109 | 677 | −1.15 | 3.85 | 180 |
| 642 | −2.9 | 2.1 | 7 | 654 | −2.3 | 2.7 | 55 | 666 | −1.7 | 3.3 | 115 | 678 | −1.1 | 3.9 | 187 |
| 643 | −2.85 | 2.15 | 10 | 655 | −2.25 | 2.75 | 59 | 667 | −1.65 | 3.35 | 120 | 679 | −1.05 | 3.95 | 193 |
| 644 | −2.8 | 2.2 | 14 | 656 | −2.2 | 2.8 | 64 | 668 | −1.6 | 3.4 | 126 | 680 | −1 | 4 | 200 |
| 645 | −2.75 | 2.25 | 18 | 657 | −2.15 | 2.85 | 69 | 669 | −1.55 | 3.45 | 132 | 681 | −0.95 | 4.05 | 207 |
| 646 | −2.7 | 2.3 | 22 | 658 | −2.1 | 2.9 | 74 | 670 | −1.5 | 3.5 | 138 | 682 | −0.9 | 4.1 | 214 |
| 647 | −2.65 | 2.35 | 25 | 659 | −2.05 | 2.95 | 78 | 671 | −1.45 | 3.55 | 143 | 683 | −0.85 | 4.15 | 220 |
| 648 | −2.6 | 2.4 | 29 | 660 | −2 | 3 | 83 | 672 | −1.4 | 3.6 | 149 | 684 | −0.8 | 4.2 | 227 |
| 649 | −2.55 | 2.45 | 33 | 661 | −1.95 | 3.05 | 88 | 673 | −1.35 | 3.65 | 155 | 685 | −0.75 | 4.25 | 234 |
| 650 | −2.5 | 2.5 | 38 | 662 | −1.9 | 3.1 | 94 | 674 | −1.3 | 3.7 | 162 | 686 | −0.7 | 4.3 | 242 |
| 651 | −2.45 | 2.55 | 42 | 663 | −1.85 | 3.15 | 99 | 675 | −1.25 | 3.75 | 168 | 687 | −0.65 | 4.35 | 249 |

续表

| 铅球成绩 | $Z$分 | $D$分 | $Y$分数 | 铅球成绩 | $Z$分 | $D$分 | $Y$分数 | 铅球成绩 | $Z$分 | $D$分 | $Y$分数 | 铅球成绩 | $Z$分 | $D$分 | $Y$分数 |
|---|---|---|---|---|---|---|---|---|---|---|---|---|---|---|---|
| 688 | −0.6 | 4.4 | 256 | 707 | 0.35 | 5.35 | 410 | 726 | 1.3 | 6.3 | 595 | 745 | 2.25 | 7.25 | 809 |
| 689 | −0.55 | 4.45 | 263 | 708 | 0.4 | 5.4 | 419 | 727 | 1.35 | 6.35 | 605 | 746 | 2.3 | 7.3 | 822 |
| 690 | −0.5 | 4.5 | 271 | 709 | 0.45 | 5.45 | 428 | 728 | 1.4 | 6.4 | 616 | 747 | 2.35 | 7.35 | 834 |
| 691 | −0.45 | 4.55 | 278 | 710 | 0.5 | 5.5 | 438 | 729 | 1.45 | 6.45 | 627 | 748 | 2.4 | 7.4 | 846 |
| 692 | −0.4 | 4.6 | 286 | 711 | 0.55 | 5.55 | 447 | 730 | 1.5 | 6.5 | 638 | 749 | 2.45 | 7.45 | 858 |
| 693 | −0.35 | 4.65 | 294 | 712 | 0.6 | 5.6 | 456 | 731 | 1.55 | 6.55 | 648 | 750 | 2.5 | 7.5 | 871 |
| 694 | −0.3 | 4.7 | 302 | 713 | 0.65 | 5.65 | 465 | 732 | 1.6 | 6.6 | 659 | 751 | 2.55 | 7.55 | 883 |
| 695 | −0.25 | 4.75 | 309 | 714 | 0.7 | 5.7 | 475 | 733 | 1.65 | 6.65 | 670 | 752 | 2.6 | 7.6 | 896 |
| 696 | −0.2 | 4.8 | 317 | 715 | 0.75 | 5.75 | 484 | 734 | 1.7 | 6.7 | 682 | 753 | 2.65 | 7.65 | 909 |
| 697 | −0.15 | 4.85 | 325 | 716 | 0.8 | 5.8 | 494 | 735 | 1.75 | 6.75 | 693 | 754 | 2.7 | 7.7 | 922 |
| 698 | −0.1 | 4.9 | 334 | 717 | 0.85 | 5.85 | 504 | 736 | 1.8 | 6.8 | 704 | 755 | 2.75 | 7.75 | 934 |
| 699 | −0.05 | 4.95 | 342 | 718 | 0.9 | 5.9 | 514 | 737 | 1.85 | 6.85 | 715 | 756 | 2.8 | 7.8 | 947 |
| 700 | 0 | 5 | 350 | 719 | 0.95 | 5.95 | 523 | 738 | 1.9 | 6.9 | 727 | 757 | 2.85 | 7.85 | 960 |
| 701 | 0.05 | 5.05 | 358 | 720 | 1 | 6 | 533 | 739 | 1.95 | 6.95 | 738 | 758 | 2.9 | 7.9 | 974 |
| 702 | 0.1 | 5.1 | 367 | 721 | 1.05 | 6.05 | 543 | 740 | 2 | 7 | 750 | 759 | 2.95 | 7.95 | 987 |
| 703 | 0.15 | 5.15 | 375 | 722 | 1.1 | 6.1 | 554 | 741 | 2.05 | 7.05 | 762 | 760 | 3 | 8 | 1000 |
| 704 | 0.2 | 5.2 | 384 | 723 | 1.15 | 6.15 | 564 | 742 | 2.1 | 7.1 | 774 | | | | |
| 705 | 0.25 | 5.25 | 393 | 724 | 1.2 | 6.2 | 574 | 743 | 2.15 | 7.15 | 785 | | | | |
| 706 | 0.3 | 5.3 | 402 | 725 | 1.25 | 6.25 | 584 | 744 | 2.2 | 7.2 | 797 | | | | |

拓展知识：正态分布检验

思政课堂

习题 4

习题 4 参考答案

“$\bar{X} \pm 3S$”判断“异常值”问题诊断

# 第五章　抽 样 估 计

在统计分析中，往往需要掌握总体的数据规律性。要了解总体的规律性最好的方法是对总体的每一个个体进行研究（即普查），但这在实际研究中是不可行的。因为大多数的总体是无限的，不可能对所有的个体逐一观察。即使总体是有限的，但限于人力、物力、财力、时间、对象的属性等多方面的原因，也不可能对所有的个体逐一观察。因此研究者只能借助于抽样研究，即从总体中随机抽取一部分个体组成样本，通过对样本数据的描述结果来推断总体特征的情况。

## 第一节　抽样分布与抽样误差

### 一、抽样分布

在研究中，数据的分布有总体分布、样本分布和抽样分布。用以估计总体参数的统计量称为**估计量**。**抽样分布**是指某一样本估计量（如样本平均数、样本率、样本方差等）的分布。样本估计量是样本的一个函数，称为**样本统计量**（简称统计量），因此抽样分布也是指统计量的分布或随机变量函数分布。以样本平均数为例，它是总体平均数的一个估计量，如果按照相同的样本容量、相同的抽样方式反复地抽取样本，每次可以计算出一个平均数，所有可能样本的平均数所形成的分布，就是样本平均数的抽样分布。

### 二、抽样误差

在进行抽样研究时，从同一总体中抽取含量相等的若干样本，由于总体中各个个体存在差异，而样本只包含总体中的一部分个体，所以每次抽取的样本统计量与总体参数之间或样本统计量之间均存在差异，这种由抽样引起的差异，称为**抽样误差**。在抽样过程中，抽样误差是不可避免的，抽样误差越大，则用样本统计量代表总体参数的可靠性就越小。反之，抽样误差越小，则用样本统计量代表总体参数的可靠性就越大。

但随着抽样重复次数的逐渐增加，其误差值会逐渐减小，只要我们在抽样中增加重复次数，抽样误差的分布就是有一定规律的，其大小就是可以估计的。为了掌握抽样误差的客观规律，可以用样本统计量（样本平均数、样本率、样本方差）的离散程度指标标准差作为抽样误差大小的指标。我们把样本统计量的标准差称为标准误差（简称标准误）。

现以样本平均数的抽样分布为例对抽样误差的规律做进一步认识。

假设从一个正态总体 $N(\mu,\sigma^2)$ 中随机抽取样本含量为 $n$ 的所有样本 $X_1,X_2,\cdots,X_k$，计算各样本平均数为 $\bar{x}_1,\bar{x}_2,\cdots,\bar{x}_k$。这些样本平均数（$\bar{x}_i$）围绕总体平均数（$\mu$）也有一个分布范围，可以描述其集中和离散程度，由数理统计证明可知，样本平均数的抽样分布仍服从正态分布，样本平均数的平均数等于总体平均数 $\mu$，方差等于 $\frac{\sigma^2}{n}$，即当总体服从正态总体分布时，来自该总体的所有样本含量相同的样本平均数的抽样分布仍呈正态分布，即 $\bar{x}\sim N\left(\mu,\frac{\sigma^2}{n}\right)$。

如果从平均数为 $\mu$，方差为 $\sigma^2$（有限）的任意一个总体中抽取样本含量为 $n$ 的所有样本，只要样本含量足够大（$n\geqslant 30$），则由概率论的中心极限定理可知，样本平均数的分布近似服从正态分布，即 $\bar{x}\sim N\left(\mu,\frac{\sigma^2}{n}\right)$。

通过上述分析，可以看出从同一总体中抽取样本含量相同的样本平均数的抽样分布具有以下特点。

（1）各样本平均数 $\bar{x}_i$ 未必等于总体平均数 $\mu$。

（2）各样本平均数 $\bar{x}_i$ 间存在差异。

（3）样本平均数 $\bar{x}_i$ 的分布是有一定规律的。样本平均数的平均值（$\mu_{\bar{x}}$）等于总体平均数 $\mu$，样本平均数的方差（$\sigma_{\bar{x}}^2$）等于总体方差 $\sigma^2$ 的 $\frac{1}{n}$ 倍，并且样本平均数的抽样分布服从正态分布 $N(\mu,\sigma_{\bar{x}}^2)$。

（4）样本平均数的变异程度较原变量的变异程度更小 $\sigma_{\bar{x}}=\frac{\sigma}{\sqrt{n}}$（平均数标准误的理论值）。

同理，对于样本方差、样本率的抽样研究同样如此，在非正态分布总体中也可以进行类似的抽样研究。

## 三、影响抽样误差的因素

影响抽样误差的因素有以下 3 个方面。

（1）原总体中个体的分散性。

原总体中的个体越分散（$\sigma$ 大），抽样误差越大；反之，抽样误差就越小。

（2）样本含量的大小。

抽样的样本含量越小，抽样误差越大；反之，抽样的样本含量越大，抽样误差就越小。可以设想，当样本含量大到等于总体含量时，抽样调查就等于全面调查，即普查，此时就没有抽样，抽样误差就不存在了。因此，在抽样研究中要降低抽样误差最直接的办法就是增大抽样的样本含量。

（3）抽样方法和抽样的组织方式。

由数理统计可知，不重复抽样方法比重复抽样方法产生的误差小些；分层抽样的组织方式比简单随机抽样、系统（间隔）抽样和整群抽样的组织方式抽样误差要小些。

# 第二节 标 准 误

## 一、平均数的标准误

在抽样研究中，抽样误差是不可避免的，我们可以用样本统计量的标准差来描述其大小。例如，我们把样本平均数的标准差称为样本平均数的标准误，简称**平均数的标准误**。

在重复抽样的条件下，样本平均数的标准误与总体标准差成正比，与样本含量的算术平方根成反比，用符号 $\sigma_{\bar{x}}$ 或 $S_{\bar{x}}$ 表示，则有

$$\sigma_{\bar{x}} = \frac{\sigma}{\sqrt{n}} \tag{5-2-1}$$

式中，$\sigma_{\bar{x}}$ 为样本平均数的标准误（理论值）；$\sigma$ 为总体标准差；$n$ 为样本含量。

对于式（5-2-1），只有在已知总体标准差（$\sigma$）时，才可以从理论上求得样本平均数的标准误（$\sigma_{\bar{x}}$）。而在实际工作中，总体标准差（$\sigma$）往往是未知的，所以，通常用样本标准差（$S$）来近似代替总体标准差（$\sigma$），以求得样本平均数的标准误的估计值 $S_{\bar{x}}$。于是，式（5-2-1）可写成

$$S_{\bar{x}} = \frac{S}{\sqrt{n}} \tag{5-2-2}$$

需要说明的是，标准误和标准差都属于描述变量间离散程度的统计指标，两者之间存在着一定的区别和联系。标准误描述的是一组样本统计量的变异程度，是描述样本统计量与总体参数的误差程度，它反映抽样误差的大小，可说明样本统计量推断总体参数的可靠性大小。标准差描述的是一组个体的变异程度，是描述个体间的离散程度。标准差与标准误的计算公式不同。当样本含量无限增大时，标准差会趋于稳定，而标准误会逐渐减小。所以增大样本含量，可降低抽样误差的大小。

**【例 5-2-1】** 从某市随机抽取 15 名 16 岁男生的身高数据（单位：cm）如下：

152，160，148，155，157，150，159，160，159，160，158，153，154，155，157

试估计这组数据的抽样误差。

**解**：先计算出平均数：$\bar{x} = 155.8$（cm）；标准差：$S \approx 3.80225$（cm）。

由式（5-2-2）计算样本平均数的标准误，得

$$S_{\bar{x}} = \frac{S}{\sqrt{n}} = \frac{3.80225}{\sqrt{15}} \approx 0.98174\text{(cm)}$$

所以由抽样引起的样本平均数与总体平均数的误差的估计值为 0.98174cm。

## 二、率的标准误

在抽样研究中，率的抽样分布与平均数的抽样分布一样，也会产生抽样误差，要描述率的抽样误差大小，我们可以用率的标准误来描述。

我们把样本率的标准差称为**样本率的标准误**；用符号 $\sigma_p$ 或 $S_p$ 表示，则有

$$\sigma_p = \sqrt{\frac{\pi(1-\pi)}{n}}$$ （样本率的标准误的理论值）　　（5-2-3）

$$S_p = \sqrt{\frac{p(1-p)}{n}}$$ （样本率的标准误的估计值）　　（5-2-4）

式中，$\pi$ 为总体率；$p$ 为样本率；$n$ 为样本含量。

# 第三节　参 数 估 计

参数估计是统计推断的重要内容之一，它是通过样本统计量来估计总体参数的。例如，用样本平均数 $\bar{x}$ 来估计总体平均数 $\mu$，用样本方差 $S^2$ 来估计总体方差 $\sigma^2$，用样本率 $p$ 来估计总体率 $\pi$ 的大小等。

参数估计的方法有两种：一是用样本统计量直接作为总体参数值的估计值，称为参数的**点估计**；二是考虑抽样误差的存在，不同样本可能得到不同的值，那么事先给出一定的可靠性大小（概率），用一个区间范围来估计总体参数值，称为参数的**区间估计**。

## 一、点估计

设 $\theta$ 为总体参数，现从该总体中随机抽取一个样本 $X_1, X_2, \cdots, X_k$，得样本统计量 $\hat{\theta}$，用样本统计量 $\hat{\theta}$ 的某个取值来作为总体参数 $\theta$ 的估计值，这就是参数的**点估计**。用来估计总体参数值的统计量称为**估计量**。对于同一参数，用不同方法来估计，可能得到不同的估计量。估计量的选择需要满足优良性评估标准，即无偏性、一致性和有效性。

### 1. 无偏性

如果一个估计量 $\hat{\theta}$ 的数学期望 $E(\hat{\theta})$ 等于被估计的参数 $\theta$，即 $E(\hat{\theta}) = \theta$，那么称此估计量 $\hat{\theta}$ 为该参数 $\theta$ 的无偏估计量。

因为 $E(\bar{x}) = \mu$，所以样本平均数 $\bar{x}$ 是总体平均数 $\mu$ 的无偏估计量；当 $n \to \infty$ 时，有 $E(S^2) = \sigma^2$，即样本方差 $S^2$ 是总体方差 $\sigma^2$ 的无偏估计量；样本率 $p$ 是总体率 $\pi$ 的无偏估计量，即有 $E(p) = \pi$。但样本标准差 $S$ 不是总体标准差 $\sigma$ 的无偏估计量，而是有偏的。

### 2. 一致性

若在样本含量 $n$ 充分大时，即当 $n \to \infty$ 时，估计量 $\hat{\theta}$ 靠近参数 $\theta$ 的概率接近 1，即对任意的 $\varepsilon > 0$，满足条件：

$$\lim_{n\to\infty} P\left\{\left|\hat{\theta} - \theta\right| < \varepsilon\right\} = 1 \text{ 或 } \lim_{n\to\infty} E[(\hat{\theta} - \theta)^2] = 0$$ （5-3-1）

则称估计量 $\hat{\theta}$ 为参数 $\theta$ 的一致估计值。一致估计值的直观意义是，随着 $n$ 的不断增大，估计值逐渐地稳定于参数。估计量的一致性是在大样本的情况下提出的一种要求，而对于小样本，它不能作为评价估计量好坏的标准。

可以证明，样本平均数 $\bar{x}$ 是总体平均数 $\mu$ 的一致估计量；当 $n$ 充分大时，样本方差 $S^2$ 是总体方差 $\sigma^2$ 的一致估计量；样本率 $p$ 是总体率 $\pi$ 的一致估计量。

3. 有效性

设 $\hat{\theta}_1,\hat{\theta}_2$ 为未知参数 $\theta$ 的两个无偏、一致估计量，若其方差不同，不妨设 $D(\hat{\theta}_1)<D(\hat{\theta}_2)$ 或 $E[(\hat{\theta}_1-\theta)^2]<E[(\hat{\theta}_2-\theta)^2]$，则称 $\hat{\theta}_1$ 比 $\hat{\theta}_2$ 更有效。也就是说，估计量的方差越小，估计越有效。

常用的最佳估计量如表 5-3-1 所示。

**表 5-3-1 常用的最佳样本估计量**

| 样本统计量 | 所估计的总体参数 | 特点 |
|---|---|---|
| $\bar{x}$ | $\mu$ | |
| $S^2$ | $\sigma^2$ | 具有较好的无偏性、有效性、一致性 |
| $p$ | $\pi$ | |

例如，随机抽取某市 100 名 16 岁男生的身高的平均数为 165.8cm，则用 165.8 作为该市 16 岁男生的平均身高的估计值，于是可认为该市全体 16 岁男生身高的总体平均数大约为 165.8cm。再如，若要估计某学校学生的达标率，随机抽取了 64 名学生，他们的达标率为 90.6%，于是将 90.6%直接作为该校学生的总体达标率的估计值，这就是点估计。

参数的点估计简单明确，估计总体的精确度较高。但是，它没有考虑抽样误差的存在和推断总体参数的可靠性程度，所以用点估计法来估计总体时，其可靠性较小，估计效果较差，甚至会出现错误。因此，当要求参数估计必须满足一定的精确度和可信程度时，就不能完全采用点估计，此时我们需要采用区间估计。

## 二、区间估计

### （一）区间估计量的标准

区间估计是根据抽样误差的大小，给予一定的概率，来估计未知参数所在的可能范围，称为总体参数的可信区间或置信区间，用符号 CI 表示。预先给定的概率称为可信度或置信度，用符号 $1-\alpha$ 表示，一般取 95%或 99%。

区间估计量的评估标准有以下两个要求。

（1）置信度：希望随机区间 $(\hat{\theta}_1,\hat{\theta}_2)$ 包含未知参数 $\theta$ 的概率 $P(\hat{\theta}_1<\theta<\hat{\theta}_2)$ 越大越好。

（2）精确度：希望随机区间 $(\hat{\theta}_1,\hat{\theta}_2)$ 的平均长度 $E(\hat{\theta}_2-\hat{\theta}_1)$ 越短越好。

但是，在样本含量 $n$ 一定的条件下，这两个基本要求往往是相互矛盾的。置信度增加，则区间长度必然增大，从而降低了精确度；若精确度提高，则置信度必然减少。而过宽的置信区间在实际估计中往往是没有实际意义的。因此，要同时满足置信度与精确度这两个要求，就要增加样本含量。英国统计学家奈曼（Neyman）建议采取一种妥协方案，在保证置信度的前提下，尽可能提高精确度，因此，通常把 $\alpha$ 取为 0.10，0.05 或 0.01，即可信度取为 90%，95%或 99%。

### （二）$t$ 分布

若随机变量 $X$ 服从正态分布，即 $x\sim N(\mu,\sigma^2)$，从总体中抽取样本含量 $n$ 相同的所有样本，分别计算出样本平均数 $\bar{x}$，这些样本平均数 $\bar{x}$ 服从正态分布，即 $\bar{x} \sim N(\mu, \sigma_{\bar{x}}^2)$。即使随机变量 $X$ 不服从正态分布，当样本含量充分大时，这些样本平均数 $\bar{x}$ 也会近似服从正态分布。而统计量 $u = \dfrac{\bar{x} - \mu_0}{\sigma / \sqrt{n}}$ 呈标准正态分布，这些平均数的标准误为 $\sigma_{\bar{x}} = \dfrac{\sigma}{\sqrt{n}}$，但在实际工作中，总体标准差 $\sigma$ 往往是未知的，因此需要用样本标准差 $S$ 代替总体标准差 $\sigma$，标准误 $\sigma_{\bar{x}}$ 则用其估计值 $S_{\bar{x}}$ 代替，所以统计量 $\dfrac{\bar{x} - \mu_0}{S / \sqrt{n}}$ 的分布将服从自由度为 $df = n-1$ 的 ***t* 分布**，即统计量为

$$t = \frac{\bar{x} - \mu_0}{S_{\bar{x}}} = \frac{\bar{x} - \mu_0}{S / \sqrt{n}} \sim t(n-1) \tag{5-3-2}$$

$t$ 分布具有正态分布的特点：集中性、均匀性和对称性，$t$ 分布以 0（平均数所在处）为中心，两侧左右对称，$t$ 分布曲线中间比正态曲线低，两侧翘得比正态曲线略高，如图 5-3-1 所示，$t$ 分布曲线下与横轴之间的面积分布具有一定的规律（附表 3）。

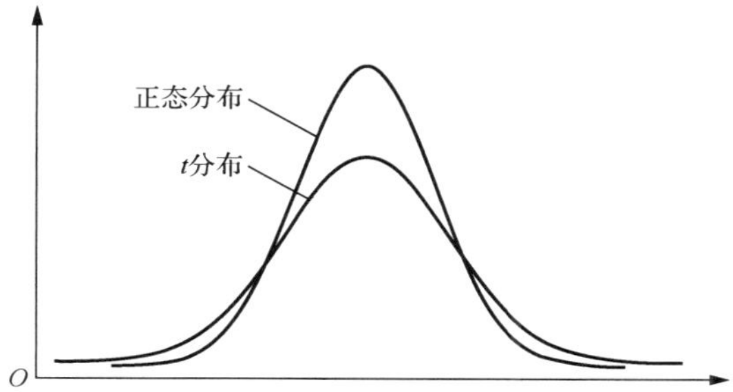


图 5-3-1 $t$ 分布与正态分布的比较

$t$ 的临界值和曲线下的概率也可用 SPSS 中的函数 IDF.T(？,？)和 CDF.T(？,？)计算。例如，当左侧概率为 $\alpha$，自由度为 $df$ 时，$t$ 的临界值

$$t_\alpha(df) = \text{IDF.T}(\alpha, df)$$

当已知 $t_0$，自由度为 $df$ 时，小于 $t_0$ 的左侧概率为

$$\alpha = P(t < t_0) = \text{CDF.T}(t_0, df)$$

如图 5-3-2 所示。例如，$t_{0.025}(10) = t_{0.05/2}(10) = \text{IDF.T}(0.025,10) = -2.228$；再如，当 $t_0 = -2.228$，$df = 10$ 时，$P\{t < -2.228\} = \text{CDF.T}(-2.228,10) = 0.025$，如图 5-3-3 所示。

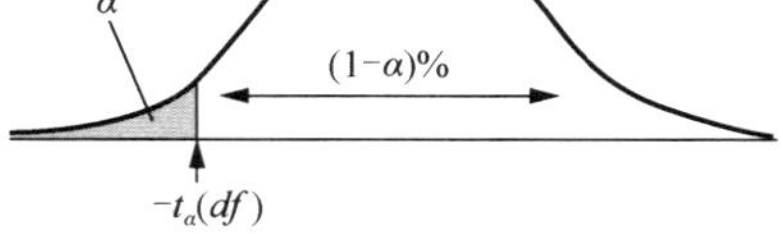


图 5-3-2 $t$ 分布的概率分布

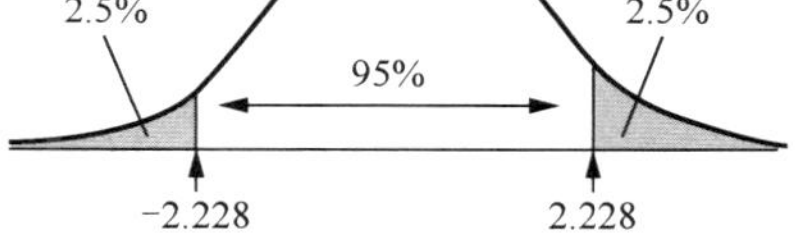


图 5-3-3 $t$ 分布的 95%区间

$t$ 分布与正态分布的不同之处在于，正态分布是由参数 $\mu, \sigma$ 决定的，只要参数 $\mu, \sigma$ 确定，正态分布就只有唯一一条单峰曲线。但在参数 $\mu, \sigma$ 确定的情况下，只要抽取的样本含量（严格地说是自由度 $df$）不同，就可以得到不同的 $t$ 分布曲线，所以说 $t$ 分布曲线有一簇曲线。自由度 $df$ 越小，$t$ 分布与标准正态分布的差距就越大；自由度 $df$ 越大，$t$ 分

布与标准正态分布差距就越小；当自由度 $df \to \infty$ 时，$t$ 分布与标准正态分布重合，此时 $t_{\alpha}(\infty)=u_{\alpha}$，因此，标准正态分布可看作 $t$ 分布的特殊情况，如图 5-3-4 所示。

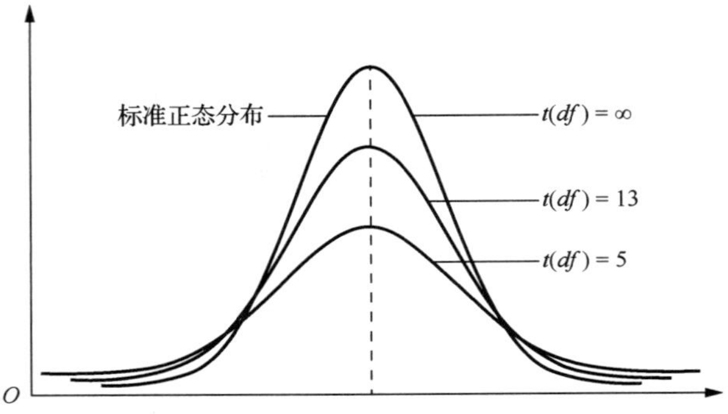


图 5-3-4　不同自由度的 $t$ 分布

（三）总体平均数的区间估计

平均数的抽样分布与总体分布的总体标准差已知和未知有关，但在实际工作中总体标准差往往是未知的。因此，我们只讨论在正态分布情况下，总体标准差 $\sigma$ 未知情形下的参数估计。

1．当 $n<100$ 时，一个总体平均数的区间估计

由 $t$ 分布的概率可知，当概率为 $\alpha$ 时，有 $(1-\alpha)\%$ 的 $t$ 值满足 $-t_{\alpha/2}(df)<t<t_{\alpha/2}(df)$，如图 5-3-5 所示，而 $t=\dfrac{\overline{x}-\mu}{S_{\overline{x}}}$，代入上式，得

$$-t_{\alpha/2}(df)<\frac{\overline{x}-\mu}{S_{\overline{x}}}<t_{\alpha/2}(df)$$

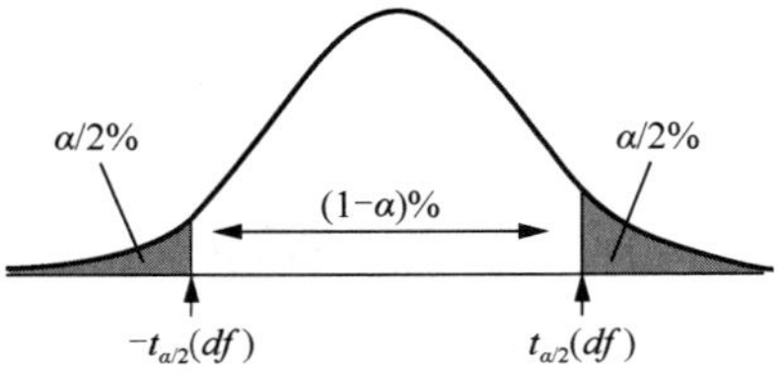


图 5-3-5　$t$ 分布的 $(1-\alpha)$ %区间

将此式整理，得总体平均数的 $(1-\alpha)\%$ 的置信区间（或可信区间）为

$$\overline{x}-t_{\alpha/2}(df)S_{\overline{x}}<\mu<\overline{x}+t_{\alpha/2}(df)S_{\overline{x}} \qquad (5\text{-}3\text{-}3)$$

式中，$df=n-1$。式（5-3-3）的意思为区间 $(\overline{x}-t_{\alpha/2}(df)S_{\overline{x}},\overline{x}+t_{\alpha/2}(df)S_{\overline{x}})$ 包含总体平均数 $\mu$ 的可能性为 $(1-\alpha)\%$。换句话说，按此区间来估计总体均数，则在 100 次抽样估计中，可能有 $100(1-\alpha)$ 次正确（包含总体平均数），有 $100\alpha$ 次不正确（不包含总体平均数）。我们把区间 $(\overline{x}-t_{\alpha/2}(df)S_{\overline{x}},\overline{x}+t_{\alpha/2}(df)S_{\overline{x}})$ 称为总体平均数的 $(1-\alpha)\%$ 的置信区间（或可信区间），可记为

$$\overline{x}\mp t_{\alpha/2}(n-1)S_{\overline{x}} \qquad (5\text{-}3\text{-}4)$$

在实际工作中，我们常常估计总体平均数的 95%和 99%的置信区间，即总体平均数

的 95%的置信区间为

$$\bar{x} \mp t_{0.05/2}(df)S_{\bar{x}} \quad (5\text{-}3\text{-}5)$$

总体平均数的 99%的置信区间为

$$\bar{x} \mp t_{0.01/2}(df)S_{\bar{x}} \quad (5\text{-}3\text{-}6)$$

总体均数的 95%的置信区间表示的实际含义是，如果从同一总体中重复抽取 100 份独立样本，每个样本构成一个可信区间，构成的 100 个可信区间中，将可能有 95 个置信区间包含总体平均数，5 个置信区间不包含总体平均数。对于一次估计的置信区间而言，可能有 95%的置信区间估计正确，但仍有 5%的置信区间可能估计错误。

**【例 5-3-1】**从某市高一年级随机抽取 36 名男生的铅球成绩（单位：m，假设资料呈正态分布），数据如下：

7.98，8.00，8.02，8.45，7.82，7.92，7.86，8.23，8.20，7.78，9.10，8.12
8.13，7.56，8.45，8.26，7.86，7.43，8.22，8.06，7.83，8.05，8.12，8.14
8.17，7.96，7.96，8.36，7.65，8.32，9.07，8.32，8.23，7.63，7.92，8.05

试估计其抽样误差和总体平均数的 95%的置信区间。

**解**：抽样误差大小即标准误，由式（5-2-2），计算得

$$S_{\bar{x}} = \frac{S}{\sqrt{n}} = \frac{0.34279}{\sqrt{36}} \approx 0.05713(\text{m})$$

因为总体标准差未知，所以采用式（5-3-5）计算总体平均数的 95%的置信区间为

$$\bar{x} \mp t_{0.05/2}(n-1)S_{\bar{x}} = (8.0897 \mp 2.03 \times 0.05713) \approx (7.9737, 8.2057)$$

其中，$t_{0.05/2}(36-1) = 2.03$（可在 SPSS 中操作，“转换”菜单→“计算变量”的函数“=IDF.T(0.025,35)=−2.03”）。SPSS 操作步骤如图 5-3-6～图 5-3-8 所示，输出结果如图 5-3-9 所示。

图 5-3-6 SPSS 操作步骤 1

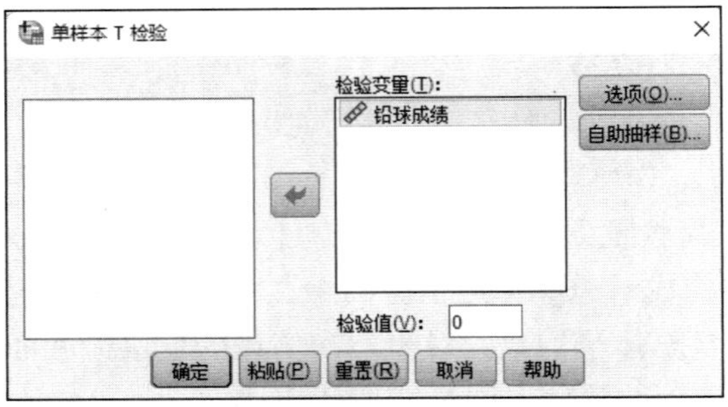


图 5-3-7　SPSS 操作步骤 2

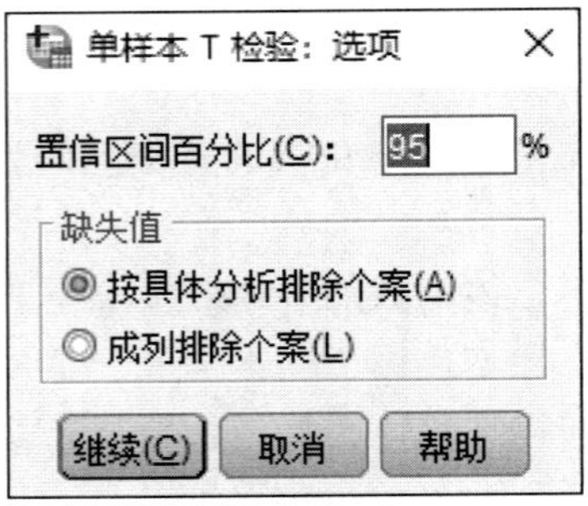


图 5-3-8　SPSS 操作步骤 3

**T 检验**

**单样本统计**

| | 个案数 | 平均值 | 标准偏差 | 标准误差平均值 |
|---|---|---|---|---|
| 铅球成绩 | 36 | 8.0897 | .34279 | .05713 |

**单样本检验**

| | 检验值 = 0 | | | | | |
|---|---|---|---|---|---|---|
| | | | | | 差值 95% 置信区间 | |
| | t | 自由度 | Sig.（双尾） | 平均值差值 | 下限 | 上限 |
| 铅球成绩 | 141.597 | 35 | .000 | 8.08972 | 7.9737 | 8.2057 |

图 5-3-9　SPSS 输出结果

**注意：**当 $n$ 充分大时，$t$ 分布近似服从正态分布，通常当 $n \geqslant 100$ 时，近似采用正态分布理论，所以估计总体平均数的 95%的置信区间为 $\bar{x} \mp 1.96 \cdot S_{\bar{x}}$，估计总体平均数的 99%的置信区间为 $\bar{x} \mp 2.58 \cdot S_{\bar{x}}$。

2. 当 $n_1, n_2 < 100$ 时，两个总体平均数差值的区间估计

1）两总体方差齐性

由平均数抽样分布可知，在两个独立的正态总体且方差未知、齐性时，用 $\bar{x}_1 - \bar{x}_2$ 估计 $\mu_1 - \mu_2, \bar{x}_1 - \bar{x}_2$ 服从自由度为 $df = n_1 + n_2 - 2$ 的 $t$ 分布，于是得统计量：

$$t = \frac{(\bar{x}_1 - \bar{x}_2) - (\mu_1 - \mu_2)}{S_{(\bar{x}_1 - \bar{x}_2)}} = \frac{(\bar{x}_1 - \bar{x}_2) - (\mu_1 - \mu_2)}{\sqrt{\frac{S_p^2}{n_1} + \frac{S_p^2}{n_2}}} \sim t(n_1 + n_2 - 2) \tag{5-3-7}$$

式中，$S_{(\bar{x}_1 - \bar{x})}$ 为参数 $\sigma_{(\bar{x}_1 - \bar{x})} = \sqrt{\frac{\sigma_1^2}{n_1} + \frac{\sigma_2^2}{n_2}}$ 的估计值；$S_p$ 为两样本的合并方差：

$$S_p^2 = \frac{(n_1 - 1)S_1^2 + (n_2 - 1)S_2^2}{n_1 + n_2 - 2} \tag{5-3-8}$$

则 $\mu_1 - \mu_2$ 的 $(1-\alpha)\%$ 置信区间为

$$(\bar{x}_1 - \bar{x}_2) \mp t_{\alpha/2}(n_1 + n_2 - 2)\sqrt{\frac{S_p^2}{n_1} + \frac{S_p^2}{n_2}} \tag{5-3-9}$$

2）两总体方差不齐性

在两个独立正态总体且方差未知、不齐性时，$\bar{x}_1-\bar{x}_2$ 服从需修正自由度 $df'$ 的 $t$ 分布，于是得统计量：

$$t=\frac{(\bar{x}_1-\bar{x}_2)-(\mu_1-\mu_2)}{S_{(\bar{x}_1-\bar{x}_2)}}=\frac{(\bar{x}_1-\bar{x}_2)-(\mu_1-\mu_2)}{\sqrt{\frac{S_1^2}{n_1}+\frac{S_2^2}{n_2}}}\sim t(df') \tag{5-3-10}$$

式中的自由度为

$$df'=\frac{\left(\frac{S_1^2}{n_1}+\frac{S_2^2}{n_2}\right)^2}{\frac{\left(\frac{S_1^2}{n_1}\right)^2}{n_1-1}+\frac{\left(\frac{S_2^2}{n_2}\right)^2}{n_2-1}} \tag{5-3-11}$$

则 $\mu_1-\mu_2$ 的 $(1-\alpha)\%$ 置信区间为

$$(\bar{x}_1-\bar{x}_2)\mp t_{\alpha/2}(df')\sqrt{\frac{S_1^2}{n_1}+\frac{S_2^2}{n_2}} \tag{5-3-12}$$

**【例 5-3-2】**随机抽测某体院田径专业男生 22 人，足球专业男生 23 人，100 米跑（单位：s）的成绩（假设资料呈正态分布）如下。

田径：13.2，13.5，14.5，13.6，15.0，13.8，12.8，12.9，13.0，13.1，13.2，13.5，13.6，14.0，14.5，14.2，15.0，15.1，14.8，14.0，13.9，13.4。

足球：15.0，14.9，14.0，14.8，15.6，14.3，13.9，13.5，13.8，14.0，14.2，15.9，15.6，15.4，15.8，13.8，13.7，14.2，14.1，14.6，15.0，13.9，15.2。

试估计不同专业男生的 100 米跑总体成绩差值的 95%的置信区间。

**解**：SPSS 的操作步骤如图 5-3-10 和图 5-3-11 所示，输出结果如图 5-3-12 所示。

图 5-3-10 SPSS 操作步骤 1

图 5-3-11　SPSS 操作步骤 2

**T 检验**

**组统计**

| | 组别 | 个案数 | 平均值 | 标准偏差 | 标准误差平均值 |
|---|---|---|---|---|---|
| 成绩 | 1 | 22 | 13.845 | .7183 | .1531 |
| | 2 | 23 | 14.574 | .7454 | .1554 |

**独立样本检验**

| | | 莱文方差等同性检验 | | 平均值等同性 t 检验 | | | | | | |
|---|---|---|---|---|---|---|---|---|---|---|
| | | F | 显著性 | t | 自由度 | Sig.（双尾） | 平均值差值 | 标准误差差值 | 差值 95% 置信区间 下限 | 差值 95% 置信区间 上限 |
| 成绩 | 假定等方差 | .275 | .603 | -3.336 | 43 | .002 | -.7285 | .2184 | -1.1689 | -.2881 |
| | 不假定等方差 | | | -3.339 | 42.997 | .002 | -.7285 | .2182 | -1.1685 | -.2884 |

图 5-3-12　SPSS 输出结果

由图 5-3-12 中的“独立样本检验”结果可知，方差等同性检验（方差齐性检验）$F=0.275$，显著性（即相伴概率）$P=0.603>0.05$ 为方差齐性，故两总体平均数差值的置信区间选取“假定等方差”中“差值 95%的置信区间” $(-1.1689,-0.2881)$。由式（5-3-9）可得到 $\mu_1-\mu_2$ 的 95%的置信区间为

$$(\overline{x}_1-\overline{x}_2)\mp t_{0.05/2}(n_1+n_2-2)\sqrt{\frac{S_p^2}{n_1}+\frac{S_p^2}{n_2}}=(-1.1689,-0.2881)$$

所以不同专业男生的 100 米跑总体成绩差值的 95%的置信区间为 $(-1.1689,-0.2881)$。

**【例 5-3-3】** 一般认为，“多吃谷物，将有助于减肥”。为了验证这个说法，随机抽取了 35 人，询问他们早餐和午餐的通常食谱，根据食谱，将其分为两类，一类为经常谷类食用者（样本 1），一类为非经常谷类食用者（样本 2）。随后测量每人午餐的大卡摄取量（假设资料呈正态分布）如下：

样本 1：568，675，712，607，430，458，540，539，480，562，487，550，596，700，584。

样本 2：650，569，622，630，596，637，628，652，617，624，563，580，690，530，688，684，651，702，670，632。

试估计两类食用者大卡摄取量总体差值的 99%的置信区间。

**解**：SPSS 操作步骤如图 5-3-13 所示，输出结果如图 5-3-14 所示。

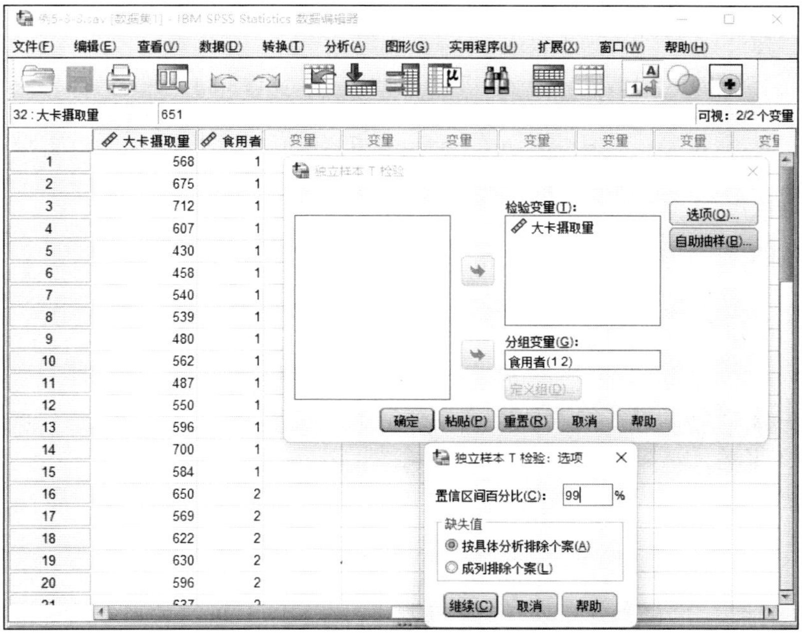


图 5-3-13 SPSS 操作步骤

**T 检验**

组统计

| | 食用者 | 个案数 | 平均值 | 标准偏差 | 标准误差平均值 |
|---|---|---|---|---|---|
| 大卡摄取量 | 1 | 15 | 565.87 | 84.319 | 21.771 |
| | 2 | 20 | 630.75 | 45.980 | 10.282 |

独立样本检验

| | | 莱文方差等同性检验 | | 平均值等同性 t 检验 | | | | | | |
|---|---|---|---|---|---|---|---|---|---|---|
| | | F | 显著性 | t | 自由度 | Sig.（双尾） | 平均值差值 | 标准误差差值 | 差值 99% 置信区间 下限 | 上限 |
| 大卡摄取量 | 假定等方差 | 4.511 | .041 | -2.920 | 33 | .006 | -64.883 | 22.224 | -125.628 | -4.139 |
| | 不假定等方差 | | | -2.695 | 20.201 | .014 | -64.883 | 24.077 | -133.319 | 3.553 |

图 5-3-14 SPSS 输出结果

由图 5-3-14 中的“独立样本检验”结果可知，方差等同性检验 $F=4.511$，显著性 $P=0.041<0.05$ 为方差不齐性，故两总体平均数差值的置信区间选取“不假定等方差”中“差值 99%的置信区间”(−133.319，3.553)。由式（5-3-12）可得到 $\mu_1-\mu_2$ 的 99%的置信区间为

$$(\bar{x}_1-\bar{x}_2)\mp t_{0.01/2}(df')\sqrt{\frac{S_1^2}{n_1}+\frac{S_2^2}{n_2}}\approx(-133.319,3.553)$$

所以两类食用者大卡摄取量总体差值的 99%的置信区间为 $(-133.319,3.553)$。

（四）总体率的区间估计

除对总体平均数进行区间估计外，有时还需要对总体率进行区间估计。

1. 一个总体率的区间估计

对一个总体率的区间估计，在 $n \geqslant 100$ 且 $n\pi > 5$ ，$n(1-\pi) > 5$ 的情况下，样本率 $p$ 的抽样分布服从正态分布，统计量为 $u = \dfrac{p-\pi}{S_p}$ 。$\sigma_p$ 或 $S_p$ 为率的标准误。于是总体率 $\pi$ 的 $(1-\alpha)\%$ 的置信区间，可记为

$$p \mp u_{\alpha/2} S_p = p \mp u_{\alpha/2} \sqrt{\frac{p(1-p)}{n}}$$

即

$$(p - u_{\alpha/2} S_p, p + u_{\alpha/2} S_p) \tag{5-3-13}$$

**【例 5-3-4】**随机抽取某学院 120 名学生，其体测达标 115 人，试估计该学院学生体测达标率的 95%的置信区间。

**解：**由题意，得

$$n = 120 ,\quad x = 115 ,\quad p = \frac{x}{n} = \frac{115}{120} \approx 0.9583$$

当 $\alpha = 0.05$ 时，查正态分布表（附表 1），知 $\left|u_{0.05/2}\right| = 1.96$ 。计算率的标准误为

$$S_p = \sqrt{\frac{p(1-p)}{n}} \approx 0.0182$$

总体率的 95%的置信区间可由式（5-3-13）计算，得

$$p \mp u_{0.05/2} S_p = 0.9583 \mp 1.96 \times 0.0182 \approx (92.26\%, 99.40\%)$$

所以该学院学生体测合格率的 95%的置信区间约为 $(92.26\%, 99.40\%)$ 。结果表明，有 95%的把握可认为该学院学生的体测合格率在 $(92.26\%, 99.40\%)$ 范围内。

2. 两个总体率差的区间估计

在对两个总体率差进行区间估计时，在 $n_1, n_2 \geqslant 100$ ，且总体率不靠近 0 或 1 的情况下，两独立样本率之差 $p_1 - p_2$ 的抽样分布近似服从正态分布，统计量为 $u = \dfrac{(p_1 - p_2) - (\pi_1 - \pi_2)}{S_{p_1 - p_2}}$ 。$\sigma_{p_1 - p_2}$ 或 $S_{p_1 - p_2}$ 为两个率差的标准误。其中，

$$\sigma_{p_1 - p_2} = \sqrt{\frac{\pi_1(1-\pi_1)}{n_1} + \frac{\pi_2(1-\pi_2)}{n_2}} \quad \text{（两样本率之差标准误的理论值）} \tag{5-3-14}$$

$$S_{p_1 - p_2} = \sqrt{\frac{p_1(1-p_1)}{n_1} + \frac{p_2(1-p_2)}{n_2}} \quad \text{（两样本率之差标准误的估计值）} \tag{5-3-15}$$

当两个总体率 $\pi_1$ 和 $\pi_2$ 未知时，可用样本率 $p_1$ 和 $p_2$ 来代替，因此两个独立总体率差 $\pi_1 - \pi_2$ 的 $(1-\alpha)\%$ 的置信区间，可记为

$$(p_1 - p_2) \mp u_{\alpha/2} S_{p_1 - p_2} = (p_1 - p_2) \mp u_{\alpha/2} \sqrt{\frac{p_1(1-p_1)}{n_1} + \frac{p_2(1-p_2)}{n_2}} \tag{5-3-16}$$

**【例 5-3-5】**为了解某学校体育专业与文科专业的学生对电视体育频道某节目的观看情况，随机抽取了体育专业学生 300 人，有 60%的人收看该节目；抽取了文科专业学生

280 人，有 45%的人收看该节目，试估计该学校体育专业与文科专业的学生对体育频道某节目的观看率之差的 99%的置信区间。

**解**：由题意，知体育专业学生的观看率 $p_1 = 60\%$，文科专业学生的观看率 $p_2 = 45\%$。当 $\alpha = 0.01$ 时，查正态分布表（附表 1），知 $|u_{0.01/2}| = 2.58$。由式（5-3-16）知，两总体率之差 99%的置信区间为

$$(p_1 - p_2) \mp u_{\alpha/2}\sqrt{\frac{p_1(1-p_1)}{n_1} + \frac{p_2(1-p_2)}{n_2}}$$

$$= (60\% - 45\%) \mp 2.58 \times \sqrt{\frac{60\% \times (1-60\%)}{300} + \frac{45\% \times (1-45\%)}{280}}$$

$$\approx 15\% \mp 10.59\%$$

$$= (4.41\%, 25.59\%)$$

所以该学校体育专业与文科专业的学生对体育频道某节目的观看率之差的 99%的置信区间为 $(4.41\%, 25.59\%)$。

拓展知识：什么是好的估计

思政课堂

习题 5

习题 5 参考答案

# 第六章 假 设 检 验

假设检验（hypothesis testing）和参数估计（parameter estimation）是从不同角度用样本对总体进行的某种推断。参数估计是用样本统计量来估计总体参数，总体参数 $\mu$ 在估计前是未知的。假设检验则是先对总体参数 $\mu$ 提出某种假设，然后通过样本统计量去验证这个假设是否成立。本章将重点介绍假设检验的概念、常用方法和应用。

## 第一节 假设检验的概念与原理

假设检验主要用于比较群体间的某种属性的差异性，主要有如下两大特征。

（1）假设检验是一种推断过程，通过样本统计量判断总体参数之间的差异是否存在显著性。

（2）假设检验的实质是对可置信性的评价，是对一个不确定问题的决策过程，其结果在一定概率上是可信的。

假设检验的方法是使用一定的统计检验（$u,t,\chi^2,F$），来确定某种差异的程度是否存在显著性。

### 一、假设检验的基本概念

#### 1. 小概率事件

概率论中的小概率事件是指概率接近于 0 的事件，即在大量重复试验中出现的频率非常低，在一次试验中几乎是不可能发生的事件。在体育科研中，一般将 0.05 标定为小概率的临界值，即发生的概率 $P \leqslant 0.05$ 的事件被称为**小概率事件**。

#### 2. 两种假设

当进行假设检验时，首先要建立统计假设。统计假设往往是一对假设：原假设（$H_0$）和备择假设（$H_1$），这一对假设是互相对立的事件（其概率和为 1），两者相互排斥。**原假设（$H_0$）**也称为**无效假设**，是肯定性假设，即假定所比较的样本的总体参数相等，差别由抽样误差造成。**备择假设（$H_1$）**是否定性假设，即假设所比较的样本的总体参数不相等，存在本质差别。

假设检验可能得出两种结果：一种是接受原假设（$H_0$），说明样本之间的差异是由抽样误差造成的，差异不具有显著性，总体参数相等；另一种是否定原假设（$H_0$），接受备择假设（$H_1$），说明样本之间的差异是总体参数不同造成的，差异具有显著性。

3. 单双侧检验

假设检验的备择假设没有特定的方向性（如两个均数是否相等，即 $\mu_1 \neq \mu_2$），这样的假设检验称为**双侧检验或双尾检验**。如果备择假设有特定的方向性（如 $\mu_1 > \mu_2$ 或 $\mu_1 < \mu_2$），这样的假设检验称为**单侧检验或单尾检验**。

4. 显著性水平

进行假设检验时，应事先选定检验所用的显著性水平。**显著性水平**一般用 $\alpha$ 表示，是指根据样本信息拒绝 $H_0$ 的可能性大小。拒绝原假设（$H_0$）的区域称为检验的拒绝域，拒绝域的边界点为临界值；接受原假设（$H_0$）的区域称为检验的接受域，如图 6-1-1 和图 6-1-2 所示。常用的显著性水平 $\alpha = 0.05$。选择适当的显著性水平可以控制弃真（原假设为真实时拒绝原假设）的概率。

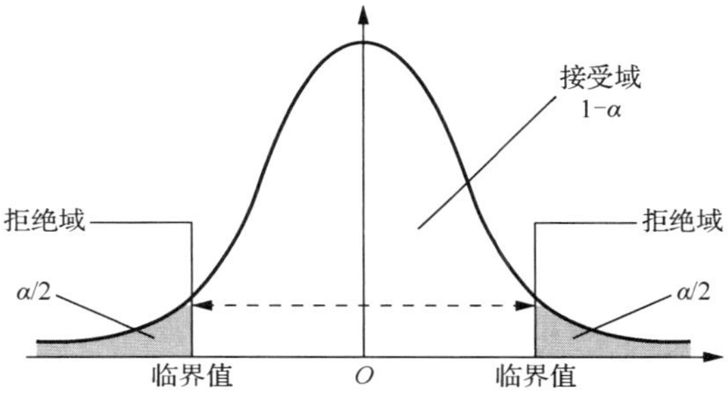


图 6-1-1　双侧检验

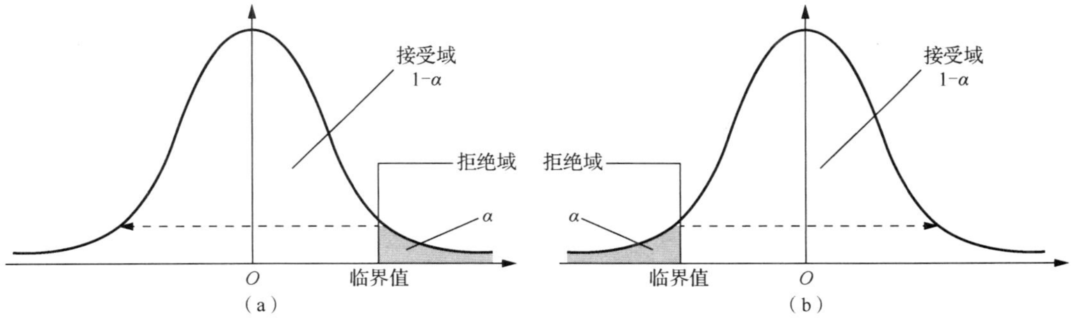


图 6-1-2　单侧检验

5. 两类错误

（1）**弃真错误**（Ⅰ类错误）：指原假设（$H_0$）为真时拒绝原假设而犯的错误，又称第一类错误，其概率为 $\alpha$。如显著性水平定高了，该接受的正确原假设因发生小概率事件而被拒绝了，即为“弃真”错误。

（2）**纳伪错误**（Ⅱ类错误）：指原假设（$H_0$）为假时未能拒绝原假设而犯的错误，又称第二类错误，其概率为 $\beta$。如显著性水平定低了，该拒绝的原假设因没有发生小概率事件而被接受了，即为“纳伪”错误。

两类错误的对比如表 6-1-1 和图 6-1-3 所示。

**表 6-1-1　假设检验的两类错误**

| 实际情况 | 检验 | 结果 |
|---|---|---|
| | 拒绝 $H_0$ | 接受 $H_0$ |
| $H_0$ 为真 | 弃真错误（$\alpha$） | 推断正确（$1-\alpha$） |
| $H_0$ 为伪 | 推断正确（$1-\beta$） | 纳伪错误（$\beta$） |

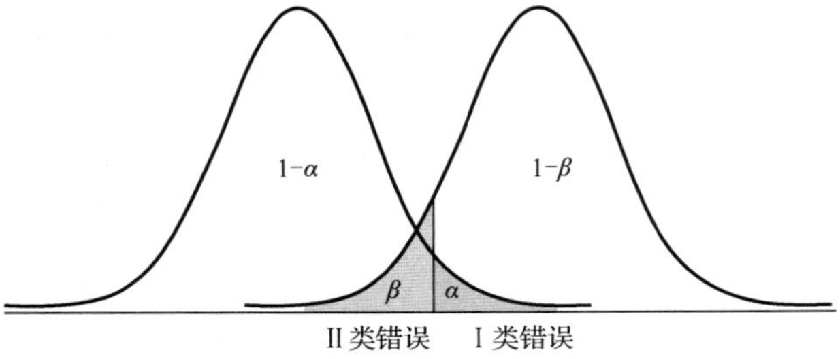


图 6-1-3　假设检验的两类错误

## 二、假设检验的原理

假设检验的基本思想是带有概率性质的反证法，其依据是**小概率事件的原理**，即在一定实际条件下的一次试验中是不会发生某种概率很小的事件的。

基于此就可得到一种推断，即在一次试验中若某事件发生了一个小概率事件，就有理由认为原来的假设不成立，从而拒绝原假设（$H_0$），接受备择假设（$H_1$）。原假设（$H_0$）和备择假设（$H_1$）是互斥的，在任何情况下都只能有一种假设成立。

具体研究中，样本统计量之间或样本统计量与总体参数之间一般是存在偏差的。造成这种偏差的原因有两个：一是抽样误差（随机误差），二是非抽样误差（系统差异）。假设检验就是要依据小概率事件原理来判定该偏差究竟是哪一种造成的。

例如，参与两种运动的样本统计量的偏差，可能来自抽样误差（运动员自身的随机因素引起的），也可能来自两种运动方式（施加的干预）。于是我们首先假设两个总体参数相同，施加的干预是无效的（原假设）。然后通过样本统计量（如 $\bar{x}, S$），计算原假设为真时出现样本统计量偏差的可能性。若可能性很小，则认为该偏差是由抽样误差引起的，从而接受原假设；如果可能性很大，则认为该偏差是由于总体参数不同造成的，从而拒绝原假设（$H_0$），接受备择假设（$H_1$）。

可以发现，统计假设通常从原假设（$H_0$）开始，假设两个参数相等或两个总体有相同分布，即假设要比较的两者之间差异不具有显著性。因此，原假设（$H_0$）也称为无效假设，意为施加的干预无效。原假设在统计分析过程中被假定为真实的假设，随后接受检验。

## 三、假设检验的基本步骤

假设检验一般要经过以下 4 个步骤方可推断出结论。

**步骤 1**：建立假设。根据所研究问题的要求，提出差异不具有显著性的原假设（$H_0$）和差异具有显著性的备择假设（$H_1$）。

**步骤 2**：在原假设成立的前提下，计算符合前提成立的检验统计量，即符合 $u,t,\chi^2,F$ 这 4 种分布的哪一种就计算哪个值。

**步骤 3**：根据统计检验要求，确定小概率值（体育科研中一般选用 $\alpha=0.05$），探讨是否出现小概率事件，据此进行统计推断。

**步骤 4**：进行统计推断。

如果 $P>0.05$，则接受原假设（$H_0$），说明差异不具有显著性（或称差异不具有统计学意义）。

如果 $P\leqslant 0.05$，则拒绝原假设，接受备择假设（$H_1$），说明差异具有显著性（或差异具有统计学意义）。如果 $P\leqslant 0.01$，则在 0.01 的显著性水平下，差异具有显著性（或差异具有统计学意义）。

简单理解假设检验的 4 个步骤就是，第一步和最后一步相互呼应，即步骤 1 提出假设与步骤 4 是否接受假设，步骤 2 和步骤 3 提供是否接受假设的依据。本章重点介绍两均值即平均数差异的显著性检验，以及相应的 $t$ 假设检验过程。

# 第二节 $t$ 检验

本节主要介绍单个样本均值的 $t$ 检验、两个独立样本均值比较的 $t$ 检验和两个相关样本均值比较的 $t$ 检验。

## 一、单个样本均值的 $t$ 检验

**单个样本均值 $t$ 检验**（one sample t-test），即已知样本的均值 $\bar{x}$（代表未知总体均值 $\mu$）与已知总体均值 $\mu_0$（一般为标准参考值或经过大量观察所得到的稳定值等）差异的比较。

（1）单个样本均值 $t$ 检验的目的是比较样本均值 $\bar{x}$ 所代表（推断）的未知总体均值 $\mu$ 和已知总体均值 $\mu_0$ 的同质性。

$t$ 统计量的公式为

$$t=\frac{\bar{x}-\mu_0}{S_{\bar{x}}}=\frac{\bar{x}-\mu_0}{S/\sqrt{n}} \tag{6-2-1}$$

该统计量服从 $df=n-1$ 的 $t$ 分布，$df$ 为自由度。

（2）适用条件及注意事项：

- 已知一个来自正态分布或近似正态分布的样本；
- 该样本信息齐全，包括均值、标准差、样本含量；
- 已知一个总体均值。

**【例 6-2-1】** 已知全国大学本科男生的身高服从正态分布，均值为 175cm。随机抽测某大学 30 名本科男生，身高（单位：cm）数据如下：

184，162，173，168，171，169，170，171，170，170
190，160，175，168，172，188，171，170，170，170
188，162，175，168，172，170，161，174，167，169

试问：该大学本科男生的身高与全国本科男生总体的身高状况是否一致？

**分析**：该例符合单个样本均值 $t$ 检验的条件，可以运用假设检验的 4 个步骤来进行检验推断。

（1）原假设 $H_0$：假设该大学本科男生的身高与全国本科男生的身高之间的差异不具有显著性；备择假设 $H_1$：该大学本科男生的身高与全国本科男生的身高之间的差异具有显著性。

（2）计算 $t$ 值：进行单个样本均值 $t$ 检验，计算 $t$ 值。

（3）确定 $P$ 值：依据所计算的 $t$ 值，确定 $P$ 值。

（4）做出推断结论：按显著性水平 $\alpha=0.05$，将 $P$ 值与其进行比较。

若 $P>0.05$，则接受原假设 $H_0$，即该大学本科男生的身高与全国本科男生的身高差异不具有显著性。

若 $P\leqslant 0.05$，则拒绝 $H_0$，接受 $H_1$，即该大学本科男生的身高与全国本科男生的身高差异具有显著性。

**解**：SPSS 操作如下。

**步骤 1**：在 SPSS“数据视图”窗口输入原始数据，如图 6-2-1 所示。

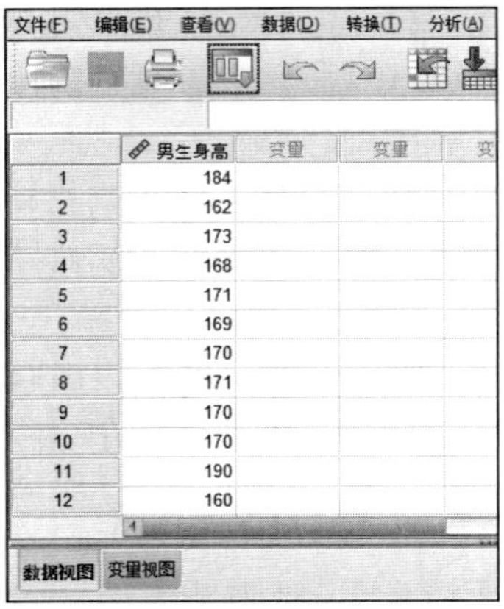


图 6-2-1　输入数据

**步骤 2**：选择“分析”菜单→“比较平均值”→“单样本 T 检验”命令（图 6-2-2），打开如图 6-2-3 所示的“单样本 T 检验”对话框。

图 6-2-2　选择菜单命令

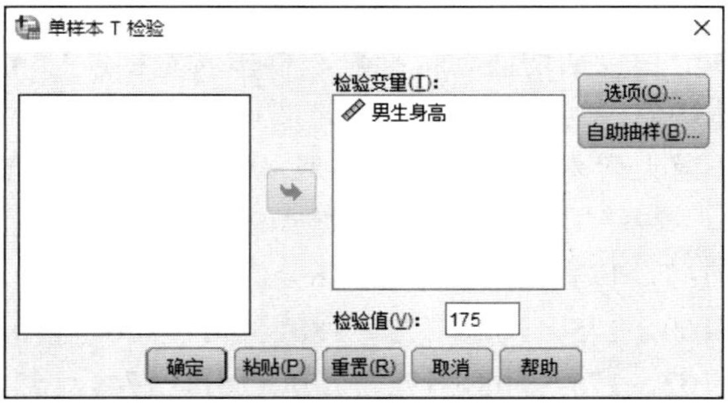


图 6-2-3　“单样本 T 检验”对话框

**步骤 3**：在“单样本 T 检验”对话框中，将“男生身高”移入“检验变量”列表框中，在“检验值”文本框中输入全国本科男生的身高值“175”，如图 6-2-3 所示。

**步骤 4**：在“单样本 T 检验”对话框中，单击“选项”按钮进行置信区间百分比的设置，如图 6-2-4 所示。如果置信区间百分比不是 95%，则根据需要输入，然后单击“确定”按钮确认此操作，并返回到图 6-2-3 所示的对话框中。

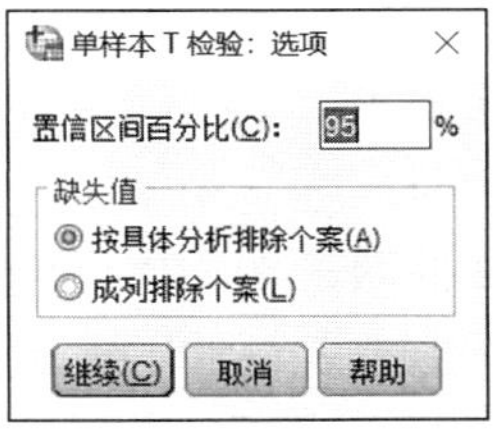


图 6-2-4　置信区间百分比设置

**步骤 5**：全部选项选定后，单击“确定”按钮，得到输出结果，如图 6-2-5 所示。

单样本统计

| | 个案数 | 平均值 | 标准偏差 | 标准误差平均值 |
|---|---|---|---|---|
| 男生身高 | 30 | 171.60 | 7.393 | 1.350 |

单样本检验

| | 检验值=175 | | | | | |
|---|---|---|---|---|---|---|
| | | | | | 差值 95%置信区间 | |
| | t | 自由度 | Sig.（双尾） | 平均值差值 | 下限 | 上限 |
| 男生身高 | −2.519 | 29 | .018 | −3.400 | −6.16 | −.64 |

图 6-2-5　数据输出窗口

**结果分析：**

（1）“单样本统计”表为随机抽取的该大学 30 名本科男生身高的相关信息。样本含量为 30，均值为 171.60cm，标准差为 7.393cm，均值的标准误为 1.35cm。

（2）“单样本检验”表为单个样本均值 $t$ 检验结果。$t$ 值为−2.519，自由度（$df$）为 29，显著性（双侧）检验概率值为 0.018，样本均值和已知总体均值的差值为−3.40，差值的 95%的置信区间为 $(-6.16, -0.64)$。结果中，显著性（双侧）$P < 0.05$，$t$ 检验相伴概率出现了小概率事件。根据假设检验原理，拒绝原假设 $H_0$，接受备择假设 $H_1$，即该大学本科男生的身高与全国本科男生的身高差异具有显著性，说明该大学本科男生的身高低于全国本科男生的身高。

## 二、两个独立样本均值的 $t$ 检验

1. 独立样本

从两个相互独立没有关联的总体中抽取两个样本，即一个样本中的元素与另一个样本中的元素相互独立不受影响，则称这两个样本为独立样本。例如，想了解和比较两个社区居民的柔韧性状况，随机抽测了 A 社区与 B 社区性别年龄相仿的各 15 名居民的坐位体前屈成绩，两样本之间没有任何关联，相互独立。探讨两社区坐位体前屈成绩差异就可使用独立样本均值比较的 $t$ 检验进行。

2. 独立样本 $t$ 检验

独立样本 $t$ 检验（independent-sample t-test）适用于两个独立样本的均值比较，用于

检验两样本均值所代表的两未知总体均值差异是否具有显著性。SPSS 输出结果文件中包括 3 个表：分组统计量表、方差齐性的莱文检验表及 $t$ 检验表。

（1）独立样本 $t$ 检验的目的是比较来自两个正态总体的独立样本均值（$\overline{x}_1$ 和 $\overline{x}_2$）所代表的两未知总体均值（$\mu_1$ 和 $\mu_2$）。

方差齐性的 $t$ 统计量公式为

$$t=\frac{(\overline{x}_1-\overline{x}_2)-(\mu_1-\mu_2)}{S_{(\overline{x}_1-\overline{x}_2)}}=\frac{(\overline{x}_1-\overline{x}_2)-(\mu_1-\mu_2)}{\sqrt{\dfrac{S_p^2}{n_1}+\dfrac{S_p^2}{n_2}}}\sim t(n_1+n_2-2) \tag{6-2-2}$$

式中，$S_{(\overline{x}_1-\overline{x}_2)}$ 为参数 $\sigma_{(\overline{x}_1-\overline{x}_2)}=\sqrt{\dfrac{\sigma_1^2}{n_1}+\dfrac{\sigma_2^2}{n_2}}$ 的估计值；$S_p$ 为两样本的合并方差，即

$$S_p^2=\frac{(n_1-1)S_1^2+(n_2-1)S_2^2}{n_1+n_2-2} \tag{6-2-3}$$

式中，$S_1^2$ 和 $S_2^2$ 分别为两样本的方差。

方差不齐性的 $t$ 统计量公式为

$$t=\frac{(\overline{x}_1-\overline{x}_2)-(\mu_1-\mu_2)}{S_{(\overline{x}_1-\overline{x}_2)}}=\frac{(\overline{x}_1-\overline{x}_2)-(\mu_1-\mu_2)}{\sqrt{\dfrac{S_1^2}{n_1}+\dfrac{S_2^2}{n_2}}}\sim t(df') \tag{6-2-4}$$

式中，$df'=\dfrac{\left(\dfrac{S_1^2}{n_1}+\dfrac{S_2^2}{n_2}\right)^2}{\dfrac{\left(\dfrac{S_1^2}{n_1}\right)^2}{n_1-1}+\dfrac{\left(\dfrac{S_2^2}{n_2}\right)^2}{n_2-1}}$。

（2）适用条件及注意事项。

- 来自正态总体或近似正态总体的两个独立样本。
- 两样本信息齐全：各自均值、标准差、样本含量已知，两样本含量不要求相同。
- 要根据两总体方差是否相等（方差齐性或方差不齐）来进行独立样本 $t$ 检验。

**【例 6-2-2】**随机抽取 A 社区与 B 社区各 15 名居民的坐位体前屈成绩（单位：cm），数据如下。

A 社区：17.3，5.5，15.4，10.4，12.9，11.7，12.3，12.0，12.2，10.1，15.1，6.2，15.1，7.7，12.9;

B 社区：27.1，24.2，15.1，11.7，20.9，14.8，13.3，10.1，7.2，14.2，25.0，0.2，11.1，5.7，10.9。

试问：A 社区与 B 社区居民的坐位体前屈成绩差异是否具有显著性？

**分析：**独立样本均值 $t$ 检验的步骤如下。

（1）原假设 $H_0$：假设 A、B 两社区居民坐位体前屈成绩之间的差异不具有显著性。

备择假设 $H_1$：A、B 两社区居民坐位体前屈成绩之间的差异具有显著性。

（2）计算 $t$ 值：根据方差齐性检验结果［当 $P>0.05$，方差齐性（方差相等），反之方差不齐（方差不相等）］进行两个独立样本均值的 $t$ 检验，计算 $t$ 值。

（3）确定 $P$ 值：依据所计算的 $t$ 值，确定 $P$ 值。

（4）做出推断结论：按显著性水平 $\alpha=0.05$，将 $P$ 值与其比较。

当 $P>0.05$，则接受原假设 $H_0$，即 A、B 两社区居民坐位体前屈成绩之间的差异不具有显著性；

当 $P\leqslant 0.05$，则拒绝 $H_0$，接受 $H_1$，即 A、B 两社区居民坐位体前屈成绩之间的差异具有显著性。

**解**：SPSS 操作如下。

**步骤 1**：在 SPSS“数据视图”窗口输入题中的原始数据，建立如图 6-2-6 所示数据库，库中包括“组别”和“坐位体前屈”两个变量，其中组别标签“1”和“2”分别代表“A 社区”和“B 社区”。

图 6-2-6 输入数据

**步骤 2**：选择“分析”菜单→“比较平均值”→“独立样本 T 检验”命令（图 6-2-7），打开“独立样本 T 检验”对话框。

图 6-2-7 选择菜单命令

**步骤 3**：在“独立样本 T 检验”对话框中，将“坐位体前屈”从源变量列表框中选中，单击中间“箭头”状按钮，将“坐位体前屈”移入“检验变量”列表框中。将“组别”选中，将其移入“分组变量”列表框中，如图 6-2-8 所示。在“组别”移入“分组变量”列表框后，“定义组”按钮被激活，单击“定义组”按钮，在“使用指定的值”文本框中分别输入组别值“1”“2”，然后单击定义组页面的“继续”按钮完成操作。

**步骤 4**：单击“独立样本 T 检验”对话框中右上角的“选项”按钮可以进行置信区间百分比的设置，如图 6-2-9 所示。如果置信区间百分比不是 95%，可根据需要进行输入。然后单击“继续”按钮返回到“独立样本 T 检验”对话框，单击“确定”按钮得到如图 6-2-10 所示的统计输出结果。

图 6-2-8　“独立样本 T 检验”对话框中的设置

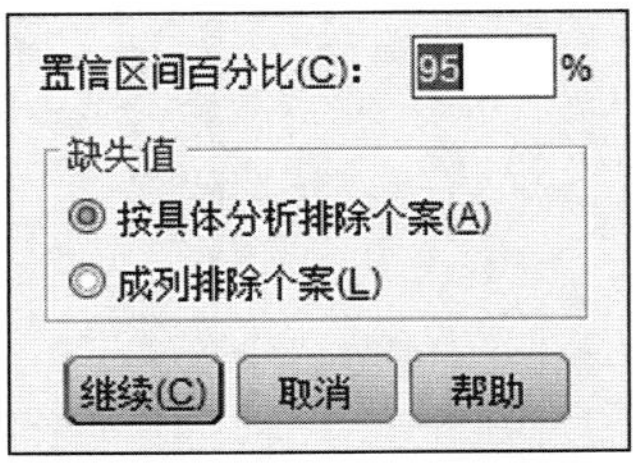


图 6-2-9　置信区间百分比的设置

T 检验

组统计

| | 组别 | 个案数 | 平均值 | 标准偏差 | 标准误差平均值 |
|---|---|---|---|---|---|
| 坐位体前屈 | 1 | 15 | 11.787 | 3.3867 | .8744 |
| | 2 | 15 | 14.100 | 7.5147 | 1.9403 |

独立样本检验

| | | 莱文方差齐性检验 | | 均值的 t 检验 | | | | | | |
|---|---|---|---|---|---|---|---|---|---|---|
| | | | | | | | | | 差值 95%置信区间 | |
| | | F | 显著性 | t | 自由度 | Sig.（双尾） | 平均值差值 | 标准误差差值 | 下限 | 上限 |
| 坐位体前屈 | 假定等方差 | 5.567 | .026 | −1.087 | 28 | .286 | −2.3133 | 2.1282 | −6.6728 | 2.0461 |
| | 不假定等方差 | | | −1.087 | 19.462 | .290 | −2.3133 | 2.1282 | −6.7606 | 2.1339 |

图 6-2-10　输出结果

**结果分析：**

（1）“组统计”结果表显示 A、B 社区各 15 名居民的坐位体前屈成绩。A 社区的样本含量为 15，均值为 11.787cm，标准差约为 3.3867cm，均值的标准误约为 0.8744cm；B 社区的样本含量为 15，均值为 14.100cm，标准差约为 7.5147cm，均值的标准误约为 1.9403cm。

（2）“独立样本检验”表中的结果主要包括两部分：第一部分为方差齐性检验结果，即“莱文方差齐性检验”，包括 $F = 5.567$，显著性为 0.026。第二部分是根据第一步中的方差齐性检验后的均值的 $t$ 检验结果。当方差相等（方差齐性）时，$t$ 值为−1.087，自由度 $df$ 为 28，显著性为 0.286，均值差值约为−2.3133cm，标准误差值约为 2.1282cm，差值的 95%的置信区间约为(−6.6728,2.0461)；当方差不相等（方差不齐）时，$t$ 值为−1.087，自由度 $df$ 为 19.462，显著性为 0.290，均值差值约为−2.3133cm，标准误差值约为 2.1282cm，差值的 95%的置信区间约为(−6.7606,2.1339)。

（3）本例在方差齐性检验中，$P = 0.026$，小于 0.05，因此可推断出方差差异不相等（方差不齐）。在均值的 $t$ 检验结果中看“不假定等方差”所在行对应的 $t$ 值和 $P$ 值，即 $t$ 值为−1.087，对应概率 $P = 0.290$，大于 0.05，所以接受原假设 $H_0$，即 A、B 两社区坐位体前屈成绩差异不具有显著性。

**【例 6-2-3】** 在八年级两个班中各随机抽取 10 名学生，测量其立定跳远成绩（单位：cm），数值如下。

一班：159，160，160，161，158，162，162，159，160，160。

二班：163，162，164，165，162，161，160，162，159，163。

试问：两个班级学生立定跳远成绩的差异是否显著？

**解：** SPSS 操作如下。

首先建立数据库，如图 6-2-11 所示。

图 6-2-11　原始数据和菜单选择

然后根据假设检验的 4 个步骤进行 SPSS 操作（过程同例 6-2-2，本例省略），输出结果如图 6-2-12 所示。

T 检验

组统计

| | 组别 | 个案数 | 平均值 | 标准偏差 | 标准误差平均值 |
|---|---|---|---|---|---|
| 立定跳远 | 1 | 10 | 160.10 | 1.287 | .407 |
| | 2 | 10 | 162.10 | 1.792 | .567 |

独立样本检验

| | | 莱文方差齐性检验 | | 均值的 t 检验 | | | | | | |
|---|---|---|---|---|---|---|---|---|---|---|
| | | F | 显著性 | t | 自由度 | Sig.（双尾） | 平均值差值 | 标准误差差值 | 差值 95%置信区间 下限 | 差值 95%置信区间 上限 |
| 立定跳远 | 假定等方差 | .741 | .401 | −2.867 | 18 | .010 | −2.000 | .698 | −3.466 | −.534 |
| | 不假定等方差 | | | −2.867 | 16.331 | .011 | −2.000 | .698 | −3.476 | −.524 |

图 6-2-12 输出结果

**结果分析：**

（1）“组统计”表为两班各 10 名学生的立定跳远统计量，一班的样本含量为 10，均值为 160.10cm，标准差约为 1.287cm，均值的标准误约为 0.407cm；二班的样本含量为 10，均值为 162.10cm，标准差约为 1.792cm，均值的标准误约为 0.567cm。

（2）“独立样本检验”表的第一部分为方差齐性检验，$F=0.741$，显著性为 0.401。第二部分是根据第一步中的方差齐性与否进行的均值的 $t$ 检验，当方差相等（方差齐性）时，$t$ 值为−2.867，自由度 $df$ 为 18，显著性为 0.010，均值差值为−2.000，标准误差值约为 0.698，差值的 95%的置信区间约为(−3.466,−0.534)；当方差不相等（不齐）时，$t$ 值为−2.867，自由度 $df$ 为 16.331，显著性为 0.011，均值差值为−2.000，标准误差值约为 0.698，差值的 95%的置信区间约为(−3.476,−0.524)。

（3）本例在方差齐性检验中，$P=0.401$，大于 0.05，因此可推断出方差相等（方差齐性）；进行均值 $t$ 检验看上一行结果，$t$ 值为−2.876，$P=0.010$，小于 0.05，则拒绝原假设 $H_0$，接受备择假设 $H_1$，即两个班级学生立定跳远成绩的差异具有显著性。

3. 独立样本 $t$ 检验的思考与分析

（1）思考。观察例中的结果：例 6-2-2 中两独立样本的均值差值约为 2.3133cm，样本含量各为 15；例 6-2-3 中，两独立样本均值差值约为 2.000cm，样本含量各为 10。例 6-2-2 中两样本均值差值比例 6-2-3 中两样本均值差值大了约 0.3cm，但差异不具有显著性；而例 6-2-3 中差值小，差异却具有显著性。思考一下：是什么原因造成的？造成差异显著性的影响指标有哪些？

（2）分析。在进行两独立样本均值的显著性检验时，常常以考虑均值差值的大小为主。均值差值的大小的确是影响结果的主要因素，但是方差大小所产生的作用也要高度重视，不容忽视。

## 三、两个相关样本均值的 $t$ 检验

相关样本又称配对样本，是指将受试对象按照某些特征配成对子，再将每对中的两个受试对象随机分配到两组，这种设计又称为配对设计。

两个相关样本均值的 $t$ 检验也是研究两组不同变量的观测值的均值差异的。不同的是，两个相关样本均值的 $t$ 检验研究的不是两组观测值总体均值的差异，而是同一样本的不同变量观测值之间的差异。

相关样本的设计主要有 3 种：同一受试对象接受一种处理前后的差异、两同质受试对象接受两种不同处理的差异、同一受试对象接受两种不同处理的差异。在体育科研中，第一种设计较为普遍。例如，运动干预前后受试者力量素质的前后比较。

（1）两个相关样本均值 $t$ 检验的目的是比较两个相关样本或配对样本的均值。

$t$ 统计量公式为

$$t=\frac{\bar{d}-\mu_d}{S_{\bar{d}}}=\frac{\bar{d}}{S_d/\sqrt{n}} \tag{6-2-5}$$

$t$ 统计量服从自由度为 $n-1$ 的 $t$ 分布。式中，$d$ 为每个对子前后的差值；$\bar{d}$ 为样本的差值均值；$S_d$ 为差值标准差；$S_{\bar{d}}$ 为差值均值的标准误；$n$ 为对子数；$\mu_d$ 为总体的差值均值，$H_0$ 假设提出后，对于一般总体，两种处理条件是一致的，没有系统差异，因此 $\mu_d=0$。

（2）适用条件及注意事项。

① 两样本应该是配对的（两样本的观察值数目相同，两样本的观察值的顺序不能随意更改）。

② 样本来自的两个总体应该服从正态分布。

③ 两样本数据呈显著的线性相关关系。

**【例 6-2-4】** 体能训练营 15 名女学员一个训练周期前后的纵跳（单位：cm）数据如下。

训练前：10.0，19.0，20.7，21.8，22.2，22.9，23.1，23.8，25.0，25.5，26.2，26.2，26.9，27.4，28.4；

训练后：20.0，26.0，31.3，24.8，21.4，26.0，24.5，26.2，26.5，26.2，27.4，28.4，29.2，25.2，30.8。

试问：体能训练营效果如何？

**分析：** 两个相关样本均数 $t$ 检验的 4 个步骤如下。

（1）原假设 $H_0$：训练前后的纵跳差异不具有显著性。

备择假设 $H_1$：训练前后的纵跳差异具有显著性。

（2）计算 $t$ 值：进行两个相关样本均值的 $t$ 检验，计算 $t$ 值。

（3）确定 $P$ 值：依据所计算的 $t$ 值，确定 $P$ 值。

（4）做出推断结论：按显著性水平 $\alpha=0.05$，将 $P$ 值与其进行比较。

当 $P>0.05$，则接受原假设 $H_0$，即训练前后的纵跳差值的总体均值为 0，纵跳在训练前后的差异不具有显著性；

当 $P\leqslant 0.05$，则拒绝 $H_0$，接受 $H_1$，即训练前后的纵跳差值的总体均值不为 0，纵跳在训练前后的差异具有显著性。

**解：** SPSS 操作如下。

**步骤 1**：在 SPSS“数据视图”窗口输入原始数据，变量为“训练前纵跳”和“训练后纵跳”，如图 6-2-13 所示。

图 6-2-13　输入数据

**步骤 2**：选择“分析”菜单→“比较平均值”→“成对样本 T 检验”命令，如图 6-2-14 所示。

图 6-2-14　选择菜单命令

**步骤 3**：在打开的“成对样本 T 检验”对话框中，单击“箭头”状按钮，使“训练前纵跳”和“训练后纵跳”进入“配对变量”列表框中，如图 6-2-15 所示。

**步骤 4**：在“成对样本 T 检验”对话框中，单击右上角的“选项”按钮进行“置信区间百分比”的设置，如图 6-2-16 所示。可根据设定需要的置信概率选择 95%之外的值。然后单击“继续”按钮，返回“成对样本 T 检验”对话框后单击“确定”按钮得到输出结果，如图 6-2-17 所示。

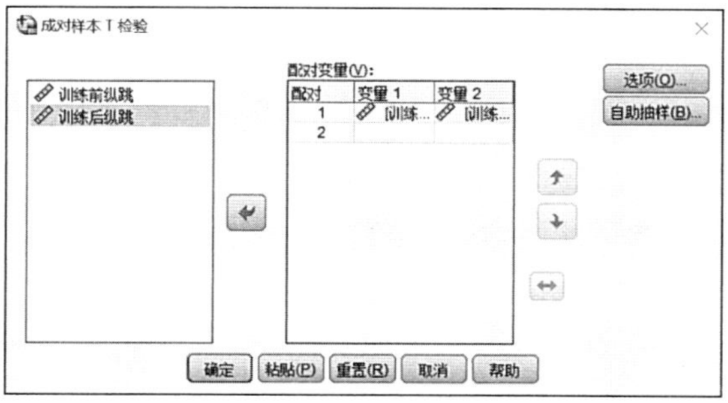


图 6-2-15 “配对变量”列表框设置

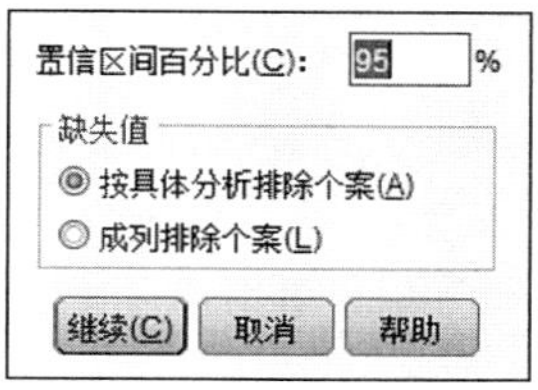


图 6-2-16 置信区间百分比的设置

配对样本统计

| | | 平均值 | 个案数 | 标准偏差 | 标准误差平均值 |
|---|---|---|---|---|---|
| 配对 1 | 训练前纵跳 | 23.273 | 15 | 4.5227 | 1.1678 |
| | 训练后纵跳 | 26.260 | 15 | 3.0460 | .7865 |

配对样本相关性

| | | 个案数 | 相关性 | 显著性 |
|---|---|---|---|---|
| 配对 1 | 训练前纵跳&训练后纵跳 | 15 | .614 | .015 |

配对样本检验

| | | 配对差值 | | | | | t | 自由度 | Sig.（双尾） |
|---|---|---|---|---|---|---|---|---|---|
| | | 平均值 | 标准偏差 | 标准误差平均值 | 差值 95%置信区间 下限 | 差值 95%置信区间 上限 | | | |
| 配对 1 | 训练前纵跳&训练后纵跳 | -2.9867 | 3.5801 | .9244 | -4.9692 | -1.0041 | -3.231 | 14 | .006 |

图 6-2-17 数据输出窗口

**结果分析：**

（1）“配对样本统计”表为训练前和训练后的基本信息。训练前纵跳的均值为 23.27cm，样本含量为 15，标准差约为 4.52cm，均值的标准误约为 1.17cm。训练后纵跳的均值为 26.26cm，样本含量为 15，标准差约为 3.05cm，均值的标准误约为 0.79cm。两组的均值相比较，训练后比训练前纵跳成绩略高。

（2）“配对样本相关性”表为训练前和训练后的数据相关情况。相关系数为 0.614，显著性为 0.015，小于 0.05，故认为两个样本存在线性相关关系。

（3）“配对样本检验”表中显示，两组均值差的平均值为-2.987cm，差值的标准差约为 3.580cm，均值的标准误约为 0.924cm，差值均值的 95%的置信区间约为(-4.970,-1.004)，

$t$ 值为-3.231，自由度 $df$ 为 14，显著性（双侧）为 0.006，小于 0.05，则拒绝原假设 $H_0$，接受备择假设 $H_1$，即纵跳在训练前后的差异具有显著性。

**注意**：在例 6-2-4 中，显著性（双侧）为 0.006，也小于 0.01，所以纵跳在训练前后的差异也达到了 0.01 水平下的差异显著性。

## 四、t 检验实例

**【例 6-2-5】** 为了研究某大学女生的身体健康情况，随机抽取了大一与大二两个年级女生的样本数据，其中大一女生 21 人，大二女生 25 人。测得学生肺活量、握力、台阶指数 3 项指标的数据资料，试比较大一和大二两个年级女生这 3 项指标的平均水平是否有显著性差异。

**解**：SPSS 输出结果如图 6-2-18 所示。

组统计

| | 年级 | 个案数 | 平均值 | 标准偏差 | 标准误差平均值 |
|---|---|---|---|---|---|
| 肺活量 | 大一 | 21 | 3140.081 | 376.8689 | 82.23954 |
| | 大二 | 25 | 2876.640 | 458.6481 | 91.72962 |
| 握力 | 大一 | 21 | 27.2552 | 4.16563 | .90902 |
| | 大二 | 25 | 25.9320 | 3.42889 | .68578 |
| 台阶指数 | 大一 | 21 | 50.6086 | 5.64248 | 1.23129 |
| | 大二 | 25 | 51.7320 | 5.83971 | 1.16794 |

独立样本检验

| | | 莱文方差齐性检验 | | 均值的 t 检验 | | | | | | |
|---|---|---|---|---|---|---|---|---|---|---|
| | | F | 显著性 | t | 自由度 | Sig.（双尾） | 平均值差值 | 标准误差差值 | 差值 95%置信区间 下限 | 上限 |
| 肺活量 | 假定等方差 | .756 | .389 | 2.102 | 44 | .041 | 263.4410 | 125.3399 | 10.83498 | 516.0469 |
| | 不假定等方差 | | | 2.138 | 43.986 | .038 | 263.4410 | 123.1977 | 15.15011 | 511.7318 |
| 握力 | 假定等方差 | 1.196 | .280 | 1.182 | 44 | .244 | 1.32324 | 1.11937 | -.93271 | 3.57919 |
| | 不假定等方差 | | | 1.162 | 38.777 | .252 | 1.32324 | 1.13868 | -.98039 | 3.62687 |
| 台阶指数 | 假定等方差 | .754 | .390 | -.660 | 44 | .513 | -1.12343 | 1.70230 | -4.55418 | 2.30732 |
| | 不假定等方差 | | | -.662 | 43.103 | .512 | -1.12343 | 1.69711 | -4.54573 | 2.29887 |

图 6-2-18　例 6-2-5 输出结果

**结果分析**：

经过整理，可得出符合科研规范的 $t$ 检验表，如表 6-2-1 所示。

**表 6-2-1　大学生 3 项指标的 $t$ 检验表**

| 指标 | 大一 平均值 | 大一 标准差 | 大二 平均值 | 大二 标准差 | 差值 | $t$ | $P$ |
|---|---|---|---|---|---|---|---|
| 握力 | 27.26 | 4.17 | 25.93 | 3.43 | 1.32 | 1.182 | 0.244 |
| 肺活量 | 3140.08 | 376.87 | 2876.64 | 458.65 | 263.44 | 2.102 | 0.041 |
| 台阶指数 | 50.61 | 5.64 | 51.73 | 5.84 | −1.12 | −0.660 | 0.513 |

由图 6-2-18 可知，方差齐性检验中，$P>0.05$，推断出方差相等（方差齐性），进行均值 $t$ 检验看上一行结果。由表 6-2-1 可以看出，肺活量 $t$ 值为−2.102，$P=0.041<0.05$，说明差异具有显著性，大一女生比大二女生的肺活量平均值高。两个年级女生的握力和台阶指数均值比较的 $P>0.05$，说明握力和台阶指数平均水平差异没有显著性。

**【例 6-2-6】** 对在校 15 名大学生进行为期 18 周的有氧运动训练，训练前后血压（单位：mmHg）数据如下。

训练前收缩压：116，126，113，123，120，109，114，106，137，116，100，112，90，96，124。

训练后收缩压：105，114，101，110，109，100，102，100，121，109，99，101，96，99，113。

训练前舒张压：74，73，70，85，70，69，68，68，83，74，71，71，61，56，88。

训练后舒张压：69，65，63，73，61，61，59，59，69，66，64，64，57，56，76。

问：训练前后血压是否有差异？试解释统计结果。

**解：** SPSS 输出结果如图 6-2-19 所示。

配对样本统计

| | | 平均值 | 个案数 | 标准偏差 | 标准误差平均值 |
|---|---|---|---|---|---|
| 配对 1 | 收缩压前 | 113.52 | 15 | 12.195 | 3.149 |
| | 收缩压后 | 105.27 | 15 | 7.076 | 1.827 |
| 配对 2 | 舒张压前 | 72.10 | 15 | 8.376 | 2.163 |
| | 舒张压后 | 64.19 | 15 | 5.735 | 1.481 |

配对样本相关性

| | | 个案数 | 相关性 | 显著性 |
|---|---|---|---|---|
| 配对 1 | 收缩压前&收缩压后 | 15 | .925 | .000 |
| 配对 2 | 舒张压前&舒张压后 | 15 | .950 | .000 |

配对样本检验

| | | 配对差值 | | | | | t | 自由度 | Sig.（双尾） |
|---|---|---|---|---|---|---|---|---|---|
| | | 平均值 | 标准偏差 | 标准误差平均值 | 差值 95%置信区间 下限 | 差值 95%置信区间 上限 | | | |
| 配对 1 | 收缩压前&收缩压后 | 8.247 | 6.262 | 1.617 | 4.779 | 11.714 | 5.101 | 14 | .000 |
| 配对 2 | 舒张压前&舒张压后 | 7.907 | 3.430 | .886 | 6.007 | 9.806 | 8.927 | 14 | .000 |

图 6-2-19　例 6-2-6 输出结果

**结果分析：**

两组均值比较的统计结果显示，训练后收缩压和舒张压的均值均小于训练前的均值。从训练前和训练后数据的“配对样本相关性”表中可见，相关系数分别为 0.925 与 0.950，相伴概率 $P<0.05$，故可认为两个样本呈现出前后数据的线性相关性，由此断定“配对样本检验”表中的结果是有效的，且可读取的。如果“配对样本相关性”表中的相关系数的相伴概率大于 0.05，就要把相关样本比较数据转化成独立样本数据进行差异检验。整理出大学生收缩压与舒张压两项指标的 $t$ 检验表，如表 6-2-2 所示。

**表 6-2-2　大学生收缩压与舒张压两项指标的 $t$ 检验表**　　单位：mmHg

| 指标 | 训练前 | | 训练后 | | 差值均值 | $t$ | $P$ |
|---|---|---|---|---|---|---|---|
| | 平均值 | 标准差 | 平均值 | 标准差 | | | |
| 收缩压 | 113.520 | 12.195 | 105.273 | 7.076 | 8.247 | 5.101 | 0.000 |
| 舒张压 | 72.100 | 8.376 | 64.193 | 5.735 | 7.907 | 8.927 | 0.000 |

由表 6-2-2 可以看出，收缩压差值的均值为 8.247mmHg，$t$ 值为 5.101，自由度 $df$ 为 14，$P(双侧)=0.000<0.01$；舒张压差值的均值为 7.907mmHg，$t$ 值为 8.927，自由度 $df$ 为 14，$P(双侧)=0.000<0.01$。所以训练前后平均值差异在 0.01 水平下具有显著性，说明训练后的收缩压和舒张压的平均水平低于训练前的平均水平。

# 第三节　$\chi^2$ 检验

## 一、四格表的 $\chi^2$ 检验

2×2 表又称**四格表**，四格表的 $\chi^2$ 检验可用于推断两个总体率（或构成比）之间差异的显著性，该方法属于**列联表（crosstabs）分析**。列联表用于对计数资料和有序分类资料进行的统计描述和统计推断。

**【例 6-3-1】**如表 6-3-1 所示，为甲、乙两校针对国家体育锻炼标准的达标率资料，试用 $\chi^2$ 检验法检验两校的达标率是否存在显著性差异。

**表 6-3-1　两校达标情况**

| 单位 | 达标人数 | 未达标人数 |
|---|---|---|
| 甲校 | 296 | 54 |
| 乙校 | 208 | 70 |

**解**：SPSS 操作如下。

**步骤 1**：首先定义 3 个变量：行变量（学校）、列变量（达标情况）和记录每个格子中频数的变量（人数），并输入表中的原始数据，如图 6-3-1 所示。

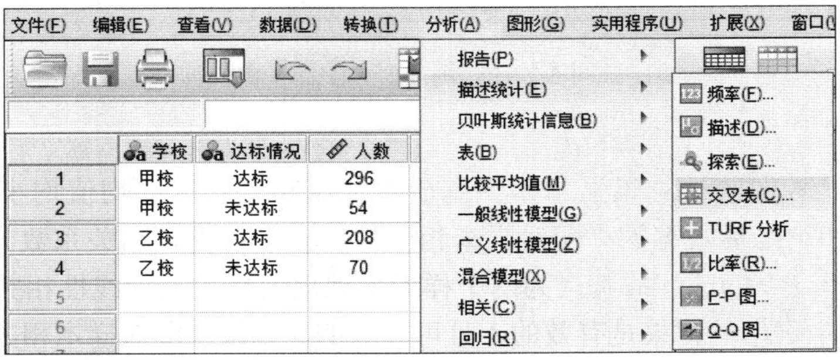


图 6-3-1　四格表 $\chi^2$ 检验的“数据视图”窗口

**步骤 2**：选择“数据”菜单→“加权个案”命令，在打开的“个案加权”对话框中，从左侧的变量列表框中选择“人数”使其添加到“频率变量”列表框中，使得人数变量成为权重变量，如图 6-3-2 所示。单击“确定”按钮，返回 SPSS“数据视图”窗口。

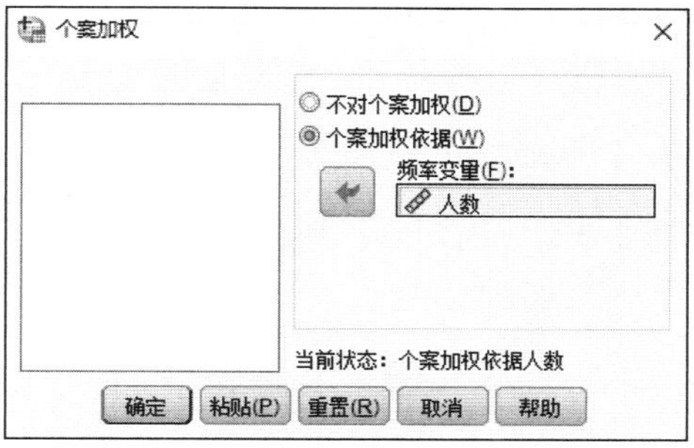


图 6-3-2　“个案加权”对话框

**步骤 3**：选择“分析”菜单→“描述统计”→“交叉表”命令，打开“交叉表”对话框，如图 6-3-3 所示。选择“学校”变量，使其移入“行”列表框中，选择“达标情况”变量，使之移入“列”列表框中。

有两栏需要说明：

“显示簇状条形图”复选框：用来显示各个变量在不同交叉取值下，关于频数的直方图。

“禁止显示表”复选框：禁止在结果中输出行×列表。

**步骤 4**：单击“统计”按钮，打开“交叉表：统计”对话框，如图 6-3-4 所示。该对话框中提供了多种检验方法，本例中选择“卡方”选项，进行 $\chi^2$ 检验。

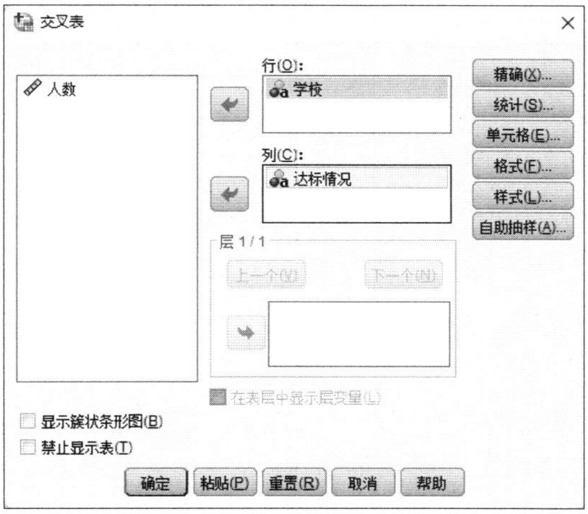


图 6-3-3　“交叉表”对话框

图 6-3-4　“交叉表：统计量”对话框

**步骤 5**：返回“交叉表”对话框，单击“单元格”按钮，用于定义列联表单元格中需要输出的指标；单击“格式”按钮，用于确定表格中各行的排列顺序。本例使用默认设置，然后单击“确定”按钮，SPSS 即完成交叉列联表分析。

输出结果如图 6-3-5～图 6-3-7 所示。

| | 有效 | | 缺失 | | 总计 | |
|---|---|---|---|---|---|---|
| | N | 百分比 | N | 百分比 | N | 百分比 |
| 学校 × 达标情况 | 628 | 100.0% | 0 | 0.0% | 628 | 100.0% |

图 6-3-5　个案处理摘要

首先是输出个案处理摘要表，显示记录缺失值报告，可见 $N = 628$ 均为有效值。

| | | 达标情况 | | 总计 |
|---|---|---|---|---|
| | | 达标 | 未达标 | |
| 学校 | 甲校 | 296 | 54 | 350 |
| | 乙校 | 208 | 70 | 278 |
| 总计 | | 504 | 124 | 628 |

图 6-3-6　“学校×达标情况”交叉制表

| | 值 | 自由度 | 渐进显著性（双侧） | 精确显著性（双侧） | 精确显著性（单侧） |
|---|---|---|---|---|---|
| 皮尔逊卡方 | 9.297[a] | 1 | .002 | | |
| 连续性修正[b] | 8.692 | 1 | .003 | | |
| 似然比 | 9.241 | 1 | .002 | | |
| 费希尔精确检验 | | | | .002 | .002 |
| 线性关联 | 9.282 | 1 | .002 | | |
| 有效个案数 | 628 | | | | |

a. 0 个单元格（0.0%）的期望计数小于 5，最小期望计数为 54.89；
b. 仅针对 2×2 表进行计算。

图 6-3-7　$\chi^2$ 检验

图 6-3-7 中给出了一组检验结果，从左到右为检验统计量值、自由度（*df*）、双侧近似概率、双侧精确概率、单侧精确概率。从上到下为皮尔逊卡方（常用的 $\chi^2$ 检验）、连续性修正的卡方值、用对数似然比法计算的卡方值、费希尔精确检验、线性关联、有效个案数。

本例应该选用哪一个卡方值，可用以下方法来判断（其中，$T$ 为期望计数）。

① 当 $n \geqslant 40$ 且所有 $T \geqslant 5$ 时，用皮尔逊卡方，即普通的 $\chi^2$ 检验。

② 当 $n \geqslant 40$ 但有 $1 \leqslant T < 5$ 时，用修正的 $\chi^2$ 检验。

③ 当 $n \geqslant 40$ 或有 $T < 1$ 时，不能用 $\chi^2$ 检验，必须用费希尔精确检验法。

显然，本例符合条件①，因此无须校正，直接使用第一行的检验结果，即 $\chi^2 = 9.297$，$P = 0.002 < 0.01$，这说明两学校的达标率差异在 0.01 水平下具有显著性，即甲校的达标率高于乙校。

## 二、$r \times c$ 列联表的 $\chi^2$ 检验

**【例 6-3-2】** 关于 2023 年学校运动会上，运动员的总体表现如何，有人对 3 种不同人群的看法进行了统计，调查结果如表 6-3-2 所示。试分析不同人群对运动员总体表现的评价是否有差异。

**表 6-3-2 3 种人群对运动员表现的评价**

| 人群 | 非常好 | 较好 | 一般 | 不太好 | 不好 |
|---|---|---|---|---|---|
| 人群 1 | 28 | 16 | 8 | 5 | 1 |
| 人群 2 | 54 | 96 | 64 | 23 | 6 |
| 人群 3 | 23 | 45 | 26 | 10 | 3 |

**解**：SPSS 操作如下。

**步骤 1**：首先定义 3 个变量：行变量（态度）、列变量（人群）和人数（频数），并输入表中的原始数据，如图 6-3-8 所示。

**步骤 2**：选择“数据”菜单→“加权个案”命令，在打开的“个案加权”对话框中，从左侧的变量列表框中选择“人数”，使其移入“频率变量”列表框中，使人数变量成为权重变量。单击“继续”按钮，返回 SPSS“数据视图”窗口。

**步骤 3**：选择“分析”菜单→“描述统计”→“交叉表”命令，打开“交叉表”对话框。选择“态度”变量，使之移入“行”列表框中，选择“人群”变量，使之移入“列”列表框中，如图 6-3-9 所示。

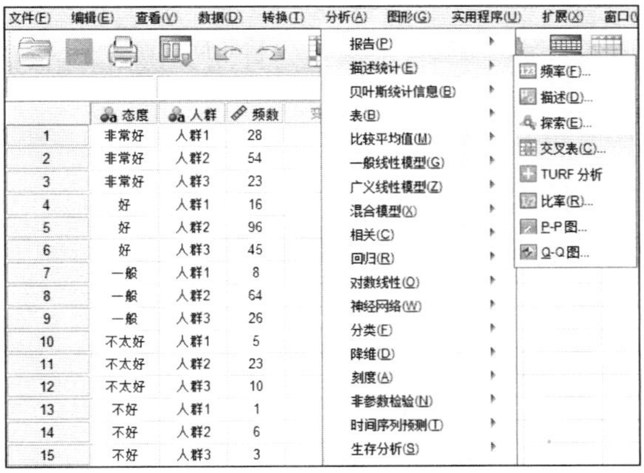


图 6-3-8 “数据视频”窗口

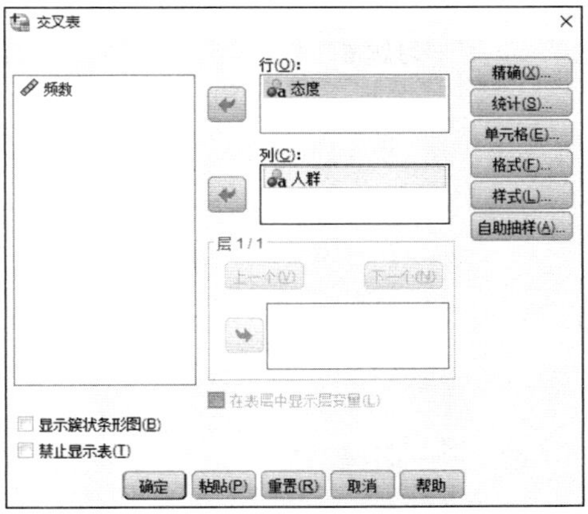


图 6-3-9 “交叉表”对话框中的设置

**步骤 4**：单击“统计”按钮，打开“交叉表：统计量”对话框。该对话框中提供了多种检验方法，本例中选择“卡方”选项，进行 $\chi^2$ 检验。

**步骤 5**：其他使用默认设置。单击“确定”按钮，SPSS 即完成交叉列联表分析。

输出 $\chi^2$ 检验结果如图 6-3-10 所示。

| | 值 | 自由度 | 渐进显著性（双侧） |
|---|---|---|---|
| 皮尔逊卡方 | 18.862[a] | 8 | 0.016 |
| 似然比 | 17.239 | 8 | 0.028 |
| 线性关联 | 4.466 | 1 | 0.035 |
| 有效个案数 | 408 | | |

a. 两个单元格（13.3%）的期望计数小于 5，最小期望计数为 1.42。

图 6-3-10　$\chi^2$ 检验

**结果分析：**

由图 6-3-10 可知，$\chi^2$ 检验的 $P=0.016<0.05$，所以选项与人群有关，即不同人群对运动员在学校运动会上表现的评价的差异具有显著性。这说明不同人群对运动员表现的评价是有差异的。

拓展知识：效应量

思政课堂

习题 6

习题 6 参考答案

*t* 检验问题诊断

# 第七章　方 差 分 析

在体育运动中，运动员的竞赛成绩往往会受到许多因素的影响。为了取得好成绩，就要对众多因素进行分析，确定哪些因素是主要影响因素，以及将这些因素控制在哪个水平上才能提高运动成绩。在训练过程中，还需要比较多种训练方法的效果，以便选择有效的训练方法，最大限度地发挥运动员的潜能。

方差分析（analysis of variance，ANOVA），又称变异数分析，用于推断试验条件是否对试验数据有影响。目前在农业、工业、生物学、医学、教育学、体育学等许多领域均有广泛的应用。

## 第一节　方差分析的基本原理

### 一、方差分析的基本原理

以下通过两个实例来说明方差分析的基本原理。

**【例 7-1-1】**为探讨 3 种不同铅球教学方法的教学效果是否有差异，将身体素质、运动能力相近的 33 名学生分成 3 组，由同一教师分别用 3 种不同的铅球教学方法进行教学，3 组的教学时数、教学场地都相同，经过一个学期的教学，测得学生铅球成绩如下。

教学方法一：7.73，6.45，8.72，5.55，5.33，5.45，6.50，5.27，5.08，5.17，5.16。

教学方法二：8.88，4.85，5.96，8.62，5.65，6.86，5.98，6.68，6.84，7.80，6.98。

教学方法三：5.50，6.46，5.00，5.60，6.40，5.12，5.10，5.45，6.30，5.25，5.15。

试分析以下 3 种铅球教学方法对学生铅球成绩是否有影响。（ $\alpha = 0.05$ ）

**分析**：从上述数据可看出，33 名学生的铅球成绩各不相同，有的成绩好，有的成绩差，他们成绩的波动程度用如下离差平方和公式计算：

$$S_{总} = (x_1 - \bar{x})^2 + (x_2 - \bar{x})^2 + \cdots + (x_n - \bar{x})^2 \qquad (7\text{-}1\text{-}1)$$

利用式（7-1-1）可计算出 33 名学生铅球成绩的波动程度为 41.619。那么造成 33 名学生铅球成绩相互间不同的原因有哪些呢？

（1）教学方法不同。

（2）除教学方法外的诸多不可控因素，如学生的身体素质差异（尽管在试验时，我们尽量挑选身体素质相似的学生，但 33 名学生的身体素质不可能完全一样）、学习态度差异、学生完成任务质量差异及测量误差等。

用方差分析方法对上述试验数据进行分析的基本思路：将试验中上述两个方面对试验数据所造成的影响区分出来，经计算教学方法造成的影响为 8.816，除教学方法外，诸多不可控因素造成的影响为 32.802，然后将教学方法所起作用的大小与诸多不可控因素所起作用的大小进行比较，看教学方法所起作用是否可以忽略。

**解**：具体推断方法如下。

（1）提出假设 $H_0$：教学方法对学生铅球成绩无影响。

（2）将教学方法的影响及其他诸多不可控因素的影响分离出来，并进行比较，结果如表 7-1-1 所示。

**表 7-1-1　例 7-1-1 的方差分析表**

| 差异来源 | 离差平方和 | 自由度 | 均方 | $F$ 值 | 显著性 |
|---|---|---|---|---|---|
| 教学方法 | 8.816 | 2 | 4.408 | 4.031 | 0.028 |
| 不可控因素 | 32.802 | 30 | 1.093 | — | — |
| 总差异 | 41.619 | 32 | — | — | — |

（3）做出结论：由于显著性 $P=0.028<0.05$，所以拒绝假设 $H_0$，即认为教学方法对铅球成绩有显著性影响。

**【例 7-1-2】**为检验不同的训练方法对运动员磷酸肌酸的增加有无影响，设计了 4 种不同的训练方法 A1、A2、A3、A4，并选取同样条件的 24 名运动员，将他们分成 4 组，通过 3 个月的训练后，观察他们磷酸肌酸增长情况，数据如表 7-1-2 所示，试分析训练方法对磷酸肌酸的增长有无影响。（ $\alpha=0.05$ ）

**表 7-1-2　24 名运动员磷酸肌酸增加数**

| 运动员编号 | 训练方法 | | | |
|---|---|---|---|---|
| | A1 | A2 | A3 | A4 |
| 1 | 3.3 | 3.0 | 0.4 | 4.5 |
| 2 | 1.2 | 2.3 | 1.7 | 3.6 |
| 3 | 0.0 | 2.4 | 2.3 | 4.2 |
| 4 | 2.7 | 1.1 | 4.5 | 4.4 |
| 5 | 3.0 | 4.0 | 3.6 | 3.7 |
| 6 | 3.2 | 3.7 | 1.3 | 5.6 |

**分析**：从表 7-1-2 中的数据可以看出，24 名运动员磷酸肌酸的增加量各不相同，存在差异，差异大小用式（7-1-1）计算为 45.89。那么造成运动员磷酸肌酸的增加量不同的原因有哪些呢？

（1）训练方法不同。

（2）除训练方法外的诸多不可控因素，如运动员个体间的差异、运动员训练过程中完成训练任务的质量、磷酸肌酸的测量中存在误差等。

与例 7-1-1 的思路一样，对例 7-1-2 的数据进行分析的基本思路：将试验中上述两个方面对试验数据所造成的影响区分出来，经计算训练方法造成的影响为 17.29，除训练方法外诸多不可控因素造成的影响为 28.60，然后将训练方法所起作用的大小与诸多不可控因素所起作用的大小进行比较，看训练方法所起作用是否可以忽略。

**解**：具体推断方法如下。

（1）提出假设 $H_0$：训练方法对磷酸肌酸的增长无显著影响。

（2）将训练方法及其他诸多不可控因素的影响分离出来，并进行比较，结果如表 7-1-3 所示。

表 7-1-3 例 7-1-2 的方差分析表

| 差异来源 | 离差平方和 | 自由度 | 均方 | $F$ 值 | 显著性 |
|---|---|---|---|---|---|
| 训练方法 | 17.29 | 3 | 5.76 | 4.03 | 0.022 |
| 不可控因素 | 28.60 | 20 | 1.43 | — | — |
| 总差异 | 45.89 | 23 | — | — | — |

（3）做出结论：因为显著性 $P=0.022<0.05$，所以拒绝假设 $H_0$，即认为训练方法对磷酸肌酸的增长有显著影响。

通过上述两个实例的分析，我们可以总结出利用方差分析进行数据分析的基本思路与原理：首先计算出观测值的总差异——用离差平方和表示，并将试验条件、不可控因素所起作用的大小从总差异中**分解**出来；然后将试验条件所起作用大小与不可控因素所起作用大小进行“**比较**”，看试验条件所起作用是否可以忽略；最后做出试验条件对试验数据是否有显著影响的统计判断。

以上原理简称为**离差分解**。

## 二、方差分析的相关概念

以下是方差分析中所涉及的几个基本概念。

### 1. 指标

指标是反映试验效果的变量，是试验结果的最终体现，也称为因变量。例如，在例 7-1-1 中，学生铅球成绩就是反映试验效果的变量，也是试验结果的最终体现，因此在该例的试验中，“学生铅球成绩”就是该试验的指标。再如，在例 7-1-2 中，运动员磷酸肌酸的增加量就是反映该试验效果的变量，也是试验结果的最终体现，因此在该例的试验中，“运动员磷酸肌酸的增加量”就是该试验的指标。

### 2. 因素

在试验过程中对指标取值有影响的条件称为因素。

一个试验中对指标取值有影响的因素有很多。例如，在例 7-1-1 的试验中，对指标“学生铅球成绩”有影响的因素就有很多，教学方法、学生身体素质、学习态度、完成任务质量、测量误差等都会对“学生铅球成绩”产生影响，它们都是影响“学生铅球成绩”的因素。

### 3. 可控因素、不可控因素

试验中对指标取值有影响的因素有很多，其中研究者希望通过试验证明某因素的不同状态是否会对指标的取值产生影响，那么称该因素为可控因素，也称为自变量。除可控因素外的其他因素皆为不可控因素，也称为随机因素。

在例 7-1-1 中，试验者关心的是不同的教学方法对学生铅球成绩是否产生影响，所以教学方法就是可控因素，而学生个体差异、学习过程中努力程度、铅球成绩的测量误差等都是不可控因素。在例 7-1-2 中，训练方法就是可控因素，而运动员个体差异、完成训练任务的质量、测量误差等都是不可控因素。

#### 4. 因素水平

试验中把可控因素控制在不同范围内，每一个范围就称为一个因素水平。例如，在例 7-1-1 中，教学方法是可控因素，而教学方法 1 就是一个因素水平，在该试验中共设计了 3 个因素水平：教学方法 1、教学方法 2、教学方法 3。在例 7-1-2 中，训练方法是可控因素，而训练方法 A1 就是一个因素水平，在该试验中共设计了四个因素水平：A1、A2、A3、A4。

#### 5. 随机误差

在试验中由不可控因素（也称为随机因素）造成的误差称为随机误差。

#### 6. 条件误差

在试验中由可控因素造成的误差称为条件误差。

#### 7. 单因素方差分析

如果在试验中只考虑一个可控因素对试验结果的影响，则称此试验为单因素试验，其对应的数据分析方法为单因素方差分析法。

#### 8. 多因素方差分析

如果在试验中考虑多个可控因素对试验结果的影响，则称此试验为多因素试验，其对应的数据分析方法为多因素方差分析法。

#### 9. 交互作用

在多因素方差分析中，不同可控因素水平间的搭配会对试验结果产生影响，这种影响被称为交互作用。

#### 10. 方差分析的适用条件（基本假设）

（1）正态分布的假定，被检验的总体服从正态分布。
（2）各样本间相互独立。
（3）方差齐性的假定，即各总体的方差相等，即各总体的变异是相等的，即

$$\sigma_1^2 = \sigma_2^2 = \cdots = \sigma_k^2$$

只有满足以上三个条件才能使用方差分析。

# 第二节 单因素方差分析

## 一、单因素方差分析的基本思想

在单因素试验中，我们所观察到的变量取值（试验结果）普遍存在差异。引起差异的原因有两方面：一是由施加的试验条件（可控因素水平）不同带来的，称为条件误差；二是由各种随机因素造成的，称为随机误差。而这两种误差往往会在同一试验中同时存在，那么试验结果的差异到底主要是由哪种误差造成的呢？单因素方差分析可回答此问题。

### 1. 单因素方差分析的基本思想

先计算出观测值的总差异——用离差平方和表示，并将其分解成条件误差与随机误差两部分，再将条件误差与随机误差进行“比较”，看条件误差是否可以忽略，从而做出试验条件对试验数据是否有影响的统计判断。

以例 7-1-2 为例，经计算可知 24 名运动员磷酸肌酸增长量的总变异为 45.89，其中训练方法引起的变异为 17.29，随机因素引起的变异为 28.60，经“比较”发现训练方法所引起的变异不可忽略，由此推断训练方法对磷酸肌酸增加量有显著影响。

### 2. 单因素方差分析的基本原理

把试验数据的总差异分解成条件误差与随机误差，然后将条件误差与随机误差进行“比较”，看条件误差是否可以忽略。

这一基本原理也称为离差分解，用数学公式表示如下：

$$Q_{总} = Q_{条件} + Q_{随机}$$

## 二、单因素方差分析的步骤与实例

### 1. 单因素方差分析的步骤

单因素方差分析一般分为如下 4 个步骤。

（1）分析问题，找出可控因素、指标。

（2）提出假设 $H_0$：可控因素对指标无显著影响。

（3）进行离差分解，将条件误差与随机误差进行比较，得到方差分析表。

将试验数据输入 SPSS，用单因素方差分析命令对数据进行处理，从 SPSS 输出结果可得到如表 7-2-1 所示的方差分析表。

**表 7-2-1 方差分析表**

| 差异来源 | 离差平方和 | 自由度 | 均方 | $F$ 值 | 显著性 |
|---|---|---|---|---|---|
| 条件误差 | $Q_1$ | $k-1$ | $S_1 = \dfrac{Q_1}{(k-1)}$ | $F = \dfrac{S_1}{S_2}$ | $P$ |
| 随机误差 | $Q_2$ | $n-k$ | $S_2 = \dfrac{Q_2}{(n-k)}$ | — | — |
| 总差异 | $Q$ | $n-1$ | — | — | — |

（4）做出结论。

当显著性 $P \leqslant \alpha$ 时，拒绝假设 $H_0$，即认为可控因素对指标有显著影响；

当显著性 $P > \alpha$ 时，接受假设 $H_0$，即认为可控因素对指标无显著影响。

2. 单因素方差分析举例

**【例 7-2-1】**试分析例 7-1-2 中的训练方法对磷酸肌酸的增长有无显著影响。( $\alpha = 0.05$ )

**解**：（1）分析问题。由题意可知，该问题的指标为磷酸肌酸的增长，可控因素为训练方法。

（2）提出假设 $H_0$：训练方法对磷酸肌酸的增长无显著影响。

（3）进行离差分解，将条件误差与随机误差进行比较，得到方差分析表。

将例 7-1-2 所给出的试验数据按规定格式输入 SPSS，在 SPSS 菜单中依次选取“分析”菜单→“比较平均值”→“单因素 ANOVA 检验”命令对数据进行处理（单因素方差分析的 SPSS 操作方法见例 7-2-3），输出结果如图 7-2-1 所示。

**ANOVA**

磷酸肌酸增长

| 差异来源 | 平方和 | 自由度 | 均方 | F | 显著性 |
|---|---|---|---|---|---|
| 组间 | 17.29 | 3.00 | 5.76 | 4.03 | .022 |
| 组内 | 28.60 | 20.00 | 1.43 | | |
| 总计 | 45.89 | 23.00 | | | |

图 7-2-1　方差分析结果

从上述 SPSS 输出结果可得到方差分析表（表 7-2-2）。

**表 7-2-2　方差分析结果**

| 差异来源 | 离差平方和 | 自由度 | 均方 | $F$ 值 | 显著性 |
|---|---|---|---|---|---|
| 训练方法 | 17.29 | 3 | 5.76 | 4.03 | 0.022 |
| 随机误差 | 28.60 | 20 | 1.43 | — | — |
| 总差异 | 45.89 | 23 | — | — | — |

（4）做出结论。因为显著性 $P = 0.022 < 0.05$，所以拒绝假设 $H_0$，即认为训练方法对磷酸肌酸的增长有显著影响。

有关单因素方差分析的 SPSS 操作方法及如何从 SPSS 的输出结果中得到所需的方差分析表，见例 7-2-3 的介绍。

## 三、多重比较

方差分析只是对“可控因素对试验数据无显著影响”这一假设进行了检验，当检验结果为“可控因素对试验数据有显著影响”时，我们可能还需要进一步比较可控因素各水平两两间的试验数据是否有显著性差异。

例如，在例 7-2-1 中，我们得出“训练方法对磷酸肌酸的增长有显著影响”这一结论后，还有必要进一步比较 A1 与 A2 间、A1 与 A3 间、A1 与 A4 间、A2 与 A3 间、A2 与 A4 间、A3 与 A4 间的磷酸肌酸增长量是否有显著性差异。

统计学中发展了一系列的多重比较方法来解决这类问题，下面以最小显著差异（least significant difference，LSD）法为例来介绍这类方法。

**【例 7-2-2】**试用 LSD 法检验例 7-1-2 中 A1、A2、A3、A4 这 4 种训练方法两两间磷酸肌酸增长量有无显著差异。（$\alpha = 0.05$）

**解：**

（1）提出假设 $H_0$：

① A1 与 A2 间磷酸肌酸增长量无显著差异；

② A1 与 A3 间磷酸肌酸增长量无显著差异；

③ A1 与 A4 间磷酸肌酸增长量无显著差异；

④ A2 与 A3 间磷酸肌酸增长量无显著差异；

⑤ A2 与 A4 间磷酸肌酸增长量无显著差异；

⑥ A3 与 A4 间磷酸肌酸增长量无显著差异。

（2）计算显著性。

将试验数据输入 SPSS，在 SPSS 菜单中依次选择“分析”菜单→“比较平均值”→“单因素 ANOVA 检验”命令，对数据进行处理（在单因素方差分析命令中设置多重比较的 SPSS 操作方法见例 7-2-3），得到的输出结果如图 7-2-2 所示。

**多重比较**

磷酸肌酸增长
LSD

| (I) 训练方法 | (J) 训练方法 | 均值差 (I-J) | 标准误 | 显著性 | 95% [illegible] 下限 | [illegible] |
|---|---|---|---|---|---|---|
| 1.00 | 2.00 | -.51667 | .69043 | .463 | [illegible] | [illegible] |
| | 3.00 | -.06667 | .69043 | .924 | [illegible] | [illegible] |
| | 4.00 | -2.10000* | .69043 | .006 | [illegible] | [illegible] |
| 2.00 | 1.00 | .51667 | .69043 | .463 | [illegible] | [illegible] |
| | 3.00 | .45000 | .69043 | .522 | -.9902 | 1.8902 |
| | 4.00 | -1.58333* | .69043 | .033 | [illegible] | [illegible] |
| 3.00 | 1.00 | .06667 | .69043 | .924 | [illegible] | [illegible] |
| | 2.00 | -.45000 | .69043 | .522 | -1.8902 | [illegible] |
| | 4.00 | -2.03333* | .69043 | .008 | -3.4735 | [illegible] |
| 4.00 | 1.00 | 2.10000* | .69043 | .006 | .6598 | 3.5402 |
| | 2.00 | 1.58333* | .69043 | .033 | .1431 | 3.0235 |
| | 3.00 | 2.03333* | .69043 | .008 | .5931 | 3.4735 |

*均值差的显著性水平为 0.05。

A1与A2两训练方法磷酸肌酸增长数据相比较的相伴概率
A1与A3两训练方法磷酸肌酸增长数据相比较的相伴概率
A1与A4两训练方法磷酸肌酸增长数据相比较的相伴概率
A2与A3两训练方法磷酸肌酸增长数据相比较的相伴概率

图 7-2-2　多重比较结果

从上述 SPSS 的输出结果中可得与上述 6 个假设相对应的显著性：

$$P_1 = 0.463，P_2 = 0.924，P_3 = 0.006，P_4 = 0.522，P_5 = 0.033，P_6 = 0.008$$

（3）做出结论。将显著性与给定的显著水平性 0.05 相比，得以下结论：

① A1 与 A2 间磷酸肌酸增长量无显著差异；

② A1 与 A3 间磷酸肌酸增长量无显著差异；

③ A1 与 A4 间磷酸肌酸增长量有显著差异；

④ A2 与 A3 间磷酸肌酸增长量无显著差异；

⑤ A2 与 A4 间磷酸肌酸增长量有显著差异；

⑥ A3 与 A4 间磷酸肌酸增长量有显著差异。

有关多重比较方法的 SPSS 操作方法及如何从 SPSS 的输出结果中得到所需要的显著性参见例 7-2-3。

## 四、单因素方差分析的 SPSS 操作步骤及结果分析

下面用一个实例来说明单因素方差分析、多重比较的 SPSS 操作步骤。

**【例 7-2-3】** 用 SPSS 软件完成例 7-2-1 和例 7-2-2 的单因素方差分析、多重比较的计算任务。

**解：** 用 SPSS 软件完成单因素方差分析、多重比较计算任务的操作步骤如下。

（1）准备分析用数据。

在 SPSS 的数据编辑器中建立一个数据文件，在该数据文件中定义名为“磷酸肌酸增长量”“训练方法”的两个变量，将各运动员的磷酸肌酸增长量数据输入变量“磷酸肌酸增长量”中，对运动员实施的训练方法输入变量“训练方法”中，4 种训练方法分别用数字1,2,3,4 代表。数据输入后如图 7-2-3 所示。

| | 磷酸肌酸增长量 | 训练方法 | 变量 | 变量 | 变量 |
|---|---|---|---|---|---|
| 1 | 3.30 | 1 | | | |
| 2 | 1.20 | 1 | | | |
| 3 | .00 | 1 | | | |
| 4 | 2.70 | 1 | | | |
| 5 | 3.00 | 1 | | | |
| 6 | 3.20 | 1 | | | |
| 7 | 3.00 | 2 | | | |
| 8 | 2.30 | 2 | | | |
| 9 | 2.40 | 2 | | | |
| 10 | 1.10 | 2 | | | |
| 11 | 4.00 | 2 | | | |

图 7-2-3　准备单因素方差分析用的数据

（2）选取单因素方差分析命令。

如图 7-2-4 所示，在 SPSS 菜单中依次选择“分析”菜单→“比较平均值”→“单因素 ANOVA 检验”命令（图 7-2-4），打开如图 7-2-5 所示的“单因素 ANOVA 检验”对话框。

图 7-2-4 选取单因素方差分析命令

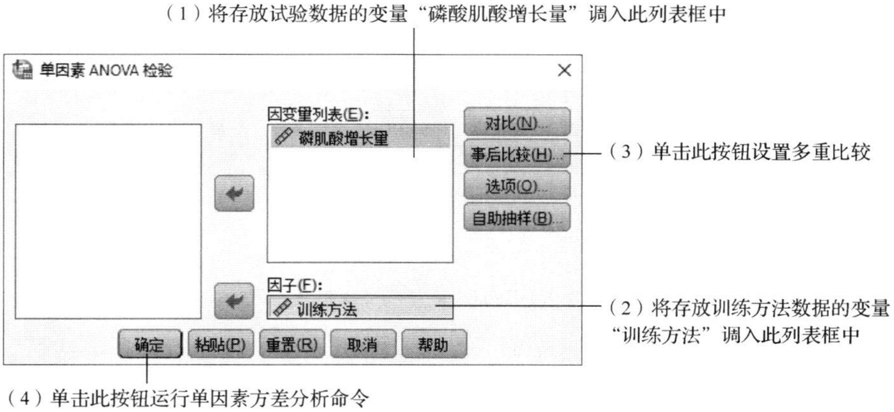


图 7-2-5 “单因素 ANOVA 检验”对话框

（3）设置单因素方差分析命令的各选项。

按图 7-2-5 中所示的操作步骤设置单因素方差分析的各选项。

**步骤 1**：将存放试验数据的变量“磷酸肌酸增长量”从左侧的列表框中移入右边的“因变量列表”列表框中。

**步骤 2**：将存放训练方法数据的变量“训练方法”从左侧的列表框中移入右边的“因子”列表框中。

**步骤 3**：单击“事后比较”按钮，打开如图 7-2-6 所示的“单因素 ANOVA 检验：事后多重比较”对话框。

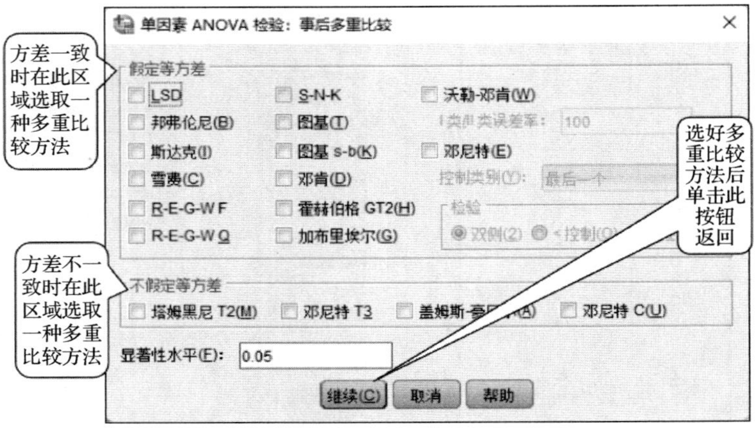


图 7-2-6　设置多重比较方法的对话框

**步骤 4**：选取一种多重比较方法，然后单击“继续”按钮返回。

本例我们选取 LSD 方法，图 7-2-6 中所给出的其他多重比较方法的有关内容读者可参考其他文献资料。

（4）运行单因素方差分析命令。

按图 7-2-5 中步骤（4）所示，单击“确定”按钮运行单因素方差分析命令，得到方差分析表，如图 7-2-7 和图 7-2-8 所示。

ANOVA

磷酸肌酸增长量

| | 平方和 | 自由度 | 均方 | F | 显著性 |
|---|---|---|---|---|---|
| 组间 | 17.288 | 3 | 5.763 | 4.030 | .022 |
| 组内 | 28.602 | 20 | 1.430 | | |
| 总计 | 45.890 | 23 | | | |

图 7-2-7　单因素方差分析结果

图 7-2-7 为 SPSS 输出的方差分析表，由表中可看出离差分解的结果，试验数据总差异为 45.890，条件误差为 17.288，随机误差为 28.602。条件误差与随机误差相“比较”时的显著性 $P=0.022$，因为 $P<0.05$，所以应拒绝假设，即认为训练方法对磷酸肌酸的增长有显著影响。

图 7-2-8 为多重比较输出结果，由表中数据可知，训练方法 A1 与 A3 间的磷酸肌酸增长量数据相比较，其显著性 $P=0.924$，大于 0.05，所以接受对应的假设，即认为 A1 与 A3 间的磷酸肌酸增长量数据无显著性差异；训练方法 A1 与 A4 间的磷酸肌酸增长量数据相比较，其显著性 $P=0.006$，小于 0.05，所以拒绝对应的假设，即认为 A1 与 A4 间的磷酸肌酸增长量数据有显著性差异。其他两两间相比较的结果可类似得出。

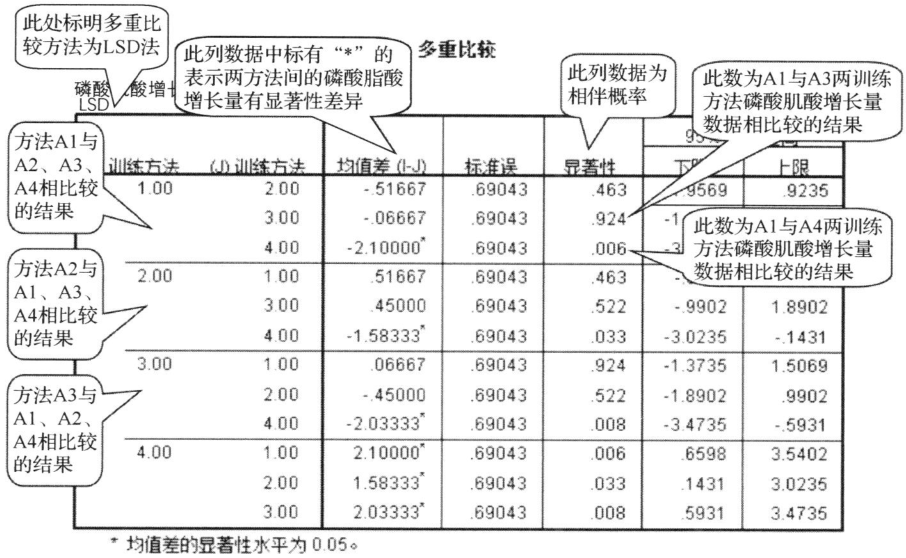


多重比较

磷酸[illegible]酸增长[illegible]
LSD

| 训练方法 | (J) 训练方法 | 均值差 (I-J) | 标准误 | 显著性 | 下限 | 上限 |
|---|---|---|---|---|---|---|
| 1.00 | 2.00 | -.51667 | .69043 | .463 | [illegible] | .9235 |
| | 3.00 | -.06667 | .69043 | .924 | [illegible] | [illegible] |
| | 4.00 | -2.10000* | .69043 | .006 | [illegible] | [illegible] |
| 2.00 | 1.00 | .51667 | .69043 | .463 | [illegible] | [illegible] |
| | 3.00 | .45000 | .69043 | .522 | -.9902 | 1.8902 |
| | 4.00 | -1.58333* | .69043 | .033 | -3.0235 | -.1431 |
| 3.00 | 1.00 | .06667 | .69043 | .924 | -1.3735 | 1.5069 |
| | 2.00 | -.45000 | .69043 | .522 | -1.8902 | .9902 |
| | 4.00 | -2.03333* | .69043 | .008 | -3.4735 | -.5931 |
| 4.00 | 1.00 | 2.10000* | .69043 | .006 | .6598 | 3.5402 |
| | 2.00 | 1.58333* | .69043 | .033 | .1431 | 3.0235 |
| | 3.00 | 2.03333* | .69043 | .008 | .5931 | 3.4735 |

* 均值差的显著性水平为 0.05。

图 7-2-8　不同训练方法间磷酸肌酸增长量 LSD 多重比较结果

# 第三节　多因素方差分析

## 一、多因素方差分析的基本思想

前面讨论了一个可控因素对试验结果有无显著性影响的单因素方差分析问题。但在实际问题中，我们在一次试验中可能会关心两个或两个以上可控因素对试验结果的影响，此时就要用多因素方差分析对试验数据进行分析。

多因素方差分析的基本思想与单因素方差分析基本类似，也是用离差分解的方法，只是此时在分解试验数据的总差异时要考虑的方面更多。

与单因素方差分析一样，试验数据的总差异中应包括由各个可控因素引起的变异及随机因素引起的变异。此外，在多因素方差分析中，各可控因素除自身对试验结果产生影响外，它们还可能通过各自水平间搭配，对试验结果产生影响，这就是因素的交互作用。因此，试验数据的总差中还包括由各可控因素交互作用所引起的变异。

多因素方差分析的离差分解形式如图 7-3-1 所示。

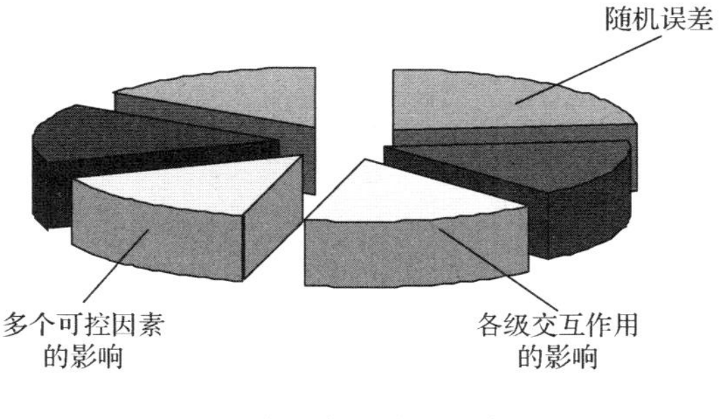


图 7-3-1　多因素方差分析离差分解

**注意**：在多因素方差分析中，如需考虑可控因素的交互作用对试验结果的影响，那么在可控因素的交互水平上至少有一处做重复试验，否则不能分析交互作用的影响。因此，根据能不能或需不需要分析交互作用对试验数据的影响，多因素方差分析的离差分解公式不是唯一的。

以三因素方差分析为例，多因素方差分析有如下多个离差分解公式。

离差分解公式一：完全离差分解公式。

$$Q = Q_{\mathrm{A}} + Q_{\mathrm{B}} + Q_{\mathrm{C}} + Q_{\mathrm{A\times B}} + Q_{\mathrm{A\times C}} + Q_{\mathrm{B\times C}} + Q_{\mathrm{A\times B\times C}} + Q_{\mathrm{e}}$$

离差分解公式二：部分离差分解公式（不含三级交互作用）。

$$Q = Q_{\mathrm{A}} + Q_{\mathrm{B}} + Q_{\mathrm{C}} + Q_{\mathrm{A\times B}} + Q_{\mathrm{A\times C}} + Q_{\mathrm{B\times C}} + Q_{\mathrm{e}}$$

离差分解公式三：部分离差分解公式（不含交互作用）。

$$Q = Q_{\mathrm{A}} + Q_{\mathrm{B}} + Q_{\mathrm{C}} + Q_{\mathrm{e}}$$

其中，$Q$ 代表试验结果的总变异；$Q_{\mathrm{A}}$ 代表 A 因素所引起的变异；$Q_{\mathrm{B}}$ 代表 B 因素所引起的变异；$Q_{\mathrm{C}}$ 代表 C 因素所引起的变异；$Q_{\mathrm{A\times B}}$ 代表 A 因素与 B 因素的交互作用引起的变异；$Q_{\mathrm{A\times C}}$ 代表 A 因素与 C 因素的交互作用引起的变异；$Q_{\mathrm{B\times C}}$ 代表 B 因素与 C 因素的交互作用引起的变异；$Q_{\mathrm{A\times B\times C}}$ 代表 A 、B 、C 这 3 个因素的交互作用引起的变异；$Q_{\mathrm{e}}$ 代表随机因素引起的变异。

由上面的分析可看出，多因素方差分析的原理和单因素方差分析的原理是一致的，只是离差分解更复杂，离差分解公式也不唯一，计算量更大，因此多因素方差分析的计算工作一般用统计软件完成。

## 二、多因素方差分析的基本步骤

多因素方差分析的步骤与单因素方差分析的步骤基本相同，只是在提出假设前应先根据试验的数据结构（可控因素交互水平处有无重复试验）确定好离差分解公式，且应根据离差分解公式来提出假设，其步骤如下。

**步骤 1**：分析问题。

找出指标、可控因素，判断可控因素交互水平处有无重复试验。

**步骤 2**：确定离差分解式。

根据试验的数据结构（可控因素交互水平处有无重复试验）与分析的要求，确定离差分解公式（用完全离差分解公式还是部分离差分解公式）。

**步骤 3**：根据确定的离差分解式提出假设 $H_0$。

（1）各可控因素对试验数据无显著影响。

（2）各可控因素间的交互作用对试验数据无显著影响。

**步骤 4**：进行离差分解，将条件误差、交互作用与随机误差进行比较，得方差分析表。

多因素方差分析表的格式如表 7-3-1 所示（以三因素完全离差分解公式为例）。

表 7-3-1 多因素方差分析表

| 差异来源 | 离差平方和 | 自由度 | 均方 | $F$ 值 | 显著性 |
|---|---|---|---|---|---|
| A 因素 | $Q_A$ | $\gamma_A$ | $S_A=Q_A/\gamma_A$ | $F_A=S_A/S_e$ | $P_A$ |
| B 因素 | $Q_B$ | $\gamma_B$ | $S_B=Q_B/\gamma_B$ | $F_B=S_B/S_e$ | $P_B$ |
| C 因素 | $Q_C$ | $\gamma_{c\cdot}$ | $S_C=Q_C/\gamma_C$ | $F_B=S_C/S_{e\cdot}$ | $P_C$ |
| A×B | $Q_{A\times B}$ | $\gamma_{A\times B}$ | $S_{A\times B}=Q_{A\times B}/\gamma_{A\times B}$ | $F_{A\times B}=S_{A\times B}/S_e$ | $P_{A\times B}$ |
| A×C | $Q_{A\times C}$ | $\gamma_{A\times C}$ | $S_{A\times C}=Q_{A\times C}/\gamma_{A\times C}$ | $F_{A\times C}=S_{A\times C}/S_e$ | $P_{A\times C}$ |
| B×C | $Q_{B\times C}$ | $\gamma_{B\times C}$ | $S_{B\times C}=Q_{B\times C}/\gamma_{B\times C}$ | $F_{B\times C}=S_{B\times C}/S_e$ | $P_{B\times C}$ |
| A×B×C | $Q_{A\times B\times C}$ | $\gamma_{A\times B\times C}$ | $S_{A\times B\times C}=Q_{A\times B\times C}/\gamma_{A\times B\times C}$ | $F_{A\times B\times C}=S_{A\times B\times C}/S_e$ | $P_{A\times B\times C}$ |
| 随机误差 | $Q_e$ | $\gamma_e$ | $S_e=Q_e/\gamma_e$ | | |
| 总和 | $Q$ | $\gamma$ | | | |

**步骤 5**：将显著性与显著水平 $\alpha$ 进行比较，做出结论。

当 $P_A \leqslant \alpha$ 时，认为因素 A 对试验结果有显著影响；

当 $P_A > \alpha$ 时，认为因素 A 对试验结果无显著影响。

其他各因素及交互作用对试验结果的作用可类似得出。

## 三、多因素方差分析的实例

**【例 7-3-1】**为研究身高、体重对推铅球成绩有无影响，将体重作为因素 A，分成 5 个水平，身高作为因素 B，分为 4 个水平，测得除身高、体重外，其他条件基本一样的 40 名学生的铅球成绩，数据如表 7-3-2 所示。

表 7-3-2 不同身高、体重条件下的铅球成绩

| 体重/kg | 身高/cm | | | | | | | |
|---|---|---|---|---|---|---|---|---|
| | B1 160～165 | | B2 165.1～170 | | B3 170.1～175 | | B4 175.1～180 | |
| A1 60～70 | 7.5 | 7.8 | 8.2 | 8.4 | 7.9 | 8.2 | 8.0 | 8.3 |
| A2 70.1～80 | 8.0 | 8.2 | 7.8 | 7.6 | 8.4 | 8.0 | 8.2 | 8.5 |
| A3 80.1～90 | 8.2 | 8.3 | 8.9 | 8.4 | 8.2 | 8.8 | 7.8 | 8.2 |
| A4 90.1～100 | 7.8 | 8.0 | 8.4 | 8.0 | 8.0 | 8.4 | 8.2 | 8.6 |
| A5 100.1～110 | 8.4 | 9.0 | 8.6 | 9.0 | 7.8 | 8.0 | 8.6 | 8.8 |

试检验身高、体重及它们的交互作用对铅球成绩是否有显著影响。（$\alpha=0.05$）

**解**：（1）分析问题。

根据题意，该问题中指标为铅球成绩，可控因素有两个，即身高和体重。身高有 4 个水平，体重有 5 个水平，身高与体重水平的交叉处皆做了两次试验，有重复试验。

（2）确定离差分解式。

该试验为双因素试验，且因素水平的交叉处进行了重复试验，因此在方差分析中可分析身高与体重的交互作用对铅球成绩是否有显著影响，可采用如下完全离差分解公式进行离差分解：

$$Q_{总}=Q_{身高}+Q_{体重}+Q_{身高\times体重}+Q_{随机}$$

（3）提出假设 $H_0$。

① 体重对铅球成绩无显著影响。

② 身高对铅球成绩无显著影响。

③ 身高与体重的交互作用对铅球成绩无显著影响。

（4）进行离差分解，将条件误差、交互作用与随机误差进行比较，得方差分析表。

将表 7-3-2 中的数据按规定格式输入 SPSS，在 SPSS 菜单中依次选择“分析”菜单→“一般线性模型”→“单变量”命令，在打开的“单变量”（多因素方差分析命令）对话框中对数据进行处理，可得如表 7-3-3 所示的方差分析表。

**表 7-3-3　方差分析表**

| 差异来源 | 离差平方和 | 自由度 | 均方 | $F$ 值 | 显著性 |
|---|---|---|---|---|---|
| 体重 | 1.294 | 4 | 0.323 | 5.093 | 0.005 |
| 身高 | 0.337 | 3 | 0.112 | 1.769 | 0.185 |
| 体重×身高 | 2.391 | 12 | 0.199 | 3.137 | 0.012 |
| 随机误差 | 1.270 | 20 | 0.0635 | — | — |
| 总差异 | 5.291 | 39 | — | — | — |

（5）做出结论。

① 体重对应的显著性 $P=0.005<0.05$，所以拒绝假设，即认为体重对铅球成绩有显著影响。

② 身高对应的显著性 $P=0.185>0.05$，所以接受假设，即认为身高对铅球成绩无显著影响。

③ 体重与身高的交互作用对应的显著性 $P=0.012<0.05$，所以拒绝假设，即认为体重与身高的交互作用对铅球成绩有显著影响。

与单因素方差分析一样，当多因素方差分析得出“某因素对试验数据有显著影响”这一结论后，也需用多重比较方法进一步分析该因素不同水平间的数据是否有显著性差异。

## 四、多因素方差分析的 SPSS 操作步骤及结果分析

下面用实例来说明多因素方差分析的 SPSS 操作步骤。

**【例 7-3-2】** 用 SPSS 软件完成例 7-3-1 的多因素方差分析、多重比较的计算任务。

**解：** 用 SPSS 软件完成多因素方差分析、多重比较的计算任务的操作步骤如下。

（1）准备分析用数据。

在 SPSS 的数据编辑器中建立一个数据文件，在该数据文件中定义 3 个变量：铅球成绩、体重和身高，将各学生的铅球成绩输入变量“铅球成绩”中；各学生的体重输入变量“体重”中，用数字 1 代表体重为“60～70”，用数字 2 代表体重为“70.1～80”，其他依此类推；各学生的身高输入变量“身高”中，用数字 1 代表身高为“160～165”，用数字 2 代表身高为“165.1～170”，其他依此类推。

输入完成后的界面如图 7-3-2 所示。

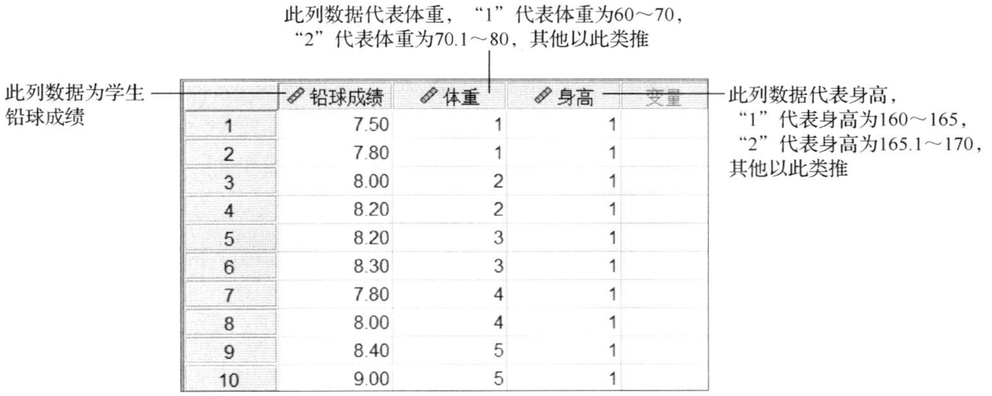


| | 铅球成绩 | 体重 | 身高 | 变量 |
|---|---|---|---|---|
| 1 | 7.50 | 1 | 1 | |
| 2 | 7.80 | 1 | 1 | |
| 3 | 8.00 | 2 | 1 | |
| 4 | 8.20 | 2 | 1 | |
| 5 | 8.20 | 3 | 1 | |
| 6 | 8.30 | 3 | 1 | |
| 7 | 7.80 | 4 | 1 | |
| 8 | 8.00 | 4 | 1 | |
| 9 | 8.40 | 5 | 1 | |
| 10 | 9.00 | 5 | 1 | |

图 7-3-2　准备多因素方差分析用的数据

（2）选取多因素方差分析命令。

如图 7-3-3 所示，在 SPSS 菜单中依次选择“分析”菜单→“一般线性模型”→“单变量”命令，打开如图 7-3-4 所示的“单变量”对话框。

图 7-3-3　选择多因素方差分析命令

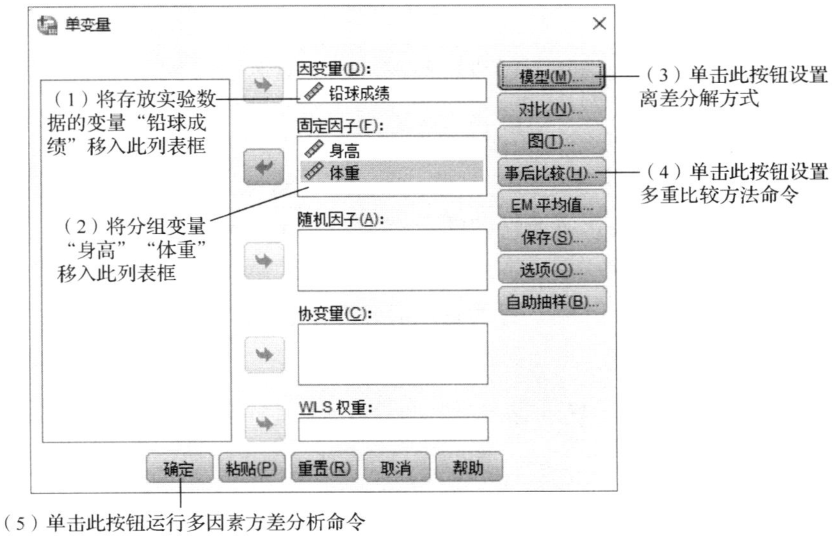


图 7-3-4　“单变量”对话框

（3）设置多因素方差分析命令的各选项。

按如图 7-3-4 所示的操作步骤分如下 4 步设置多因素方差分析命令的各选项。

**步骤 1：**将存放试验数据的变量“铅球成绩”从左侧的列表框中移入右边的“因变量”列表框中。

**步骤 2：**将存放可控因素身高、体重结果的变量“身高”“体重”从左边的列表框中移入右边的“固定因子”列表框中。

**步骤 3：**单击“模型”按钮，打开如图 7-3-5 所示的设置离差分解方式对话框。

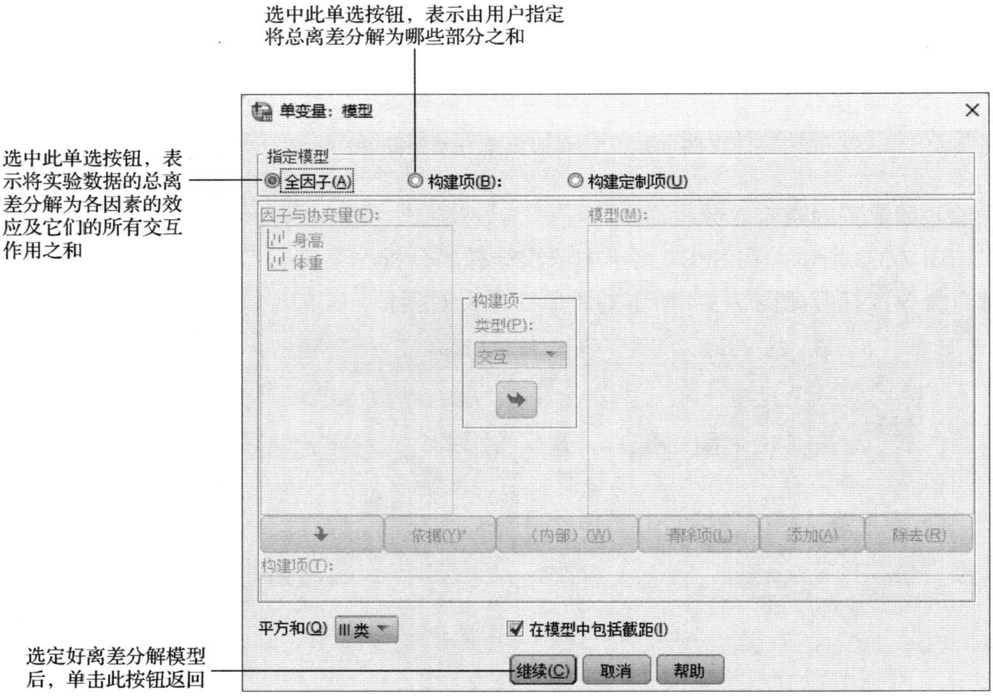


图 7-3-5　设置离差分解方式对话框

该对话框中提供了两种离差分解方式。

**第 1 种方式：完全离差分解公式（全因子方式）。**选取此离差分解方式，则将试验数据的总离差分解为各因素的效应及它们的所有交互作用之和。该方式为系统默认方式，即如果用户未指定离差分解方式，那么系统将按完全离差分解方式来分解总离差。

例如，在三因素方差分析中，若用完全离差分解方式对总离差进行分解时，则离差分解式为

$$Q_{总} = Q_A + Q_B + Q_C + Q_{A\times B} + Q_{A\times C} + Q_{B\times C} + Q_{A\times B\times C} + Q_e$$

而以下的离差分解式皆为非完全离差分解式：

$$Q_{总} = Q_A + Q_B + Q_C + Q_{A\times B} + Q_{A\times C} + Q_{B\times C} + Q_e$$

$$Q_{总} = Q_A + Q_B + Q_C + Q_{A\times B} + Q_{A\times C} + Q_{A\times B\times C} + Q_e$$

**第 2 种方式：用户自定离差分解公式（构建项方式）**。选取此离差分解方式，则由用户根据实际情况确定离差分解公式。

此例中，我们用完全离差分解公式对总离差进行分解，因此在对话框中选中“全因子”单选按钮，然后单击“继续”按钮返回上级窗口。

**步骤 4**：单击“两两比较”按钮，打开如图 7-3-6 所示的设置多重比较方法对话框。按图中标注进行操作，选取一种多重比较方法。

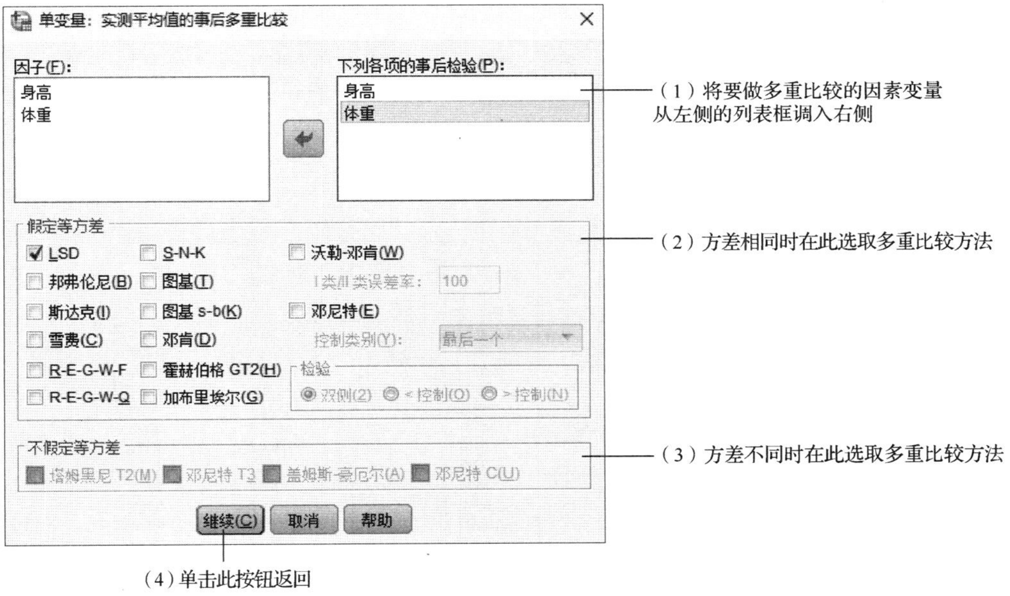


图 7-3-6 设置多重比较方法对话框

（4）运行多因素方差分析命令。

按图 7-3-4 所示，单击“确定”按钮运行多因素方差分析命令，得到多因素方差分析、多重比较结果，如图 7-3-7～图 7-3-9 所示。

**主体间效应检验**

因变量：铅球成绩

| 误差来源 | Ⅲ类平方和 | 自由度 | 均方 | F | 显著性 |
|---|---|---|---|---|---|
| 修正模型 | 4.021[a] | 19 | .212 | 3.333 | .005 |
| 截距 | 2712.609 | 1 | 2712.609 | 42718.252 | .000 |
| 身高 | .337 | 3 | .112 | 1.769 | .185 |
| 体重 | 1.294 | 4 | .323 | 5.093 | .005 |
| 身高 * 体重 | 2.391 | 12 | .199 | 3.137 | .012 |
| 误差 | 1.270 | 20 | .064 | | |
| 总计 | 2717.900 | 40 | | | |
| 修正后总计 | 5.291 | 39 | | | |

a. R 方 = .760（调整后 R 方 = .532）

图 7-3-7 多因素方差分析结果

铅球成绩
LSD

| (I) 身高 | (J)身高 | 均值差值 (I-J) | 标准误差 | Sig. | 95% 置信区间 | |
|---|---|---|---|---|---|---|
| | | | | | 下限 | 上限 |
| 1.60～1.65m | 1.65～1.70m | -.2100 | .11269 | .077 | -.4451 | .0251 |
| | 1.70～1.75m | -.0500 | .11269 | .662 | -.2851 | .1851 |
| | 1.75～1.80m | -.2000 | .11269 | .091 | -.4351 | .0351 |
| 1.65～1.70m | 1.60～1.65m | .2100 | .11269 | .077 | -.0251 | .4451 |
| | 1.70～1.75m | .1600 | .11269 | .171 | -.0751 | .3951 |
| | 1.75～1.80m | .0100 | .11269 | .930 | -.2251 | .2451 |
| 1.70～1.75m | 1.60～1.65m | .0500 | .11269 | .662 | -.1851 | .2851 |
| | 1.65～1.70m | -.1600 | .11269 | .171 | -.3951 | .0751 |
| | 1.75～1.80m | -.1500 | .11269 | .198 | -.3851 | .0851 |
| 1.75～1.80m | 1.60～1.65m | .2000 | .11269 | .091 | -.0351 | .4351 |
| | 1.65～1.70m | -.0100 | .11269 | .930 | -.2451 | .2251 |
| | 1.70～1.75m | .1500 | .11269 | .198 | -.0851 | .3851 |

基于观测得到的均值。
误差项为均值方（错误）= 0.064。

图 7-3-8　对身高进行多重比较的结果

铅球成绩
LSD

| (I)体重 | (J)体重 | 均值差值 (I-J) | 标准误差 | Sig. | 95% 置信区间 | |
|---|---|---|---|---|---|---|
| | | | | | 下限 | 上限 |
| 60～70kg | 70～80kg | -.0500 | .12600 | .696 | -.3128 | .2128 |
| | 80～90kg | -.3125* | .12600 | .022 | -.5753 | -.0497 |
| | 90～100kg | -.01375 | .12600 | .288 | -.4003 | .1253 |
| | 100～110kg | -.4875* | .12600 | .001 | -.7503 | -.2247 |
| 70～80kg | 60～70kg | .0500 | .12600 | .696 | -.2128 | .3128 |
| | 80～90kg | -.2625 | .12600 | .050 | -.5253 | .0003 |
| | 90～100kg | -.0875 | .12600 | .495 | -.3503 | .1753 |
| | 100～110kg | -.4375* | .12600 | .002 | -.7003 | -.1747 |
| 80～90kg | 60～70kg | .3125* | .12600 | .022 | .0497 | .5753 |
| | 70～80kg | .2625 | .12600 | .050 | -.0003 | .5253 |
| | 90～100kg | .1750 | .12600 | .180 | -.0878 | .4378 |
| | 100～110kg | -.1750 | .12600 | .180 | -.4378 | .0878 |
| 90～100kg | 60～70kg | .1375 | .12600 | .288 | -.1253 | .4003 |
| | 70～80kg | .0875 | .12600 | .495 | -.1753 | .3503 |
| | 80～90kg | -.1750 | .12600 | .180 | -.4378 | .0878 |
| | 100～110kg | -.3500* | .12600 | .012 | -.6128 | -.0872 |
| 100～110kg | 60～70kg | .4875* | .12600 | .001 | .2247 | .7503 |
| | 70～80kg | .4375* | .12600 | .002 | .1747 | .7003 |
| | 80～90kg | .1750 | .12600 | .180 | -.0878 | .4378 |
| | 90～100kg | .3500* | .12600 | .012 | .0872 | .6128 |

基于观测得到的均值。
误差项为均值方（错误）= 0.064。
*均值差值在0.05级别上较显著。

图 7-3-9　对体重进行多重比较的结果

进阶内容：重复测量的方差分析

拓展知识：协方差分析

思政课堂

习题 7

习题 7 参考答案

方差分析问题诊断

# 第八章　相关分析

客观世界中某一事物的变化，总是与其他事物的变化相互联系、相互影响的。从统计学的角度看，表现为变量间存在着依存关系，这种依存关系又分为确定性关系和非确定性关系。确定性关系表现为对于某一变量的每个数值都有另一变量的完全确定的值与之对应，又称函数关系。例如，$C = 2\pi R$ 中半径 $R$ 与圆周长 $C$ 之间、$S = \frac{1}{2}gt^2$ 中物体下落时间 $t$ 与位移 $S$ 之间均为典型的函数关系。但是在体育领域中，更多的变量间表现为非确定性关系，变量之间存在着一定的依存关系，但不是一一对应的关系，即所谓的相关关系。例如，运动员的主项、兼项之间相互影响，但又不能通过公式精确刻画这种数量关系，这就是典型的相关关系。

相关分析，顾名思义，就是研究变量间是否存在相关关系，并对这种关系进行度量，具体又分为线性相关分析、等级相关分析、偏相关分析、距离分析等，本章重点介绍线性相关分析和等级相关分析。

## 第一节　线性相关分析

两个变量间线性关系的探讨是相关分析中最基础的研究。为了定量地描述线性相关性，统计学奠基人皮尔逊提出了皮尔逊相关系数，由于它不考虑其他因素对这两个变量关系的影响，仅通过相关系数描述两变量间线性关系的密切程度和相关方向，所以又称简单相关分析，因此皮尔逊相关系数又称为简单相关系数。

### 一、基本概念

线性相关分析时，单纯从数据的角度很难清晰地发现其中的趋势和联系，故线性相关分析的第一步通常是先作散点图，通过这种可视化处理初步判断两个变量之间是否存在线性变化趋势。若不存在，则不宜进行线性相关分析。若存在，接下来应计算简单相关系数，以判断相关密切程度和相关方向。此外，为避免因抽样误差而导致错误的现象发生，还需要对简单相关系数进行检验，以判断这种相关性是否显著，最后结合专业知识得出结论。

#### （一）散点图

**散点图**是用来判断两个变量之间相互关系的一种工具，能够通过直观地观察两组数据的分布趋势，初步判断变量间是否存在相关关系，以及相关关系的强度。

不同分布趋势的散点图如图 8-1-1 所示。

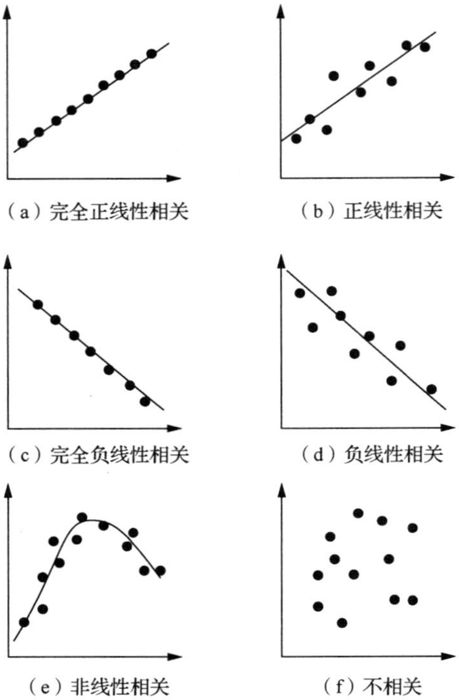


图 8-1-1　不同分布趋势的散点图

通过观察图 8-1-1，可以初步判定，图 8-1-1（a）～图 8-1-1（d）揭示的是变量间的线性相关关系，图 8-1-1（e）揭示的是变量间的非线性相关关系，而图 8-1-1（f）揭示的是两变量间不存在相关关系。

在图 8-1-1 中，进一步比较图 8-1-1（a）与图 8-1-1（b）发现，尽管两个图都揭示了变量间具有正向线性相关趋势，但相关强度有强有弱；比较图 8-1-1（b）与图 8-1-1（d），则发现线性相关趋势的走向不同。这意味着，在探讨两个变量间的相关关系时，不仅需要了解变量间相关关系的强弱，而且需要了解相关方向，据此可以选择合适的函数对数据点进行拟合，以便进行更深入的探讨。

### （二）简单相关系数

皮尔逊相关系数又称**简单相关系数**，是用来衡量两个变量之间线性相关关系的密切程度和相关方向的统计指标，用字母 $r$ 表示。

#### 1. 公式

简单相关系数 $r$ 的公式为

$$r=\frac{\sum(x-\overline{x})(y-\overline{y})}{\sqrt{\sum(x-\overline{x})^2\cdot\sum(y-\overline{y})^2}} \tag{8-1-1}$$

#### 2. 应用条件

（1）两变量 $X,Y$ 均为连续型变量。
（2）两变量 $X,Y$ 间具有线性变化趋势。

（3）两变量 $X,Y$ 服从双变量正态分布。
（4）两变量 $X,Y$ 的取值无异常值。

3. 特征

（1）$r$ 的取值范围为[−1,1]。
（2）$|r|$ 越趋于 1，表示线性相关性越强；$|r|$ 越趋于 0，表示线性相关性越弱。
（3）若 $|r|=1$，则为完全线性相关（相当于两变量是确定的函数关系）。
（4）若 $r>0$，则表示两个变量存在正相关；若 $r<0$，则表示两个变量存在负相关；若 $r=0$，则表示两个变量不存在线性相关关系。

在体育实际应用中，经常将 $r$ 分成几个区间段来表示两个变量之间的相关强度：
当 $|r|\geqslant 0.7$ 时，两个变量为高度线性相关；
当 $0.4\leqslant|r|<0.7$ 时，两个变量为中度线性相关；
当 $|r|<0.4$ 时，两个变量为低度线性相关。
特别地，当 $|r|$ 接近 0 时，则认为两个变量不相关。

## 二、应用举例

**【例 8-1-1】**为研究肺活量与身高之间的关系，通过随机抽样，获得 46 名女大学生的身高和肺活量数据，如表 8-1-1 所示。

**表 8-1-1　46 名女大学生身高与肺活量数据**

| 编号 | 身高/cm | 肺活量/mL | 编号 | 身高/cm | 肺活量/mL | 编号 | 身高/cm | 肺活量/mL |
|---|---|---|---|---|---|---|---|---|
| 1 | 158 | 2903 | 17 | 164 | 2833 | 33 | 164 | 3581 |
| 2 | 163 | 3015 | 18 | 167 | 3418 | 34 | 168 | 3660 |
| 3 | 167 | 3418 | 19 | 168 | 3240 | 35 | 168 | 3076 |
| 4 | 172 | 3805 | 20 | 163 | 3415 | 36 | 176 | 4190 |
| 5 | 162 | 3055 | 21 | 168 | 3680 | 37 | 165 | 3200 |
| 6 | 162 | 3144 | 22 | 174 | 3412 | 38 | 167 | 3803 |
| 7 | 166 | 3071 | 23 | 171 | 3590 | 39 | 165 | 2715 |
| 8 | 167 | 3625 | 24 | 172 | 3218 | 40 | 167 | 3710 |
| 9 | 168 | 3627 | 25 | 169 | 3700 | 41 | 168 | 3790 |
| 10 | 171 | 3608 | 26 | 165 | 3575 | 42 | 170 | 3300 |
| 11 | 169 | 3022 | 27 | 172 | 3273 | 43 | 167 | 3220 |
| 12 | 176 | 3918 | 28 | 167 | 3417 | 44 | 160 | 3125 |
| 13 | 163 | 3512 | 29 | 165 | 3150 | 45 | 164 | 2497 |
| 14 | 173 | 3415 | 30 | 163 | 2937 | 46 | 170 | 3145 |
| 15 | 168 | 3791 | 31 | 169 | 3238 | | | |
| 16 | 175 | 3608 | 32 | 166 | 3535 | | | |

请根据表中数据分析肺活量与身高之间的关系。

**解**：SPSS 操作如下。

**步骤 1**：绘制散点图。绘制身高与肺活量之间的散点图，如图 8-1-2 所示。

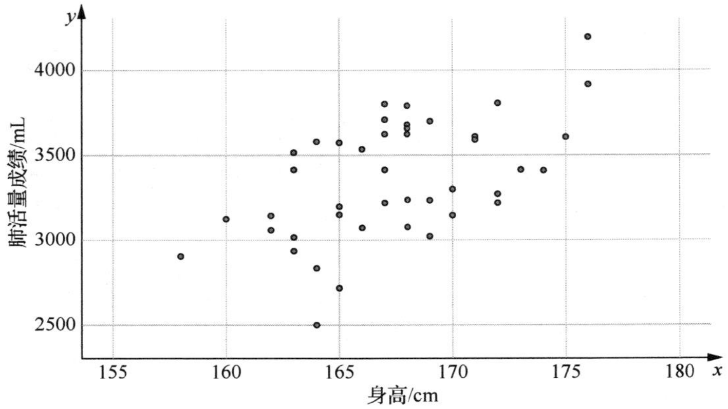


图 8-1-2 身高与肺活量散点图

从图 8-1-2 中可以直观看出，身高与肺活量之间存在线性相关关系。

**步骤 2**：进行正态性检验。打开数据文件，选择“分析”菜单→“描述统计”→“探索”命令（图 8-1-3），打开如图 8-1-4 所示的“探索”对话框。

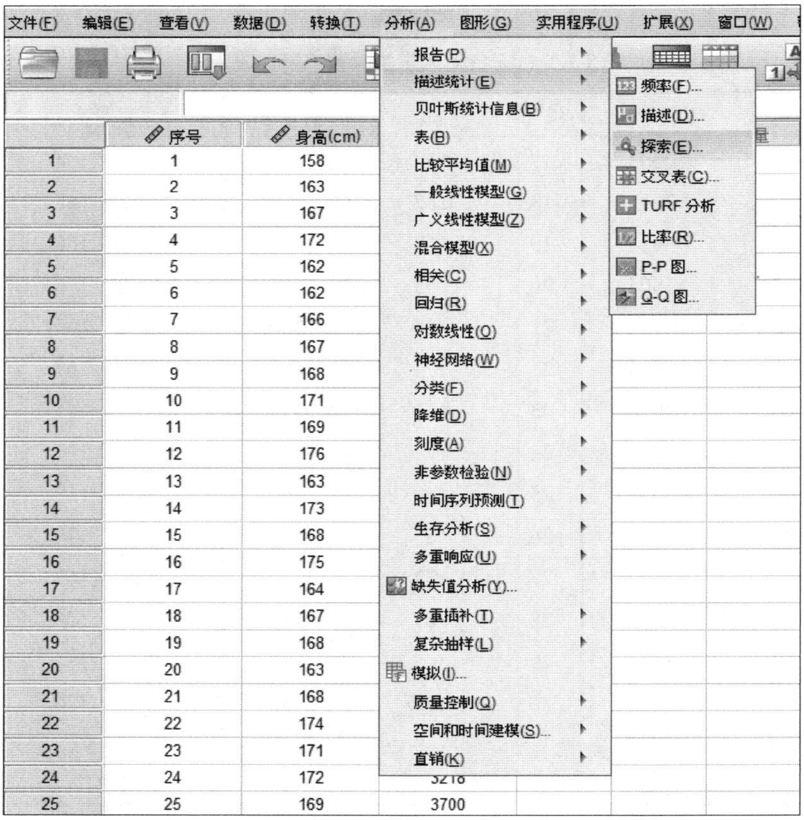


图 8-1-3 选择正态性检验路径

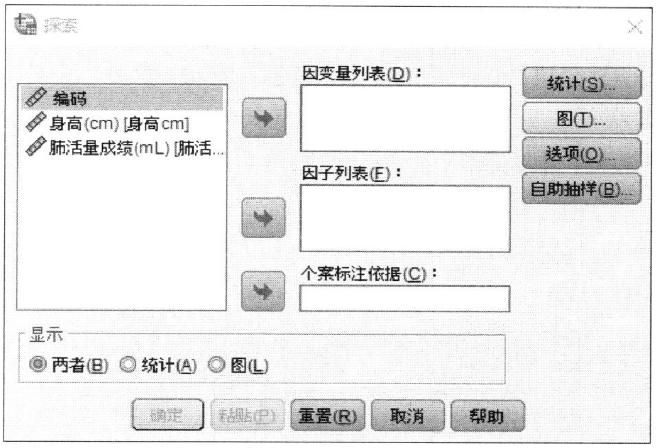


图 8-1-4 “探索”对话框

从左侧列表框中选择“身高”“肺活量成绩”两个变量，移入右侧的“因变量列表”列表框中，如图 8-1-5 所示，然后单击“图”按钮，打开“探索：图”对话框，选中“含检验的正态图”复选框，如图 8-1-6 所示。如果不需要输出图片，可以取消选中“茎叶图”复选框，然后单击“继续”→“确定”按钮，就可以看到结果了，如图 8-1-7 所示。

图 8-1-5 “探索”对话框中的设置

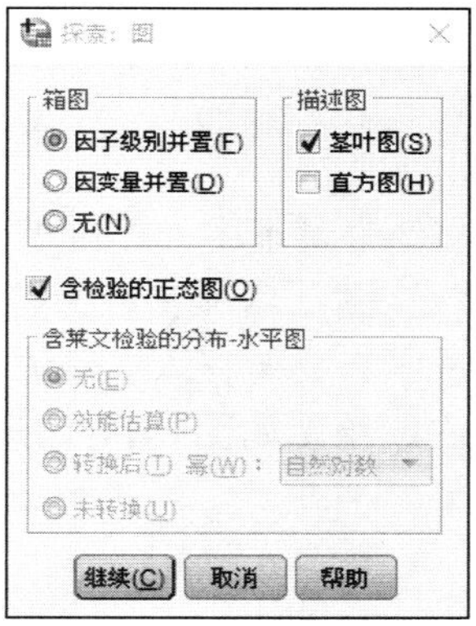


图 8-1-6 “探索：图”对话框

| | 柯尔莫哥洛夫-斯米诺夫（K-S检验）[a] | | | 夏皮罗-威尔克（S-W检验） | | |
|---|---|---|---|---|---|---|
| | 统计 | 自由度 | 显著性 | 统计 | 自由度 | 显著性 |
| 身高(cm) | .118 | 46 | .112 | .981 | 46 | .642 |
| 肺活量成绩(mL) | .091 | 46 | .200* | .987 | 46 | .878 |

* 这是真显著性的下限。

a. 里利氏显著性修正。

图 8-1-7 正态性检验结果

图 8-1-7 是生成的 K-S 检验（D 检验）和 S-W 检验（W 检验）的检验结果，此处我们关注的显著性，即 $P$ 值。当 $P > 0.05$ 时，可以认为数据是呈正态分布的。

当样本含量小于 50 时，建议以 S-W 检验结果为准；

当样本含量大于 50 时，建议以 K-S 检验结果为准；

当样本含量大于 5000 时，SPSS 只会显示 K-S 检验这一种检验方法。

本例样本含量为 46，我们只关注 S-W 检验的结果，此处两个变量的 $P$ 值均大于 0.05，故可以认为数据是服从正态分布的。

**步骤 3**：筛选异常值。数据异常值对相关性分析的影响较大。检验数据是否存在异常值，我们一般在 SPSS 中通过绘制箱图来完成。

选择“图形”菜单→“旧对话框”→“箱图”命令，如图 8-1-8 所示，打开“箱图”对话框，如图 8-1-9 所示。

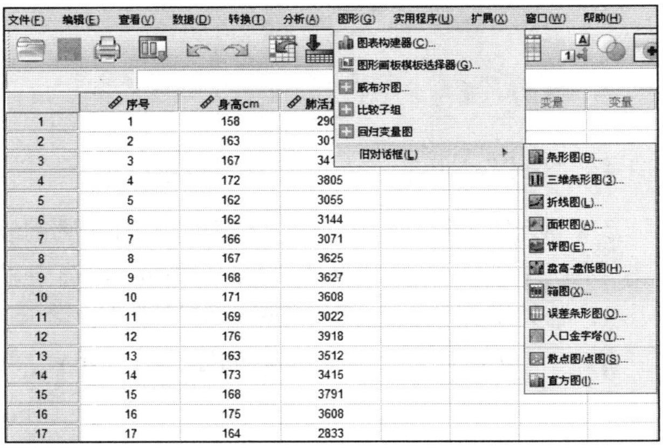


图 8-1-8　箱图绘制路径图

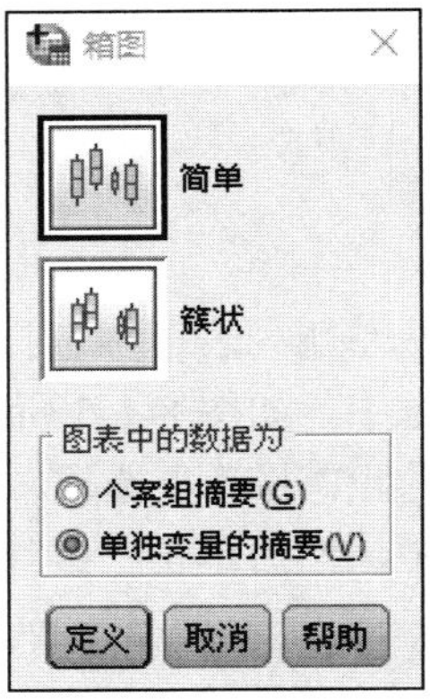


图 8-1-9　“箱图”对话框

在该对话框中，单击“简单”图标，选中“单独变量的摘要”单选按钮，打开“定义简单箱图：单独变量的摘要”对话框，如图 8-1-10 所示，将左侧的“身高”和“肺活量成绩”变量移入右侧的“箱表示”列表框中，单击“确定”按钮，绘制的身高与肺活量成绩箱图如图 8-1-11 所示。

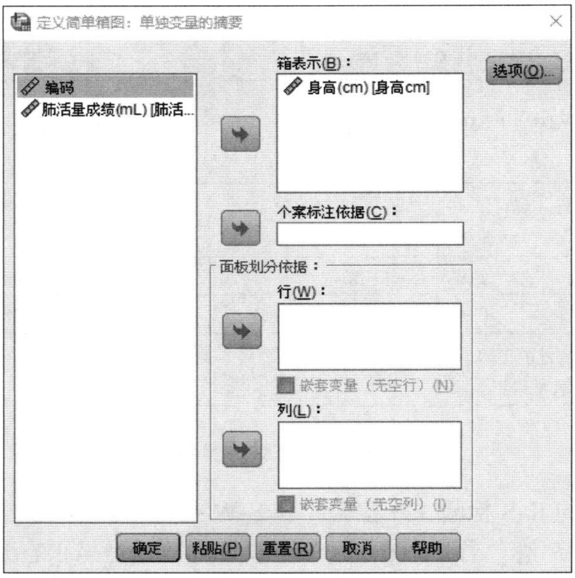


图 8-1-10　“定义简单箱图：单独变量的摘要”对话框

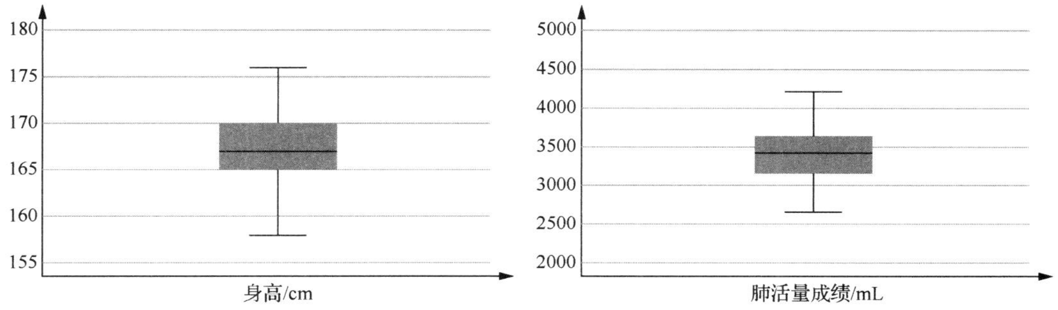


图 8-1-11 身高与肺活量箱图

由图 8-1-10 可知，全部数据纳入图形绘制，无异常数据。

**步骤 4：**计算相关系数。选择简单相关分析路径。打开数据文件，依次选择“分析”菜单→“相关”→“双变量”命令（图 8-1-12），打开“双变量相关性”对话框，如图 8-1-13 所示。

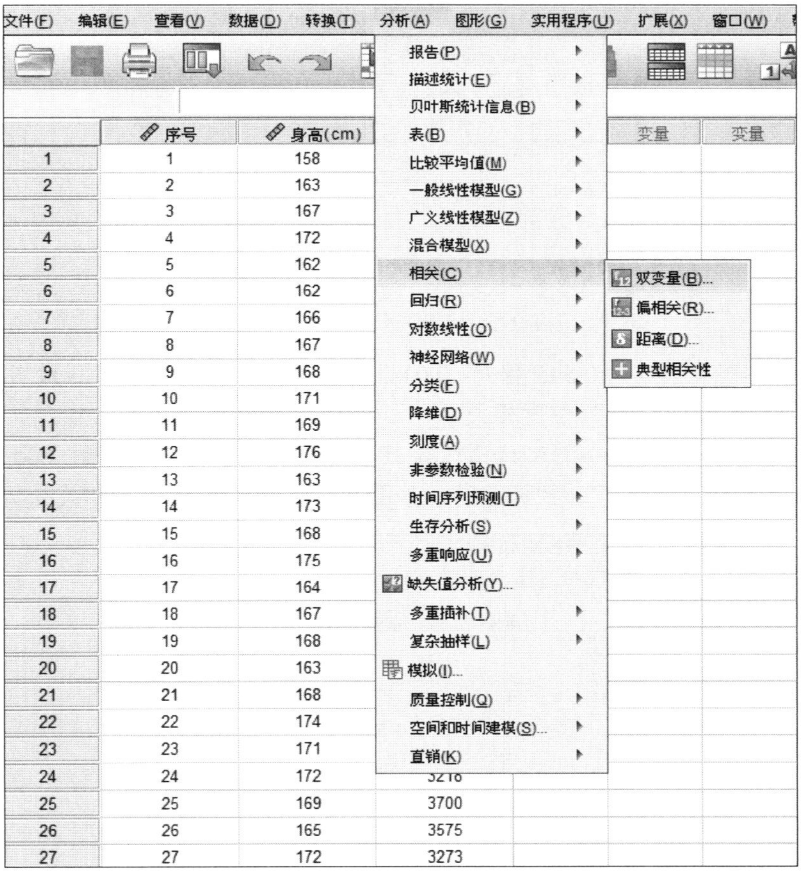


图 8-1-12 双变量相关分析路径

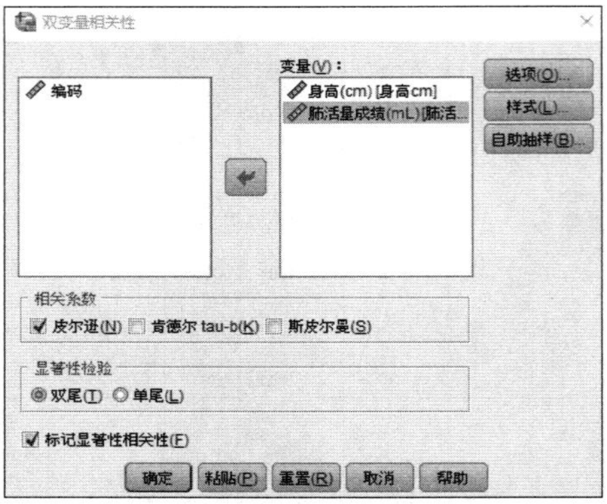


图 8-1-13 “双变量相关性”对话框

在“双变量相关性”对话框中，将“身高”“肺活量成绩”两个变量移入右侧的“变量”列表框中，默认已有选项不变，单击“确定”按钮，即可得到相关性分析结果，如图 8-1-14 所示。

| | | 身高(cm) | 肺活量成绩(mL) |
|---|---|---|---|
| 身高(cm) | 皮尔逊相关性 | 1 | .545** |
| | Sig.（双尾巴） | | .000 |
| | 个案数 | 46 | 46 |
| 肺活量成绩(mL) | 皮尔逊相关性 | .545** | 1 |
| | Sig.（双尾巴） | .000 | |
| | 个案数 | 46 | 46 |

** 在0.01级别（双尾），相关性显著。

图 8-1-14 双变量相关分析结果

结果显示，相关系数为 0.545 且 $P<0.01$，因此通过检验，说明肺活量与身高间的相关具有显著性，且相关程度为中度相关。

**【例 8-1-2】** 某省中学的体育测试项目有 100 米跑、立定跳远、铅球、800 米跑 4 种，现抽取 72 名男生的 4 项素质的数据资料，如图 8-1-15 所示，试进行相关分析。

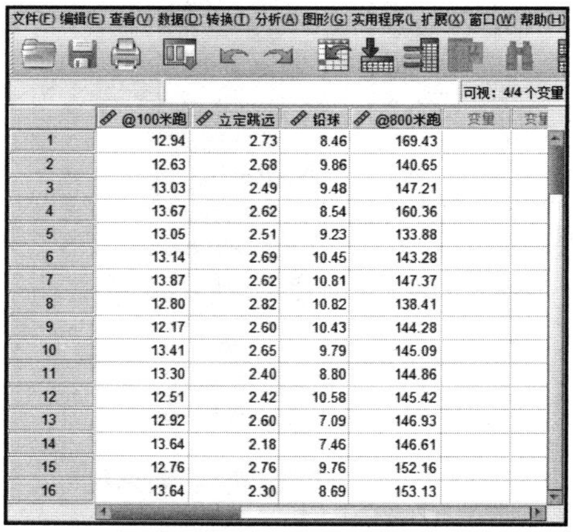


| | @100米跑 | 立定跳远 | 铅球 | @800米跑 | 变量 | 变量 |
|---|---|---|---|---|---|---|
| 1 | 12.94 | 2.73 | 8.46 | 169.43 | | |
| 2 | 12.63 | 2.68 | 9.86 | 140.65 | | |
| 3 | 13.03 | 2.49 | 9.48 | 147.21 | | |
| 4 | 13.67 | 2.62 | 8.54 | 160.36 | | |
| 5 | 13.05 | 2.51 | 9.23 | 133.88 | | |
| 6 | 13.14 | 2.69 | 10.45 | 143.28 | | |
| 7 | 13.87 | 2.62 | 10.81 | 147.37 | | |
| 8 | 12.80 | 2.82 | 10.82 | 138.41 | | |
| 9 | 12.17 | 2.60 | 10.43 | 144.28 | | |
| 10 | 13.41 | 2.65 | 9.79 | 145.09 | | |
| 11 | 13.30 | 2.40 | 8.80 | 144.86 | | |
| 12 | 12.51 | 2.42 | 10.58 | 145.42 | | |
| 13 | 12.92 | 2.60 | 7.09 | 146.93 | | |
| 14 | 13.64 | 2.18 | 7.46 | 146.61 | | |
| 15 | 12.76 | 2.76 | 9.76 | 152.16 | | |
| 16 | 13.64 | 2.30 | 8.69 | 153.13 | | |

图 8-1-15 原始成绩

**解**：SPSS 操作如下。

选择“分析”菜单→“相关”→“双变量”命令，打开“双变量相关性”对话框，如图 8-1-16 所示。设置完成后的输出结果如图 8-1-17 所示。

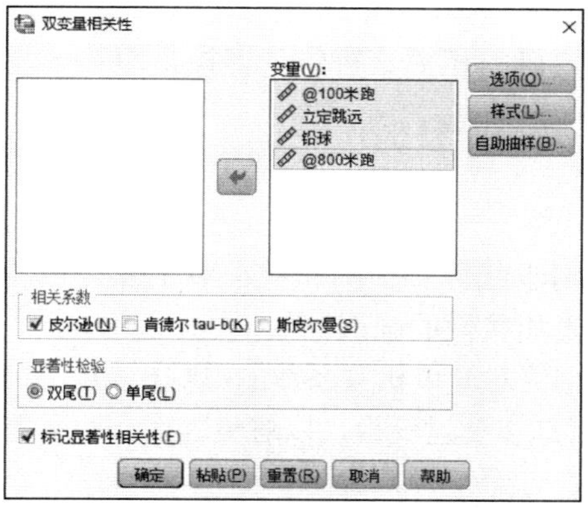


图 8-1-16 “双变量相关性”对话框

**相关性**

| | | 100 米跑 | 立定跳远 | 铅球 | 800 米跑 |
|---|---|---|---|---|---|
| 100 米跑 | 皮尔逊相关性 | 1 | -.626** | -.477** | .304** |
| | Sig.（双尾） | | .000 | .000 | .009 |
| | 个案数 | 72 | 72 | 72 | 72 |
| 立定跳远 | 皮尔逊相关性 | -.626** | 1 | .489** | -.188 |
| | Sig.（双尾） | .000 | | .000 | .113 |
| | 个案数 | 72 | 72 | 72 | 72 |
| 铅球 | 皮尔逊相关性 | -.477** | .489** | 1 | -.242* |
| | Sig.（双尾） | .000 | .000 | | .040 |
| | 个案数 | 72 | 72 | 72 | 72 |
| 800 米跑 | 皮尔逊相关性 | .304** | -.188 | -.242* | 1 |
| | Sig.（双尾） | .009 | .113 | .040 | |
| | 个案数 | 72 | 72 | 72 | 72 |

**在 0.01 级别（双尾），相关性显著；
*在 0.05 级别（双尾），相关性显著。

图 8-1-17 输出结果

相关系数矩阵如表 8-1-2 所示。

**表 8-1-2 相关系数矩阵表**

| 项目 | 100 米跑 | 立定跳远 | 铅球 | 800 米跑 |
|---|---|---|---|---|
| 100 米跑 | 1 | −0.626** | −0.477** | 0.304** |
| 立定跳远 | −0.626** | 1 | 0.489** | −0.188 |
| 铅球 | −0.477** | 0.489** | 1 | −0.242* |
| 800 米跑 | 0.304** | −0.188 | −0.242* | 1 |

** 在 0.01 级别（双尾），相关性显著；
* 在 0.05 级别（双尾），相关性显著。

由表 8-1-2 可知，100 米跑与立定跳远、铅球、800 米跑在 0.01 水平上相关性显著，立定跳远和铅球也在 0.01 水平上相关性显著，铅球和 800 米跑在 0.05 水平上相关性显著，而立定跳远与 800 米跑相关不显著。从相关程度来看，100 米跑与立定跳远中度相关，铅球与 100 米跑、立定跳远中度相关，800 米跑与 100 米跑、铅球为低度相关。

结合本例思考，在多变量的相关分析中，直接采用简单相关系数能否真正反映两变量间的相关关系？

### 三、注意事项

（1）简单相关系数适用于线性相关的研究，对于曲线相关等更为复杂的情形，简单相关系数的大小并不能代表相关性的强弱。

（2）样本中存在的极端值对简单相关系数的影响极大，因此要慎重考虑和处理，必要时可以对其进行剔除，或者加以变量变换，以避免因为一两个数值导致错误结论的出现。

（3）计算简单相关系数时建议样本含量在 30 以上。

## 第二节　等级相关分析

在实际应用中，有时获得的原始资料没有具体的数据表现，只能用等级来描述某种现象，要分析这类现象之间的相关关系，就只能用等级相关系数。

等级相关系数是利用两变量的秩次大小做相关分析，故也称为“秩相关系数”，常用等级相关系数为斯皮尔曼（Spearman）相关系数。

斯皮尔曼相关系数对数据条件的要求没有皮尔逊相关系数严格，属于非参数统计方法，因此它的适用范围比皮尔逊相关系数要广得多，但统计效能比皮尔逊相关系数要低一些，不容易检测出两者事实上存在的相关关系。

1. 公式

斯皮尔曼相关系数的公式为

$$r_s = 1 - \frac{6\sum_{i=1}^{n}(x_i - y_i)^2}{n(n^2-1)} = 1 - \frac{6\sum_{i=1}^{n} d_i^2}{n(n^2-1)} \tag{8-2-1}$$

式中，$d_i$ 为两变量每一对等级之差，即变量 $x_i$ 与 $y_i$ 的差值；$n$ 为样本含量。

2. 特征

（1）$r_s$ 的取值范围为[−1,1]。

（2）$r_s$ 越趋于 1，表示两个随机变量拥有一致的等级相关性；$r_s$ 越趋于−1，表示两个随机变量拥有完全相反的等级相关性。

（3）当 $r_s$ 为 0 时，表示两个变量是相互独立的。

3. 适用条件

（1）两列观测数据都是顺序变量数据，或其中一列数据是顺序变量数据，另一列数据是连续变量的数据。

（2）两个连续变量的观测数据，其中有一列或两列数据主要依靠非测量方法进行粗略评估得到。这些类型的数据经过适当转换后，可采用等级相关法进行分析。如运动员名次、才智高低、艺术水平等，要测定这些变量的相关程度，就需要计算等级相关系数。

**【例 8-2-1】**表 8-2-1 列出了某次男子篮球比赛前 10 名的名次和平均投篮命中率，试进行等级相关分析。（$\alpha=0.05$）

**表 8-2-1　男子篮球比赛前 10 名的名次与投篮命中率数据**

| 编号 | 名次 | 命中率/% |
|---|---|---|
| 001 | 3 | 54.5 |
| 002 | 1 | 53.6 |
| 003 | 10 | 42.1 |
| 004 | 7 | 41.9 |
| 005 | 5 | 47.4 |
| 006 | 6 | 46.6 |
| 007 | 2 | 52.8 |
| 008 | 8 | 42.4 |
| 009 | 9 | 45.3 |
| 010 | 4 | 54.1 |

**解：**制作等级相关系数计算表，如表 8-2-2 所示。

**表 8-2-2　等级相关系数计算表**

| 编号 | 名次（$x$） | 命中率（$y$） | $R_i$（$x$） | $S_i$（$y$） | $d_i=R_i-S_i$ | $d_i^2$ |
|---|---|---|---|---|---|---|
| 001 | 3 | 54.5 | 3 | 1 | 2 | 4 |
| 002 | 1 | 53.6 | 1 | 3 | −2 | 4 |
| 003 | 10 | 42.1 | 10 | 9 | 1 | 1 |
| 004 | 7 | 41.9 | 7 | 10 | −3 | 9 |
| 005 | 5 | 47.4 | 5 | 5 | 0 | 0 |
| 006 | 6 | 46.6 | 6 | 6 | 0 | 0 |
| 007 | 2 | 52.8 | 2 | 4 | −2 | 4 |
| 008 | 8 | 42.4 | 8 | 8 | 0 | 0 |
| 009 | 9 | 45.3 | 9 | 7 | −2 | 4 |
| 010 | 4 | 54.1 | 4 | 2 | 2 | 4 |

由表中数据，计算，得

$$r_s=1-\frac{6\sum_{i=1}^{n}d_i^2}{n(n^2-1)}=1-\frac{6\times 30}{10\times(10^2-1)}\approx -0.818$$

SPSS 操作如下。

**步骤 1：**选择等级相关分析路径。打开数据文件，选择“分析”菜单→“相关”→“双变量”命令（图 8-2-1），打开“双变量相关性”对话框，如图 8-2-2 所示。

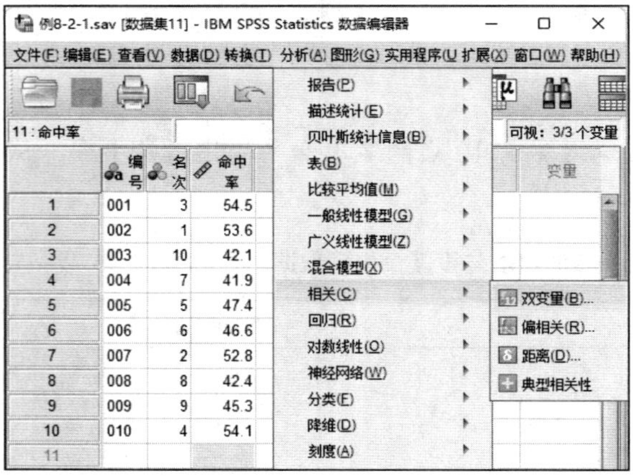


图 8-2-1　等级相关分析路径

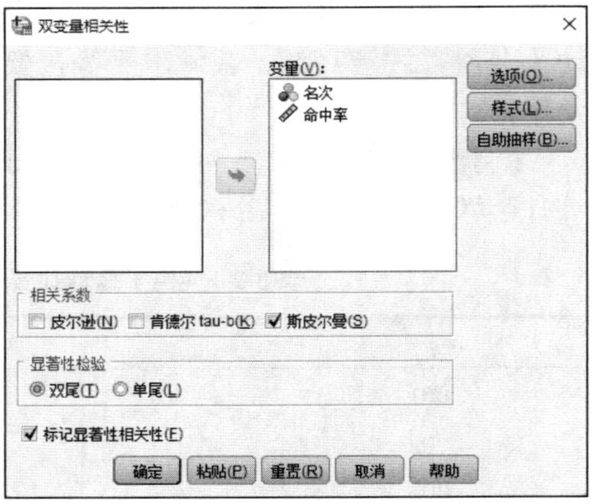


图 8-2-2　“双变量相关性”对话框

**步骤 2**：设置“双变量相关性”对话框。将“名次”与“命中率”两个变量移入右侧的“变量”列表框中，选中“斯皮尔曼”复选框，其他选项不变，单击“确定”按钮，即可得到相关性分析结果，如图 8-2-3 所示。

| | | | 名次 | 命中率 |
|---|---|---|---|---|
| 斯皮尔曼Rho | 名次 | 相关系数 | 1.000 | -.818** |
| | | Sig.（双尾） | | .004 |
| | | N | 10 | 10 |
| | 命中率 | 相关系数 | -.818** | 1.000 |
| | | Sig.（双尾） | .004 | |
| | | N | 10 | 10 |

** 在0.01级别（双尾），相关性显著。

图 8-2-3　等级相关分析结果

从相关性分析结果中，可以看到斯皮尔曼相关系数为−0.818，$P=0.004<0.01$，所以在 0.01 水平上具有显著性且高度相关，说明名次和平均投篮命中率之间存在着高度相关性。

进阶内容：偏相关系数

拓展知识：典型相关分析

拓展知识：分类变量的关联性度量

思政课堂

习题 8

习题 8 参考答案

直线相关分析问题诊断

# 第九章　回 归 分 析

1877 年，英国生物统计学家高尔顿（Galton）在研究父母身高与其子女身高的遗传问题时首次使用了“回归”（regression）一词。高尔顿研究发现，拥有较高身高的父母，或拥有较矮身高的父母，其后代的身高往往表现为“回归”人群平均身高的趋势。该发现后来被现代统计学的奠基者之一皮尔逊进一步通过大量的实证数据证实，从而将“回归分析”引入统计学领域。经过百余年的发展，统计学回归分析方法逐渐完善和成熟。目前，应用比较广泛的主要有一元线性回归、多元线性回归、逻辑回归分析等方法。本章将逐一进行介绍。

## 第一节　一元线性回归分析

### 一、一元线性回归的概念

**一元线性回归**是拟合两个随机变量之间相互依存的数量变化关系的统计方法，它属于线性回归分析中最简单的一种情形，因此一元线性回归也称为**简单回归**。与相关分析不同，一元线性回归中两个变量具有不同的地位，一个为因变量（或称为应变量，dependent variable），通常用 $y$ 表示；另一个为自变量（independent variable），通常用 $x$ 表示。一元线性回归通常采用直线方程来描述自变量 $x$ 与因变量 $y$ 之间的线性关系。

一元线性回归方程的一般形式为

$$\hat{y} = a + bx \qquad (9\text{-}1\text{-}1)$$

式中，$a$ 为回归直线在 $y$ 轴上的截距，即 $x$ 取值为 0 时 $y$ 的平均水平；$b$ 为线性回归系数，即回归直线的斜率，其含义为 $x$ 每增大（或减小）一个单位，$y$ 值平均增大（或减小）$b$ 个单位。

### 二、一元线性回归方程的拟合

进行回归分析的两个变量在散点图上呈直线趋势，但并非所有的点都在同一条直线上。因此，一元线性回归方程的拟合，其实就是要拟合出一条能够最大限度反映两变量间线性趋势的回归直线，并求解对应的 $a$ 和 $b$。如何拟合出最优的回归直线，目前通常采用最小二乘法，即保证各实测点 $P$（图 9-1-1）距离回归直线纵向距离的平方和最小，即 $Q = \sum(y - \hat{y})^2$ 取最小值。此时，拟合出的回归直线方程的系数求解式为

$$b = \frac{\sum(x - \bar{x})(y - \bar{y})}{\sum(x - \bar{x})^2} = \frac{l_{xy}}{l_{xx}} \qquad (9\text{-}1\text{-}2)$$

$$a = \bar{y} - b\bar{x} \qquad (9\text{-}1\text{-}3)$$

式中，$\bar{x}$ 和 $\bar{y}$ 分别为 $x$ 和 $y$ 的均值；$l_{xx}$ 为 $x$ 的离均差平方和，$l_{xy}$ 为 $x$ 和 $y$ 的离均差交叉乘积和。

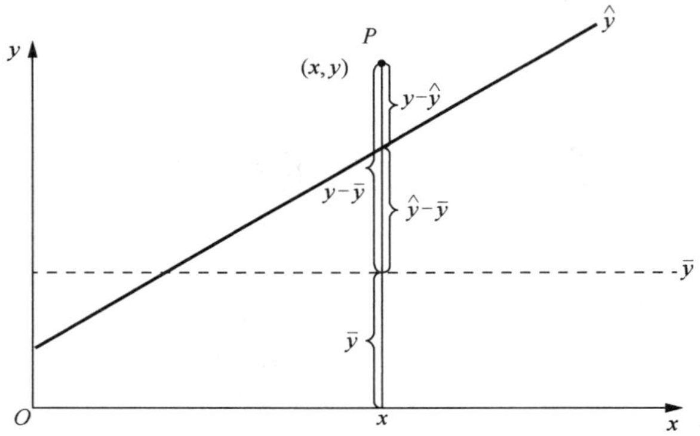


图 9-1-1　因变量总变异划分示意图

## 三、回归方程的检验

回归方程的拟合通常基于样本数据，在总体层面上自变量 $x$ 与因变量 $y$ 之间是否真正存在线性回归关系，以及回归方程拟合的好坏，还需要进一步进行假设检验，回归方程的检验就是用各种统计方法来评估回归方程的价值。**线性回归方程的检验**基于 $F$ 分布，通常需要满足以下 4 个条件。

（1）线性：因变量和自变量之间呈线性关系。

（2）独立：各观测值之间相互独立。

（3）正态：因变量服从正态分布。

（4）等方差：自变量取值不同时，因变量的总变异保持不变。

常见的回归方程假设检验的方法包括以下 3 种。

1. 拟合优度检验

回归方程的拟合优度检验就是要检验样本数据聚集在样本回归直线周围的密集程度，从而判断回归方程对样本数据的代表程度。回归方程的拟合优度检验一般用决定系数 $R^2$ 表示，它是建立在对因变量的总离差平方和进行分解的基础上定义的。因变量 $y$ 的离差平方和记为 $l_{yy}$，它表示变量 $y$ 的离散程度的大小，可以看成 $y$ 相对于其平均水平的样本总变异。相对于 $l_{yy}$ 的 $y-\overline{y}$，我们可以将其分解为 $y-\overline{y}=(y-\hat{y})+(\hat{y}-\overline{y})$，并且，经过简单的数学推导可以证明：

$$l_{yy}=\sum(y-\overline{y})^2=\sum(y-\hat{y})^2+\sum(\hat{y}-\overline{y})^2 \tag{9-1-4}$$

显然，式（9-1-4）右侧第一项 $\sum(y-\hat{y})^2$（即 $Q$）是实际观测 $y$ 值与估计值的误差的平方和。之所以产生估计误差，是因为 $y$ 的变化不能完全由回归方程来表示。因此，$Q$ 代表 $y$ 的变化中不能被 $x$ 所反映的那一部分，称为剩余（residual）离差平方和或残差平方和，即用回归直线无法解释的离差平方和。

式（9-1-4）右侧的第二项 $\sum(\hat{y}-\overline{y})^2$ 是回归估计值 $\hat{y}$ 相对于 $y$ 的平均水平的离差，该项实际表示了 $y$ 的总变异中可以由 $x$ 的变化所反映的那一部分，也就是变量 $x$ 对 $y$ 的影响部分。定义

$$U=\sum(\hat{y}-\overline{y})^2 \quad (9\text{-}1\text{-}5)$$

称 $U$ 为回归离差平方和，即是由回归直线可以解释的那一部分离差平方和。因而，有

$$l_{yy}=U+Q \quad (9\text{-}1\text{-}6)$$

式中，$U$ 为变量 $x$ 对 $y$ 的变化的影响；$Q$ 为除 $x$ 之外其他因素对 $y$ 的变化的影响。评价回归方程效果，当然希望 $x$ 对 $y$ 的影响较大，并能够通过回归方程反映出来。也就是说，我们总希望在 $l_{yy}$ 中 $U$ 相对较大，$Q$ 相对较小。显然，各样本观测点（散点）与样本回归直线靠得越近，$\frac{U}{l_{yy}}$ 越大，直线拟合得越好。将这一比例定义为决定系数，记为 $R^2$，即

$$R^2=\frac{U}{l_{yy}}=1-\frac{Q}{l_{yy}} \quad (9\text{-}1\text{-}7)$$

决定系数等于回归离差平方和在总离差平方和中所占的比率，即 $R^2$ 体现了回归模型所能解释的因变量总变异的百分比。若 $R^2=0.8$，则说明因变量 $y$ 的变异中有 80%是由自变量 $x$ 引起的；若 $R^2=1$，则说明所有观测值全部落在回归直线上；若 $R^2=0$，则说明自变量与因变量无线性关系。$R^2$ 越接近于 1，表明回归直线的拟合程度越好，反之则越差。

2. 回归方程的显著性检验——$F$ 检验

方差分析的基本思想就是在将总变异进行分解之后，对 $U$ 和 $Q$ 的比值进行分析，进而对回归方程的可靠性做出评价。检验的假设是总体的回归系数为 0。表 9-1-1 为回归方程的方差分析表。

**表 9-1-1　回归方程方差分析表**

| 来源 | 平方和 | 自由度 | 均方 | $F$ |
|---|---|---|---|---|
| 回归 | $U$ | 1 | $\frac{U}{1}$ | $\frac{U/1}{Q/(n-2)}$ |
| 剩余 | $Q$ | $n-2$ | $\frac{Q}{n-2}$ | |
| 总 | $l_{yy}$ | $n-1$ | — | — |

注：$n$ 为样本数，$F$ 统计量服从第一自由度为 1、第二自由度为 $n-2$ 的 $F$ 分布。

3. 回归系数的显著性检验——$t$ 检验

回归系数的显著性检验是检验自变量 $x$ 对因变量 $y$ 的影响是否显著。该检验使用的统计量是 $t$，$t$ 为回归系数与回归系数的标准误的比值。$t$ 检验的原假设为总体的回归系数均为 0，如果 $t$ 值小于显著性水平，则应拒绝原假设，认为该回归系数与零有显著性差异，说明自变量与因变量之间存在显著的线性关系，它的变化确实能够较好地反映因变量的线性变化；否则说明一元线性回归方程无统计学意义。具体过程如下。

$H_0$：总体回归系数 $\beta=0$；$H_1$：总体回归系数 $\beta\neq0$。

$$t=\frac{b-0}{S_b}=\frac{b}{S_{xy}/\sqrt{l_{xx}}}\quad（自由度为n-2）\tag{9-1-8}$$

$$S_{xy}=\sqrt{\frac{\sum(y-\hat{y})^2}{n-2}}=\sqrt{\frac{Q}{n-2}}\tag{9-1-9}$$

式中，$b$ 为样本回归系数；$S_b$ 为样本回归系数的标准差；$S_{xy}$ 代表样本回归的剩余标准差；$l_{xx}$ 代表 $x$ 的离均差平方和。

## 四、一元线性回归的 SPSS 应用

**【例 9-1-1】**拟分析每日静坐时间（time）与体重（weight）的关系，随机选取 60 名研究对象，收集研究对象每日静坐时间（单位：min）和体重（单位：kg）的数据，如图 9-1-2 所示，试建立一元线性回归方程。

| | id | weight | time |
|---|---|---|---|
| 1 | 1 | 60.90 | 180.00 |
| 2 | 2 | 65.25 | 190.00 |
| 3 | 3 | 67.05 | 230.00 |
| 4 | 4 | 67.20 | 143.00 |
| 5 | 5 | 68.70 | 144.00 |
| 6 | 6 | 68.85 | 109.00 |
| 7 | 7 | 70.65 | 156.00 |
| 8 | 8 | 71.55 | 134.00 |
| 9 | 9 | 71.85 | 156.00 |
| 10 | 10 | 72.15 | 161.00 |
| 11 | 11 | 72.45 | 169.00 |
| 12 | 12 | 75.60 | 195.00 |
| 13 | 13 | 75.75 | 166.00 |
| 14 | 14 | 76.05 | 210.00 |
| 15 | 15 | 76.20 | 241.00 |
| 16 | 16 | 76.65 | 195.00 |
| 17 | 17 | 76.80 | 218.00 |
| 18 | 18 | 76.95 | 193.00 |
| 19 | 19 | 76.95 | 233.00 |
| 20 | 20 | 76.95 | 209.00 |
| 21 | 21 | 76.95 | 263.00 |
| 22 | 22 | 76.95 | 215.00 |
| 23 | 23 | 77.10 | 342.00 |
| 24 | 24 | 77.70 | 274.00 |
| 25 | 25 | 77.85 | 248.00 |
| 26 | 26 | 78.60 | 215.00 |
| 27 | 27 | 78.60 | 256.00 |
| 28 | 28 | 78.75 | 322.00 |
| 29 | 29 | 79.20 | 265.00 |
| 30 | 30 | 79.35 | 209.00 |
| 31 | 31 | 79.50 | 245.00 |
| 32 | 32 | 79.50 | 296.00 |
| 33 | 33 | 79.65 | 328.00 |
| 34 | 34 | 79.65 | 278.00 |
| 35 | 35 | 79.80 | 224.00 |
| 36 | 36 | 80.10 | 276.00 |
| 37 | 37 | 80.25 | 260.00 |
| 38 | 38 | 80.55 | 216.00 |
| 39 | 39 | 80.55 | 264.00 |
| 40 | 40 | 81.30 | 255.00 |
| 41 | 41 | 81.45 | 244.00 |
| 42 | 42 | 81.60 | 268.00 |
| 43 | 43 | 81.75 | 267.00 |
| 44 | 44 | 81.90 | 281.00 |
| 45 | 45 | 81.90 | 255.00 |
| 46 | 46 | 82.05 | 275.00 |
| 47 | 47 | 82.20 | 282.00 |
| 48 | 48 | 82.35 | 311.00 |
| 49 | 49 | 82.50 | 290.00 |
| 50 | 50 | 82.50 | 295.00 |
| 51 | 51 | 82.80 | 241.00 |
| 52 | 52 | 82.80 | 276.00 |
| 53 | 53 | 82.95 | 291.00 |
| 54 | 54 | 104.10 | 330.00 |
| 55 | 55 | 83.10 | 344.00 |
| 56 | 56 | 83.10 | 333.00 |
| 57 | 57 | 83.40 | 346.00 |
| 58 | 58 | 83.40 | 223.00 |
| 59 | 59 | 83.70 | 268.00 |
| 60 | 60 | 84.15 | 252.00 |

图 9-1-2　数据文件

**解：**SPSS 操作如下。

**步骤 1：**选择“分析”菜单→“回归”→“线性”命令，打开“线性回归”对话框。将因变量“weight”移入“因变量”列表框中，将变量“time”移入“自变量”列表框中，如图 9-1-3 所示。

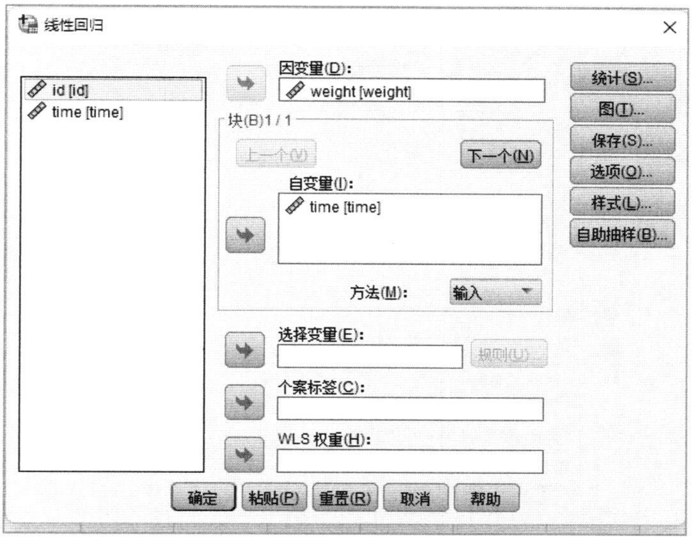


图 9-1-3 “线性回归”对话框

**步骤 2**：单击“统计”按钮，打开“线性回归：统计”对话框，如图 9-1-4 所示。选中“回归系数”区域的“估算值”“置信区间”复选框；选中“模型拟合”“R 方变化量”“描述”复选框；选中“残差”区域的“德宾-沃森”复选框，单击“继续”按钮。

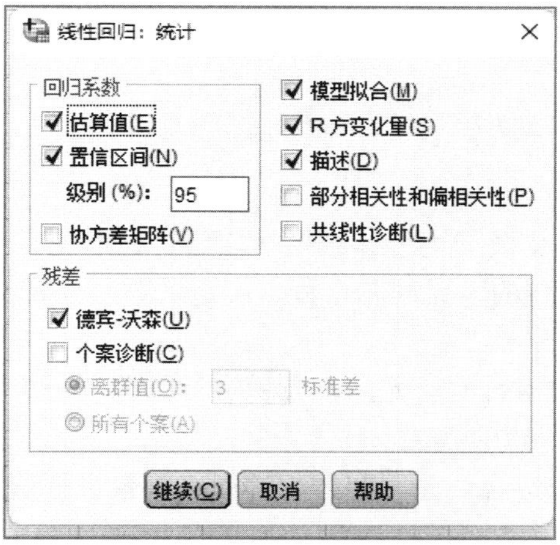


图 9-1-4 “线性回归：统计”对话框

**步骤 3**：单击“确定”按钮，得到运行结果如图 9-1-5～图 9-1-8 所示。

**描述统计**

| | 平均值 | 标准偏差 | 个案数 |
|---|---|---|---|
| weight | 78.3350 | 6.14428 | 60 |
| time | 242.5833 | 56.88206 | 60 |

图 9-1-5 变量描述

模型摘要[b]

| 模型 | R | R方 | 调整后R方 | 标准估算的错误 | 更改统计 | | | | | |
|---|---|---|---|---|---|---|---|---|---|---|
| | | | | | R方变化量 | F变化量 | 自由度1 | 自由度2 | 显著性F变化量 | 德宾-沃森 |
| 1 | .701[a] | .492 | .483 | 4.41888 | .492 | 56.07 | 1 | 58 | .000 | 1.276 |

a. 预测变量：（常量），time
b. 因变量：weight

图 9-1-6　拟合方程的决定系数

ANOVA[a]

| 模型 | | 平方和 | 自由度 | 均方 | F | 显著性 |
|---|---|---|---|---|---|---|
| 1 | 回归 | 1094.844 | 1 | 1094.844 | 56.070 | .000[b] |
| | 残差 | 1132.538 | 58 | 19.527 | | |
| | 总计 | 2227.381 | 59 | | | |

a. 因变量：weight
b. 预测变量：（常量），time

图 9-1-7　拟合方程的方差分析检验结果

系数[a]

| 模型 | | 未标准化系数 | | 标准化系数 | t | 显著性 | B的95.0%置信区间 | |
|---|---|---|---|---|---|---|---|---|
| | | B | 标准错误 | Beta | | | 下限 | 上限 |
| 1 | （常量） | 59.964 | 2.519 | | 23.806 | .000 | 54.922 | 65.006 |
| | time | .076 | .010 | .701 | 7.488 | .000 | .055 | .096 |

a. 因变量：weight

图 9-1-8　拟合方程的回归系数 $t$ 检验结果

**结果分析：**

① 图 9-1-5 显示，自变量描述统计结果（均值、标准差）。

② 图 9-1-6 显示，拟合的多元回归方程，决定系数为 0.492，即拟合的方程能够解释 49.2%的总变异。

③ 图 9-1-7 显示，对拟合的一元回归方程进行方差分析检验，结果有统计学意义，$F=56.07$，对应 $P$ 值小于 0.01。

④ 图 9-1-8 显示，对拟合一元回归方程的回归系数进行假设检验，回归系数 $t$ 检验的结果显示，time 的回归系数有统计学意义（$P<0.01$）。

⑤ 拟合的一元回归方程为

$$\hat{y}=59.964+0.076t$$

# 第二节　多元线性回归分析

在体育科学研究中，某一个关注的结局指标往往与多个因素有关，如竞赛成绩受训练计划、身体素质、膳食营养、心理状况等多方面影响。虽然可以采用一元线性回归分析的方法，分别探讨单个自变量与因变量的关系，但无法分析多个因素对结局的综合影响。多元线性回归分析，能够帮助我们解决这一问题。

## 一、多元线性回归的相关概念

### 1. 多元线性回归

**多元线性回归分析**是描述因变量 $y$ 与多个自变量 $x$ 间的线性依存关系，由于自变量数目为多个，所以称为**多元线性回归**。

多元线性回归方程的一般形式为

$$\hat{y} = b_0 + b_1x_1 + b_2x_2 + \cdots + b_ix_i + \varepsilon \tag{9-2-1}$$

式中，$\hat{y}$ 为因变量；$x_i$ 为自变量；$b_0$ 为回归方程的常数项；$b_i$ 为偏回归系数，表示在其他自变量固定不变的情况下，自变量 $x_i$ 每改变 1 个单位时，其单独引起因变量 $y$ 的平均变化值，当该方程有两个及以上的自变量时则为多元回归方程；$\varepsilon$ 为残差，独立服从于标准正态分布。

### 2. 标准化偏回归系数

一般情况下，偏回归系数（unstandardized coefficients）可以从某种程度上反映自变量对因变量影响的强弱程度，$b_i$ 越大，反映 $x_i$ 的影响作用越强烈。因此，通过比较偏回归系数的大小，可以对自变量对因变量的影响程度有一个基本的了解。但是，由于各自变量所采用的计算单位与量级不同，实际分析时并不使用偏回归系数进行影响强度的比较，而采用标准化处理的标准回归系数 $b_i'$（standardized coefficients beta）进行比较。值得注意的是，偏回归系数和标准化偏回归系数只能大略反映自变量对因变量的影响强度，对于相差不大的情况所对应的自变量的作用也没有多大的差别，此时不应把它看成影响大小的严格次序。

## 二、多元线性回归方程的拟合

与一元线性回归类似，多元线性回归方程的拟合过程实际上就是求解回归方程常数和系数 $b_i$ 的过程。求解的方法依然是利用最小二乘法使 $Q = \sum(y_i - \hat{y}_i)^2$ 达到极小值时的 $b_i$。与一元线性回归相比，多元线性回归方程的拟合过程较复杂，该过程一般借助于计算机软件完成。

与一元回归分析类似，多元线性回归方程的应用需要满足以下 4 个条件：

（1）线性：因变量和自变量组合之间呈线性关系。

（2）独立：各观测值之间相互独立。

（3）正态：因变量服从正态分布。

（4）等方差：自变量取值不同时，因变量的总变异保持不变。

## 三、多元线性回归方程的检验

与一元线性回归方程类似，需要对根据样本数据拟合的多元回归方程进行假设检验，以证实因变量 $y$ 与各自变量 $x_i$ 之间是否存在线性回归关系。多元线性回归方程的检验，通常包括对多元线性回归方程的检验和对各偏回归系数的检验。

1. 回归方程的显著性检验——$F$ 检验

$H_0$：偏回归系数 $\beta_i$ 全为 0；$H_1$：偏回归系数 $\beta_i$ 不全为 0。

与一元线性回归方程类似，与在多元回归方程中，因变量总变异（总离均差平方和）$SS_{总}$ 同样可以分解为回归平方和 $SS_{回}$ 和残差平方和 $SS_{残}$ 两部分，对应的计算式为

$$SS_{总}=\sum(y-\overline{y})^2=l_{yy}，\quad v_{总}=n-1 \tag{9-2-2}$$

$$SS_{回}=\sum(\hat{y}-\overline{y})^2=U，\quad v_{回}=i \tag{9-2-3}$$

$$SS_{残}=\sum(y-\hat{y})^2=l_{yy}-U，\quad v_{残}=n-i-1 \tag{9-2-4}$$

统计量 $F$ 的计算式为

$$F=\frac{SS_{回}/i}{SS_{残}/(n-i-1)}=\frac{MS_{回}}{MS_{残}}，\quad v_{回}=i，\quad v_{残}=n-i-1 \tag{9-2-5}$$

2. 偏回归系数的假设检验

与一元线性回归方程不同，多元线性回归方程有统计学意义，并不说明所有的偏回归系数 $\beta_i$ 均不等于 0，因此，需要进一步验证每一个自变量与因变量是否存在线性回归关系，即对每一个自变量对应的偏回归系数 $b_i$ 进行假设检验。偏回归系数假设检验的方法常用 $t$ 检验法。

$$t_i=\frac{b_i}{S_{b_i}} \tag{9-2-6}$$

式中，$b_i$ 为样本回归系数；$S_{b_i}$ 是偏回归系数 $b_i$ 的标准差。

## 四、多元线性回归的 SPSS 应用

**【例 9-2-1】**测得 30 名男生的下列指标：200 米跑（单位：s）、立定跳远（单位：cm）、25 米行进跑（单位：s）及 100 米跑（单位：s）的成绩，试建立 200 米跑、立定跳远、25 米行进跑 3 项指标和 100 米跑（$y$）的多元线性回归方程（原始数据如图 9-2-1 所示）。

**解**：SPSS 操作如下。

**步骤 1**：选择“分析”菜单→“回归”→“线性”命令（图 9-2-1），打开“线性回归”对话框，如图 9-2-2 所示。在该对话框中，从左侧的变量列表框中选择“100 米跑 $y$”移入“因变量”列表框中，表示该变量为因变量。将自变量“200 米跑×1”“立定跳远×2”“25 米行进跑×3”移入“自变量”列表框中，表示这 3 个变量为自变量。

**步骤 2**：在“方法”下拉列表中可以选择一种建立回归方程的方法，共有如下 5 种方法可供选择。

① 输入（强迫引入法，默认选择项）：定义的全部自变量均引入回归方程。

② 除去（强迫剔除法）：根据设定条件从回归方程中剔除部分变量。

③ 前进（向前引入法）：自变量从无到多一个一个引入回归方程，直到不能按要求的显著性水平引入新的变量为止。引入自变量的原则是按方差分析中 $F$ 值的大小由大到小引入的。该方法的缺点：当两个变量一起引入时效果好，单独时效果不好，有可能只引入其中一个变量，或两个变量都不能引入。

④ 后退（向后剔除法）：自变量由多到少一个一个从回归方程中剔除，直到不能按检验水准剔除为止。它能克服向前引入法的缺点。当两个变量一起存在时效果好，单独

时效果不好，该法可将两个变量都引入方程。

⑤ 步进（逐步引入-剔除法）：将向前引入法和向后剔除法结合起来，在向前引入的每一步之后都要考虑从已引入方程的变量中剔除作用不显著的变量，直到没有一个自变量能引入方程和没有一个自变量能从方程中剔除为止。

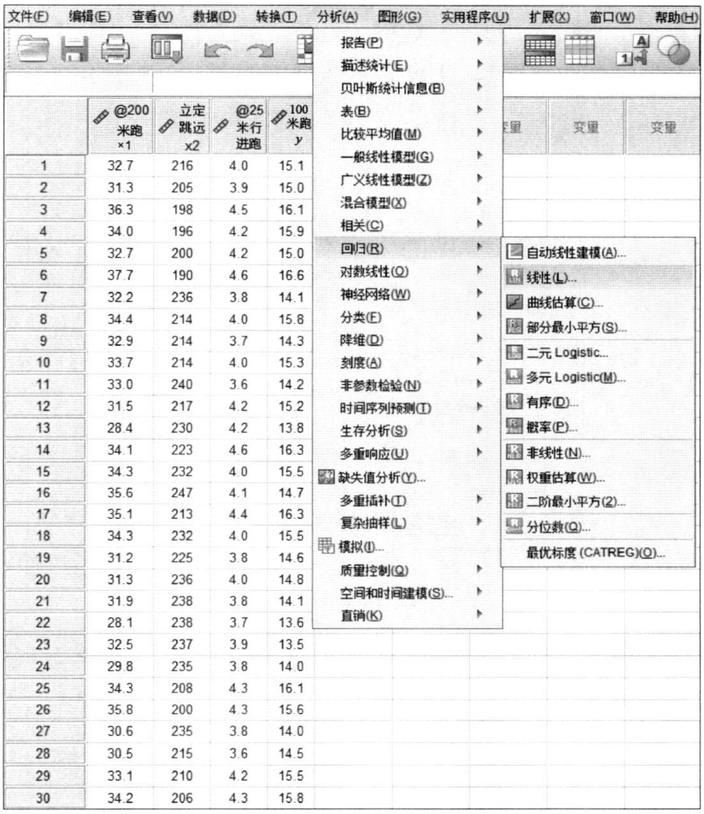

图 9-2-1 “多元线性回归分析”选择菜单

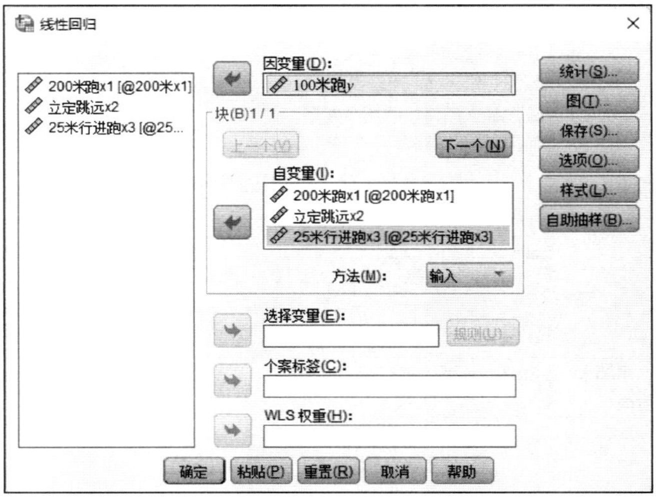

图 9-2-2 “线性回归”对话框

后 3 个选项是逐步回归分析的 3 种方法，目的都是要保证所有的有效变量都被引入方程，并剔除方程中所有不具有显著意义的变量，即建立所谓“最佳”方程的回归分析方法。本研究选取默认的“输入”方法。

**步骤 3**：单击“统计”按钮，在打开的“线性回归：统计”对话框中，选中“回归系数”区域的“估算值”“置信区间”复选框，选中“模型拟合”“R 方变化量”“描述”复选框；选中“残差”区域的“德宾-沃森”复选框，如图 9-2-3 所示，单击“继续”按钮。

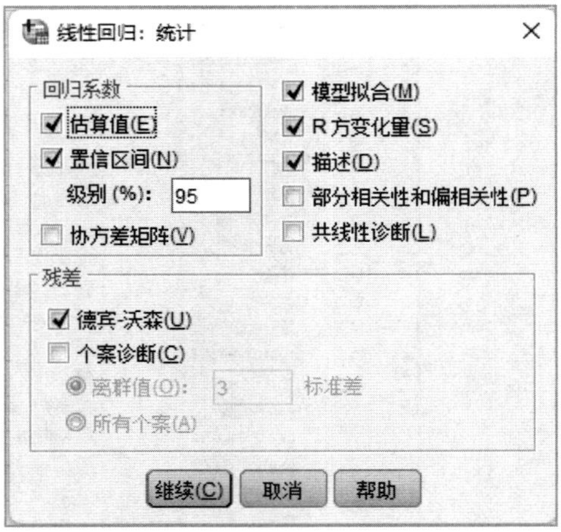


图 9-2-3　“线性回归：统计”对话框

**步骤 4**：单击“确定”按钮，得到的运行结果如图 9-2-4～图 9-2-7 所示。

输入/除去的变量[a]

| 模型 | 输入的变量 | 除去的变量 | 方法 |
|---|---|---|---|
| 1 | @25米行进跑×3，立定跳远×2，@200米跑×1[b] | | 输入 |

a. 因变量：@100米跑。
b. 已输入所请求的所有变量。

图 9-2-4　进入方程的变量

模型摘要[b]

| 模型 | R | R 方 | 调整后 R 方 | 标准估算的错误 | 更改统计 | | | | | 德宾-沃森 |
|---|---|---|---|---|---|---|---|---|---|---|
| | | | | | R 方变化量 | F 变化量 | 自由度 1 | 自由度 2 | 显著性 F 变化量 | |
| 1 | .905[a] | .819 | .798 | .3973 | .819 | 39.096 | 3 | 26 | .000 | 2.280 |

a. 预测变量：(常量)，@25米行进跑×3，立定跳远×2，@200米跑×1。
b. 因变量：@100米跑。

图 9-2-5　拟合方程的决定系数

ANOVA[a]

| 模型 | | 平方和 | 自由度 | 均方 | F | 显著性 |
|---|---|---|---|---|---|---|
| 1 | 回归 | 18.514 | 3 | 6.171 | 39.096 | .000[b] |
| | 残差 | 4.104 | 26 | .158 | | |
| | 总计 | 22.619 | 29 | | | |

a. 因变量：@100米跑。

b. 预测变量：(常量), @25米行进跑×3，立定跳远×2，@200米跑×1。

图 9-2-6　拟合方程的方差分析检验结果

系数[a]

| 模型 | | 未标准化系数 | | 标准化系数 | t | 显著性 | B 的 95.0% 置信区间 | |
|---|---|---|---|---|---|---|---|---|
| | | B | 标准错误 | Beta | | | 下限 | 上限 |
| 1 | (常量) | 8.504 | 2.501 | | 3.401 | .002 | 3.364 | 13.645 |
| | @200米跑×1 | .161 | .044 | .406 | 3.685 | .001 | .071 | .251 |
| | 立定跳远x2 | -.016 | .006 | -.287 | -2.729 | .011 | -.028 | -.004 |
| | @25米行进跑×3 | 1.181 | .376 | .373 | 3.144 | .004 | .409 | 1.954 |

a. 因变量：@100米跑。

图 9-2-7　拟合方程的回归系数 *t* 检验结果

**结果分析：**

① 图 9-2-4 显示所有自变量均进入回归方程中。

② 图 9-2-5 显示，拟合的多元回归方程，决定系数为 0.819，即拟合的方程能够解释 81.9%的总变异。

③ 图 9-2-6 显示，对拟合的多元回归方程进行方差分析检验，结果有统计学意义，$F = 39.096$，对应 $P$ 值小于 0.01。

④ 图 9-2-7 显示，对拟合多元回归方程的偏回归系数进行假设检验，所有偏回归系数 $t$ 检验的结果显示，200 米跑、立定跳远和 25 米行进跑的偏回归系数均有统计学意义（$P < 0.05$）。

⑤ 拟合的多元回归方程为

$$\hat{y} = 8.504 + 0.161 \times @200\text{米跑} - 0.016 \times \text{立定跳远} + 1.181 \times @25\text{米行进跑}$$

进阶内容：曲线回归分析

拓展知识：逻辑回归分析

拓展知识：路径分析

思政课堂

习题 9

习题 9 参考答案

# 第十章　非参数假设检验

假设检验包括参数假设检验与非参数检验两类，这两类方法在体育科研中都有实际应用价值。

相对于非参数检验，参数检验的使用条件更加严格一些，一般是对总体的分布做了限制性的假定。也就是在参数检验中往往要事先假设总体服从正态分布，然后对其均值或方差进行检验。

但是在体育科研中，有时候只知道总体数据是离散型分布或者量化程度较低，这时如果使用参数检验方法得到的估计或推断的可靠性就会大幅降低。而非参数检验方法对总体分布类型不加要求，适用性强，被错误使用的机会少，并且它不但适用于量化数据，也适用于低水平的非量化数据，如有序水平和列名水平的数据。本章主要介绍几种常用的非参数检验方法。

## 第一节　单样本非参数检验

### 一、拟合优度 $\chi^2$ 检验

#### （一）拟合优度检验的概念

某个随机变量是否服从某种分布是通过检验才能确定下来的（一般需要大样本数据进行检验）。**拟合优度检验**就是利用样本数据去拟合检验总体是否服从某种特定的分布，这类检验在实际应用中非常重要。

通常把常见的数据总体简单地分为可取无穷多个值的计量资料连续型总体、仅取有限个值（计数资料）的离散型总体与取无限个值的离散型总体。

单样本的非参数 $\chi^2$ 检验属于拟合优度检验。

#### （二）拟合优度 $\chi^2$ 检验

一般可以根据过去的经验或实际观察数据的分布情况，推测总体可能服从某种特定的分布。例如，假设数据服从正态分布，这时的统计假设为

$H_0$：总体服从正态分布；$H_1$：总体不服从正态分布

为了能比较实际频数和理论频数，就必须知道理论频数是多少。实际上，$H_0$ 给出了在假设总体服从正态分布时，归于每一区间内数据所占的比例（概率），由此我们可推出理论频数是多少。而 $\chi^2$ 检验可判断观察的频数是否充分地接近于在 $H_0$ 成立时可能出现的理论频数。此时可用式（10-1-1）来检验无效假设 $H_0$：

$$\chi^2=\sum_{i=1}^{m}\frac{(A_i-E_i)^2}{E_i} \qquad (10\text{-}1\text{-}1)$$

式中，$A_i$ 是第 $i$ 类中观察到的实际频数；$E_i$ 是 $H_0$ 成立时第 $i$ 类中的期望的频数（理论频数）。从式（10-1-1）中可以看出，如果观察频数和理论频数接近一致，那么其差 $(A_i - E_i)$ 就小，因而 $\chi^2$ 值就小。反之，若其差值大，则 $\chi^2$ 值也大。$\chi^2$ 值越大，观察的频数就越可能不是来自无效假设 $H_0$ 为基础的总体。

（三）拟合优度 $\chi^2$ 检验的 SPSS 软件实现

**【例 10-1-1】**65 名运动员训练前后脉搏数之差的频数分布表如表 10-1-1 所示（单位：次/min），试检验运动员脉搏差数是否服从正态分布。

**表 10-1-1　65 名运动员训练前后脉搏差数的频数分布表**

| 组段 | 脉搏差数范围 | 频数 $f$ | 组段 | 脉搏差数范围 | 频数 $f$ |
|---|---|---|---|---|---|
| 1 | 75～77 | 2 | 5 | 83～85 | 18 |
| 2 | 77～79 | 3 | 6 | 85～87 | 8 |
| 3 | 79～81 | 9 | 7 | 87～89 | 3 |
| 4 | 81～83 | 20 | 8 | 89～91 | 2 |

注：如果是原始数据，则分组可等分，也可不等分。

**解**：SPSS 操作如下。

**步骤 1**：利用频数分布表，求出 $\bar{x} = 82.9231$，$S = 2.89562$，SPSS 软件中录入变量脉搏差、频数 $f$、组中值 $x_1$、脉搏下限 $y_1$、脉搏上限 $y_2$，录入数据并保存。

**步骤 2**：SPSS 软件中选择“转换”菜单→“计算变量”命令，打开如图 10-1-1 所示的“计算变量”对话框，目标变量设置 $u_1 = \dfrac{(y_1 - \bar{x})}{S}$，单击“确定”按钮。

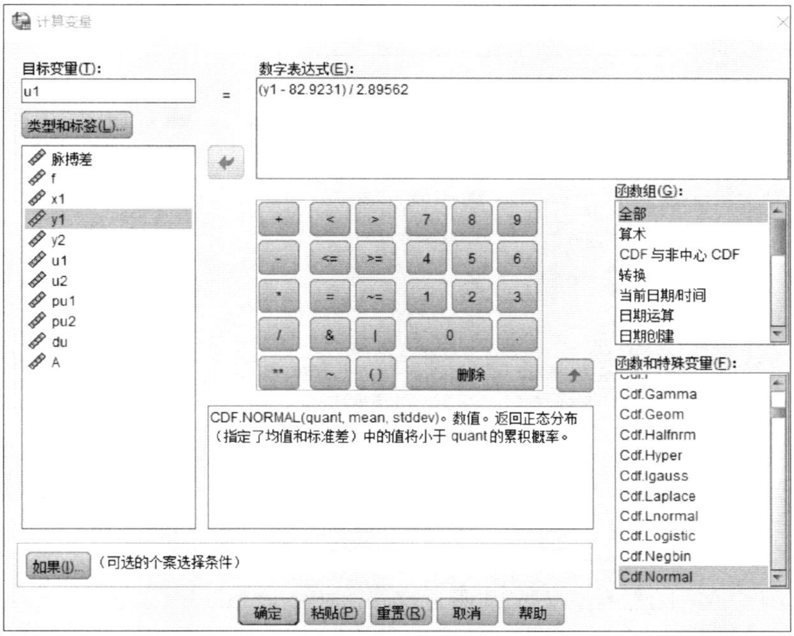


图 10-1-1　“计算变量”对话框

用同样方法生成派生变量

$$u_2=\frac{(y_2-\overline{x})}{S}$$

$$\mathrm{pu}_1=\mathrm{CDF.NORMAL}(u_1,0,1)$$

$$\mathrm{pu}_2=\mathrm{CDF.NORMAL}(u_2,0,1)$$

从而生成派生变量 $A=65\times(\mathrm{pu}_2-\mathrm{pu}_1)$，单击“确定”按钮。

**注意**：此处 CDF.NORMAL（数值、均值、标准差）返回数值左边（$-\infty$，数值）范围内指定均值、标准差的正态分布累积概率，本例这里均值取 0，标准差取 1，数值分别取 $u_1,u_2$。

**步骤 3**：在 SPSS 软件中选择“数据”菜单→“个案加权”命令，个案加权依据选择变量频数 $f$，最终数据如图 10-1-2 所示。

| 脉搏差 | f | x1 | y1 | y2 | u1 | u2 | pu1 | pu2 | du | A |
|---|---|---|---|---|---|---|---|---|---|---|
| 75～77 | 2 | 75.00 | 75.00 | 77.0000 | -2.7362 | -2.0455 | .0031 | .0204 | .0173 | 1.1241 |
| 77～79 | 3 | 78.00 | 77.00 | 79.0000 | -2.0455 | -1.3548 | .0204 | .0877 | .0673 | 4.3767 |
| 79～81 | 9 | 80.00 | 79.00 | 81.0000 | -1.3548 | -.6641 | .0877 | .2533 | .1656 | 10.7618 |
| 81～83 | 20 | 82.00 | 81.00 | 83.0000 | -.6641 | .0266 | .2533 | .5106 | .2573 | 16.7241 |
| 83～85 | 18 | 84.00 | 83.00 | 85.0000 | .0266 | .7173 | .5106 | .7634 | .2528 | 16.4319 |
| 85～87 | 8 | 86.00 | 85.00 | 87.0000 | .7173 | 1.4080 | .7634 | .9204 | .1570 | 10.2073 |
| 87～89 | 3 | 88.00 | 87.00 | 89.0000 | 1.4080 | 2.0987 | .9204 | .9821 | .0616 | 4.0072 |
| 89～91 | 2 | 90.00 | 89.00 | 91.0000 | 2.0987 | 2.7894 | .9821 | .9974 | .0153 | .9934 |

图 10-1-2　最终数据

**步骤 4**：选择“分析”菜单→“非参数检验”→“旧对话框”→“卡方检验”命令，打开如图 10-1-3 所示的“卡方检验”对话框，将“脉搏差”移入“检验变量列表”列表框中，在右下侧“期望值”区域中分别输入变量 $A$ 列下的数据，单击“确定”按钮得到如图 10-1-4 和图 10-1-5 所示的计算结果。

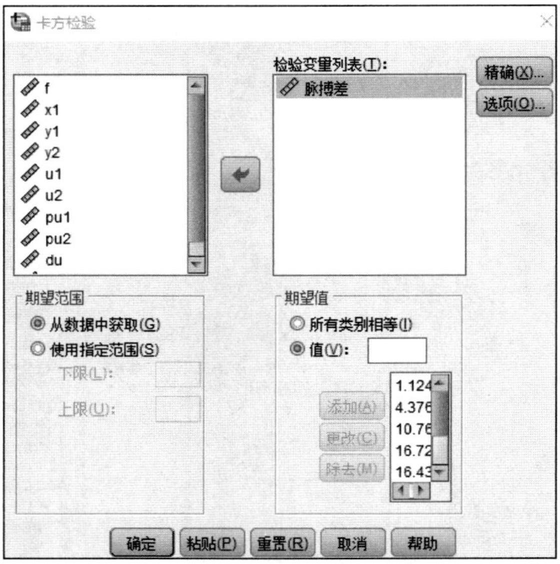


图 10-1-3　“卡方检验”对话框

| 脉搏差 | 实测个案数 | 期望个案数 | 残差 |
|---|---|---|---|
| 75～77 | 2 | 1.1 | 0.9 |
| 77～79 | 3 | 4.4 | -1.4 |
| 79～81 | 9 | 10.8 | -1.8 |
| 81～83 | 20 | 16.8 | 3.2 |
| 83～85 | 18 | 16.5 | 1.5 |
| 85～87 | 8 | 10.3 | -2.3 |
| 87～89 | 3 | 4 | -1 |
| 89～91 | 2 | 1 | 1 |

图 10-1-4　输出结果（1）

| 检验统计 | 脉搏差 |
|---|---|
| 卡方 | 3.921 |
| 自由度 | 7 |
| 渐近显著性 | .789 |

图 10-1-5　输出结果（2）

由图 10-1-4 和图 10-1-5 的计算结果表明，$\chi^2 = 3.921$，渐进显著性 $P = 0.789 > 0.05$，所以可以认为该样本数据近似服从正态分布。

## 二、二项检验

### （一）伯努利试验与二项分布

在相同的条件下，相互独立地进行同一种试验，且每一次试验只有两种结果，即随机事件 $A$ 要么发生，要么不发生，并且每次发生的概率都是相同的，这种试验就称为伯努利试验。

伯努利试验是较早被研究的随机试验模型之一。例如，抛掷硬币试验是伯努利试验，每次可能正面出现，也可能反面出现，且每次正面出现的概率都是相同的。

在概率论和统计学中，二项分布（binomial distribution）是 $n$ 次独立重复的伯努利试验中随机事件 $A$ 成功次数的离散型概率分布。

如果随机事件 $A$ 发生的概率为 $p$，那么在 $n$ 次伯努利试验下，随机事件 $A$ 发生 $k$ 次的概率为

$$P\{\text{事件}A\text{发生}k\text{次}\} = \mathrm{C}_n^k p^k (1-p)^{n-k} \quad (k = 0,1,\cdots,n)$$

二项分布是二项检验的基础。当 $n = 1$ 时，二项分布就是伯努利分布。

二项分布也是较早被研究的随机试验模型之一，它概括了最常用的一类随机现象，如抛掷硬币试验。二项分布因其最先由瑞士数学家雅科布•伯努利进行研究而得名。

### （二）二项检验

伯努利试验是只有两种可能结果的随机试验，其中随机事件 $A$ 发生（一般记为 $X = 1$）

的概率为 $p$，随机事件 $A$ 不发生（一般记为 $X=0$）的概率为 $1-p$，即

$$P\{X=1\}=p\text{，}\quad P\{X=0\}=1-p$$

伯努利分布的显著性检验假设为 $H_0: p=p_0$； $H_1: p\neq p_0$，这里 $p_0$ 为指定的概率值。

二项检验的方法（$n$ 次伯努利试验下）如下。

在小样本（$n<50$）情况下，检验统计量 $N$ 是样本取值为 1 的频数（随机事件 $A$ 发生的次数），$N$ 服从二项分布，其中，

$$N=\sum_{i=1}^{n} X_{\mathrm{i}} \qquad (10\text{-}1\text{-}2)$$

在大样本（$n\geqslant 50$）情况下，检验统计量取为 $u$，$u$ 渐进服从标准正态分布 $N(0,1)$，其中，

$$u=\frac{N-np_0}{\sqrt{np_0(1-p_0)}} \qquad (10\text{-}1\text{-}3)$$

（三）二项检验的 SPSS 软件实现

**【例 10-1-2】**某师范大学体育学院本科毕业生中，有 40 名学生达到了运动员二级（及以上）等级，其中男生 29 人，女生 11 人。问：该校毕业生达到运动员二级（及以上）等级学生的性别比和入学时男女生的性别比（0.62）是否相同？

**解**：SPSS 操作如下。

**步骤 1**：打开 SPSS 软件，输入变量性别，建立值标签“1”=男生、“2”=女生，输入数据，如图 10-1-6 和图 10-1-7 所示。

图 10-1-6 定义值标签

| | 性别 | | 性别 | | 性别 | | 性别 |
|---|---|---|---|---|---|---|---|
| 1 | 1 | 11 | 1 | 21 | 1 | 31 | 2 |
| 2 | 1 | 12 | 2 | 22 | 1 | 32 | 2 |
| 3 | 1 | 13 | 2 | 23 | 1 | 33 | 2 |
| 4 | 1 | 14 | 2 | 24 | 1 | 34 | 2 |
| 5 | 1 | 15 | 1 | 25 | 1 | 35 | 1 |
| 6 | 1 | 16 | 1 | 26 | 1 | 36 | 1 |
| 7 | 1 | 17 | 1 | 27 | 2 | 37 | 1 |
| 8 | 1 | 18 | 1 | 28 | 2 | 38 | 1 |
| 9 | 1 | 19 | 1 | 29 | 2 | 39 | 1 |
| 10 | 1 | 20 | 1 | 30 | 2 | 40 | 1 |

图 10-1-7　输入数据

**步骤 2**：选择“分析”菜单→“非参数检验”→“旧对话框”→“二项”命令，打开如图 10-1-8 所示对话框，将“性别”移入“检验变量列表”列表框中，在右下侧“检验比例”文本框中输入 0.62，单击“确定”按钮，得到如图 10-1-9 所示结果。

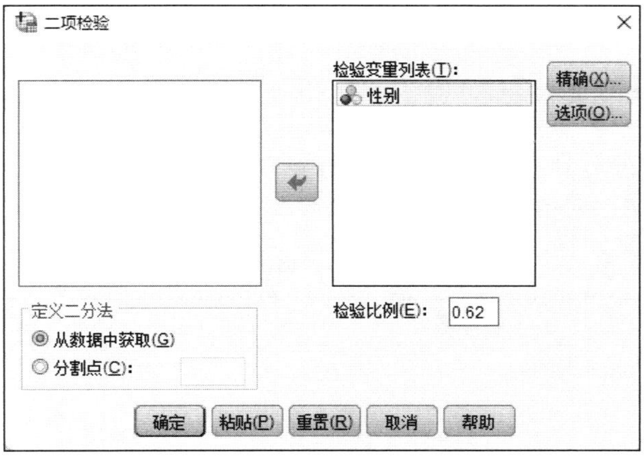


图 10-1-8　“二项检验”对话框

描述统计

| | 个案数 | 平均值 | 标准 偏差 | 最小值 | 最大值 |
|---|---|---|---|---|---|
| 性别 | 40 | 1.28 | .452 | 1 | 2 |

二项检验

| | | 类别 | 个案数 | 实测比例 | 检验比例 | 精确显著性（单尾） |
|---|---|---|---|---|---|---|
| 性别 | 组 1 | 男 | 29 | .73 | .62 | .113 |
| | 组 2 | 女 | 11 | .28 | | |
| | 总计 | | 40 | 1.00 | | |

图 10-1-9　输出结果

**结果分析：**

由样本数据计算出该校毕业生中，达到二级（及以上）等级的男生比例为 0.73（73%），女生比例为 0.28（28%），渐进显著性 $P=0.113>0.05$，可以认为在 0.05 水平上，该校毕业生达到运动员二级（及以上）等级学生的性别比和入学时男女生性别比（0.62）差异不显著。

# 第二节　两独立样本非参数检验

## 一、两独立样本非参数检验

**两独立样本非参数检验**是用于比较两个独立总体均值是否相等的一种非参数检验方法，它提供了类似两个独立样本 $t$ 检验的一种非参数检验方法。在 SPSS 软件中有 4 种可选择的检验方法：曼-惠特尼 $U$ 检验方法、柯尔莫戈洛夫-斯米诺夫 $Z$ 检验方法、莫斯极端反应检验方法及瓦尔德-沃尔福威茨游程检验方法。这里只介绍曼-惠特尼 $U$ 检验方法的应用。

$U$ 统计量和 $W$ 统计量可由 $U = W - n(n+1)/2$ 进行转换。曼-惠特尼 $U$ 检验是用于比较两个独立总体均值是否相等的一种非参数检验方法，它提供了类似两独立组样本 $t$ 检验的一种非参数检验方法，也称威尔科克森（Wilcoxon）秩和检验。此检验只需假定两个样本数据独立即可，可用于有序尺度、区间尺度和比例尺度度量的样本数据。

## 二、两独立样本非参数检验的 SPSS 软件实现

**【例 10-2-1】** 某体校同年龄组 10 名艺术体操与 7 名技巧的学生，训练一年后握力增长率如表 10-2-1 所示，试问：两队增长率是否相同？（$\alpha = 0.05$）

**表 10-2-1　数据表**

| 序号 | 体操 | | 技巧 | |
|---|---|---|---|---|
| | 增长率/% | 秩次 | 增长率/% | 秩次 |
| 1 | 12.2 | 2.5 | 11.7 | 1 |
| 2 | 14.4 | 7.5 | 17.7 | 14 |
| 3 | 14.4 | 7.5 | 12.2 | 2.5 |
| 4 | 15.1 | 10.1 | 14.0 | 6 |
| 5 | 15.3 | 11.0 | 12.3 | 4 |
| 6 | 17.1 | 13.0 | 14.7 | 9 |
| 7 | 18.7 | 15.0 | 15.8 | 12 |
| 8 | 13.0 | 5.0 | | |
| 9 | 18.9 | 16.0 | | |
| 10 | 20.1 | 17.0 | | |

**解**：数据太少无法确定其总体的分布，此时不妨用非参数检验。

$H_0$：两队增长率相同（两队握力增长率来自同一总体）；$H_1$：两队增长率不相同。

SPSS 操作如下。

**步骤 1**：建立数据文件，变量名“增长率”（测量尺度为标度）及“组别”（测量尺度为标度，建立值标签：“1”代表艺术体操，“2”代表技巧），输入数据并保存。

**步骤 2**：选择“分析”菜单→“非参数检验”→“旧对话框”→“2 个独立样本”命令（图 10-2-1），打开如图 10-2-2 所示的“双独立样本检验”对话框。

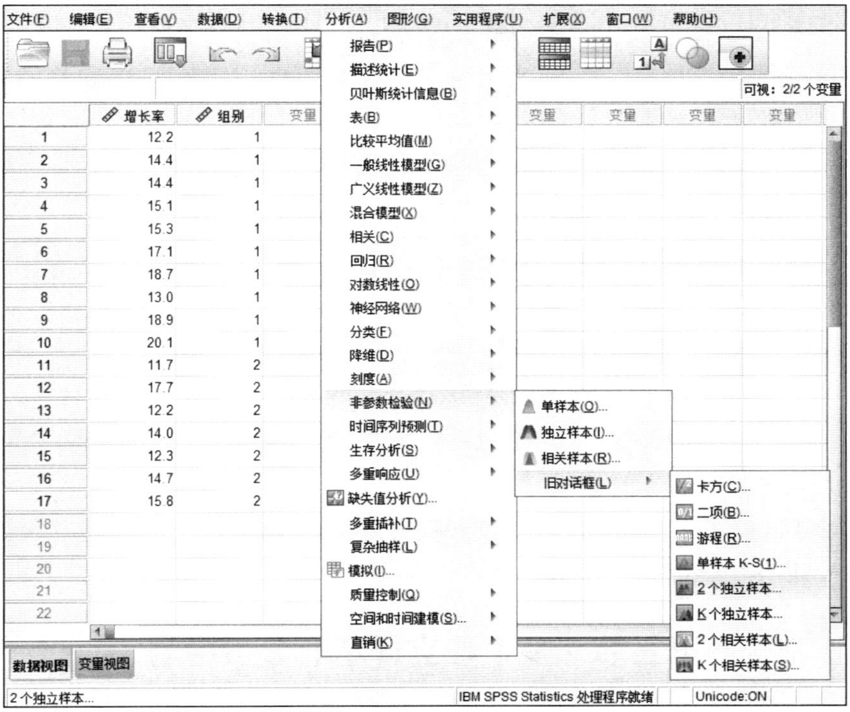

图 10-2-1　选择“2 个独立样本”命令

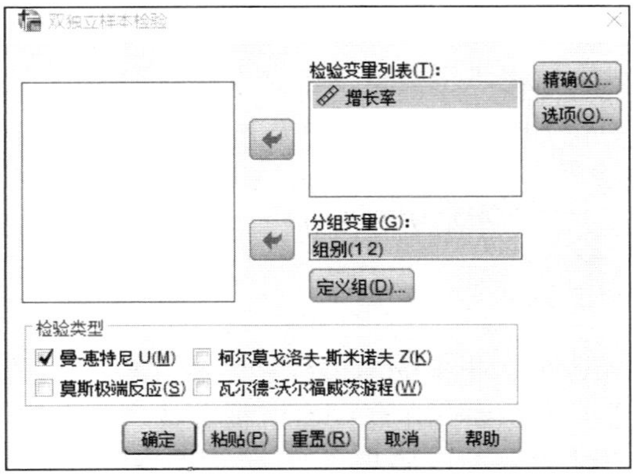

图 10-2-2　“双独立样本检验”对话框

**步骤 3**：在图 10-2-2 所示对话框中，将变量“增长率”移入“检验变量列表”列表框中，将变量“组别”移入“分组变量”列表框中，然后单击“定义组”按钮定义分组（与两独立样本参数检验相同，在此不再介绍）。

在该对话框的“检验类型”区域有 4 种可选择的方法：曼-惠特尼 $U$、柯尔莫戈洛夫-斯米诺夫 $Z$、莫斯极端反应、瓦尔德-沃尔福威茨游程。本例选择曼-惠特尼 $U$（即威尔科克森秩和检验）。

**步骤 4**：单击“确定”按钮，得到如图 10-2-3 所示的计算结果。

曼-惠特尼检验

秩

| | 组别 | 个案数 | 秩平均值 | 秩的总和 |
|---|---|---|---|---|
| 增长率 | 体操 | 10 | 10.45 | 104.50 |
| | 技巧 | 7 | 6.93 | 48.50 |
| | 总计 | 17 | | |

检验统计[a]

| | 增长率 |
|---|---|
| 曼-惠特尼U | 20.500 |
| 威尔科克森W | 48.500 |
| Z | -1.417 |
| 渐近显著性（双尾） | .157 |
| 精确显著性[2*(单尾显著性)] | .161[b] |

a. 分组变量：组别；
b. 未针对绑定值进行修正。

图 10-2-3　输出结果

**结果分析：**

图 10-2-3 给出了秩统计量：秩均值和秩的总和。检验结果中，渐进显著性（双侧）$P = 0.157 > 0.05$，所以接受 $H_0$，即认为两队增长率相同，即两队握力增长无显著性差异。

# 第三节　多个独立样本非参数检验

## 一、多个独立样本非参数检验

**多个独立样本非参数检验**是用于比较多个独立组（3 组及 3 组以上）总体均值是否相等的一种非参数检验方法，它提供了类似多个独立总体均值比较检验（单因素方差分析）的一种非参数检验方法。在 SPSS 软件中，有 3 种可选择的检验方法：克鲁斯卡尔-沃利斯 $H$ 检验方法、中位数检验方法及约克海尔-塔帕斯特拉检验方法。

下面只介绍克鲁斯卡尔-沃利斯 $H$ 检验方法与中位数检验方法的应用。

### 1. 克鲁斯卡尔-沃利斯 $H$ 检验

单因素方差分析要求各个水平下的总体数据是相互独立、等方差且服从正态分布的假定条件，其应用条件非常高，实际工作中有时很难找到符合这种条件的样本数据。

而相应的非参数检验方法——克鲁斯卡尔-沃利斯 $H$ 检验是类似于单因素方差分析（ANOVA）的非参数检验，用来检验 $k$ 个独立的样本是否来自同一总体。它并不需要总体服从正态分布，仅仅假定这 $k$ 个样本是连续型分布，并且所有的样本观测值在样本内和样本间是独立的就可以了。在实际应用中，克鲁斯卡尔-沃利斯 $H$ 检验可用于有序尺度、区间尺度及比例尺度度量的各种变量。

### 2. 中位数检验

中位数检验用于检验 $k$ 个独立组（容量不一定相等）数据是否来自同一总体，或者来自具有相同中位数的一些总体。

## 二、多个独立样本非参数检验的 SPSS 软件实现

**【例 10-3-1】** 为提高教学质量，某学校对教师的上课情况进行评分，分成 3 组：校评课组、系评课组及学生评课组。现有 5 名教师的得分如表 10-3-1 所示，试问：3 个评课组的评分标准是否有显著性差异？（ $\alpha=0.05$ ）

**表 10-3-1　评分情况表**

| 编号 | 得分/分 | | |
|---|---|---|---|
| | 校评课组 | 系评课组 | 学生评课组 |
| 1 | 10 | 12 | 9 |
| 2 | 6 | 9 | 8 |
| 3 | 7.5 | 6.5 | 8.5 |
| 4 | 11 | 9 | 7 |
| 5 | 9.8 | 11.5 | 11 |

**解：** SPSS 操作如下。

**步骤 1：** 建立数据文件，定义变量“评分”（表示各评课组所评分数）、“组别”（定义值标签：“1”代表校评课组，“2”代表系评课组，“3”代表学生评课组），输入数据并存盘。

**步骤 2：** 选择“分析”菜单→“非参数检验”→“旧对话框”→“K 个独立样本”命令（图 10-3-1），打开如图 10-3-2 所示的“针对多个独立样本的检验”对话框。

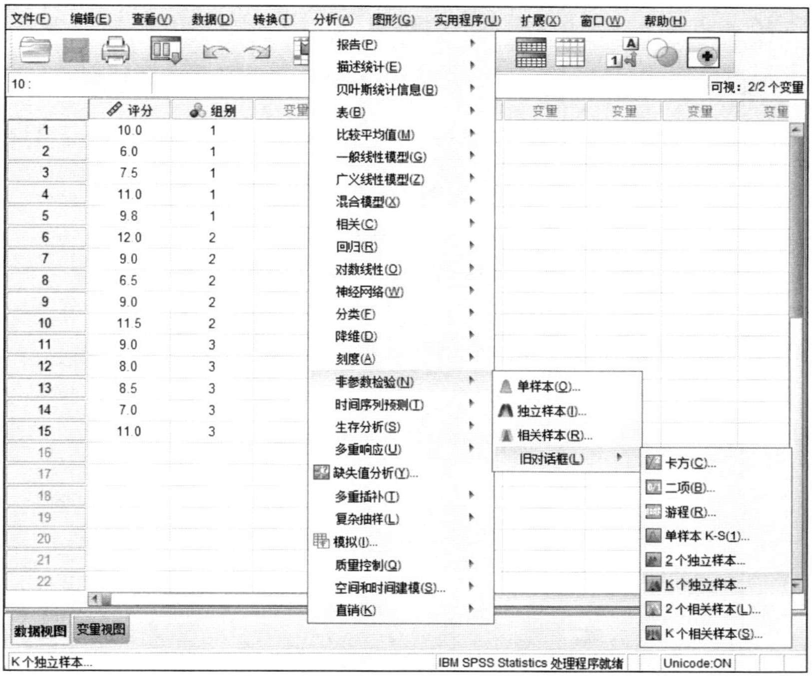


图 10-3-1　选择“K 个独立样本”命令

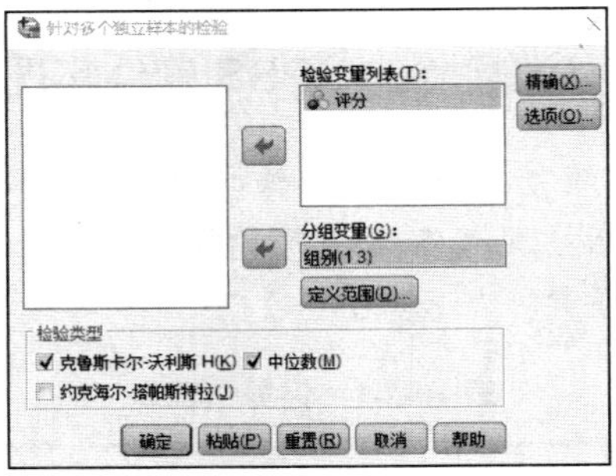


图 10-3-2 “针对多个独立样本的检验”对话框

**步骤 3**：在如图 10-3-2 所示的对话框中，将变量“评分”移入“检验变量列表”列表框中，将变量“组别”移入“分组变量”列表框中，然后单击“定义范围”按钮，打开如图 10-3-3 所示的“多个独立样本：定义范围”对话框。

**步骤 4**：在如图 10-3-3 所示的对话框的“最小值”文本框中输入 1，“最大值”文本框中输入 3，单击“继续”按钮，返回图 10-3-2 所示的对话框。

**步骤 5**：在图 10-3-2 所示的对话框的“检验类型”区域选中克鲁斯卡尔-沃利斯 H”和“中位数”复选框，单击“选项”按钮，打开“多个独立样本：选项”对话框，如图 10-3-4 所示，在该对话框的“统计”区域中选中“描述”复选框，单击“继续”按钮，返回图 10-3-2 所示的对话框。

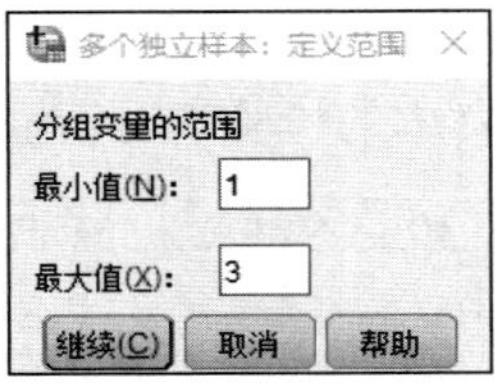


图 10-3-3 “多个独立样本：定义范围”对话框

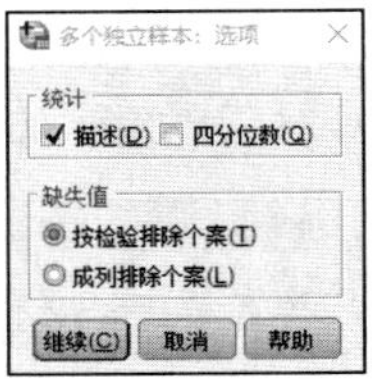


图 10-3-4 “多个独立样本：选项”对话框

**步骤 6**：单击“确定”按钮，得到如图 10-3-5 所示的计算结果。

描述统计

| | 个案数 | 平均值 | 标准偏差 | 最小值 | 最大值 |
|---|---|---|---|---|---|
| 评分 | 15 | 9.053 | 1.8439 | 60 | 12.0 |
| 组别 | 15 | 2.00 | .845 | 1 | 3 |

**克鲁斯卡尔-沃利斯检验**

秩

| | 组别 | 个案数 | 秩平均值 |
|---|---|---|---|
| 评分 | 校评课组 | 5 | 7.70 |
| | 系评课组 | 5 | 9.40 |
| | 学生评课组 | 5 | 6.90 |
| | 总计 | 15 | |

检验统计[a,b]

| | 评分 |
|---|---|
| 克鲁斯卡尔-沃利斯 H(K) | .822 |
| 自由度 | 2 |
| 渐近显著性 | .663 |

a. 克鲁斯卡尔-沃利斯检验
b. 分组变量：组别

**中位数检验**

频率

| | | 组别 | | |
|---|---|---|---|---|
| | | 校评课组 | 系评课组 | 学生评课组 |
| 评分 | >中位数 | 3 | 2 | 1 |
| | <=中位数 | 2 | 3 | 4 |

检验统计[a]

| | 评分 |
|---|---|
| 个案数 | 15 |
| 中位数 | 9.000 |
| 卡方 | 1.667[b] |
| 自由度 | 2 |
| 渐近显著性 | .435 |

a. 分组变量：组别
b. 6个单元格（100.0%）的期望频率低于5. 期望的最低单元格频率为2.0.

图 10-3-5 输出结果

**结果分析：**

图 10-3-5 中给出了基本描述统计量（注意此例的组别变量的描述统计量无实际意义）。

**克鲁斯卡尔–沃利斯 *H* 检验结果：**$\chi^2 = 0.822$（即 $H = 0.822$），渐进显著性 $P = 0.663 > 0.05$，所以接受 $H_0$，即 3 个评课组的评分无显著性差异。

**中位数检验结果：**结果中给出了各组中大于及小于等于中位数的数据个数。中位数为 9，$\chi^2 = 1.667$，自由度为 2，渐近显著性 $P = 0.435 > 0.05$，所以接受 $H_0$，即 3 个评课组的评分无显著性差异。

# 第四节　两配对样本非参数检验

## 一、两配对样本非参数检验方法

**两配对样本的非参数检验**是用于比较两个配对总体均数是否相等的一种非参数检验方法，它提供了类似两配对样本 $t$ 检验的一种非参数检验方法，在 SPSS 软件中有 4 种可选择的检验方法：威尔科克森检验、符号检验、麦克尼马尔检验及边际齐性检验方法。

这里只介绍符号检验方法与威尔科克森检验方法的应用。

### 1. 两配对组均数的符号检验

两配对样本（两相关样本）均值比较的非参数检验方法是比较两个总体的中位数是否一致的方法。符号检验法是较古老的非参数方法之一。使用者对总体分布的类型并不感兴趣，需要知道的是，总体的分位点（特别是中位数）的位置是否为某一指定值。

符号检验法对总体分布不做任何要求，遗弃了数据的真实数值代之以符号，只利用了部分关于总体的信息，使得检验的精度较差，做出拒绝 $H_0$ 的结果时反而更为可靠。

### 2. 两配对均数比较的威尔科克森检验（威尔科克森秩和检验）

用符号检验法对配对样本进行检验时没有考虑差数的大小，因而丢失了部分信息。威尔科克森提出了同时考虑差数大小的符号秩次检验法。他先把差数的绝对值从小到大排列，给每个差数以秩次，然后记上差数的符号。若两样本来自相同总体，则正秩和与负秩和应相近，若差数较大，则可能不是来自同一总体。在根据差数的绝对值求秩次时，若差数的绝对值相等，则用所占秩次的平均数为秩，然后以原差数符号为秩次符号。

## 二、两配对样本非参数检验方法的 SPSS 软件实现

**【例 10-4-1】**为了比较甲、乙两个足球裁判在两场比赛中的执法水平，对 24 名观看过此两场比赛的球迷进行了调查，球迷需给出 1～4 分来对裁判的水平进行评价，调查结果如表 10-4-1 所示，问：两裁判执法水平是否相同？（$\alpha = 0.05$）

**表 10-4-1　调查数据**

| 序号 | 甲 | 乙 | 序号 | 甲 | 乙 | 序号 | 甲 | 乙 |
|---|---|---|---|---|---|---|---|---|
| 1 | 2 | 3 | 9 | 2 | 3 | 17 | 3 | 2 |
| 2 | 1 | 4 | 10 | 1 | 3 | 18 | 3 | 3 |
| 3 | 3 | 1 | 11 | 2 | 3 | 19 | 4 | 3 |
| 4 | 4 | 2 | 12 | 2 | 2 | 20 | 4 | 4 |
| 5 | 1 | 3 | 13 | 4 | 1 | 21 | 2 | 2 |
| 6 | 2 | 4 | 14 | 2 | 1 | 22 | 3 | 3 |
| 7 | 4 | 4 | 15 | 4 | 2 | 23 | 3 | 1 |
| 8 | 2 | 4 | 16 | 2 | 4 | 24 | 2 | 2 |

**解**：SPSS 操作如下。

**步骤 1**：建立数据文件。打开 SPSS 软件，进入 SPSS 的数据编辑器，首先建立两个变量“甲裁判评分”“乙裁判评分”，录入数据，并保存。

**步骤 2**：选择“分析”菜单→“非参数检验”→“旧对话框”→“2 个相关样本”命令（图 10-4-1），打开如图 10-4-2 所示的“双关联样本检验”对话框。

图 10-4-1　选择“2 个相关样本”命令

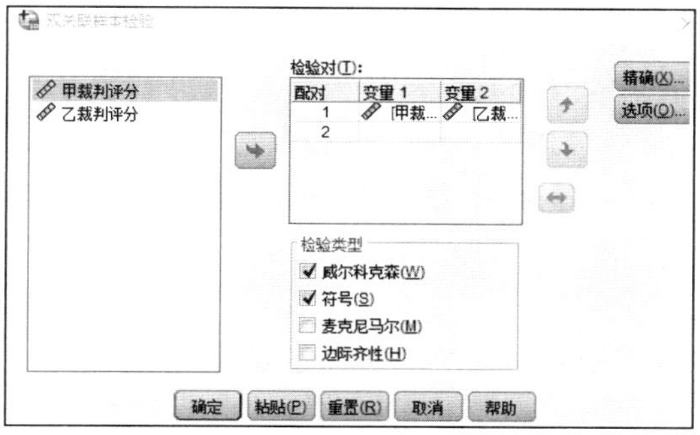


图 10-4-2　“双关联样本检验”对话框

**步骤 3：** 在如图 10-4-2 所示的对话框中，将变量“甲裁判评分”“乙裁判评分”移入“检验对”列表框中（一次可同时对多个配对变量进行计算）；在“检验类型”区域中选中“威尔科克森”和“符号”复选框；单击“确定”按钮，得到如图 10-4-3 所示的计算结果。

**威尔科克森符号秩检验**

秩

| | | 个案数 | 秩平均值 | 秩的总和 |
|---|---|---|---|---|
| 乙裁判 - 甲裁判 | 负秩 | 8[a] | 8.88 | 71.00 |
| | 正秩 | 9[b] | 9.11 | 82.00 |
| | 绑定值 | 7[c] | | |
| | 总计 | 24 | | |

a. 乙裁判 < 甲裁判；
b. 乙裁判 > 甲裁判；
c. 乙裁判 = 甲裁判。

检验统计[a]

| | 乙裁判 - 甲裁判 |
|---|---|
| Z | -.266[b] |
| 渐近显著性（双尾） | .790 |

a. 威尔科克森符号秩检验；
b. 基于负秩。

**符号检验**

频率

| | | 个案数 |
|---|---|---|
| 乙裁判 - 甲裁判 | 负差值[a] | 8 |
| | 正差值[b] | 9 |
| | 绑定值[c] | 7 |
| | 总计 | 24 |

a. 乙裁判 < 甲裁判；
b. 乙裁判 > 甲裁判；
c. 乙裁判 = 甲裁判。

检验统计[a]

| | 乙裁判 - 甲裁判 |
|---|---|
| 精确显著性（双尾） | 1.000[b] |

a. 符号检验；
b. 使用了二项分布。

图 10-4-3　输出结果

**结果分析：**

（1）图 10-4-3 左侧给出了威尔科克森符号秩和检验的统计量和检验结果，其中渐进显著性（双侧）$P = 0.790 > 0.05$，所以接受无效假设 $H_0$，即认为两裁判执法水平大致相同。

（2）图 10-4-3 右侧给出了符号检验的统计量和检验结果，其中精确显著性（双侧）$P = 1.000 > 0.05$，所以接受无效假设 $H_0$，即认为两裁判执法水平大致相同。

# 第五节　多配对样本非参数检验

## 一、多配对样本非参数检验方法

**多配对样本非参数检验**是用于在总体分布未知的情况下比较多个配对组样本数据

（3 组及 3 组以上）之间是否具有相同分布的一种非参数检验方法。在 SPSS 软件中有 3 种可选择的检验方法：傅莱德曼检验、肯德尔 $W$ 检验及柯克兰 $Q$ 检验方法。

柯克兰（Cochran）$Q$ 检验用于处理二值数据，下面只介绍傅莱德曼检验（Friedman 双向评秩方差分析检验）与肯德尔 $W$ 检验方法（Kendall'$W$ 协同系数检验）的应用。

### 1. 傅莱德曼检验

傅莱德曼检验又称傅莱德曼随机区组秩方差分析（Friedman's method for randomized blocks），适用于每个个体都具有完全相同的样本含量，而且各样本中的每一个个体都与其他样本中的相应个体具有对应的相关关系。

### 2. 肯德尔 W 检验

肯德尔 $W$ 检验也是一种非参数检验方法，用于多个相关样本的分布差异性检验，它可实现对评判者的评判标准或结果是否一致进行判断分析。其思想是考察多次评价中的排序是否随机，通常适用于考察多个评价者对被评价对象的评分是否一致。

肯德尔 $W$ 检验的统计量为

$$W=\frac{12}{k^2(n^3-n)}\sum_{i=1}^{n}\left[R_i-\frac{k(n+1)}{2}\right]^2 \qquad (10\text{-}5\text{-}1)$$

在无效假设 $H_0$ 成立条件下，$W$ 服从自由度为 $n-1$ 的 $\chi^2$ 分布，式中，$k$ 为评价者人数；$n$ 为被评价对象人数；$R_i$ 为 $k$ 个评价者对第 $i$ 个被评价对象评价结果的秩和（表中列和）。

肯德尔 $W$ 协同系数反映了各行数据间的相关程度，它的取值范围在[0,1]范围内，取值越接近于 1，则认为评价者的标准越趋于一致。

## 二、多配对样本非参数检验的 SPSS 软件实现

**【例 10-5-1】**有 4 种方法可以对学生进行放松训练，训练结束后立即测试训练效果，测试结果从 0 ~ 10 表示放松效果由低到高，受试者由 10 名学生组成，测试成绩如表 10-5-1 所示，请问：这些放松方法是否有显著性差异？

**表 10-5-1 测试成绩**

| 方法 | 1 | 2 | 3 | 4 | 5 | 6 | 7 | 8 | 9 | 10 |
|---|---|---|---|---|---|---|---|---|---|---|
| 方法 1 | 6 | 2 | 4 | 7 | 3 | 6 | 8 | 7 | 3 | 5 |
| 方法 2 | 3 | 4 | 6 | 2 | 7 | 9 | 5 | 7 | 4 | 4 |
| 方法 3 | 3 | 6 | 10 | 7 | 3 | 5 | 7 | 6 | 7 | 3 |
| 方法 4 | 5 | 6 | 4 | 4 | 7 | 6 | 4 | 5 | 6 | 9 |

**解**：SPSS 操作如下。

**步骤 1**：建立数据文件。打开 SPSS 软件，进入 SPSS 的数据编辑器，首先建立 4 个变量“方法 1”“方法 2”“方法 3”和“方法 4”，类型都是有序水平，输入数据，并存盘。

**步骤 2**：选择“分析”菜单→“非参数检验”→“旧对话框”→“K 个相关样本”命令（图 10-5-1），打开如图 10-5-2 所示的“针对多个相关样本的检验”对话框。

图 10-5-1 选择“K 个相关样本”命令

图 10-5-2 “针对多个相关样本的检验”对话框

**步骤 3**：在如图 10-5-2 所示的对话框中，将变量“方法 1”“方法 2”“方法 3”和“方法 4”移入“检验变量”列表框中；在“检验类型”区域中选中“傅莱德曼”复选框；单击“确定”按钮，得到如图 10-5-3 所示的计算结果。

描述统计

| | 个案数 | 平均值 | 标准偏差 | 最小值 | 最大值 |
|---|---|---|---|---|---|
| 方法1 | 10 | 5.10 | 2.025 | 2 | 8 |
| 方法2 | 10 | 5.10 | 2.132 | 2 | 9 |
| 方法3 | 10 | 5.70 | 2.263 | 3 | 10 |
| 方法4 | 10 | 5.60 | 1.578 | 4 | 9 |

**傅莱德曼检验**

秩

| | 秩平均值 |
|---|---|
| 方法1 | 2.55 |
| 方法2 | 2.45 |
| 方法3 | 2.50 |
| 方法4 | 2.50 |

检验统计[a]

| | |
|---|---|
| 个案数 | 10 |
| 卡方 | .033 |
| 自由度 | 3 |
| 渐近显著性 | .998 |

a. 傅莱德曼检验

图 10-5-3　输出结果

**结果分析：**

（1）图 10-5-3 的描述统计表给出了描述统计量。

（2）图 10-5-3 的傅莱德曼检验表给出了秩统计量和检验结果，其中渐进显著性 $P=0.998>0.05$，所以接受无效假设 $H_0$，即认为 4 种放松方法无显著性差异。

**【例 10-5-2】**体育高考时有 5 位专家给 10 名参与武术考试的考生打分，其中正踢腿为 1～10 分，打分数据如表 10-5-2 所示，请问：这些专家打分是否具有一致性？

**表 10-5-2　正踢腿专家打分数据**

| 考生 | 专家打分/分 | | | | |
|---|---|---|---|---|---|
| | 专家 1 | 专家 2 | 专家 3 | 专家 4 | 专家 5 |
| 1 | 8.1 | 9.1 | 7.5 | 8.5 | 9.2 |
| 2 | 3.5 | 4.2 | 6.0 | 5.6 | 5.0 |
| 3 | 8.7 | 9.2 | 9.3 | 8.8 | 9.0 |
| 4 | 7.2 | 6.9 | 7.5 | 8.2 | 6.8 |
| 5 | 7.5 | 7.9 | 6.8 | 7.1 | 8.5 |
| 6 | 6.3 | 8.5 | 6.8 | 7.2 | 7.1 |
| 7 | 8.8 | 7.5 | 7.8 | 6.3 | 9.1 |
| 8 | 7.0 | 7.2 | 6.8 | 5.9 | 7.5 |
| 9 | 4.6 | 5.4 | 6.7 | 6.6 | 7.0 |
| 10 | 6.5 | 7.0 | 5.8 | 6.8 | 6.9 |

**解：**SPSS 操作如下。

**步骤 1：**建立数据文件。打开 SPSS 软件，进入 SPSS 的数据编辑器，首先建立 10 个变量“考生 1”“考生 2”……“考生 10”。类型都是有序水平，输入数据，并保存。

**步骤 2：**选择“分析”菜单→“非参数检验”→“旧对话框”→“K 个相关样本”命令（图 10-5-4），打开如图 10-5-5 所示的对话框。

**步骤 3：**在图 10-5-5 所示的对话框中，将变量“考生 1”～“考生 10”移入“检验变量”列表框中；在“检验类型”区域中选中“肯德尔 W”复选框；单击“确定”按钮，得到如图 10-5-6 所示的计算结果。

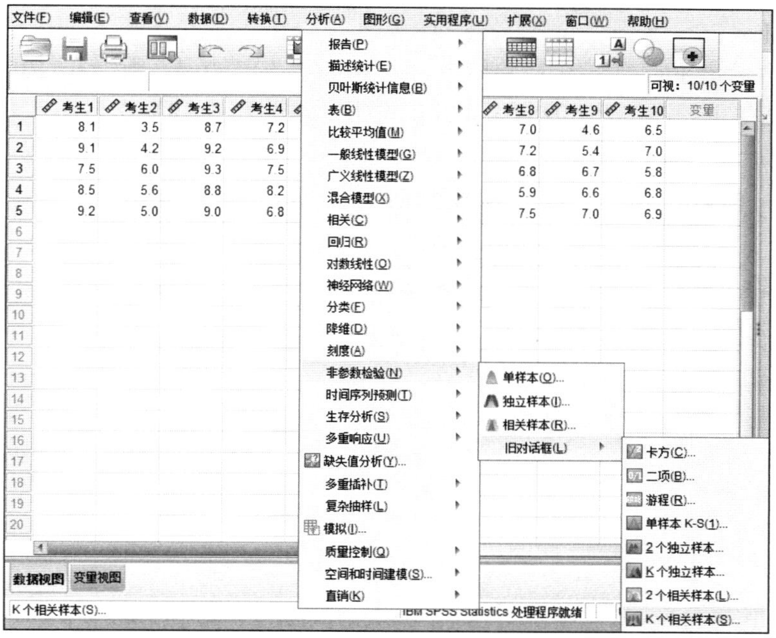


图 10-5-4 选择“K 个相关样本”命令

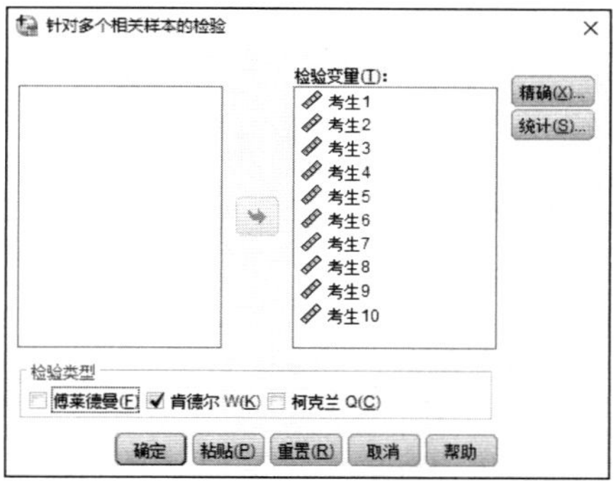


图 10-5-5 “针对多个相关样本的检验”对话框

**肯德尔 W 检验**

**秩**

| | 秩平均值 |
|---|---|
| 考生1 | 8.70 |
| 考生2 | 1.20 |
| 考生3 | 9.40 |
| 考生4 | 5.30 |
| 考生5 | 6.40 |
| 考生6 | 5.60 |
| 考生7 | 7.40 |
| 考生8 | 4.60 |
| 考生9 | 3.00 |
| 考生10 | 3.40 |

**检验统计**

| | |
|---|---|
| 个案数 | 5 |
| 肯德尔 W[a] | .730 |
| 卡方 | 32.861 |
| 自由度 | 9 |
| 渐近显著性 | .000 |

a. 肯德尔协同系数。

图 10-5-6 输出结果

**结果分析：**

图 10-5-6 给出了肯德尔 $W$ 检验结果，其中肯德尔 $W$ 协调系数为 0.730，说明 5 位专家的打分一致程度较高。$P = 0.000 < 0.01$，说明原假设 $W$ 系数为 0 不成立，表示 $W$ 系数不为 0，且具有统计学意义。

思政课堂　　习题 10　　习题 10 参考答案

# 第十一章　聚 类 分 析

在体育领域中，为了全面系统地分析问题，不论是运动训练选材指标的确定、体育产业测量指标的构建，还是社会体育发展满意度的测评，都需要考虑所研究问题的多个指标。由于指标之间可能存在相关性，需要对大量指标进行分类，在多元统计分析中经常采用聚类分析方法。

**聚类分析**是一种根据研究对象的特征对研究问题的多个指标进行分类的“物以类聚”的主要多元统计方法。聚类分析的实质是将一批样本数据按照他们之间的相关性或“距离”，在没有先验知识的情况下从一类分成若干分类。因此，在实际研究中，依据一定的专业要求选择分成几类更合适。具体地说，聚类分析是根据相近程度（如关系的密切程度、属性的相似程度或距离的远近程度等），将观察指标或观察对象（样品）归并成不同类别的方法。聚类分析方法不仅能对指标进行聚类即 R 型聚类，也能对个体进行分类即 Q 型聚类。

聚类分析的基本思想：先根据指标或样本个体数据特征，依据经验、相关理论、专业知识等，按照指标或样本个体亲疏程度探索性分类，可产生多个分类结果，再依据分类图等从中选择较合适的分类结果。不论是指标聚类还是样品聚类，聚成一类的指标间或样品间，在数据特征上表现出较小差异，而且差异越小越好；类与类之间则表现出较大差异，而且差异越大越好。

本章不赘述聚类分析的数理统计公式及计算过程，仅介绍基于 SPSS 26.0 软件的实例操作。以下介绍中，一是对指标聚类并命名、确定典型指标，二是对样品聚类。

## 第一节　指 标 聚 类

### 一、指标聚类的定义

指标聚类也称为 **R 型聚类**，是用观察的指标进行分类。例如，体育科研中，将形态指标进行分类，将素质指标进行分类，将影响跳高成绩的指标进行分类，将问卷调查的条目（题项）进行分组等。

**【例 11-1-1】**某校 28 名中学生的主要形态指标包括身高、坐高、上肢长、胸围、腰围、肩宽和骨盆宽，具体数据如图 11-1-1 所示，单位是 cm，对上述指标进行 R 型聚类分析。

| | 身高 | 坐高 | 上肢长 | 胸围 | 腰围 | 肩宽 | 骨盆宽 |
|---|---|---|---|---|---|---|---|
| 1 | 166.0 | 87.5 | 74.2 | 91.1 | 73.2 | 35.1 | 29.0 |
| 2 | 162.0 | 87.4 | 70.0 | 81.0 | 64.5 | 32.0 | 30.4 |
| 3 | 166.0 | 89.0 | 71.0 | 82.0 | 70.0 | 33.0 | 30.0 |
| 4 | 163.0 | 88.7 | 68.7 | 83.5 | 69.4 | 30.0 | 28.5 |
| 5 | 170.0 | 88.6 | 75.0 | 79.0 | 66.0 | 33.8 | 30.0 |
| 6 | 166.0 | 89.5 | 71.0 | 78.3 | 66.8 | 34.0 | 31.0 |
| 7 | 167.8 | 91.0 | 75.5 | 80.1 | 67.2 | 36.0 | 32.0 |
| 8 | 160.0 | 88.0 | 67.6 | 83.5 | 64.7 | 30.0 | 28.5 |
| 9 | 174.3 | 93.5 | 75.6 | 84.0 | 70.3 | 37.0 | 32.0 |
| 10 | 162.0 | 85.0 | 72.0 | 87.0 | 69.0 | 33.5 | 30.5 |
| 11 | 167.8 | 91.1 | 69.3 | 83.9 | 72.3 | 36.5 | 29.5 |
| 12 | 172.5 | 91.5 | 73.8 | 84.0 | 61.9 | 34.0 | 32.0 |
| 13 | 157.5 | 86.4 | 66.5 | 81.2 | 63.7 | 34.2 | 27.0 |
| 14 | 161.0 | 83.6 | 62.5 | 81.4 | 63.7 | 35.5 | 29.0 |
| 15 | 161.3 | 87.3 | 67.7 | 76.7 | 64.2 | 32.0 | 28.5 |
| 16 | 175.0 | 93.3 | 72.0 | 86.0 | 70.5 | 37.0 | 33.0 |
| 17 | 161.0 | 89.0 | 68.5 | 94.0 | 75.0 | 37.4 | 34.0 |
| 18 | 164.0 | 86.2 | 82.5 | 80.0 | 63.6 | 32.5 | 26.8 |
| 19 | 171.0 | 93.5 | 73.0 | 84.3 | 69.5 | 36.5 | 28.5 |
| 20 | 166.4 | 91.1 | 74.4 | 90.1 | 71.0 | 38.1 | 33.2 |
| 21 | 159.0 | 85.0 | 66.4 | 79.0 | 61.0 | 35.0 | 26.0 |
| 22 | 164.0 | 89.5 | 67.0 | 84.5 | 69.2 | 30.8 | 27.8 |
| 23 | 166.0 | 85.2 | 65.8 | 80.2 | 67.0 | 36.0 | 30.0 |
| 24 | 159.5 | 87.8 | 66.9 | 82.4 | 63.6 | 30.0 | 26.5 |
| 25 | 164.1 | 87.3 | 70.3 | 81.9 | 66.3 | 33.0 | 28.5 |
| 26 | 158.4 | 84.3 | 65.0 | 86.5 | 66.5 | 35.0 | 29.5 |
| 27 | 160.0 | 87.5 | 67.4 | 88.5 | 71.1 | 35.2 | 26.8 |
| 28 | 161.5 | 89.2 | 68.5 | 85.2 | 66.8 | 40.8 | 32.4 |

图 11-1-1　原始数据

**说明**：本例只有 28 个样本，实际研究中要求样本含量至少是指标数的 5～10 倍。

**解**：R 型聚类分析操作步骤如下。

**步骤 1**：选择“分析”菜单→“分类”→“系统聚类”命令（图 11-1-2），打开“系统聚类分析”对话框，如图 11-1-3 所示。

图 11-1-2　选择“聚类分析”命令

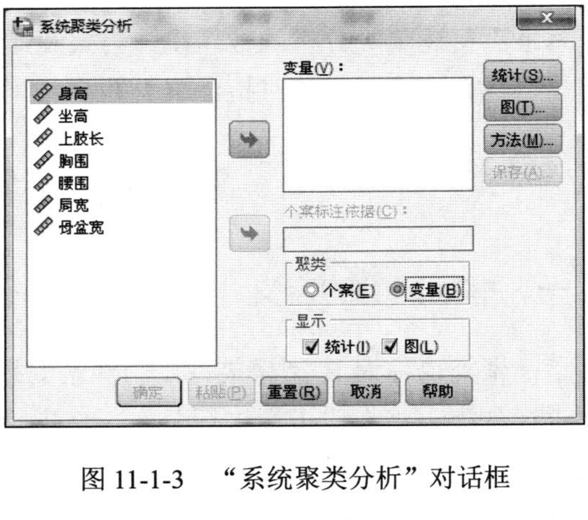


图 11-1-3　“系统聚类分析”对话框

**步骤 2**：在图 11-1-3 所示的对话框中，将所选指标通过箭头移入右侧的“变量”列表框中，再在“聚类”区域中选中“变量”单选按钮（系统默认为选中“个案”单选按钮）。

**步骤 3**：单击“统计”按钮，打开“系统聚类分析：统计”对话框，选中“解的范围”单选按钮，在“最小聚类数”“最大聚类数”文本框中输入需要分类数的范围，本例输入

2 和 4，同时选中“近似值矩阵”复选框（其实是相关系数矩阵），如图 11-1-4 所示，单击“继续”按钮，返回图 11-1-3 所示的对话框。

**步骤 4**：在图 11-1-3 所示的对话框中，单击“图”按钮，打开“系统聚类分析：图”对话框，如图 11-1-5 所示。在该对话框中，选中“谱系图”复选框，单击“继续”按钮，返回图 11-1-3 所示的对话框。

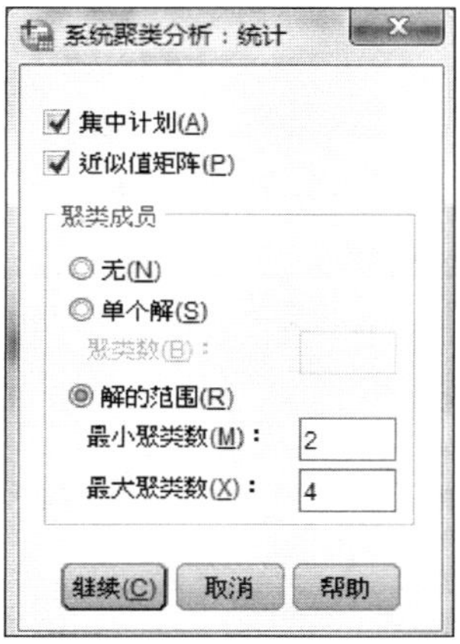


图 11-1-4 “系统聚类分析：统计”对话框

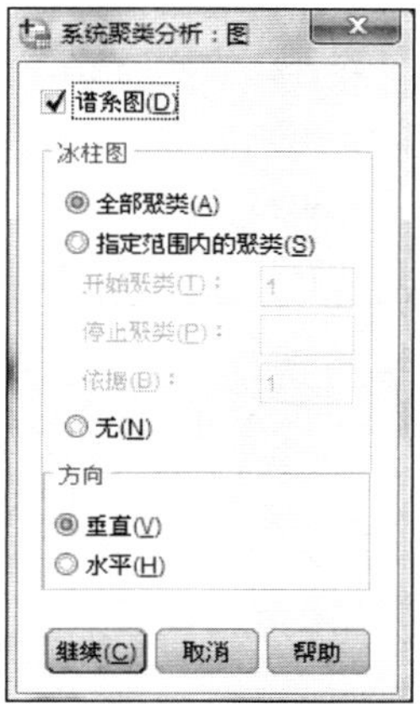


图 11-1-5 “系统聚类分析：图”对话框

**步骤 5**：在图 11-1-3 所示的对话框中，单击“方法”按钮，打开“系统聚类分析：方法”对话框，如图 11-1-6 所示。在“聚类方法”下拉列表中选择“组间联接”选项，在“测量”区域中选中“区间”单选按钮，并在右侧的下拉列表中选择“皮尔逊相关性”选项，单击“继续”按钮，返回图 10-1-3 所示的对话框。

图 11-1-6 “系统聚类分析：方法”对话框

**步骤 6**：在“系统聚类分析”对话框中单击“确定”按钮，输出结果，如图 11-1-7～图 11-1-9 所示。

**结果分析：**

（1）指标间的相关系数矩阵表如表 11-1-1 所示。

**表 11-1-1　相关系数矩阵**

| 指标 | 身高 | 坐高 | 上肢长 | 胸围 | 腰围 | 肩宽 | 骨盆宽 |
|---|---|---|---|---|---|---|---|
| 身高 | 1.000 | 0.781 | 0.604 | 0.013 | 0.300 | 0.309 | 0.512 |
| 坐高 | 0.781 | 1.000 | 0.469 | 0.192 | 0.426 | 0.301 | 0.504 |
| 上肢长 | 0.604 | 0.469 | 1.000 | 0.024 | 0.152 | 0.103 | 0.266 |
| 胸围 | 0.013 | 0.192 | 0.024 | 1.000 | 0.727 | 0.381 | 0.387 |
| 腰围 | 0.300 | 0.426 | 0.152 | 0.727 | 1.000 | 0.382 | 0.433 |
| 肩宽 | 0.309 | 0.301 | 0.103 | 0.381 | 0.382 | 1.000 | 0.588 |
| 骨盆宽 | 0.512 | 0.504 | 0.266 | 0.387 | 0.433 | 0.588 | 1.000 |

（2）指标的具体分类表如图 11-1-7 所示，图中显示分成了 2～4 类。

| 指标 | 4 个聚类 | 3 个聚类 | 2 个聚类 |
|---|---|---|---|
| 身高 | 1 | 1 | 1 |
| 坐高 | 1 | 1 | 1 |
| 上肢长 | 2 | 1 | 1 |
| 胸围 | 3 | 2 | 2 |
| 腰围 | 3 | 2 | 2 |
| 肩宽 | 4 | 3 | 2 |
| 骨盆宽 | 4 | 3 | 2 |

图 11-1-7　聚类成员

（3）谱系图如图 11-1-8 所示。

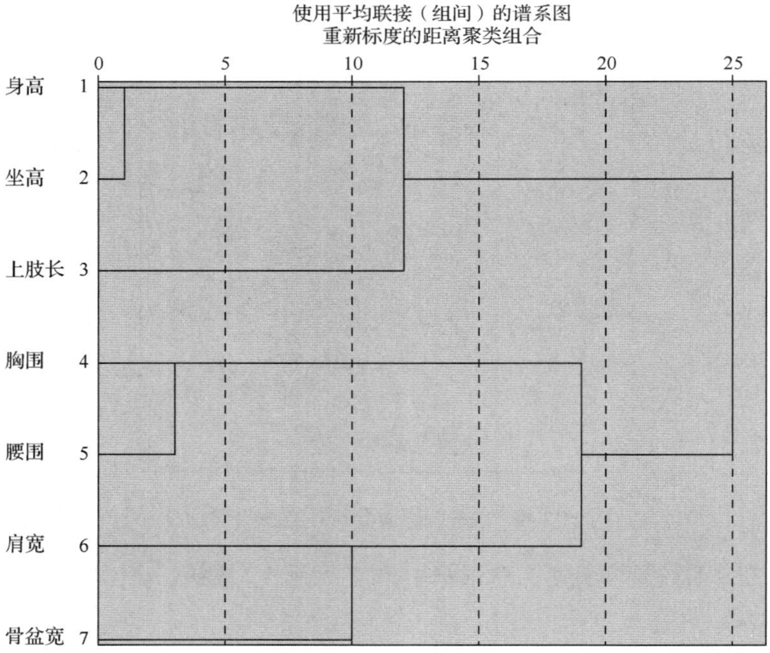


图 11-1-8　谱系图

从谱系数可直观地看出分类过程，根据人体形态测量的专业知识，体格主要包括长度、宽度和围度 3 类，故分成 3 类较好，同时发现聚类结果为身高、坐高和上肢长为一类，属于长度指标；胸围和腰围为一类，属于围度指标；肩宽和骨盆宽为一类，属于宽度指标。

## 二、确定典型指标

采用例 11-1-1 的数据，在进行 R 型聚类后，还需要从各类中挑选出一个有代表性的指标，通常称作典型性指标或代表性指标。选择标准如下：

（1）当某类中只含有一个指标时，该变量就是典型指标；

（2）当某类中含有两个指标时，可任选一个作为典型指标，虽可任选但通常选择较易测量、较常用、较认可的指标；

（3）当某类中含有 3 个及以上指标时，先计算各指标间的平均相关系数，将平均相关系数最大的指标作为该类的典型指标。

平均相关系数的计算公式为

$$\overline{R^2} = \frac{\sum r^2}{n-1} \qquad (11\text{-}1\text{-}1)$$

式中，$r$ 为该类中两两指标的相似系数；$n$ 为类中所包含的指标个数。

也就是说，要分别求出该类中各指标与其他指标间相关系数平方的平均数，由于相关系数有正负之分，所以不能用相关系数的平均数。在例 11-1-1 中，根据相关系数矩阵（表 11-1-1）可知，身高与坐高、上肢长的相关系数分别是 0.781 和 0.604，坐高与身高、上肢长的相关系数分别是 0.781 和 0.469，上肢长与身高和坐高的相关系数分别是 0.604 和 0.469。那么，身高的平均相关系数为

$$\overline{R^2} = \frac{0.781^2 + 0.604^2}{2} \approx 0.4874$$

以此类推，分别求出其他指标的平均相关系数，其值经比较后选择身高。由于肩宽、腰围较易测量，所以作为典型指标。具体典型指标如表 11-1-2 所示。

**表 11-1-2 身体形态指标聚类及典型指标选取结果**

| 类别 | 具体指标 | 平均相关系数 | 典型指标 |
|---|---|---|---|
| 长度 | 身高 | 0.4874 | 身高 |
| | 坐高 | 0.4150 | |
| | 上肢长 | 0.2924 | |
| 宽度 | 肩宽<br>骨盆宽 | 选其一 | 肩宽 |
| 围度 | 胸围<br>腰围 | 选其一 | 腰围 |

# 第二节　样品聚类

对样品（个体）进行分类也称为 **Q 型聚类**。例如，将某班 45 名学生按高考文化课成绩分成好、中、差 3 类；将某集训队 18 名队员按专项成绩分成一队和二队；将受伤运动员，根据受伤程度分为轻、中、重 3 个等级；将根据游泳运动员的技术指标和形态指标进行分类，以寻求各运动员更适合的泳姿训练等。

**【例 11-2-1】** 某年 31 个省、自治区、直辖市的场地数量（单位：个）、建成场地面积（单位：$m^2$/万人）、体育场馆投资金额（单位：万元/万人）可大致反映当年各省、自治区、直辖市体育场地建设的数量与质量，根据各地的建设体育场地质量（具体数据如图 11-2-1 所示），对各地进行 Q 型聚类分析。

**解**：SPSS 操作如下。

**步骤 1**：打开 SPSS 26.0 软件，选择“分析”菜单→“分类”→“系统聚类”命令（图 11-2-1），打开“系统聚类分析”对话框。

图 11-2-1　选择“系统聚类”命令

**步骤 2**：在“系统聚类分析”对话框中，将各指标移入右侧“变量”列表框中，如图 11-2-2 所示。

**注意**：将“省区市”指标移入“个案标注依据”列表框中，更便于看出运行后分类的结果。

**步骤 3**：确定分类数。有两种情形，一是已确定分类数，二是探索性分类，本例为后者。在“系统聚类分析”对话框中，单击“统计”按钮，打开“系统聚类分析：统计”对话框，如图 11-2-3 所示，选中“解的范围”单选按钮，并分别在“最小聚类数”“最大聚类数”文本框中输入“2”和“5”，单击“继续”按钮，返回上一级对话框。

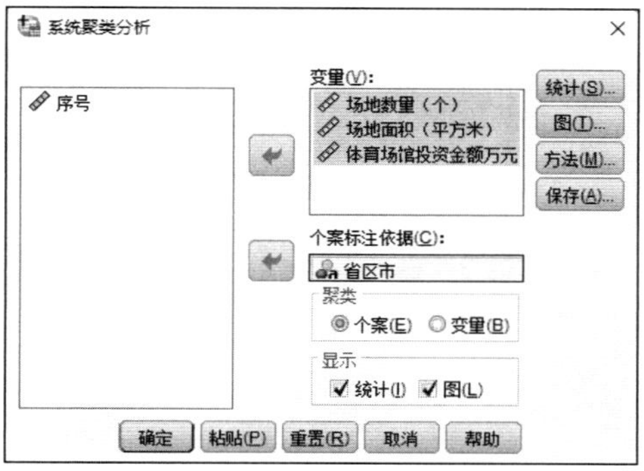


图 11-2-2 “系统聚类分析”对话框

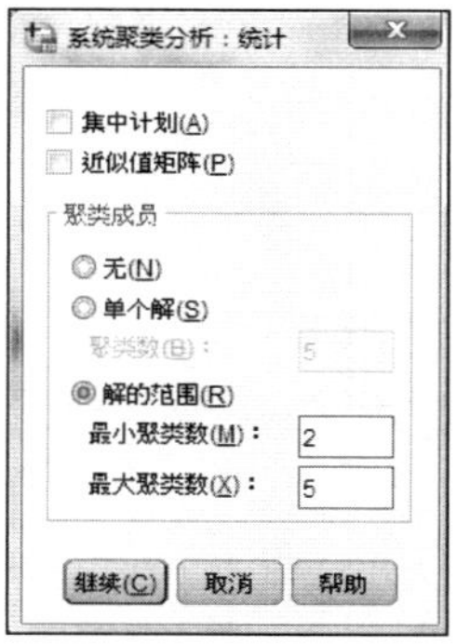


图 11-2-3 “系统聚类分析：统计”对话框

**步骤 4**：在“系统聚类分析”对话框中，单击“图”按钮，打开如图 11-2-4 所示的对话框，选中“谱系图”复选框，单击“继续”按钮，返回上一级对话框。

**步骤 5**：在“系统聚类分析”对话框中，单击“方法”按钮，打开如图 11-2-5 所示的对话框，在“聚类方法”下拉列表中选择“组间联接”选项，在“测量”区域中选中“区间”单选按钮，并在右侧的下拉列表中选择“平方欧氏距离”或“欧氏距离”选项，然后在“转换值”区域的“标准化”下拉列表中选择“Z 得分”选项，单击“继续”按钮，返回上一级对话框。

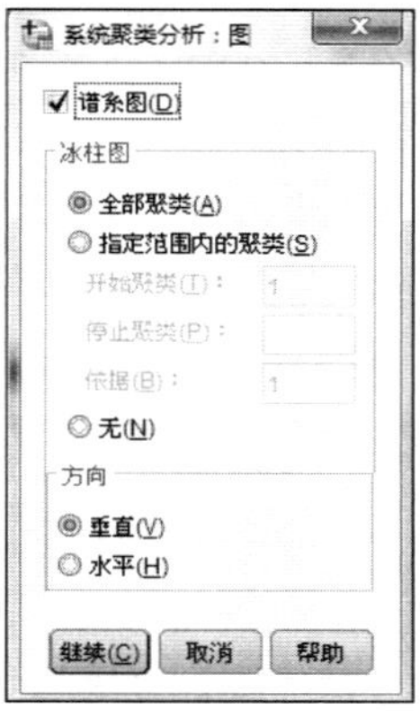


图 11-2-4 “系统聚类分析：图”对话框

图 11-2-5 “系统聚类分析：方法”对话框

**步骤 6**：在“系统聚类分析”对话框中，单击“确定”按钮，输出绘制的谱系图，如图 11-2-6 所示。

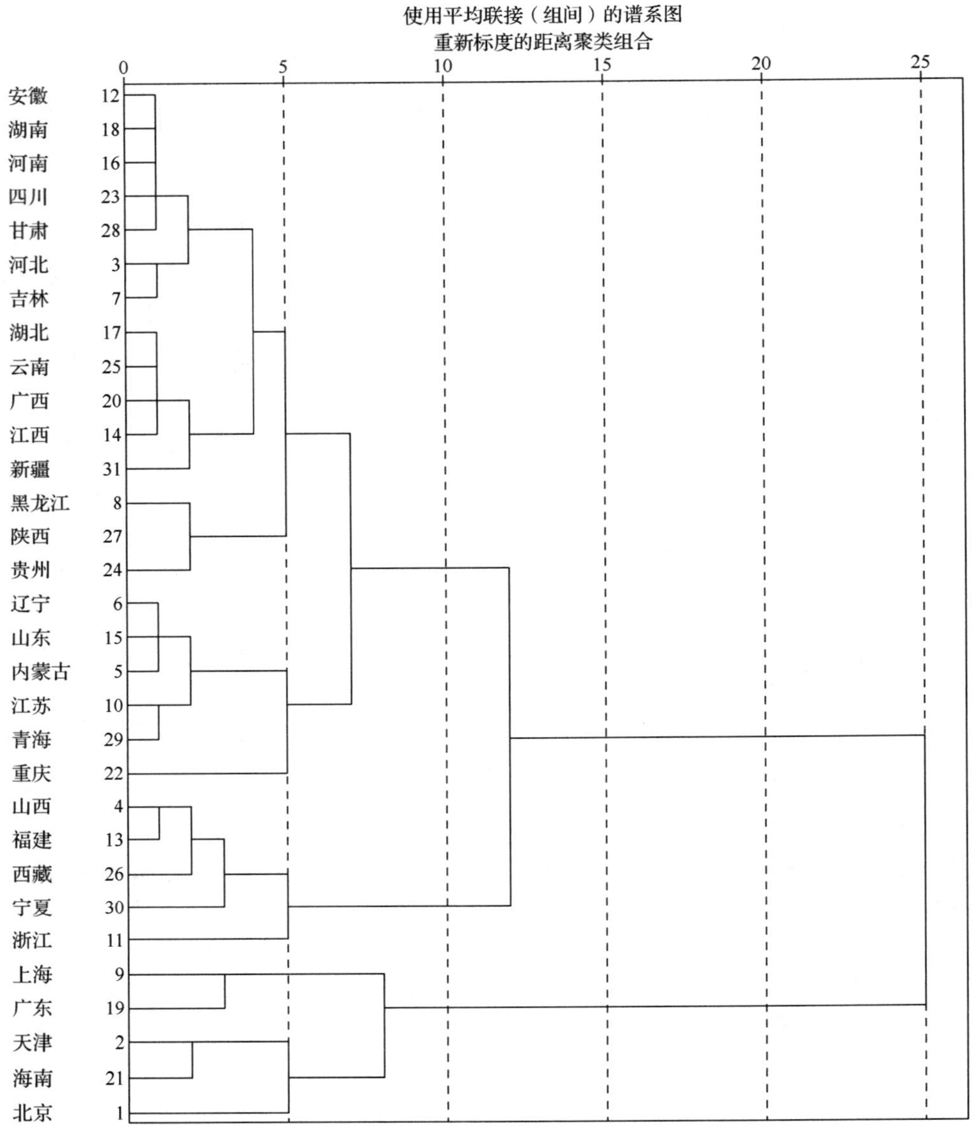


图 11-2-6　谱系图

**结果分析：**

结合指标的内涵，从谱系图中可以看出，一般分成 3 类较合适，具体如下。

类别 1：优秀类有上海、广东、天津、海南、北京。

类别 2：良好类是山西、福建、西藏、宁夏、浙江。

类别 3：其他类是其他省、自治区和直辖市。

思政课堂　　习题 11　　习题 11 参考答案

# 第十二章 判 别 分 析

在体育领域中，人们经常会遇到如何归类的问题。人们经常利用已经分好类别的样本数据信息，总结出客观事物分类的规律性，建立分类法则（一般是与分类相关的若干个指标的线性关系式），并且可以利用这个法则对某一研究对象的具体归属做出判断，这样的归类方法就称为判别分析。例如，在训练中，教练员可以依据优秀运动员和一般运动员的基本身体素质指标建立相应的判别法则，当进行运动员选材时，就可以通过测试运动员的基本身体素质，依据该法则选出可塑性强的运动员。本章以多元统计理论为基础，分别介绍判别分析的基本原理、典型判别分析、逐步判别分析的 SPSS 操作方法。

## 第一节 基 本 原 理

### 一、基本思想

在通常情况下，对某一分类问题给定 $k$ 个不同的类别，可以看作 $k$ 个不同的总体 $(\pi_1,\pi_2,\cdots,\pi_k)$。不同类别（总体）的变量分布不同，根据 $p$ 个相联系的随机变量 $X=(X_1,X_2,\cdots,X_p)$ 的观测值来对这些对象进行分离或分类，如表 12-1-1 所示，并建立一个判别法则（判别函数），依据该法则，对于给定的任意一个待判样品 $X$，就能判断它属于哪个类别（总体）。

**表 12-1-1 判别分析总体和变量**

| 总体 $(\pi_1,\pi_2,\cdots,\pi_k)$ | 所测量的变量 $X(X_1,X_2,\cdots,X_p)$ |
|---|---|
| （1）准备购买跑步机和不准备购买跑步机的家庭（$k=2$） | 收入、家庭可用于锻炼的面积（$p=2$） |
| （2）赛前过度紧张组和正常组（$k=2$） | 焦虑、依赖性、完美主义量度（$p=3$） |
| （3）男子十项全能技术速度型和力量耐力型运动员（$k=2$） | 100 米跑、立定三级跳、原地推铅球和 800 米跑（$p=4$） |
| （4）优秀体育教师、普通体育教师和不称职体育教师（$k=3$） | 大学期间道德素质、专业实践素质、专业理论素质、能力素质及创新素质（$p=5$） |

判别分析的几何意义：将 $p$ 维欧氏空间划分为 $k$ 个部分，若待判样品的值处于第 $i$ 部分，就判定它属于第 $i$ 类。对于表 12-1-1 中的第一个研究问题（$k=2$，$p=2$），可以通过平面图形（图 12-1-1）给出直观解释。设准备购买跑步机的家庭的散点大多分布在右上方区域，不准备购买跑步机的家庭散点大多分布在左下方区域，若用一条适当的线将它们分开，并将每一个样本画在散点图上，就可以根据它们是在线的右上方还是在左下方来

判断它们是否属于准备购买跑步机家庭。于是，用来区分分类的线要恰当，否则就会将准备购买跑步机的家庭判到不准备购买跑步机的家庭，或者相反。因此，如何选择这条线（判别函数）就显得非常重要。

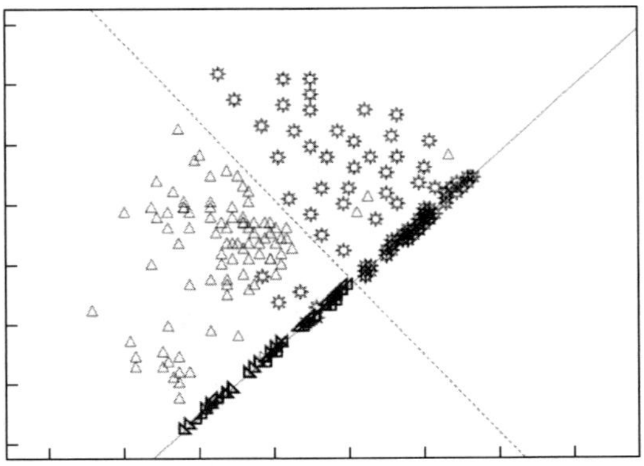

图 12-1-1　散点图（$k=2$，　$p=2$）

## 二、基本方法

依据不同的判别法则，可将判别方法分为距离判别和贝叶斯判别两类基本方法。其中，距离判别又分为欧氏距离（Euclidean distance）和马氏距离（Mahalanobis distance）判别法，此类方法常用于两类判别，主要是以离某一类距离最近为标准进行判别。贝叶斯判别常用于多类判别，主要是结合先验概率信息，以最大后验概率进行判别。

依据是否运用所有变量，判别方法还可分为典型判别和逐步判别。

本章将介绍距离判别和贝叶斯判别，以及典型判别和逐步判别的使用方法。

### 1. 距离判别

距离判别的基本思想是计算样本 $X$ 到各个分类总体均值的距离，若到第 $i$ 类总体均值的距离最短，那么就将样本 $X$ 判属第 $i$ 类。

### 2. 贝叶斯判别

距离判别简单易懂，直观实用，但它是建立在各个分类总体出现的概率（先验概率）相等的基础之上，没有考虑因分类总体的先验概率不同而导致的误判所付出的代价。贝叶斯判别是在充分考虑了各个分类总体的先验概率的基础上，判断样本 $X$ 到哪个分类总体的后验概率大，若样本 $X$ 出现在第 $i$ 类总体的概率最大，那么就将样本 $X$ 判属第 $i$ 类。

若根据以往经验和分析已经获知各类总体所出现的概率，则该比例就称为先验概率。

贝叶斯判别的基本思想：从先验概率和已知自变量出发，计算出后验概率，判别样本属于后验概率最大的类。

对每个待判样品，判别它属于判别函数最大的类。

### 3. 判别分析的检验

在实际运用过程中，如果出现所选择的判别变量不合理或不服从正态分布、选择的样本没有代表性、各分类总体方差差异显著、先验概率判断有误等情况，那么在判别中就会出现“误判”的可能。因此，对于判别结果，要进行检验。常见的检验方法有以下两种。

（1）回代法：将样本的变量值代入由全部样本构造的判别函数，检验有多少判别结果与原来的分类相同，计算回代正确率。回代正确率越高，说明判别效果越好。但是用回代正确率来评估判别函数的效率有缺陷，由于判别函数是由所有样本产生的，所以再用这些样本回代，往往会产生正确率偏高的结论。

（2）交叉法：设来自第 $i$ 个总体 $\pi_i$ 的 $n_i$ 个训练样本为 $X_{(t)}^{(i)}(t=1,2,\cdots,n_i)$。从 $\pi_i$ 类的样本中剔除 $X_{(t)}^{(i)}$，用其他的所有样本构造判别函数，然后用该判别函数对 $X_{(t)}^{(i)}$ 进行判别，若它不属于 $\pi_i$ 类，则 $X_{(t)}^{(i)}$ 就是误判样品，对 $t=1,2,\cdots,n_i$， $i=1,2,\cdots,k$ ，逐一实施上述判别，计算正确率。正确率越高，说明判别函数越好。

## 第二节　典型判别分析

典型判别分析包括所有判别变量的判别分析，其优点是包含了所有已知样本的信息，缺点是对一些无用信息或干扰信息不能有效地筛选。

### 一、SPSS 软件操作步骤

1. 建立或读入数据文件

在数据窗口中输入待分析的数据，或利用主菜单的“文件”菜单中的“打开”功能打开已经存在的文件，显示到数据窗口中。数据中必须包括一个表明已知的观测量所属类别的变量和若干用于分类特征的变量。

2. 打开主对话框

选择“分析”菜单→“分类”→“判别式”命令，打开如图 12-2-1 所示的“判别分析”对话框。

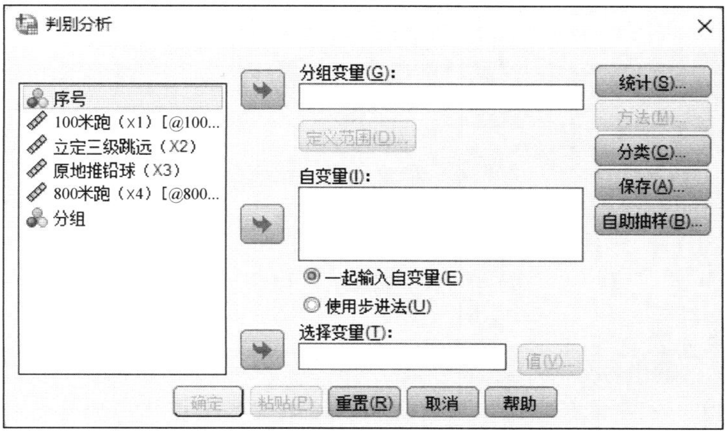


图 12-2-1　“判别分析”对话框

3. 选择分组变量及其范围

在“判别分析”对话框中，在左侧列表框中选择分组变量（一定是离散型变量），移入“分组变量”列表框中。单击“定义范围”按钮，指定该分组变量的数值范围，在“最小值”文本框中输入该分组变量的最小值，在“最大值”文本框中输入该分组变量的最大值，如图 12-2-2 所示。

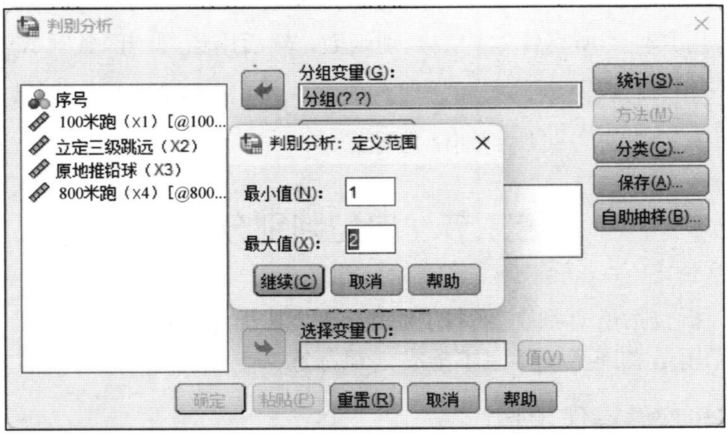


图 12-2-2　选择分组变量及其范围

4. 指定判别分析的自变量

在“判别分析”对话框中，在左侧列表框中选择表明观测量特征的变量，移入“自变量”列表框中，作为参与判别分析的自变量。

5. 选择分析方法

（1）典型判别：选中“一起输入自变量”单选按钮，将使用所有自变量进行判别分析，建立典型判别模型。

（2）逐步判别：若认为有些自变量是无用信息或干扰信息，则选中“使用步进法”单选按钮，进入逐步判别分析过程。

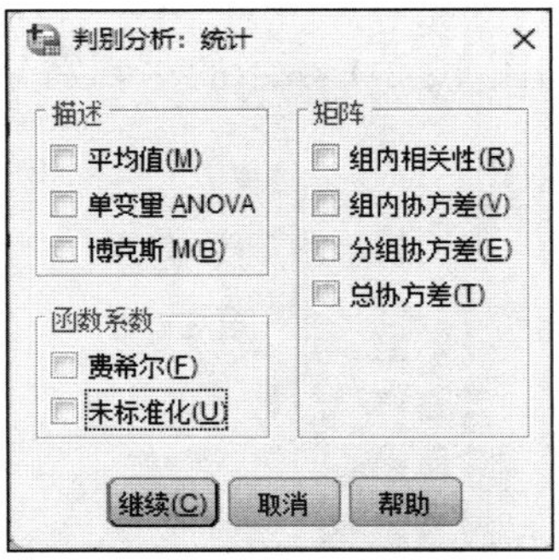


图 12-2-3　“判别分析：统计”对话框

6. 指定输出的统计量

单击“统计”按钮，打开“判别分析：统计”对话框，如图 12-2-3 所示，可以选择的输出统计量分为以下 3 类。

（1）描述统计量。

- 平均值：输出各分类中各自变量的均值、标准差和自变量总样本的均值和标准差。
- 单变量：对各分类中同一自变量均值都相等的假设进行检验，输出单变量的方差分析结果。
- 博克斯 M：对每类的协方差矩阵是从同一总体中取样得来的假设进行检验。

（2）判别函数系数。

- 费希尔：输出费希尔函数系数。
- 未标准化：未经标准化处理的判别函数系数，可用于计算判别分数。

（3）自变量的系数矩阵。

- 组内相关性。
- 组内协方差。
- 分组协方差。
- 总协方差。

7. 指定分类参数和判别结果

在“判别分析”对话框中单击“分类”按钮，打开“判别分析：分类”对话框，如图 12-2-4 所示，可以选择的分类情况有以下几种。

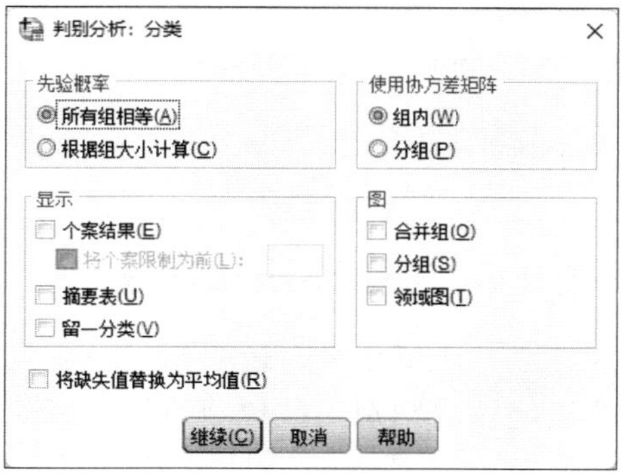


图 12-2-4 “判别分析：分类”对话框

（1）先验概率。

- 所有组相等：各类先验概率相等，如分为 $m$ 类，则各类先验概率均为 $\frac{1}{m}$。
- 根据组大小计算：由各类的样本含量计算决定在各类的先验概率与其样本比。

（2）显示。

- 个案结果：要求输出判别分数、实际类、预测类和后验概率。
- 将个案限制为前：若在文本框中输入数值 $n$，则仅对前 $n$ 个样本输出分类结果，样本大时可选择该项。
- 摘要表：要求输出分类的小结，给出错分率。
- 留一分类：输出对每个观测量进行分类的结果。

（3）使用协方差矩阵。

- 组内：指定使用组内协方差矩阵。
- 分组：指定使用组间协方差矩阵。

（4）输出统计图。

- 合并组：所有类放在一张散点图中，以便比较。该选择项生成一张散点图。

- 分组：对每一类生成一张散点图，分为几类就生成几张。
- 领域图：若对一个观测量只能计算出一个判别分数，则利用观测量的判别分数作图；若有两个以上的判别分数，则用前两个判别分数作图，力求在图的平面划分出与类数相同的区域，每一类占据一个区。

（5）将缺失值替换为平均值：使用均值代替缺失值。

8. 指定生成并保存在数据文件中的新变量

在判别分析过程可以在数据文件中建立新变量，通过“判别分析：保存”对话框进行选择。在“判别分析”对话框中单击“保存”按钮，打开“判别分析：保存”对话框，如图 12-2-5 所示。

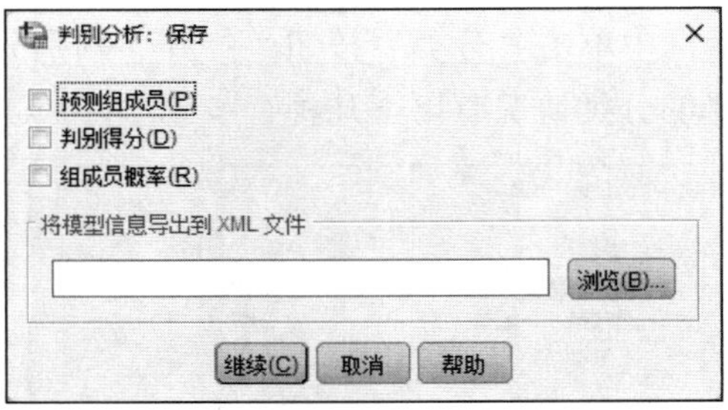


图 12-2-5 “判别分析：保存”对话框

（1）预测组成员：要求建立一个新变量，表明预测的组成员。指定此项后，每一次判别分析过程，就建立一个表明使用判别函数预测的各观测量属于哪一类的新变量。第一次运行建立新变量的变量名为 dis_1，若在工作数据文件中不将前一次建立的新变量删除，则第 $n$ 次运行判别分析过程建立的新变量默认的变量名为 dis_$n$。

（2）判别得分：要求建立表明判别分数的新变量。每次运行判别分析过程都给出表明判别分数的新变量，建立几个典型判别函数就有几个判别分数变量，若参与分析的观测量共分为 $m$ 类，则建立 $m-1$ 个典型判别函数。选中此选项，就可以生成 $m-1$ 个表明判别分数的新变量。若原始数据观测量共分为 3 类，则建立两个典型判别函数。第一次运行判别过程建立的新变量名为 dis1_1、dis2_1，第二次运行判别过程建立的新变量名为 dis1_2，dis2_2……以此类推，分别表示代入两个判别函数所得到的判别分数。

（3）组成员概率：要求建立新变量表明观测量属于某一类的概率。如有 $m$ 类，则对一个观测量就会给出 $m$ 个概率值。

## 二、应用举例

**【例 12-2-1】** 某十项全能教练员为了选拔运动员，将待选者分为技术速度型（以下简称“1”类）和力量耐力型（以下简称“2”类）。依据 4 项基本素质：$X_1=100$ 米跑成绩（单位：s），$X_2=$ 立定三级跳成绩（单位：m），$X_3=$ 原地推铅球成绩（单位：m），$X_4=800$ 米跑成绩（单位：s）。现有技术速度型运动员和力量耐力型运动员共 20 个样本数据，如表 12-2-1 所示。试给出用 $X_1 \sim X_4$ 划分“1”类和“2”类运动员的方法。现有一名运动员，$X_1=12.1\text{s}$，$X_2=8.91\text{m}$，$X_3=11.65\text{m}$，$X_4=130.6\text{s}$，试问：该运动员应属于哪一类型？

表 12-2-1 技术速度型和力量耐力型数据

| 序号 | 100 米跑($X_1$) | 立定三级跳远($X_2$) | 原地推铅球($X_3$) | 800 米跑($X_4$) | 分组 |
|---|---|---|---|---|---|
| 1 | 11.5 | 9.73 | 11.96 | 138.3 | 1 |
| 2 | 11.4 | 9.65 | 11.17 | 128.8 | 1 |
| 3 | 11.8 | 9.59 | 11.79 | 158.7 | 1 |
| 4 | 12.0 | 9.53 | 10.28 | 135.6 | 1 |
| 5 | 11.5 | 9.50 | 10.52 | 134.4 | 1 |
| 6 | 11.1 | 9.04 | 8.87 | 140.3 | 1 |
| 7 | 11.3 | 8.62 | 8.44 | 133.8 | 1 |
| 8 | 11.2 | 9.65 | 11.17 | 128.8 | 1 |
| 9 | 11.4 | 9.15 | 9.69 | 147.4 | 1 |
| 10 | 11.7 | 8.32 | 9.95 | 136.0 | 1 |
| 11 | 12.5 | 9.10 | 13.35 | 141.1 | 2 |
| 12 | 12.2 | 9.19 | 12.55 | 156.0 | 2 |
| 13 | 12.5 | 8.83 | 12.36 | 140.4 | 2 |
| 14 | 12.3 | 8.70 | 12.25 | 139.3 | 2 |
| 15 | 12.1 | 8.47 | 12.06 | 144.5 | 2 |
| 16 | 11.6 | 9.24 | 11.25 | 124.4 | 2 |
| 17 | 11.9 | 8.48 | 9.16 | 126.7 | 2 |
| 18 | 12.1 | 8.71 | 10.19 | 128.1 | 2 |
| 19 | 12.3 | 8.40 | 10.63 | 129.3 | 2 |
| 20 | 11.4 | 9.65 | 11.17 | 130.6 | 2 |

**解**：SPSS 操作如下。

**步骤 1**：选择“分析”菜单→“分类”→“判别式”命令，在打开的“判别分析”对话框中将变量“分组”移入“分组变量”列表框中，单击“定义范围”按钮，在打开的对话框中输入最小值 1、最大值 2；将用于判别的变量“100 米跑”“立定三级跳”“原地推铅球”和“800 米跑”移入“自变量”列表框中，选中“一起输入自变量”单选按钮，进行典型判别。

**步骤 2**：单击“统计”按钮，在打开的“判别分析：统计”对话框中选中“描述”区域中的“平均值”复选框，输出各类中各自变量的平均值、标准差和各自变量总样本的平均值和标准差；选中“函数系数”区域中的“未标准化”复选框，输出非标准化判别系数；选择“矩阵”区域中的“分组协方差”和“总体协方差”复选框，输出一个类间协方差矩阵和总样本的协方差矩阵。单击“继续”按钮，返回上一级对话框。

**步骤 3**：单击“分类”按钮，在打开的“判别分析：分类”对话框中选中“先验概率”区域中的“所有组相等”单选按钮，设定各类先验概率相等；选中“使用协方差矩阵”区域中的“组内”单选按钮，指定使用组内协方差矩阵；选中“显示”区域中的“个案结果”复选框，输出判别分数、实际类、预测类和后验概率；选择“图”区域中的“合并组”复选框，将两类放在一起生成一张散点图。单击“继续”按钮，返回上一级对话框。

**步骤 4**：单击“保存”按钮，在打开的“判别分析：保存”对话框中选中“预测组成员”复选框，要求建立一个新变量，表明预测的类成员。单击“继续”按钮，返回上一级对话框。

**步骤 5**：在“判别分析”对话框中单击“确定”按钮，运行“判别分析”过程。计算结果如表 12-2-2～表 12-2-14 所示。

**表 12-2-2　分析个案处理摘要**

| 未加权个案数 | | 个案数 | 百分比/% |
|---|---|---|---|
| 有效 | | 20 | 100.0 |
| 排除 | 缺失或超出范围组代码 | 0 | 0 |
| | 至少有一个缺失判别变量 | 0 | 0 |
| | 既包括缺失或超出范围组代码，也包括至少一个缺失判别变量 | 0 | 0 |

**表 12-2-3　组统计**

| 分组 | | 平均值 | 标准 偏差 | 有效个案数（成列） | |
|---|---|---|---|---|---|
| | | | | 未加权 | 加权 |
| 1 | 100 米跑（$X_1$） | 11.4900 | 0.27669 | 10 | 10.000 |
| | 立定三级跳远（$X_2$） | 9.2780 | 0.48476 | 10 | 10.000 |
| | 原地推铅球（$X_3$） | 10.3840 | 1.17695 | 10 | 10.000 |
| | 800 米跑（$X_4$） | 138.2100 | 9.01498 | 10 | 10.000 |
| 2 | 100 米跑（$X_1$） | 12.0900 | 0.36347 | 10 | 10.000 |
| | 立定三级跳远（$X_2$） | 8.8770 | 0.40678 | 10 | 10.000 |
| | 原地推铅球（$X_3$） | 11.4970 | 1.25877 | 10 | 10.000 |
| | 800 米跑（$X_4$） | 136.0400 | 9.92194 | 10 | 10.000 |

**表 12-2-4　汇聚组内矩阵***

| | | 100 米跑（$X_1$） | 立定三级跳远（$X_2$） | 原地推铅球（$X_3$） | 800 米跑（$X_4$） |
|---|---|---|---|---|---|
| 协方差 | 100 米跑（$X_1$） | 0.104 | −0.031 | 0.168 | 1.325 |
| | 立定三级跳远（$X_2$） | −0.031 | 0.200 | 0.302 | 0.236 |
| | 原地推铅球（$X_3$） | 0.168 | 0.302 | 1.485 | 5.443 |
| | 800 米跑（$X_4$） | 1.325 | 0.236 | 5.443 | 89.857 |

* 对于拆分文件$bootstrap_split=0，协方差矩阵的自由度为 18。

**表 12-2-5　协方差矩阵**

| 分组 | | 100 米跑（$X_1$） | 立定三级跳远（$X_2$） | 原地推铅球（$X_3$） | 800 米跑（$X_4$） |
|---|---|---|---|---|---|
| 1 | 100 米跑（$X_1$） | 0.077 | 0.013 | 0.115 | 0.810 |
| | 立定三级跳远（$X_2$） | 0.013 | 0.235 | 0.432 | 0.142 |
| | 原地推铅球（$X_3$） | 0.115 | 0.432 | 1.385 | 1.545 |
| | 800 米跑（$X_4$） | 0.810 | 0.142 | 1.545 | 81.270 |

续表

| 分组 | | 100 米跑（$X_1$） | 立定三级跳远（$X_2$） | 原地推铅球（$X_3$） | 800 米跑（$X_4$） |
|---|---|---|---|---|---|
| 2 | 100 米跑（$X_1$） | 0.132 | −0.075 | 0.221 | 1.840 |
| | 立定三级跳远（$X_2$） | −0.075 | 0.165 | 0.173 | 0.330 |
| | 原地推铅球（$X_3$） | 0.221 | 0.173 | 1.585 | 9.342 |
| | 800 米跑（$X_4$） | 1.840 | 0.330 | 9.342 | 98.445 |

**表 12-2-6 特征值**

| 函数 | 特征值 | 方差百分比/% | 累积百分比/% | 典型相关性 |
|---|---|---|---|---|
| 1 | 1.739* | 100.0 | 100.0 | 0.797 |

* 对于拆分文件$bootstrap_split=0，在分析中使用了前一个典则判别函数。

**表 12-2-7 威尔克 Lambda ($\lambda$)**

| 函数检验 | 威尔克 Lambda ($\lambda$) | 卡方 | 自由度 | 显著性 |
|---|---|---|---|---|
| 1 | 0.365 | 16.122 | 4 | 0.003 |

**表 12-2-8 标准化典则判别函数系数**

| 变量 | 函数 | 系数 | 自助抽样* | | | |
|---|---|---|---|---|---|---|
| | | | 偏差 | 标准误差 | 95%置信区间 | |
| | | | | | 下限 | 上限 |
| 100 米跑（$X_1$） | 1 | 0.550 | −0.219 | 0.772 | −0.867 | 1.969 |
| 立定三级跳远（$X_2$） | 1 | −0.653 | 1.041 | 0.834 | −1.083 | 1.783 |
| 原地推铅球（$X_3$） | 1 | 0.811 | −1.157 | 0.973 | −1.975 | 1.235 |
| 800 米跑（$X_4$） | 1 | −0.675 | 0.765 | 0.804 | −1.220 | 1.334 |

* 除非另行说明，否则自助抽样结果基于 1000 个自助抽样样本。

由此得到标准化的判别函数为

$$f = 0.550X_1 - 0.653X_2 + 0.811X_3 - 0.675X_4$$

表 12-2-9 给出了变量与标准化的判别函数之间的相关系数，按绝对值大小排列。可以用标准化判别函数系数或变量与标准化的判别函数之间的相关系数来判断各变量对判别的影响，系数大的影响大。本例中 100 米跑的影响最大。

**表 12-2-9 结构矩阵**

| 变量 | 函数 1 |
|---|---|
| 100 米跑（$X_1$） | 0.742 |
| 立定三级跳远（$X_2$） | −0.358 |
| 原地推铅球（$X_3$） | 0.365 |
| 800 米跑（$X_4$） | −0.091 |

表 12-2-10 是按组平均值进行求值的未标准化典则判别函数系数。

**表 12-2-10　典则判别函数系数**

| 变量 | 函数 1 |
|---|---|
| 100 米跑（$X_1$） | 1.703 |
| 立定三级跳远（$X_2$） | −1.459 |
| 原地推铅球（$X_3$） | 0.665 |
| 800 米跑（$X_4$） | −0.071 |
| （常量） | −4.339 |

表 12-2-10 给出了判别函数：

$$f = -4.339 + 1.703X_1 - 1.459X_2 + 0.665X_3 - 0.071X_4$$

**表 12-2-11　组质心处的函数**

| 分组 | 函数 1 |
|---|---|
| 1 | −1.251 |
| 2 | 1.251 |

**表 12-2-12　组的先验概率**

| 分组 | 先验 | 在分析中使用的个案 | |
|---|---|---|---|
| | | 未加权 | 加权 |
| 1 | 0.500 | 10 | 10.000 |
| 2 | 0.500 | 10 | 10.000 |

**表 12-2-13　分类函数系数**

| 变量 | 分组 | 系数 | 自助抽样* | | | |
|---|---|---|---|---|---|---|
| | | | 偏差 | 标准误差 | 95%置信区间 | |
| | | | | | 下限 | 上限 |
| 800 米跑（$X_4$） | 1 | 1.118 | 0.610 | 4.928 | −7.724 | 11.401 |
| | 2 | 0.940 | 0.499 | 4.882 | −7.987 | 10.551 |
| 立定三级跳远（$X_2$） | 1 | 172.185 | 145.466 | 269.224 | 91.650 | 1093.605 |
| | 2 | 168.533 | 142.254 | 269.720 | 84.329 | 1078.539 |
| 100 米跑（$X_1$） | 1 | 242.497 | 193.534 | 358.480 | 145.410 | 1365.665 |
| | 2 | 246.757 | 197.776 | 364.542 | 149.977 | 1406.098 |
| 原地推铅球（$X_3$） | 1 | −59.568 | −49.544 | 95.163 | −374.922 | −26.460 |
| | 2 | −57.903 | −48.748 | 95.938 | −375.703 | −24.132 |
| （常量） | 1 | −1960.605 | −1568.761 | 2631.043 | −10735.287 | −1375.764 |
| | 2 | −1971.461 | −1583.350 | 2699.473 | −10901.688 | −1369.464 |

注：费希尔线性判别函数。

* 除非另行说明，否则自助抽样结果基于 1000 个自助抽样样本。

**表 12-2-14 个案统计表**

| | 个案号 | 实际组 | 最高组 | | | | | 第二最高组 | | | 判别式得分 |
|---|---|---|---|---|---|---|---|---|---|---|---|
| | | | 预测组 | $P\{D>d\mid G=g\}$ | | $P\{G=g\mid D=d\}$ | 到质心的平方马氏距离 | 组 | $P\{G=g\mid D=d\}$ | 到质心的平方马氏距离 | 函数 1 |
| | | | | $p$ | $df$ | | | | | | |
| | 1 | 1 | 1 | 0.689 | 1 | 0.894 | 0.160 | 2 | 0.106 | 4.421 | −0.851 |
| | 2 | 1 | 1 | 0.619 | 1 | 0.868 | 0.247 | 2 | 0.132 | 4.020 | −0.754 |
| | 3 | 1 | 1 | 0.651 | 1 | 0.986 | 0.204 | 2 | 0.014 | 8.725 | −1.703 |
| | 4 | 1 | 1 | 0.537 | 1 | 0.830 | 0.381 | 2 | 0.170 | 3.552 | −0.634 |
| | 5 | 1 | 1 | 0.956 | 1 | 0.952 | 0.003 | 2 | 0.048 | 5.988 | −1.196 |
| | 6 | 1 | 1 | 0.141 | 1 | 0.999 | 2.170 | 2 | 0.001 | 15.802 | −2.724 |
| | 7 | 1 | 1 | 0.732 | 1 | 0.982 | 0.117 | 2 | 0.018 | 8.092 | −1.594 |
| | 8 | 1 | 1 | 0.876 | 1 | 0.939 | 0.025 | 2 | 0.061 | 5.501 | −1.094 |
| | 9 | 1 | 1 | 0.279 | 1 | 0.997 | 1.173 | 2 | 0.003 | 12.852 | −2.334 |
| 初始 | 10 | 1 | 2* | 0.380 | 1 | 0.718 | 0.770 | 1 | 0.282 | 2.639 | 0.373 |
| | 11 | 2 | 2 | 0.213 | 1 | 0.998 | 1.550 | 1 | 0.002 | 14.042 | 2.496 |
| | 12 | 2 | 2 | 0.322 | 1 | 0.657 | 0.982 | 1 | 0.343 | 2.284 | 0.260 |
| | 13 | 2 | 2 | 0.303 | 1 | 0.997 | 1.062 | 1 | 0.003 | 12.478 | 2.281 |
| | 14 | 2 | 2 | 0.376 | 1 | 0.995 | 0.783 | 1 | 0.005 | 11.470 | 2.136 |
| | 15 | 2 | 2 | 0.702 | 1 | 0.984 | 0.147 | 1 | 0.016 | 8.323 | 1.634 |
| | 16 | 2 | 2 | 0.484 | 1 | 0.799 | 0.489 | 1 | 0.201 | 3.250 | 0.552 |
| | 17 | 2 | 2 | 0.526 | 1 | 0.824 | 0.402 | 1 | 0.176 | 3.491 | 0.617 |
| | 18 | 2 | 2 | 0.966 | 1 | 0.954 | 0.002 | 1 | 0.046 | 6.046 | 1.208 |
| | 19 | 2 | 2 | 0.339 | 1 | 0.996 | 0.916 | 1 | 0.004 | 11.966 | 2.208 |
| | 20 | 2 | 1* | 0.712 | 1 | 0.901 | 0.136 | 2 | 0.099 | 4.550 | −0.882 |

注：在判别分析中，“$P\{D>d|G=g\}$”表示在给定某个群体（或类别）$G=g$ 的条件下，判别函数 $D$ 的值大于某个特定值 $d$ 的概率。这里，$D$ 是一个用于区分不同群体的统计量或函数，$g$ 代表特定的群体标签，而 $d$ 是判别函数 $D$ 的一个阈值或特定值。简而言之，它衡量了在已知样本属于群体 $g$ 的情况下，其判别分数超过 $d$ 的可能性。

在判别分析中，“$P\{G=g|D=d\}$”表示在判别函数 $D$ 的值为 $d$ 的条件下，样本属于群体 $G=g$ 的后验概率。这里，$G$ 代表不同的群体或类别，$g$ 是群体 $G$ 中的一个具体类别，$D$ 是判别函数，用于区分不同的群体，$d$ 是判别函数 $D$ 的一个特定取值。简而言之，这个概率衡量了当判别函数 $D$ 给出特定值 $d$ 时，样本实际属于类别 $g$ 的可能性。

* 错误分类的案例。

将待判样品 $X_1=12.1\text{s}$，$X_2=8.91\text{m}$，$X_3=11.65\text{m}$ 和 $X_4=130.6\text{s}$ 代入判别函数：

$$f=-4.339+1.703X_1-1.459X_2+0.665X_3-0.071X_4$$

得出 $f\approx 1.74226$。所以判定该运动员属于力量耐力型运动员。

# 第三节　逐步判别分析

## 一、逐步判别

在判别分析过程中，若变量较多，一些变量对于判别的作用会重复或相对较小。因此，在判别分析过程中，可采用有进有出的算法，对每一步都进行检验，将判别能力最强的变量引入判别式，将判别能力较弱的变量剔除，从而得到对判别分析最合适的变量，这个过程称为逐步判别。

## 二、SPSS 软件操作步骤

### 1. 选择判别分析方法

（1）在“判别分析”对话框中选中“使用步进法”单选按钮，同时“方法”按钮加亮表示进入逐步判别，如图 12-3-1 所示。

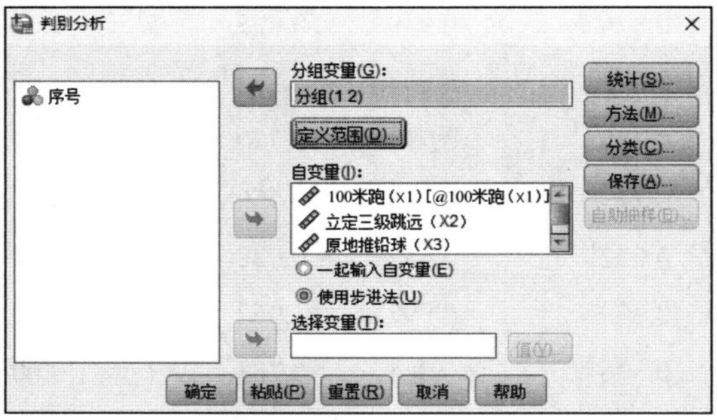


图 12-3-1　选择逐步判别界面

（2）单击“方法”按钮，打开“判别分析：步进法”对话框，如图 12-3-2 所示。

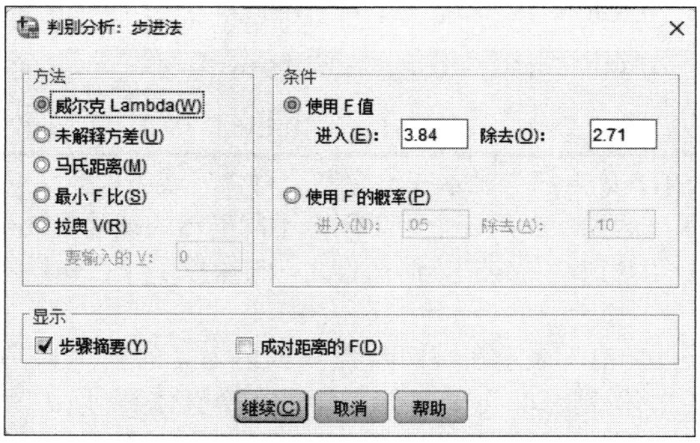


图 12-3-2　“判别分析：步进法”对话框

### 2. 逐步判别方法的选择

（1）威尔克 Lambda：使 $\lambda$ 统计量最小。

（2）未解释方差：使各类不可解释的方差和最小。

（3）马氏距离：使最近的两组间的马氏距离最小。

（4）最小 F 比：使任何两组间的最小的 $F$ 值最大。

（5）拉奥 V：使拉奥（Rao）的 $V$ 统计量最大。选择此方法后，下面的“要输入的 V”文字加亮，可以在其后的文本框中输入一个变量，进入模型的 $V$ 值的最小值。

3. 逐步判别的条件

（1）使用 F 值：在“条件”区域的“进入”文本框中输入 $F$ 值，表示当 $F$ 值大于该值时，变量进入模型；在“除去”文本框中输入 $F$ 值，表示当 $F$ 值小于该值时，变量从模型中剔除。

（2）使用 F 的概率：用 $F$ 检验的概率决定变量是否引入或剔除。

4. 显示

（1）步骤摘要：对被加入或移出模型的变量给出统计量。

（2）成对距离的 F：显示 $F$ 比值矩阵。

## 三、应用举例

**【例 12-3-1】**某体育学院为了了解体育教育专业现行的课程设置对学生知识结构的影响，随机抽取 30 名学生的 14 门主要课程成绩，并通过聚类分析，聚为 3 类，结果如表 12-3-1 所示。试对该分类进行判别分析。

**表 12-3-1　30 名学生 14 门主要课程的成绩**

| 序号 | $X_1$ | $X_2$ | $X_3$ | $X_4$ | $X_5$ | $X_6$ | $X_7$ | $X_8$ | $X_9$ | $X_{10}$ | $X_{11}$ | $X_{12}$ | $X_{13}$ | $X_{14}$ | 类别 |
|---|---|---|---|---|---|---|---|---|---|---|---|---|---|---|---|
| 1 | 79 | 82 | 71 | 86 | 82 | 79 | 80 | 87 | 81 | 80 | 90 | 75 | 90 | 91 | 1 |
| 2 | 85 | 76 | 67 | 82 | 79 | 85 | 92 | 86 | 83 | 94 | 88 | 70 | 87 | 87 | 1 |
| 3 | 89 | 74 | 74 | 79 | 79 | 91 | 85 | 90 | 87 | 86 | 88 | 76 | 92 | 96 | 2 |
| 4 | 84 | 82 | 72 | 80 | 72 | 82 | 88 | 85 | 78 | 93 | 84 | 78 | 90 | 92 | 1 |
| 5 | 87 | 77 | 73 | 85 | 79 | 83 | 86 | 84 | 90 | 91 | 82 | 89 | 90 | 99 | 2 |
| 6 | 79 | 67 | 70 | 76 | 80 | 86 | 91 | 84 | 92 | 78 | 86 | 83 | 91 | 94 | 2 |
| 7 | 82 | 90 | 71 | 81 | 82 | 83 | 74 | 84 | 81 | 85 | 88 | 78 | 87 | 83 | 1 |
| 8 | 91 | 76 | 80 | 84 | 81 | 93 | 88 | 87 | 95 | 89 | 82 | 82 | 94 | 96 | 2 |
| 9 | 86 | 78 | 69 | 74 | 85 | 95 | 83 | 86 | 90 | 94 | 86 | 71 | 85 | 92 | 2 |
| 10 | 92 | 82 | 81 | 86 | 82 | 81 | 88 | 84 | 90 | 86 | 91 | 76 | 86 | 83 | 3 |
| 11 | 87 | 83 | 75 | 83 | 83 | 97 | 94 | 93 | 87 | 91 | 85 | 89 | 90 | 89 | 1 |
| 12 | 70 | 69 | 70 | 86 | 89 | 84 | 90 | 88 | 83 | 94 | 89 | 70 | 88 | 84 | 1 |
| 13 | 92 | 78 | 75 | 82 | 84 | 91 | 85 | 86 | 86 | 88 | 86 | 86 | 87 | 87 | 2 |
| 14 | 92 | 79 | 72 | 83 | 84 | 90 | 90 | 80 | 85 | 89 | 86 | 78 | 90 | 88 | 3 |
| 15 | 88 | 75 | 70 | 81 | 78 | 86 | 89 | 73 | 90 | 83 | 85 | 60 | 87 | 75 | 3 |
| 16 | 94 | 68 | 72 | 77 | 85 | 94 | 90 | 72 | 88 | 87 | 90 | 70 | 89 | 96 | 2 |
| 17 | 82 | 62 | 74 | 80 | 85 | 82 | 85 | 88 | 92 | 78 | 87 | 76 | 91 | 81 | 3 |

续表

| 序号 | $X_1$ | $X_2$ | $X_3$ | $X_4$ | $X_5$ | $X_6$ | $X_7$ | $X_8$ | $X_9$ | $X_{10}$ | $X_{11}$ | $X_{12}$ | $X_{13}$ | $X_{14}$ | 类别 |
|---|---|---|---|---|---|---|---|---|---|---|---|---|---|---|---|
| 18 | 78 | 75 | 71 | 84 | 88 | 83 | 86 | 85 | 86 | 91 | 85 | 76 | 91 | 89 | 3 |
| 19 | 87 | 83 | 66 | 80 | 82 | 85 | 91 | 86 | 87 | 94 | 92 | 78 | 92 | 92 | 1 |
| 20 | 75 | 88 | 61 | 77 | 89 | 87 | 96 | 83 | 89 | 86 | 84 | 81 | 86 | 92 | 2 |
| 21 | 92 | 78 | 73 | 83 | 89 | 86 | 84 | 80 | 87 | 93 | 78 | 82 | 87 | 92 | 2 |
| 22 | 92 | 78 | 73 | 83 | 89 | 86 | 84 | 80 | 87 | 93 | 78 | 82 | 87 | 92 | 3 |
| 23 | 78 | 90 | 72 | 81 | 90 | 92 | 94 | 85 | 94 | 80 | 91 | 85 | 92 | 89 | 1 |
| 24 | 92 | 70 | 72 | 82 | 85 | 85 | 86 | 84 | 96 | 88 | 90 | 67 | 89 | 95 | 3 |
| 25 | 89 | 73 | 75 | 84 | 90 | 84 | 89 | 85 | 86 | 88 | 85 | 84 | 92 | 83 | 3 |
| 26 | 91 | 82 | 77 | 79 | 91 | 83 | 87 | 85 | 83 | 84 | 87 | 87 | 84 | 69 | 3 |
| 27 | 93 | 76 | 69 | 86 | 90 | 92 | 94 | 93 | 86 | 93 | 86 | 78 | 88 | 94 | 1 |
| 28 | 76 | 82 | 75 | 80 | 93 | 88 | 97 | 82 | 85 | 88 | 79 | 92 | 87 | 97 | 2 |
| 29 | 94 | 81 | 70 | 83 | 78 | 77 | 87 | 89 | 87 | 85 | 91 | 61 | 80 | 97 | 3 |
| 30 | 92 | 83 | 66 | 84 | 84 | 83 | 92 | 87 | 91 | 81 | 87 | 79 | 68 | 83 | 1 |

注：$X_1$—书法；$X_2$—篮球；$X_3$—思想道德修养；$X_4$—武术；$X_5$—计算机基础；$X_6$—人体解剖学；$X_7$—大学英语；$X_8$—田径；$X_9$—法律基础；$X_{10}$—排球；$X_{11}$—体操；$X_{12}$—人体生理学；$X_{13}$—学校体育学；$X_{14}$—体育概论。

**解**：用 SPSS 逐步判别法建立判别式的过程如下。

**步骤 1**：选择“分析”菜单→“分类”→“判别式”命令，打开“判别分析”对话框，将标明类别的变量“分组”移入“分组变量”列表框中，单击“定义范围”按钮，输入该变量的最小值 1、最大值 3；将用于判别的变量 $X_1$～$X_{14}$ 移入“自变量”列表框中。选中“使用步进法”单选按钮，对变量进行筛选。

**步骤 2**：单击“方法”按钮，打开“判别分析：步进法”对话框，选中默认项“威尔克 Lambda”单选按钮，使每步威尔克的 $\lambda$ 值最小的变量进入判别函数。取“进入”的默认值 2，“除去”的默认值 1。单击“继续”按钮返回上一级对话框。

**步骤 3**：单击“统计”按钮，打开“判别分析：统计”对话框，选中“平均值”复选框，输出各类及总的平均数与标准差；选中“单变量 ANOVA”复选框，进行单因素方差分析；选中“费希尔”复选框，得到费希尔判别系数。单击“继续”按钮返回上一级对话框。

**步骤 4**：单击“分类”按钮，打开“判别分析：分类”对话框，选中默认项“所有组相等”单选按钮，各类先验概率相等，均为 1/3；选中默认项“组内”单选按钮，使用组内协方差；选中“合并组”复选框，选择所有类放在一张散点图中；选中“个案结果”复选框，继续选中“将个案限制在前”复选框，并在其后文本框内输入“30”，使用本例中所有样本信息，单击“继续”按钮返回上一级对话框。

**步骤 5**：单击“保存”按钮，打开“判别分析：保存”对话框，选中“预测组成员”复选框，建立一个预测样品所属类别的新变量 dis_1。单击“继续”按钮返回上一级对话框。

**步骤 6**：单击“确定”按钮运行，主要结果如表 12-3-2～表 12-3-11 与图 12-3-3 所示。

表 12-3-2 中包括每一步的输入变量、威尔克 $\lambda$ 统计量及相应的自由度、$F$ 值及相应的自由度、显著性概率。

**表 12-3-2 输入/除去的变量[a,b,c,d]**

| 步骤 | 输入 | 统计量 | 自由度 1 | 自由度 2 | 自由度 3 | 精确 $F$ | | | |
|---|---|---|---|---|---|---|---|---|---|
| | | | | | | 统计 | 自由度 1 | 自由度 2 | 显著性 |
| 1 | $X_{14}$ | 0.700 | 1 | 2 | 27.000 | 5.783 | 2 | 27.000 | .008 |
| 2 | $X_4$ | 0.522 | 2 | 2 | 27.000 | 4.998 | 4 | 52.000 | .002 |
| 3 | $X_3$ | 0.396 | 3 | 2 | 27.000 | 4.912 | 6 | 50.000 | .001 |
| 4 | $X_{11}$ | 0.316 | 4 | 2 | 27.000 | 4.674 | 8 | 48.000 | .000 |
| 5 | $X_{12}$ | 0.246 | 5 | 2 | 27.000 | 4.679 | 10 | 46.000 | .000 |
| 6 | $X_9$ | 0.207 | 6 | 2 | 27.000 | 4.392 | 12 | 44.000 | .000 |
| 7 | $X_6$ | 0.169 | 7 | 2 | 27.000 | 4.296 | 14 | 42.000 | .000 |

注：在每个步骤中，将输入可以使总体威尔克 Lambda 最小化的变量。

a．表示最大步骤数为 28；

b．表示要输入的最小偏 $F$ 为 2；

c．表示要除去的最大偏 $F$ 为 1；

d．表示 $F$ 级别、容差或组内变异不足，无法进行进一步计算。

引入判别函数的 7 个变量为体育概论（$X_{14}$）、武术（$X_4$）、思想道德修养（$X_3$）、体操（$X_{11}$）、人体生理学（$X_{12}$）、法律基础（$X_9$）和人体解剖学（$X_6$）。

表 12-3-3 中包括每一步的变量数、$\lambda$ 值及自由度、$F$ 值、自由度及显著性概率。7 个被判别函数引入的变量差异非常显著。

**表 12-3-3 威尔克 Lambda 值表**

| 步骤 | 变量数 | Lambda($\lambda$) | 自由度 1 | 自由度 2 | 自由度 3 | 精确 $F$ | | | |
|---|---|---|---|---|---|---|---|---|---|
| | | | | | | 统计 | 自由度 1 | 自由度 2 | 显著性 |
| 1 | 1 | 0.700 | 1 | 2 | 27 | 5.783 | 2 | 27.000 | 0.008 |
| 2 | 2 | 0.522 | 2 | 2 | 27 | 4.998 | 4 | 52.000 | 0.002 |
| 3 | 3 | 0.396 | 3 | 2 | 27 | 4.912 | 6 | 50.000 | 0.001 |
| 4 | 4 | 0.316 | 4 | 2 | 27 | 4.674 | 8 | 48.000 | 0.000 |
| 5 | 5 | 0.246 | 5 | 2 | 27 | 4.679 | 10 | 46.000 | 0.000 |
| 6 | 6 | 0.207 | 6 | 2 | 27 | 4.392 | 12 | 44.000 | 0.000 |
| 7 | 7 | 0.169 | 7 | 2 | 27 | 4.296 | 14 | 42.000 | 0.000 |

表 12-3-4 给出了两个判别函数的结果，判别函数的特征值越大，表明越具有区别力，第一个判别函数的特征值最大，因此区别力最大。

**表 12-3-4 特征值**

| 函数 | 特征值 | 方差百分比/% | 累积百分比/% | 典型相关性 |
|---|---|---|---|---|
| 1 | 1.766* | 60.8 | 60.8 | 0.799 |
| 2 | 1.138* | 39.2 | 100.0 | 0.730 |

* 在分析中使用了前两个典则判别函数。

**表 12-3-5　威尔克 Lambda**

| 函数检验 | 威尔克 Lambda | 卡方 | 自由度 | 显著性 |
|---|---|---|---|---|
| 1 直至 2 | 0.169 | 42.658 | 14 | 0.000 |
| 2 | 0.468 | 18.242 | 6 | 0.006 |

经检验，差异非常显著，本例判别函数有意义。

**表 12-3-6　标准化判别函数系数**

| 变量 | 函数 | |
|---|---|---|
| | 1 | 2 |
| $X_3$ | −0.642 | −0.709 |
| $X_4$ | 0.954 | 0.101 |
| $X_6$ | 0.164 | 0.646 |
| $X_9$ | −0.465 | −0.521 |
| $X_{11}$ | 0.754 | 0.444 |
| $X_{12}$ | 0.153 | 0.744 |
| $X_{14}$ | −0.530 | 0.543 |

表 12-3-7 给出了变量与标准化的判别函数之间的相关系数，按绝对值的大小排列。

**表 12-3-7　结构矩阵表**

| 变量 | 函数 | |
|---|---|---|
| | 1 | 2 |
| $X_4$ | 0.378* | −0.154 |
| $X_{11}$ | 0.367* | −0.019 |
| $X_9$ | −0.298* | −0.175 |
| $X_{13}^{**}$ | −0.212* | 0.206 |
| $X_1^{**}$ | −0.020* | 0.013 |
| $X_{14}$ | −0.345 | 0.438* |
| $X_6$ | −0.264 | 0.402* |
| $X_7^{**}$ | −0.067 | 0.337* |
| $X_3$ | −0.170 | −0.315* |
| $X_5^{**}$ | 0.101 | 0.306* |
| $X_{10}^{**}$ | −0.049 | 0.297* |
| $X_{12}$ | −0.159 | 0.285* |
| $X_2^{**}$ | 0.023 | 0.198* |
| $X_8^{**}$ | 0.021 | 0.125* |

注：① 判别变量与标准化典则判别函数之间的汇聚组内相关性。

② 变量按函数内相关性的绝对大小排序。

* 每个变量与任何判别函数之间的最大绝对相关性。

** 在分析中未使用此变量。

表 12-3-8 分类函数系数

| 变量 | 类别 | | |
|---|---|---|---|
| | 1 | 2 | 3 |
| $X_3$ | −2.923 | −2.372 | −2.297 |
| $X_4$ | 15.903 | 14.862 | 15.389 |
| $X_6$ | 6.388 | 6.241 | 6.012 |
| $X_9$ | 0.345 | 0.734 | 0.791 |
| $X_{11}$ | 14.603 | 13.906 | 14.035 |
| $X_{12}$ | 3.799 | 3.714 | 3.551 |
| $X_{14}$ | 1.381 | 1.635 | 1.291 |
| （常量） | −1699.877 | −1631.847 | −1632.602 |

由表 12-3-10，得费希尔的线性判别函数为

$$f_l = -1699.877 - 2.923X_3 + 15.903X_4 + 6.388X_6 + 0.345X_9 + 14.603X_{11} + 3.799X_{12} + 1.381X_{14}$$
$$f_2 = -1631.847 - 2.372X_3 + 14.862X_4 + 6.241X_6 + 0.734X_9 + 13.906X_{11} + 3.714X_{12} + 1.635X_{14}$$
$$f_3 = -1632.602 - 2.297X_3 + 15.389X_4 + 6.012X_6 + 0.791X_9 + 14.035X_{11} + 3.551X_{12} + 1.291X_{14}$$

现有 3 名同学的成绩如表 12-3-9 所示，以这 3 名同学为例进行判别计算。

表 12-3-9 3 名同学的成绩

| 序号 | $X_1$ | $X_2$ | $X_3$ | $X_4$ | $X_5$ | $X_6$ | $X_7$ | $X_8$ | $X_9$ | $X_{10}$ | $X_{11}$ | $X_{12}$ | $X_{13}$ | $X_{14}$ |
|---|---|---|---|---|---|---|---|---|---|---|---|---|---|---|
| 1 | 79 | 82 | 71 | 86 | 82 | 79 | 80 | 87 | 81 | 79 | 67 | 75 | 90 | 89 |
| 2 | 85 | 76 | 67 | 82 | 79 | 85 | 92 | 86 | 83 | 88 | 90 | 78 | 87 | 87 |
| 3 | 89 | 74 | 74 | 79 | 79 | 91 | 85 | 90 | 87 | 86 | 88 | 79 | 92 | 96 |

分别将这 3 名同学中 7 个变量的值代入 3 个判别函数中，得到如下结果。

第一名同学：

$$f_1 = 971.246\text{，}\quad f_2 = 1152.151\text{，}\quad f_3 = 1388.353$$

其中，$f_3$ 的值最大，故将其判为第 3 类。

第二名同学：

$$f_1 = 1710.682\text{，}\quad f_2 = 1702.797\text{，}\quad f_3 = 1704.515$$

其中，$f_1$ 的值最大，故将其判为第 1 类。

第三名同学：

$$f_l = 1669.242\text{，}\quad f_2 = 1672.606\text{，}\quad f_3 = 1668.605$$

其中，$f_2$ 的值最大，故将其判为第 2 类。

表 12-3-10 为两组平均数的判别函数值。

**表 12-3-10　组质心处的函数**

| 类别 | 函数 | |
|---|---|---|
| | 1 | 2 |
| 1 | 1.456 | 0.826 |
| 2 | −1.619 | 0.599 |
| 3 | 0.163 | −1.425 |

注：按组平均值进行求值的未标准化典则判别函数。

表 12-3-11 包括实际组、预测组、最大后验概率、次大后验概率、相对质心计算的平方马氏距离及判别式得分（将每一样品值代入判别函数得到）。

**表 12-3-11　个案统计**

| | 个案号 | 最高组 | | | | | | 第二最高组 | | | 判别式得分 | |
|---|---|---|---|---|---|---|---|---|---|---|---|---|
| | | | | $P\{D>d\|G=g\}$ | | | | | | | | |
| | | 实际组 | 预测组 | $p$ | $df$ | $P\{G=g\|D=d\}$ | 相对质心计算的平方马氏距离 | 组 | $P\{G=g\|D=d\}$ | 相对质心计算的平方马氏距离 | 函数 1 | 函数 2 |
| | 1 | 1 | 1 | 0.441 | 2 | 0.982 | 1.639 | 3 | 0.017 | 9.700 | 2.670 | 0.422 |
| | 2 | 1 | 1 | 0.897 | 2 | 0.954 | 0.218 | 3 | 0.043 | 6.417 | 1.798 | 0.509 |
| | 3 | 2 | 2 | 0.912 | 2 | 0.952 | 0.185 | 3 | 0.025 | 7.486 | −1.299 | 0.887 |
| | 4 | 1 | 2* | 0.462 | 2 | 0.595 | 1.545 | 1 | 224 | 3.501 | −0.382 | 0.476 |
| | 5 | 2 | 2 | 0.858 | 2 | 0.886 | 0.307 | 3 | 0.073 | 5.288 | −1.072 | 0.514 |
| | 6 | 2 | 2 | 0.647 | 2 | 0.991 | 0.872 | 3 | 0.008 | 10.504 | −2.527 | 0.381 |
| | 7 | 1 | 1 | 0.787 | 2 | 0.856 | 0.480 | 3 | 0.136 | 4.164 | 1.479 | 0.134 |
| | 8 | 2 | 2 | 0.171 | 2 | 0.910 | 3.527 | 3 | 0.089 | 8.169 | −2.658 | −0.966 |
| | 9 | 2 | 2 | 0.656 | 2 | 0.995 | 0.844 | 3 | 0.004 | 11.782 | −2.532 | 0.699 |
| | 10 | 3 | 3 | 0.277 | 2 | 0.995 | 2.569 | 1 | 0.004 | 13.373 | 0.987 | −2.800 |
| 初始 | 11 | 1 | 1 | 0.277 | 2 | 0.821 | 2.567 | 2 | 0.170 | 5.718 | 0.338 | 1.974 |
| | 12 | 1 | 1 | 0.156 | 2 | 0.961 | 3.717 | 3 | 0.039 | 10.114 | 3.094 | 0.190 |
| | 13 | 2 | 1* | 0.473 | 2 | 0.654 | 1.497 | 2 | 0.241 | 3.490 | 0.233 | 0.846 |
| | 14 | 3 | 1* | 0.849 | 2 | 0.877 | 0.327 | 3 | 0.079 | 5.134 | 0.894 | 0.719 |
| | 15 | 3 | 3 | 0.164 | 2 | 0.999 | 3.618 | 1 | 0.001 | 18.241 | 0.402 | −3.312 |
| | 16 | 2 | 2 | 0.824 | 2 | 0.964 | 0.388 | 1 | 0.023 | 7.885 | −1.333 | 1.152 |
| | 17 | 3 | 3 | 0.351 | 2 | 0.985 | 2.094 | 2 | 0.014 | 10.617 | −0.756 | −2.543 |
| | 18 | 3 | 3 | 0.543 | 2 | 0.594 | 1.223 | 1 | 0.360 | 2.227 | 0.674 | −0.445 |
| | 19 | 1 | 1 | 0.589 | 2 | 0.989 | 1.060 | 2 | 0.008 | 10.745 | 1.409 | 1.855 |
| | 20 | 2 | 2 | 0.236 | 2 | 0.785 | 2.889 | 1 | 0.207 | 5.559 | −0.608 | 1.966 |
| | 21 | 2 | 2 | 0.505 | 2 | 0.792 | 1.368 | 3 | 0.203 | 4.086 | −1.668 | −0.569 |
| | 22 | 3 | 2* | 0.505 | 2 | 0.792 | 1.368 | 3 | 0.203 | 4.086 | −1.668 | −0.569 |

续表

| 个案号 | | 最高组 | | | | | | 第二最高组 | | | 判别式得分 | |
|---|---|---|---|---|---|---|---|---|---|---|---|---|
| | | | | $P\{D>d\|G=g\}$ | | | | | | | | |
| | | 实际组 | 预测组 | $p$ | $df$ | $P\{G=g\|D=d\}$ | 相对质心计算的平方马氏距离 | 组 | $P\{G=g\|D=d\}$ | 相对质心计算的平方马氏距离 | 函数 1 | 函数 2 |
| 初始 | 23 | 1 | 1 | 0.528 | 2 | 0.783 | 1.278 | 2 | 0.169 | 4.346 | 0.383 | 1.182 |
| | 24 | 3 | 3 | 0.573 | 2 | 0.843 | 1.113 | 2 | 0.149 | 4.580 | −0.892 | −1.414 |
| | 25 | 3 | 3 | 0.691 | 2 | 0.748 | 0.740 | 1 | 0.227 | 3.125 | 0.746 | −0.793 |
| | 26 | 3 | 3 | 0.757 | 2 | 965 | 0.556 | 1 | 0.031 | 7.440 | 0.796 | −1.820 |
| | 27 | 1 | 1 | 0.424 | 2 | 0.997 | 1.715 | 2 | 0.002 | 14.033 | 1.820 | 2.084 |
| | 28 | 2 | 2 | 0.482 | 2 | 0.998 | 1.459 | 3 | 0.001 | 14.636 | −2.727 | 1.081 |
| | 29 | 3 | 3 | 0.949 | 2 | 0.917 | 0.104 | 1 | 0.064 | 5.440 | 0.450 | −1.278 |
| | 30 | 1 | 1 | 0.532 | 2 | 0.849 | 1.262 | 3 | 0.149 | 4.736 | 1.950 | −0.182 |

* 误分类个案。

图 12-3-3 为各类的散点图。

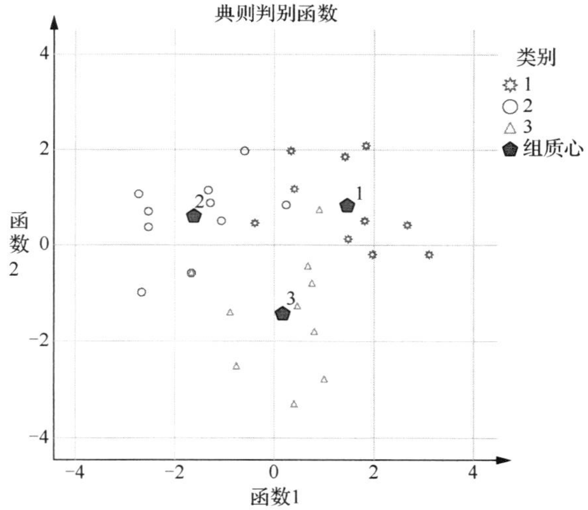


图 12-3-3　散点图

思政课堂

习题 12

习题 12 参考答案

# 第十三章　因 子 分 析

因子分析是利用降维的思想，把一些具有错综复杂关系的变量归结为少数几个不可观测的综合因子的一种多变量统计分析方法。因子分析的思想始于 1904 年查尔斯·斯皮尔曼（Charles Spearman）对学生考试成绩的研究。近年来，随着计算机技术的快速发展，因子分析方法已经被成功地应用于心理学、医学、气象、地质、经济、体育学等各个领域。

## 第一节　因子分析概述

因子分析由查尔斯·斯皮尔曼于 1904 年首次提出，之后其一直致力于发展该理论，并使之最终成为现代统计学的重要分支。因此，查尔斯·斯皮尔曼被公认为是因子分析之父。因子分析在某种程度上可以被看作主成分分析的推广和扩展，它对问题的研究更为深入。它将具有错综复杂关系的变量（或案例）综合为少数几个因子，以再现原始变量与因子之间的相互关系，探讨多个能够直接测量且具有一定相关性的实测指标是如何受少数几个内在的独立因子支配的，并在条件许可时借此尝试对变量进行分类。因此，与主成分分析相比，因子分析更深入，它不仅考虑进行信息的浓缩，还希望能够进一步阐明这些指标间的内在关联结构，发现这些实测指标所代表的潜在因子，这才是因子分析的核心目的。

因子分析可分为探索性因子分析和验证性因子分析。如果研究者在进行因子分析之前，并未对数据的因子结构有任何预期与立场，而借由统计数据分析因子的结构，此种因子分析策略带有浓厚的尝试错误的意味，我们称为探索性因子分析（exploratory factor analysis，EFA）。然而，有时研究者在研究之初既已提出某种特定的结构关系的假设，如某一个概念的测量问卷是由数个不同子量表所组成，此时因子分析可以被用来确认数据的模式是否即为研究者所预期的形式，此种因子分析称为验证性因子分析（confirmatory factor analysis，CFA），具有理论检验与确认的功能。

近年来，随着计算机技术的快速发展，因子分析方法已经被成功地应用于心理学、医学、气象、地质、经济、体育学等各个领域。本章主要介绍探索性因子分析的基本原理，以及 SPSS 应用实例。

## 第二节　探索性因子分析原理

### 一、探索性因子分析引例

体育科学研究涉及的变量较多，有些变量之间相关性高，而有些变量之间相关性低。

探索性因子分析的基本思想是根据相关性的大小将变量分组，使同组内变量间的相关性较高，不同组的变量间的相关性较低。每组变量代表一个基本结构，并用一个不可观测的综合变量表示，这个基本结构称为公共因子。通常探索性因子分析的目的是从一些有错综复杂关系的问题中找出少数几个主要因子，这些主要因子可以帮助我们对复杂的问题进行分析和解释。因此，探索性因子分析就是用少数几个因子来描述许多指标或因子之间的联系，以较少的几个因子来反映原始资料的大部分信息的统计学方法。

英国统计学家莫泽·斯科特（Moser Scott）在 1961 年对英国 157 个城镇发展水平进行调查时，原始测量的变量有 57 个，然而通过探索性因子分析发现，只需要用 5 个新的综合变量（它们是原始变量的线性组合）就可以解释 95%的原始信息。这样对问题的研究就从 57 个维度降低至 5 个维度，降维后的变量将更容易进行分析。

另外一个十分著名的探索性因子分析研究，是美国统计学家斯通（Stone）在 1947 年关于国民经济的研究，他根据美国 1927—1938 年的数据，得到 17 个反映国民收入与支出的变量要素，通过探索性因子分析，得到了 3 个新的变量，可以解释 17 个原始变量 97.4%的信息。

下面举一个探索性因子分析在体育中的应用案例。

例如，我们测试了某体院 120 名学生 8 项身体素质指标，包括 100 米跑、背抛铅球、卧推、跳高、60 米跑、400 米跑、30 米起跑和立定跳远。这 8 个变量中，100 米跑和 60 米跑、400 米跑、30 米起跑相关较高，背抛铅球、卧推之间相关较高，跳高和立定跳远之间相关较高。这样，可以将 8 个变量分成 3 组。100 米跑、60 米跑、400 米跑、30 米起跑为一组，反映学生的速度耐力；背抛铅球、卧推为一组，反映学生的上肢爆发力；跳高和立定跳远为一组，反映学生的下肢爆发力。学生的速度耐力、上肢爆发力、下肢爆发力就是因子，它们是各组变量的共同特征。

探索性因子分析的特点如下：

（1）因子变量的数量远少于原有的指标变量的数量，对因子变量的分析能够减少分析中的计算工作量。

（2）因子变量不是对原有变量的取舍，而是根据原始变量的信息进行重新组合，它能够反映原有变量大部分的信息。

（3）因子变量之间不存在线性相关关系，对变量的分析比较方便。

（4）因子变量具有命名解释性，即该变量是对某些原始变量信息的综合和反映。

利用探索性因子分析方法可以寻找变量间的潜在结构，也可以评价问卷的结构效度等。

## 二、探索性因子分析基本原理

### （一）探索性因子分析的基本模型

设有 $p$ 个标准化变量 $Z_1,Z_2,\cdots,Z_p$ ，可以是测试项目各指标的标准化值，也可以是一份问卷调查表 $p$ 个题目的标准分，它们受 $m$ 个公共因子 $F_1,F_2,\cdots,F_m$ 的影响，探索性因子分析的数学模型可表示成如下形式：

$$\begin{cases} Z_1 = a_{11}F_1 + a_{12}F_2 + \cdots + a_{1m}F_m + \varepsilon_1 \\ Z_2 = a_{21}F_1 + a_{22}F_2 + \cdots + a_{2m}F_m + \varepsilon_2 \\ \cdots\cdots \\ Z_p = a_{p1}F_1 + a_{p2}F_2 + \cdots + a_{pm}F_m + \varepsilon_p \end{cases} \tag{13-2-1}$$

式中，$F_1, F_2, \cdots, F_m$ 是公共因子（以下在不会引起混淆时简称因子）；$\varepsilon_i$ 是只和 $Z_i$ 有关的特殊因子（也称为误差项），它们分别只对某一个原始观测变量起作用。各个公共因子和特殊因子之间、特殊因子和所有公共因子之间都是相互独立的。系数 $a_{ij}$ 称为第 $i$ 个变量 $Z_i$ 在第 $j$ 个因子 $F_j$ 上的负荷，矩阵

$$\boldsymbol{A} = \begin{pmatrix} a_{11} & a_{12} & \cdots & a_{1m} \\ a_{21} & a_{22} & \cdots & a_{2m} \\ \vdots & \vdots & & \vdots \\ a_{p1} & a_{p2} & \cdots & a_{pm} \end{pmatrix}$$

称为因子负荷矩阵。

对于模型（13-2-1），我们做如下假设：

（1）公共因子都是均值为 0，方差为 1 的变量。特殊因子的均值为 0。

（2）各公共因子之间、特殊因子与公共因子之间、特殊因子与特殊因子之间均为零相关，即它们之间的协方差（或相关系数）等于零。特别地，当它们之间相互独立时满足这一要求。

这样的模型称为**正交因子模型**。

### （二）因子模型中指标的统计意义

为了便于对探索性因子分析计算结果做出解释，有必要对探索性因子分析模型中各个变量加以说明。假定这里的各个变量都是经过标准化的。

#### 1. 因子负荷

由于变量进行了标准化处理，所以因子负荷 $a_{ij}$ 就是变量 $Z_i$ 与因子 $F_j$ 的相关系数 $r_{Z_iF_j}$，它既反映了 $Z_i$ 依赖于 $F_j$ 的程度，也反映了 $Z_i$ 在因子 $F_j$ 上的相对重要性。

#### 2. 变量共同度

变量共同度就是因子负荷矩阵 $\boldsymbol{A}$ 中各行元素的平方和。记因子负荷矩阵 $\boldsymbol{A}$ 的第 $i$ 行元素的平方和为

$$h_i^2 = \sum_{j=1}^{m} a_{ij}^2,\quad i = 1, 2, \cdots, p \tag{13-2-2}$$

称为变量 $Z_i$ 的共同度，也称为公共因子方差。

由于 $F_1, F_2, \cdots, F_m$，$\varepsilon_1, \varepsilon_2, \cdots, \varepsilon_p$ 之间相互独立，所以我们有

$$\mathrm{var}(Z_i) = a_{i1}^2 \,\mathrm{var}(F_1) + \cdots + a_{im}^2 \,\mathrm{var}(F_m) + \mathrm{var}(\varepsilon_i)$$

记 $\sigma_i^2 = \mathrm{var}(\varepsilon_i)$，注意到 $\mathrm{var}(Z_i) = \mathrm{var}(F_1) = \mathrm{var}(F_2) = \cdots = \mathrm{var}(F_m) = 1$，于是有

$$1 = \mathrm{var}(Z_i) = h_i^2 + \sigma_i^2$$

这说明变量 $Z_i$ 的方差由两部分组成，第一部分就是共同度 $h_i^2$，它度量了全部 $m$ 个公共因子对变量 $Z_i$ 方差的贡献，反映了变量 $Z_i$ 对公共因子的依赖程度；第二部分是特殊因

子的方差，称为特殊方差。

3. 公共因子 $F_j$ 的方差贡献

在因子负荷矩阵 $\boldsymbol{A}$ 中，第 $j$ 列元素的平方和为

$$g_j^2=\sum_{i=1}^{p}a_{ij}^2,\quad j=1,2,\cdots,m \tag{13-2-3}$$

式中，$g_j^2$ 表示第 $j$ 个公共因子 $F_j$ 对所有变量 $Z_1,Z_2,\cdots,Z_p$ 的总影响或方差贡献，它是衡量公共因子相对重要性的指标。$g_j^2$ 越大，表明 $F_j$ 对所有变量 $Z_1,Z_2,\cdots,Z_p$ 的贡献越大。若将 $g_j^2(j=1,2,\cdots,m)$ 都计算出来，并按其大小排序，就可以产生最有影响的几个公共因子。

（三）探索性因子分析结果的解释

**【例 13-2-1】** 对 120 名某体育学院学生 8 个项目的成绩做探索性因子分析，得出 3 个公共因子，因子负荷、共同度和方差贡献率如表 13-2-1 所示，试解释探索性因子分析结果。

**表 13-2-1 8 个项目成绩在 3 个因子上的负荷**

| 变量 | 因子 $F_1$ | 因子 $F_2$ | 因子 $F_3$ | 共同度 $h_i^2$ | 特殊方差 $\sigma_j^2$ |
|---|---|---|---|---|---|
| 100 米跑（$Z_1$） | −0.75 | −0.3542 | −0.4102 | 0.8562 | 0.1438 |
| 背抛铅球（$Z_2$） | 0.2617 | 0.8328 | 0.159 | 0.7873 | 0.2127 |
| 卧推（$Z_3$） | 0.0055 | 0.9304 | 0.1837 | 0.8994 | 0.1006 |
| 跳高（$Z_4$） | 0.215 | 0.0792 | 0.9409 | 0.9378 | 0.0622 |
| 60 米跑（$Z_5$） | −0.8308 | −0.325 | −0.2008 | 0.8362 | 0.1638 |
| 400 米跑（$Z_6$） | −0.8221 | −0.0588 | −0.2163 | 0.7261 | 0.2739 |
| 30 米起跑（$Z_7$） | −0.9068 | 0.035 | −0.0645 | 0.8277 | 0.1723 |
| 立定跳远（$Z_8$） | 0.2339 | 0.3653 | 0.8518 | 0.9137 | 0.0863 |
| 方差贡献 $g_j^2$ | 2.9203 | 1.9347 | 1.9294 | 6.7844 | 1.2156 |
| 方差贡献率/% | 36.50 | 24.18 | 24.12 | 84.81 | 15.19 |

**解**：从表 13-2-1 中可以看出，8 个项目的成绩反映了学生三方面的运动素质。100 米跑、60 米跑、400 米跑、30 米起跑在因子 $F_1$ 上的负荷较大，可以将该因子解释为速度耐力因子；背抛铅球、卧推在因子 $F_2$ 上的负荷很大，可以将因子 $F_2$ 解释为上肢爆发力因子；在因子 $F_3$ 上有大负荷的是跳高和立定跳远，可以将因子 $F_3$ 解释为下肢爆发力因子。

$Z_1$ 与 $F_1$ 的相关系数（即 $Z_1$ 在 $F_1$ 上的负荷）为−0.75，$Z_1$ 与 $F_2$ 的相关系数为−0.3541，$Z_1$ 与 $F_3$ 的相关系数为−0.4102。相关系数为负值，是因为 100 米跑是计时类项目，是低优指标（即数值越小，成绩越优）。

$Z_1$ 的共同度为

$$h_1^2=(-0.75)^2+(-0.3541)^2+(-0.4102)^2\approx 0.8562$$

$Z_1$ 的特殊方差（即误差项方差）$\sigma_1^2=1-0.8562=0.1438$。这样，$Z_1$ 的方差中有 85.62% 可由 3 个公共因子解释，有 14.38%是由它的特殊因子解释。同理，可以计算其余各变量的共同度和特殊方差。

将第 1 列的负荷平方和累加，可得到方差贡献：

$$g_1^2=(-0.75)^2+(0.2617)^2+\cdots+(0.2339)^2\approx 2.9203$$

它度量了公共因子 $F_1$ 对 8 个项目成绩的方差贡献。因为各变量的总方差为 8，所以 $F_1$ 的方差贡献率等于 $2.9203/8 \approx 36.50\%$。同理可以算出，公共因子 $F_2$ 对 8 个项目成绩的方差贡献约为 1.9347，方差贡献率约为 24.18%；公共因子 $F_3$ 对 8 个项目成绩的方差贡献约为 1.9294，方差贡献率约为 24.12%。3 个公共因子的累积贡献率为 84.81%，8 个项目成绩主要反映学生三方面的运动素质：速度耐力、下肢力量和上肢力量，其中速度耐力素质相对比较重要，因为其方差贡献率较大。

## 三、探索性因子分析过程

探索性因子分析通常有如下步骤：①计算相关矩阵；②因子提取；③因子旋转；④计算因子得分；⑤对因子做出解释。其中前四步都可以由计算机软件完成。

### 1. 计算相关矩阵

计算所有变量之间的相关系数，得到相关矩阵 $\boldsymbol{R}$。通过观察相关矩阵，可以大概知道对样本进行探索性因子分析是否恰当。如果相关矩阵中的大部分相关系数都小于 0.3，则不适合做探索性因子分析。只有当许多相关系数的绝对值较大时，进行探索性因子分析才有意义。

### 2. 因子提取

因子提取包括先按某种规则确定所需要的因子数，再用某种方法计算因子负荷矩阵。可以用如下方法确定因子个数 $m$：

（1）以 $\boldsymbol{R}$ 的特征根是否大于 1 为标准，特征根大于 1 的特征根个数为提取的因子数。

（2）使前 $m$ 个因子的方差贡献达到一个适当的比例，如 80%以上。

（3）根据专业知识指定因子个数。

随着 $m$ 的增大，共同度会增大。对于主成分分解，增加新的因子时，原有因子的负荷不会改变，变化的是特殊因子。

建立因子模型时，首先要完成因子负荷的求解。目前已经有多种因子提取方法，如主成分分析法、极大似然法、主轴因子法、最小二乘法和广义最小二乘法等，其中比较常用的是主成分分析法，也是 SPSS 默认的方法。一个主成分其实是变量的一个线性组合。有多少个变量，就可以产生多少个彼此不相关的主成分。主成分分析法是将方差较大的少数几个主成分标准化作为因子。

### 3. 因子旋转

建立探索性因子分析数学模型的目的不仅是要找出公共因子及对变量进行分组，更重要的是要知道每个公共因子的意义，以便对实际问题做出科学的分析。如果每个公共因子的含义不清，不便于进行实际背景的解释，此时根据因子载荷矩阵的不唯一性，可以对因子载荷矩阵实行旋转，即对初始公共因子进行线性组合，以期找到意义更为明确且实际意义更明显的公共因子。经过旋转后，公共因子对 $Z_i$ 的贡献 $h_i^2$ 并不改变，但由于载荷矩阵发生了变化，公共因子本身就可能发生很大的变化，每个公共因子对原始变量的贡献 $g_i^2$ 不再与原来相同，从而经过适当的旋转就可以得到比较令人满意的公共因子。

因子旋转通常分为正交旋转和斜交旋转，一般进行正交旋转。当对因子做正交旋转后，因子的意义仍不能得到满意的解释时，可考虑对因子进行斜交旋转。无论正交旋转还是斜交旋转，都应使新的因子载荷系数要么尽可能接近零，要么尽可能远离零。也就是要尽量使任一原始变量都与某些公共因子存在较强的相关关系，而与另外的公共因子之间几乎不相关。这样，公共因子的实际意义就会比较容易确定。

#### 4. 因子得分

因子模型建立起来之后，我们就可以反过来考察每个样品的性质和样品之间的相互关系。通过求出各个样品在各个公共因子上的取值，就能根据因子取值将样品分类，研究各个样品间的差异等。我们将样品在公共因子上的取值称为因子得分。

求得因子得分，有利于进一步的分析研究，如样本点之间的比较分析、对样本点的聚类分析等。需要注意的是，所取的公共因子个数不同，因子得分也就不同。

#### 5. 解释因子

解释因子是通过观察负荷矩阵，尤其是旋转后的负荷矩阵来完成的。如果一个因子的大负荷只出现在一个变量上，因子就由这个变量来表征。如果一个因子的大负荷出现在几个变量上，因子就由这几个变量来综合表征，用它们的公共内涵或共性来解释因子。解释因子带有很强的专业性、经验性。但只要解释合理，就认为是可以接受的。

### 四、探索性因子分析的适用条件

#### 1. 样本含量

探索性因子分析过程首先需要计算相关系数矩阵，相关系数是否可靠，对探索性因子分析结果的可靠性有直接影响。因此，要求样本含量比较充足，否则可能无法得到稳定和准确的结果。根据戈萨奇（Gorsuch）（1983）的观点，探索性因子分析时的样本含量要求如下：

（1）样本含量与变量数的比例应在 5∶1 以上，实际上理想的样本含量应为变量数的 10～25 倍，但这很难做到。5～10 倍之间虽略显不足，但一般能得到较好的结果。

（2）总样本含量不得少于 100，而且原则上越大越好。

以上是对样本含量的经验要求。笔者通过对众多实例的统计处理，并参阅大量书刊资料，认为在实际应用中，若指标数为 5～6 个，则样本含量不得低于 30。当指标增加时，样本含量应相应增加，且越多越好，这样才能保证结果具有较高的可靠性。

#### 2. 相关性

除样本含量外，探索性因子分析还有一个默认的条件就是各变量间必须有相关性，否则变量间没有共享信息，就不可能有公共因子需要提取。具体在该条件的判断上，除根据专业知识来估计外，还可以使用 KMO（Kaiser-Meyer-Olkin）统计量和巴特利特（Bartlett's）球形检验加以判定。

KMO 统计量：用于探查变量间的偏相关性，它比较的是各变量间的简单相关和偏相关的大小，取值范围在 0～1 范围内。如果各变量间存在内在联系，则由于计算偏相关时控制其他因子就会同时控制潜在变量，导致偏相关系数远远小于简单相关系数，此时 KMO 统计量接近 1，做探索性因子分析的效果好。一般认为，当 KMO 大于 0.9 时效果最佳，0.8～0.9 时适合，0.7～0.8 时效果尚可，0.6～0.7 时不太适合，0.5～0.6 时不适合进行因素分析，0.5 以下时非常不适合进行探索性因子分析。

巴特利特球形检验：用于检验相关阵是否是单位矩阵，即各变量是否各自独立。它的零假设相关系数矩阵是一个单位矩阵，即相关系数矩阵对角线上的所有元素都为 1，所有非对角线上的元素都为零。如果结论拒绝零假设，则认为相关系数据不可能是单位矩阵，即原始变量之间存在相关性，适合进行探索性因子分析；相反，如果该统计量比较小，且其对应的相伴概率大于显著性水平，则不能拒绝零假设，认为相关系数矩阵可能是单位矩阵，说明这些变量可能各自独立提供一些信息，之间没什么联系，不适宜进行探索性因子分析。

**【例 13-2-2】** 统计了 120 名体育院校男生 8 项身体素质指标（同例 13-2-1，原始数据略），分别是 100 米跑、背抛铅球、卧推、跳高、60 米跑、400 米跑、30 米起跑和立定跳远，试写出探索性因子分析的计算过程，并分析输出结果。

**解：**（1）定义变量，求相关系数矩阵 $\boldsymbol{R}=(r_{ij})$，如表 13-2-2 所示，其中，

$$r_{ij}=\frac{\sum(Z_i-\overline{Z}_i)(Z_j-\overline{Z}_j)}{\sqrt{\sum(Z_i-\overline{Z}_i)^2\sum(Z_j-\overline{Z}_j)^2}}$$

（2）求特征值 $\lambda_i$，并计算特征值的贡献率和累积贡献率，如表 13-2-4 所示，其中，

$$\text{贡献率}=\frac{\lambda_i}{\text{指标数}}\times 100\%$$

（3）确定公共因子数。本例指定提取的因子个数为 $m=3$。

（4）计算因子负荷矩阵 $\boldsymbol{A}=(a_{ij})$，如表 13-2-5 所示。求公共因子方差 $h_i^2$，如表 13-2-3 所示，其中，

$$h_i^2=\sum_{j=1}^{m}a_{ij}^2\,,\quad i=1,2,\cdots,p$$

本例 $p=8$。

（5）求正交因子解。

用方差极大法进行正交因子旋转，得到因子旋转后的负荷矩阵，如表 13-2-6 所示。

**输出结果如下：**

（1）相关矩阵（表 13-2-2）。

表 13-2-2 相关矩阵

| 变量 | 100 米跑 | 背抛铅球 | 卧推 | 跳高 | 60 米跑 | 400 米跑 | 30 米起跑 | 立定跳远 |
|---|---|---|---|---|---|---|---|---|
| 100 米跑 | 1 | −0.43 | −0.47 | 0.53 | 0.82 | 0.73 | 0.62 | −0.65 |
| 背抛铅球 | −0.43 | 1 | 0.67 | 0.32 | −0.5 | 0.24 | −0.32 | 0.51 |
| 卧推 | −0.47 | 0.67 | 1 | 0.22 | −0.33 | −0.18 | 0.08 | 0.49 |
| 跳高 | 0.53 | 0.32 | 0.22 | 1 | −0.45 | −0.38 | −0.23 | 0.82 |
| 60 米跑 | 0.82 | −0.5 | −0.33 | −0.45 | 1 | 0.64 | 0.71 | −0.42 |
| 400 米跑 | 0.73 | 0.24 | −0.18 | −0.38 | 0.64 | 1 | 0.63 | −0.36 |
| 30 米起跑 | 0.62 | −0.32 | 0.08 | −0.23 | 0.71 | 0.63 | 1 | −0.34 |
| 立定跳远 | −0.65 | 0.51 | 0.49 | 0.82 | −0.42 | −0.36 | −0.34 | 1 |

该表格给出了 8 个原始变量的相关矩阵。

（2）公共因子方差（表 13-2-3）。

表 13-2-3 公共因子方差

| 变量 | 初始 | 提取 |
|---|---|---|
| 100 米跑 | 1 | 0.8562 |
| 背抛铅球 | 1 | 0.7873 |
| 卧推 | 1 | 0.8994 |
| 跳高 | 1 | 0.9378 |
| 60 米跑 | 1 | 0.8362 |
| 400 米跑 | 1 | 0.7261 |
| 30 米起跑 | 1 | 0.8277 |
| 立定跳远 | 1 | 0.9137 |

表 13-2-3 是探索性因子分析的初步结果：第一列是 8 个原始变量名；第二列是根据探索性因子分析初始解计算出的变量共同度（公因子方差比）。由于每个原始变量的所有方差都能被因子解释掉，所以每个原始变量的共同度都为 1。第三列是根据探索性因子分析最终解计算出的变量共同度（公因子方差比）。指的是提取公因子后，各变量中的信息被提取出的比例，或者说变量的方差中由公因子决定的比例。公因子方差比在 0～1 取值越大，说明该变量能被因子说明的程度越高。

（3）因子提取和因子旋转结果（表 13-2-4）。

表 13-2-4 方差贡献表

| 成分 | 初始特征值 | | | 提取平方和载入 | | | 旋转平方和载入 | | |
|---|---|---|---|---|---|---|---|---|---|
| | 合计 | 方差百分比/% | 累积百分比/% | 合计 | 方差百分比/% | 累积百分比/% | 合计 | 方差百分比/% | 累积百分比/% |
| 1 | 4.3246 | 54.06 | 54.06 | 4.3246 | 54.06 | 54.06 | 2.9203 | 36.504 | 36.50 |
| 2 | 1.4841 | 18.55 | 72.61 | 1.4841 | 18.55 | 72.61 | 1.9347 | 24.184 | 60.69 |
| 3 | 0.9758 | 12.20 | 84.81 | 0.9758 | 12.20 | 84.81 | 1.9294 | 24.118 | 84.81 |

续表

| 成分 | 初始特征值 | | | 提取平方和载入 | | | 旋转平方和载入 | | |
|---|---|---|---|---|---|---|---|---|---|
| | 合计 | 方差百分比/% | 累积百分比/% | 合计 | 方差百分比/% | 累积百分比/% | 合计 | 方差百分比/% | 累积百分比/% |
| 4 | 0.5403 | 6.75 | 91.56 | | | | | | |
| 5 | 0.3094 | 3.87 | 95.43 | | | | | | |
| 6 | 0.2671 | 3.34 | 98.77 | | | | | | |
| 7 | 0.0742 | 0.93 | 99.69 | | | | | | |
| 8 | 0.0242 | 0.30 | 100.00 | | | | | | |

注：提取方法为主成分分析法。

（4）因子负荷矩阵（表 13-2-5）。

**表 13-2-5　因子负荷矩阵**

| 变量 | 因子 $F_1$ | 因子 $F_2$ | 因子 $F_3$ |
|---|---|---|---|
| 100 米跑 | −0.9156 | 0.1286 | 0.0368 |
| 背抛铅球 | 0.6554 | 0.4513 | −0.3924 |
| 卧推 | 0.5295 | 0.695 | −0.3686 |
| 跳高 | 0.6814 | 0.1883 | 0.6618 |
| 60 米跑 | −0.8509 | 0.2633 | 0.2068 |
| 400 米跑 | −0.7298 | 0.4376 | 0.0452 |
| 30 米起跑 | −0.6681 | 0.6018 | 0.1382 |
| 立定跳远 | 0.7808 | 0.3481 | 0.4276 |

可以看到，有些变量在几个因子上的负荷都比较大，如跳高、30 米起跑、卧推等，不利于因子的解释，需要对因子进行旋转。

（5）旋转后的因子负荷矩阵（表 13-2-6）。

**表 13-2-6　因子旋转后的负荷矩阵**

| 变量 | 因子 $F_1$ | 因子 $F_2$ | 因子 $F_3$ |
|---|---|---|---|
| 100 米跑 | **−0.7500** | −0.3542 | −0.4102 |
| 背抛铅球 | 0.2617 | **0.8328** | 0.1590 |
| 卧推 | 0.0055 | **0.9304** | 0.1837 |
| 跳高 | 0.2150 | 0.0792 | **0.9409** |
| 60 米跑 | **−0.8308** | −0.325 | −0.2008 |
| 400 米跑 | **−0.8221** | −0.0588 | −0.2163 |
| 30 米起跑 | **−0.9068** | 0.035 | −0.0645 |
| 立定跳远 | 0.2339 | 0.3653 | **0.8518** |

（6）解释因子。

显然旋转后的负荷矩阵比较容易解释因子。第一因子有大负荷的是 100 米跑、60 米跑、400 米跑和 30 米起跑，可命名为速度耐力因子；第二个因子有大负荷的是背抛铅球和卧推，可命名为上肢爆发力因子；第三个因子有大负荷的是跳高和跳远，可命名为下肢爆发力因子。

（7）综合评分。

探索性因子分析还可以根据因子得分矩阵，计算出各样本的因子得分，经常用于综合评判。由专家给予本例 3 个因子变量不同的权重，利用下面的综合评判公式，即可得到综合评分。

$$综合分 = a_1F_1 + a_2F_2 + a_3F_3$$

## 第三节　探索性因子分析应用

**【例 13-3-1】**在运动选材中，测得 42 名学生的 8 项身体形态指标：体重、身高、坐高、上肢长、胸围、腰围、肩宽、骨盆宽，数据资料如图 13-3-1 和图 13-3-2 所示，试进行探索性因子分析。

文件(F) 编辑(E) 查看(V) 数据(D) 转换(T) 分析(A) 图形(G) 实用程序(L) 扩展(X) 窗口(W) 帮助(H)

可视：8/8 个变量

| | 体重 | 身高 | 坐高 | 上肢长 | 胸围 | 腰围 | 肩宽 | 骨盆宽 |
|---|---|---|---|---|---|---|---|---|
| 1 | 58.4 | 166.0 | 87.5 | 71.2 | 91.1 | 73.2 | 35.1 | 29.0 |
| 2 | 53.0 | 162.0 | 87.4 | 70.0 | 81.0 | 64.5 | 32.0 | 30.4 |
| 3 | 56.5 | 166.0 | 89.0 | 71.0 | 82.0 | 70.0 | 33.0 | 30.0 |
| 4 | 57.0 | 163.0 | 88.7 | 68.7 | 83.5 | 69.4 | 30.0 | 28.5 |
| 5 | 56.0 | 170.0 | 88.6 | 75.0 | 79.0 | 66.0 | 33.8 | 30.0 |
| 6 | 51.8 | 166.0 | 89.5 | 71.0 | 78.3 | 66.8 | 34.0 | 31.0 |
| 7 | 53.4 | 167.8 | 91.0 | 75.5 | 80.1 | 67.2 | 36.0 | 32.0 |
| 8 | 53.3 | 160.0 | 88.0 | 67.6 | 83.5 | 64.7 | 30.0 | 28.5 |
| 9 | 67.6 | 174.3 | 93.5 | 75.6 | 84.0 | 70.3 | 37.0 | 32.0 |
| 10 | 57.5 | 162.0 | 85.0 | 72.0 | 87.0 | 69.0 | 33.5 | 30.5 |
| 11 | 61.4 | 167.8 | 91.1 | 69.3 | 83.9 | 72.3 | 36.5 | 29.5 |
| 12 | 60.5 | 172.5 | 91.5 | 73.8 | 84.0 | 70.0 | 34.0 | 32.0 |
| 13 | 47.7 | 157.5 | 86.4 | 66.5 | 81.2 | 61.9 | 34.2 | 27.0 |
| 14 | 50.6 | 161.0 | 83.6 | 62.5 | 81.4 | 63.7 | 35.5 | 29.0 |
| 15 | 51.1 | 161.3 | 87.3 | 67.7 | 76.7 | 64.2 | 32.0 | 28.5 |
| 16 | 62.0 | 175.0 | 93.3 | 72.0 | 86.0 | 70.5 | 37.0 | 33.0 |
| 17 | 60.8 | 161.0 | 89.0 | 68.5 | 94.0 | 75.0 | 37.4 | 34.0 |
| 18 | 53.7 | 164.0 | 86.2 | 82.5 | 80.0 | 63.6 | 32.5 | 26.8 |
| 19 | 63.3 | 171.0 | 93.5 | 73.0 | 84.3 | 69.5 | 36.5 | 28.5 |
| 20 | 61.1 | 166.4 | 91.1 | 74.4 | 90.1 | 71.0 | 38.1 | 33.2 |
| 21 | 47.0 | 159.0 | 85.0 | 66.4 | 79.0 | 61.0 | 35.0 | 26.0 |
| 22 | 60.0 | 164.0 | 89.5 | 67.0 | 84.5 | 69.2 | 30.8 | 27.8 |

图 13-3-1　42 名学生的 8 项身体形态指标数据（1）

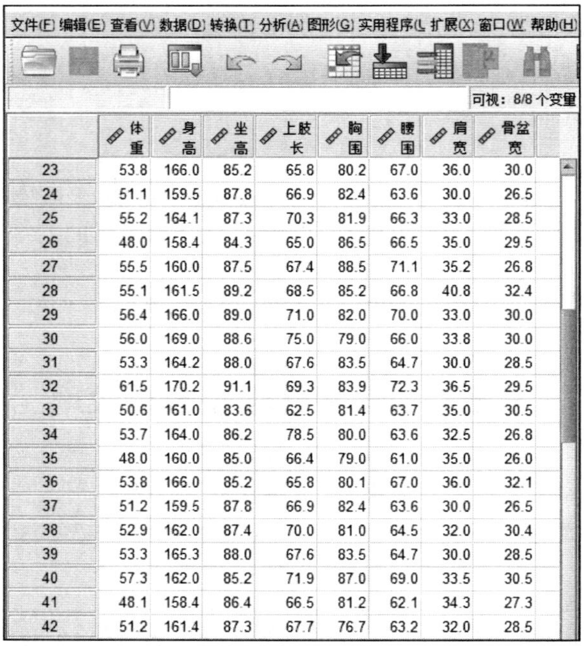

| | 体重 | 身高 | 坐高 | 上肢长 | 胸围 | 腰围 | 肩宽 | 骨盆宽 |
|---|---|---|---|---|---|---|---|---|
| 23 | 53.8 | 166.0 | 85.2 | 65.8 | 80.2 | 67.0 | 36.0 | 30.0 |
| 24 | 51.1 | 159.5 | 87.8 | 66.9 | 82.4 | 63.6 | 30.0 | 26.5 |
| 25 | 55.2 | 164.1 | 87.3 | 70.3 | 81.9 | 66.3 | 33.0 | 28.5 |
| 26 | 48.0 | 158.4 | 84.3 | 65.0 | 86.5 | 66.5 | 35.0 | 29.5 |
| 27 | 55.5 | 160.0 | 87.5 | 67.4 | 88.5 | 71.1 | 35.2 | 26.8 |
| 28 | 55.1 | 161.5 | 89.2 | 68.5 | 85.2 | 66.8 | 40.8 | 32.4 |
| 29 | 56.4 | 166.0 | 89.0 | 71.0 | 82.0 | 70.0 | 33.0 | 30.0 |
| 30 | 56.0 | 169.0 | 88.6 | 75.0 | 79.0 | 66.0 | 33.8 | 30.0 |
| 31 | 53.3 | 164.2 | 88.0 | 67.6 | 83.5 | 64.7 | 30.0 | 28.5 |
| 32 | 61.5 | 170.2 | 91.1 | 69.3 | 83.9 | 72.3 | 36.5 | 29.5 |
| 33 | 50.6 | 161.0 | 83.6 | 62.5 | 81.4 | 63.7 | 35.0 | 30.5 |
| 34 | 53.7 | 164.0 | 86.2 | 78.5 | 80.0 | 63.6 | 32.5 | 26.8 |
| 35 | 48.0 | 160.0 | 85.0 | 66.4 | 79.0 | 61.0 | 35.0 | 26.0 |
| 36 | 53.8 | 166.0 | 85.2 | 65.8 | 80.1 | 67.0 | 36.0 | 32.1 |
| 37 | 51.2 | 159.5 | 87.8 | 66.9 | 82.4 | 63.6 | 30.0 | 26.5 |
| 38 | 52.9 | 162.0 | 87.4 | 70.0 | 81.0 | 64.5 | 32.0 | 30.4 |
| 39 | 53.3 | 165.3 | 88.0 | 67.6 | 83.5 | 64.7 | 30.0 | 28.5 |
| 40 | 57.3 | 162.0 | 85.2 | 71.9 | 87.0 | 69.0 | 33.5 | 30.5 |
| 41 | 48.1 | 158.4 | 86.4 | 66.5 | 81.2 | 62.1 | 34.3 | 27.3 |
| 42 | 51.2 | 161.4 | 87.3 | 67.7 | 76.7 | 63.2 | 32.0 | 28.5 |

图 13-3-2　42 名学生的 8 项身体形态指标数据（2）

**解**：SPSS 操作如下。

**步骤 1**：选择“分析”菜单→“降维”→“因子”命令，如图 13-3-3 所示。

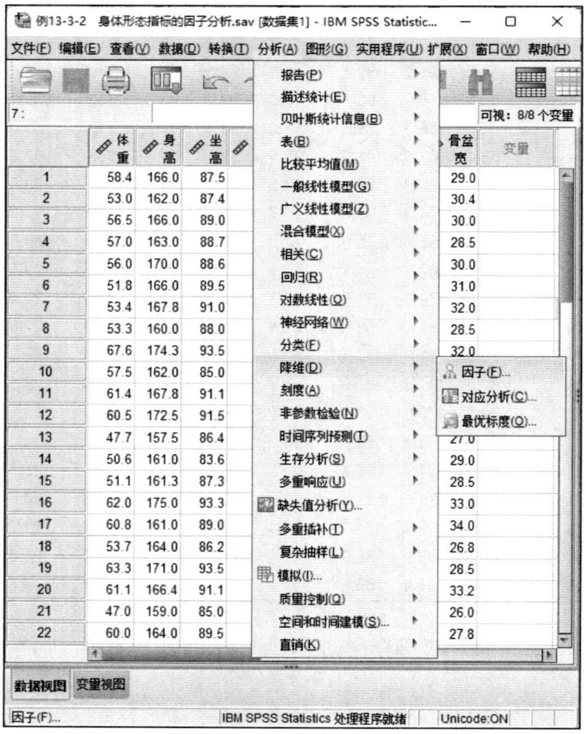


图 13-3-3　选择“因子”命令

**步骤 2**：在打开的如图 13-3-4 所示“因子分析”对话框中，从左侧的变量列表中选择所有的 8 个变量，移入“变量”列表框中。

**步骤 3**：单击“描述”按钮，打开“因子分析：描述”对话框，如图 13-3-5 所示。

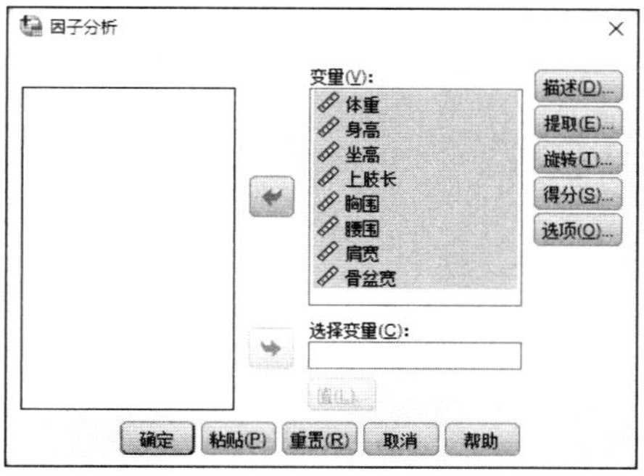


图 13-3-4 “因子分析”对话框

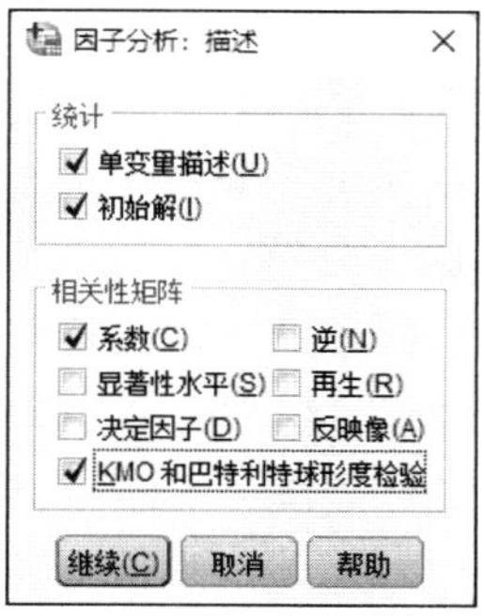


图 13-3-5 “因子分析：描述”对话框

（1）“统计”区域用于选择输出相关的统计量，选项如下。

- 单变量描述：要求输出各变量的均数和标准差。
- 初始解：表示输出初始分析结果。

（2）“相关性矩阵”区域提供了以下几种检验变量是否适合作为因子分析的方法。

- 系数：要求计算相关系数矩阵。
- KMO 和巴特利特球形度检验：KMO 检验用于检验变量间的偏相关是否很小；巴特利特球形度检验用于检验相关矩阵是否是单位矩阵。

单击“继续”按钮，返回“因子分析”对话框。

**步骤 4**：单击“提取”按钮，打开“因子分析：提取”对话框，选择因子提取方法，如图 13-3-6 所示。

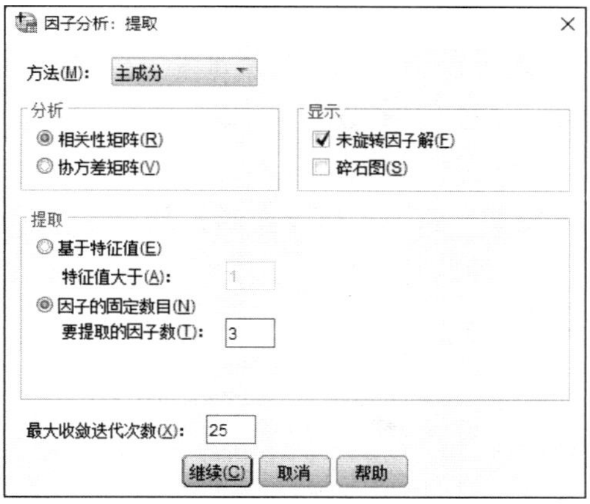


图 13-3-6 “因子分析：提取”对话框

（1）**因子提取方法**在“方法”下拉列表中选取。SPSS 共提供了 7 种方法。

- **主成分**：该方法假定原变量是因子变量的线性组合。第一主成分有最大的方差，后续成分可解释的方差越来越少。这是使用最多的因子提取方法。

- **未加权最小平方法：**该方法使观测的和再生的相关矩阵之差的平方和最小，不记对角元素。
- **综合最小平方法：**用变量的倒数值加权，使测得的和再生的相关矩阵之差的平方和最小。
- **最大似然：**此方法不要求多元正态分布。
- **主轴因子分解：**使用多元相关的平方作为对公因子方差的初始估计。
- **$\alpha$ 因子分解。**
- **映像因子分解：**也称多元回归法。

（2）**"分析"**区域用于选择提取因子变量的依据，选项如下。

- **相关性矩阵：**表示依据相关系数矩阵。
- **协方差矩阵：**表示依据协方差矩阵。

（3）**"提取"**区域用于指定因子个数的标准，选项如下。

- **基于特征值：**表示该选项后面可以输入一个特征值，SPSS 将提取特征值大于该值的因子，SPSS 默认为 1。指定特征值提取因子个数是 SPSS 默认的方法。
- **因子的固定数目：**表示该选项后面可以输入要提取因子的个数，SPSS 将提取指定个数的因子。理论上有多少个变量，就可以有多少个因子，因此输入的数值应为介于 0 和分析变量数之间的整数。

（4）**"显示"**区域用于选择输出哪些与因子提取有关的信息，选项如下。

- **未旋转因子解：**输出未经过旋转的因子载荷矩阵。
- **碎石图：**输出因子与其特征值的碎石图，按特征值大小排列，有助于确定保留多少个因子。

（5）**"最大收敛迭代次数"**文本框用于指定因子分析收敛的最大迭代次数，系统默认的最大迭代次数为 25。

本例选用"主成分"方法，选择"相关性矩阵"作为提取因子变量的依据，选中"未旋转因子解"复选框，输出未经过旋转的因子载荷矩阵；选中"因子的固定数目"单选按钮，并在该选项后面"要提取的因子数"文本框中输入"3"，单击"继续"按钮，返回"因子分析"对话框。

**步骤 5：**单击"旋转"按钮，打开"因子分析：旋转"对话框，如图 13-3-7 所示。

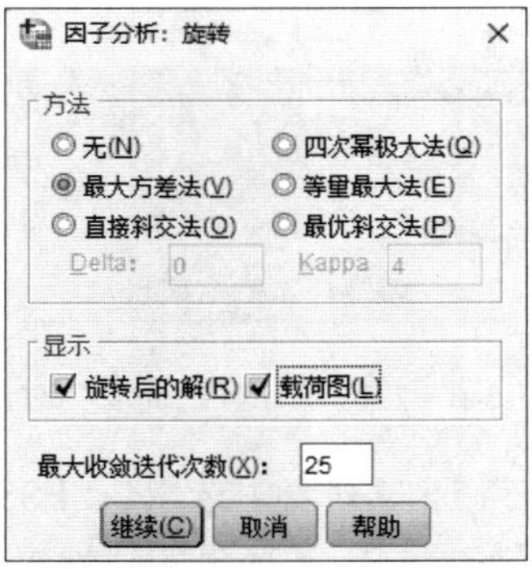


图 13-3-7 "因子分析：旋转"对话框

该对话框用于选择因子载荷矩阵的旋转方法。旋转的目的是简化结构，以帮助我们解释因子。SPSS 默认不进行旋转（无）。

（1）**“方法”**区域用于选择因子旋转方法，选项如下。

- **无：**不进行因子旋转。
- **最大方差法：**又称正交旋转。它使得每个因子上的具有最高载荷的变量数目最小，因此可以简化对因子的解释。
- **直接 Oblimin 方法：**指定该项，可以在下面的文本框中输入 Delta 值，该值在 0～1 之间。0 值产生最高的相关系数。
- **最大四次方值法：**对变量做旋转，该旋转方法使得每个变量中需要解释的因子数最少。
- **最大平衡值法：**它是最大方差法和最小四次方值法的结合，对变量和因子均进行旋转。
- **Promax：**斜交旋转方法，允许因子间相关。它比直接斜交旋转更快，因此适用于大数据的因子分析。

（2）**“输出”**区域用于选择输出哪些与因子旋转有关的信息，选项如下。

- **旋转解：**输出旋转后的因子载荷矩阵。对于正交旋转方法，给出旋转以后的因子矩阵模式和因子转换矩阵；对于斜交旋转方法，显示旋转以后的因子矩阵模式、因子结构矩阵和因子间的相关矩阵。
- **载荷图：**输出载荷散点图。选中该项将给出以两两因子为坐标的各个变量的载荷散点图。如果有两个因子，则给出各原始变量在因子 1 和因子 2 坐标系中的散点图。如果多于两个因子，则给出前 3 个因子的三维因子载荷散点图。如果只提取出了一个因子，则不会输出散点图。选择此项，给出旋转以后的因子载荷图。

本例选择“最大方差法”旋转，并选中“旋转解”和“载荷图”复选框，表示输出旋转后的因子载荷矩阵和载荷散点图。单击“继续”按钮，返回“因子分析”对话框。

需要进行评分的可单击“得分”按钮，在打开的“因子分析：得分”对话框中选择“保存为变量”选项（本例不进行综合评分）。单击“继续”按钮，返回“因子分析”对话框。

**步骤 6：**单击“选项”按钮，在打开的“因子分析：选项”对话框中，选择默认设置，单击“继续”按钮，返回“因子分析”对话框。

**步骤 7：**单击“确定”按钮，输出计算结果，如图 13-3-8～图 13-3-16 所示。

| 变量 | 平均值 | 标准偏差 | 分析个案数 |
|---|---|---|---|
| 体重 | 54.993 | 4.7283 | 42 |
| 身高 | 164.193 | 4.3878 | 42 |
| 坐高 | 87.995 | 2.5477 | 42 |
| 上肢长 | 69.805 | 4.1043 | 42 |
| 胸围 | 82.857 | 3.7113 | 42 |
| 腰围 | 66.898 | 3.5253 | 42 |
| 肩宽 | 33.988 | 2.5313 | 42 |
| 骨盆宽 | 29.429 | 2.0652 | 42 |

图 13-3-8 描述统计量

**结果分析：**

（1）描述统计结果（图 13-3-8）。

图 13-3-8 列出了 8 个原始变量的描述统计结果，包括平均值、标准偏差和分析个案数。这是“单变量描述性”项的输出结果。

（2）相关系数矩阵（图 13-3-9）。

| 变量 | 体重 | 身高 | 坐高 | 上肢长 | 胸围 | 腰围 | 肩宽 | 骨盆宽 |
|---|---|---|---|---|---|---|---|---|
| 体重 | 1.000 | .768 | .763 | .473 | .534 | .840 | .338 | .535 |
| 身高 | .768 | 1.000 | .748 | .558 | .061 | .541 | .310 | .511 |
| 坐高 | .763 | .748 | 1.000 | .453 | .240 | .575 | .242 | .410 |
| 上肢长 | .473 | .558 | .453 | 1.000 | .015 | .245 | .068 | .197 |
| 胸围 | .534 | .061 | .240 | .015 | 1.000 | .725 | .324 | .375 |
| 腰围 | .840 | .541 | .575 | .245 | .725 | 1.000 | .407 | .582 |
| 肩宽 | .338 | .310 | .242 | .068 | .324 | .407 | 1.000 | .550 |
| 骨盆宽 | .535 | .511 | .410 | .197 | .375 | .582 | .550 | 1.000 |

图 13-3-9　相关系数矩阵

图 13-3-9 给出了 8 个原始变量的相关系数矩阵。

（3）KMO 检验和巴特利特特球形检验结果（图 13-3-10）。

图 13-3-10 给出了 KMO 检验和巴特利特特球形检验结果。其中，KMO 值为 0.794，大于 0.7，所以适合进行因子分析。

巴特利特特球形检验结果（$\chi^2 = 221.033$，$P = 0.000$），$P < 0.05$，所以拒绝巴特利特特球形检验的零假设，说明 8 个变量之间不是独立的，即认为适合进行因子分析。

（4）探索性因子分析初始结果（图 13-3-11）。

**KMO 和巴特利特特检验**

| | | |
|---|---|---|
| KMO 取样适切性量数。 | | .794 |
| 巴特利特特球形度检验 | 近似卡方 | 221.033 |
| | 自由度 | 28 |
| | 显著性 | .000 |

图 13-3-10　KMO 和巴特利特特检验

**公因子方差**

| 变量 | 初始 | 提取 |
|---|---|---|
| 体重 | 1.000 | .924 |
| 身高 | 1.000 | .878 |
| 坐高 | 1.000 | .753 |
| 上肢长 | 1.000 | .648 |
| 胸围 | 1.000 | .914 |
| 腰围 | 1.000 | .908 |
| 肩宽 | 1.000 | .835 |
| 骨盆宽 | 1.000 | .744 |

提取方法：主成分分析法。

图 13-3-11　公因子方差

（5）因子提取和因子旋转结果（图 13-3-12）。

**总方差解释**

| 成分 | 初始特征值 | | | 提取载荷平方和 | | | 旋转载荷平方和 | | |
|---|---|---|---|---|---|---|---|---|---|
| | 总计 | 方差百分比 | 累积百分比 | 总计 | 方差百分比 | 累积百分比 | 总计 | 方差百分比 | 累积百分比 |
| 1 | 4.265 | 53.316 | 53.316 | 4.265 | 53.316 | 53.316 | 2.782 | 34.772 | 34.772 |
| 2 | 1.442 | 18.031 | 71.347 | 1.442 | 18.031 | 71.347 | 2.115 | 26.436 | 61.208 |
| 3 | .896 | 11.203 | 82.550 | .896 | 11.203 | 82.550 | 1.707 | 21.342 | 82.550 |
| 4 | .544 | 6.796 | 89.346 | | | | | | |
| 5 | .414 | 5.178 | 94.523 | | | | | | |
| 6 | .244 | 3.052 | 97.576 | | | | | | |
| 7 | .115 | 1.434 | 99.010 | | | | | | |
| 8 | .079 | .990 | 100.000 | | | | | | |

提取方法：主成分分析法。

图 13-3-12　方差贡献表

图 13-3-12 是探索性因子分析后因子提取和因子旋转的结果。其中，第 1～4 列描述了探索性因子分析初始解对原有变量总体的描述情况。

第 1 列是探索性因子分析的 8 个初始解序号。

第 2 列是因子变量的方差贡献（特征值），它是衡量因子重要程度的指标。例如，第 1 行中特征值为 4.265，表示第一个因子描述了原有变量总方差 8 中的 4.265，后面因子描述的方差依次减少。

第 3 列是各因子变量的方差贡献百分比，表示该因子描述的方差占原有变量总方差的比例。它的值是第 2 列的特征值除以总方差 8 的结果。例如，第一行中的 53.316%是 4.265 除以 8 的结果。

第 4 列是因子变量的累积方差贡献百分比，表示前 *m* 个因子描述的总方差占原有变量的总方差的比例。

第 5～7 列则是从初始解中提取了 3 个公共因子后对原变量总体的描述情况。各列数据的含义和前面第 2～4 列相同。可见提取了 3 个公共因子后，它们反映了原变量的大部分信息。

最右边 3 列是旋转以后得到的因子对原变量总体的刻画情况。各列的含义和第 5～7 列是一样的。

（6）因子负荷矩阵和旋转后的因子负荷矩阵（图 13-3-13 和图 13-3-14）。

成分矩阵[a]

| 变量 | 成分 | | |
|---|---|---|---|
| | 1 | 2 | 3 |
| 体重 | .935 | -.071 | -.213 |
| 身高 | .805 | -.450 | .166 |
| 坐高 | .796 | -.334 | -.091 |
| 上肢长 | .505 | -.626 | -.044 |
| 胸围 | .556 | .646 | -.433 |
| 腰围 | .869 | .296 | -.256 |
| 肩宽 | .527 | .407 | .626 |
| 骨盆宽 | .717 | .250 | .410 |

提取方法：主成分分析法。

a. 提取了 3 个成分。

图 13-3-13 因子负荷矩阵

旋转后的成分矩阵[a]

| 变量 | 成分 | | |
|---|---|---|---|
| | 1 | 2 | 3 |
| 体重 | .706 | .608 | .237 |
| 身高 | .872 | .090 | .331 |
| 坐高 | .794 | .306 | .169 |
| 上肢长 | .802 | -.051 | -.043 |
| 胸围 | -.062 | .940 | .164 |
| 腰围 | .398 | .806 | .315 |
| 肩宽 | .037 | .148 | .901 |
| 骨盆宽 | .293 | .294 | .757 |

提取方法：主成分分析法。
旋转方法：凯撒正态化最大方差法。

a. 旋转在 4 次迭代后已收敛。

图 13-3-14 旋转后的因子负荷矩阵

图 13-3-13 和图 13-3-14 分别是旋转前 3 个因子的负荷矩阵和旋转后 3 个因子的负荷矩阵。

负荷矩阵每列数据的平方和等于该因子对所有变量的方差贡献（即特征值）。每行数据的平方和就是各变量的共同度。3 个因子在旋转前后的累积方差贡献率是一样的，见因子提取和因子旋转结果中的方差贡献表（图 13-3-12）。因此，正交旋转不改变各变量的共同度和各因子的累积方差贡献率。

（7）因子命名。

旋转后的因子矩阵比较容易解释因子。在因子 1 上负荷较大的顺序是身高、上肢长、坐高和体重，可命名为长度因子；在因子 2 上负荷较大的是胸围、腰围和体重，可命名为围度因子；在因子 3 上负荷较大的是肩宽和骨盆宽，可命名为宽度因子。因此，影响身体形态的因素依次是长度、围度和宽度。

（8）正交变换矩阵（图 13-3-15）。

图 13-3-15 为正交变换矩阵。正交变换使因子产生正交旋转。

| 成分 | 1 | 2 | 3 |
|---|---|---|---|
| 1 | .689 | .556 | .465 |
| 2 | -.723 | .572 | .388 |
| 3 | -.050 | -.604 | .796 |

提取方法：主成分分析法。
旋转方法：凯撒正态化最大方差法。

图 13-3-15 正交变换矩阵

（9）负荷散点图（图 13-3-16）。

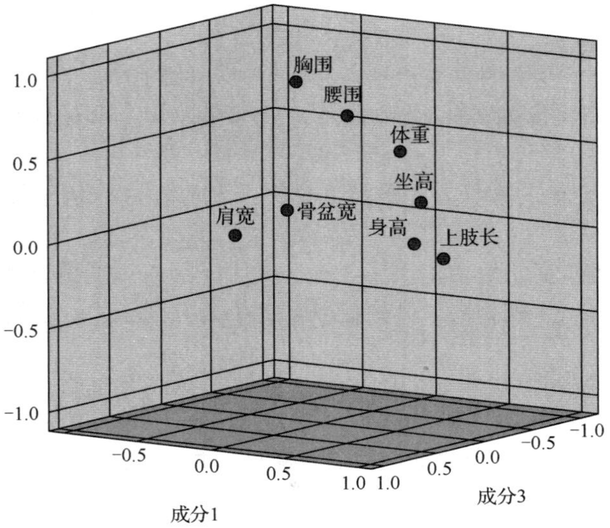


图 13-3-16　负荷散点图

这是 3 个因子的三维因子负荷散点图，以 3 个因子为坐标，给出各原始变量在该坐标中的负荷散点图。图 13-3-16 是旋转后因子负荷矩阵的图形化方式。如果因子负荷矩阵比较复杂，则通过该图较容易解释。

探索性因子分析是对现实生活中众多的相关、重叠信息进行合并和综合，它以最少的信息丢失，将众多变量和指标变成较少的几个综合变量，以利于分析判定。

在科研中，探索性因子分析能回答的问题主要有以下 4 个。

（1）众多变量中存在多少个因子？

（2）如何对各因子进行合理的解释？

（3）各因子的相对重要性如何？

（4）如何评估和计算因子得分？

拓展知识：验证性因子分析简介

思政课堂

习题 13

习题 13 参考答案

# 第十四章　体育综合评价

**综合评价**（comprehensive evaluation，CE）是指对被评价对象进行客观、公正、合理的全面评价。在综合评价过程中，确立评价指标体系、确定各指标权重、建立数学模型是关键环节。

## 第一节　评价指标体系

### 一、指标筛选

进行综合评价，首先要确定评价的指标体系，这是综合评价的基础，指标选择的好坏对分析对象具有举足轻重的作用。不论是绩效评价，还是发展水平等综合评价，单一的评价指标只能从一个方面反映被评价对象的特征。如果仅采用单一指标对复杂对象进行评价，那么评价结果并不能真实地反映被评价对象的情况。从不同的侧面选取不同评价指标构成评价指标体系，并对被评价对象进行评价，所获得的评价结果能更接近真实的情况。如何合理地选取指标来构建评价指标体系，是综合评价的首要问题。

在选择指标或筛选指标过程中，需要遵循以下基本原则。

（1）系统性原则。评价对象必须用若干指标进行衡量，这些指标是互相联系和互相制约的，同层次指标之间尽可能界限分明，避免相互有内在联系，要体现系统性。指标选取不能过于繁杂，精选出来的指标要有概括性，能够达到少而精的目的。

（2）科学性原则。选择的评价指标要符合客观实际，能从不同侧面反映出被评价对象的内在规律。评价指标体系的构建要遵循综合评价理论与方法的基本原理，评价指标能经得起实践的检验。

（3）可操作性原则。构建评价指标体系，其核心价值在于对不同的被评价对象进行客观评价。构建的评价指标体系力求可操作，可应用于综合评价，主要体现在测量维度指标可度量、指标数据可获取、准则维度指标可理解。

（4）可比和可量化原则。该原则主要体现在选择的评价指标在对被评价对象进行评价时，一方面能够保证不同被评价对象之间具有可比性，即保证评价指标的统一性；另一方面能够保证同一被评价对象不同时期具有可比性，即保证评价指标的一贯性。评价指标体系构建中遵循的可量化原则，主要体现在指标的计算量度和计算方法的一致性，使评价指标数据便于收集。

本章以城市基本公共体育服务力综合评价为例，介绍评价指标的筛选、指标权重的确定、综合评价得分的计算等内容。

城市基本公共体育服务力是指政府向城市居民提供基本公共体育服务，满足城市居民参与体育活动的能力，包括政府提供基本公共体育服务的种类、数量、质量和覆盖范围等。具体来说，城市基本公共体育服务力包括各级政府在全民健身、公共体育场馆等方面向城市居民提供基本体育服务的能力和水平。

（一）指标的初选

在城市基本公共体育服务力评价指标体系构建过程中，初选指标采用海选的方式进行。从现有的研究成果中海选评价指标，结合专家推荐的部分指标，初步建立了包括 7 个一级指标（表 14-1-1）和 54 个二级指标的城市基本公共体育服务力指标体系。

**表 14-1-1　初选的一级指标**

| 序号 | 指标代码 | 一级指标 |
|---|---|---|
| 1 | C1 | 制度保障 |
| 2 | C2 | 经费投入 |
| 3 | C3 | 场地设施 |
| 4 | C4 | 组织服务 |
| 5 | C5 | 信息服务 |
| 6 | C6 | 活动开展 |
| 7 | C7 | 满意程度 |

1. 第一轮指标筛选

基于“重要性”和“可操作性”两维度对城市基本公共体育服务力评价指标进行定量筛选，然后计算各海选指标的平均值和变异系数。将“重要性”和“可操作性”中有一项满足平均值得分小于等于 4 或变异系数大于等于 20%的指标予以删除，保留指标进入下一轮筛选。

2. 第二轮指标筛选

第一轮一级指标筛选中，制度保障、信息服务满足删除条件，对上述两项指标的一级和二级指标一并予以删除。结合专家建议将活动开展、组织服务两个一级指标合并，修订为一级指标健身服务。

（二）建立指标体系

按照指标评价体系构建的基本原则，经过指标海选和两轮指标筛选，构建了包含 4 个一级指标、11 个二级指标的城市基本公共体育服务力评价指标体系，如表 14-1-2 所示。

**表 14-1-2　评价指标体系的确立**

| 一级指标 | 二级指标 | 指标代码 | 单位 |
|---|---|---|---|
| 经费投入 | | C1 | |
| | 年人均公共体育服务经费 | C11 | 元 |
| | 公共体育设施经费投入占体育经费支出比例 | C12 | % |
| | 体育投入占 GDP 的比例 | C13 | % |

续表

| 一级指标 | 二级指标 | 指标代码 | 单位 |
|---|---|---|---|
| 场地设施 | | C2 | |
| | 人均公共体育场地面积 | C21 | $m^2$/千人 |
| | 每万人拥有公共体育场（馆）数量 | C22 | 个/万人 |
| | 公共体育场地设施向社会开放率 | C23 | % |
| 健身服务 | | C3 | |
| | 健身站点（全民健身路径）覆盖率 | C31 | % |
| | 国民体质监测标准合格率 | C32 | % |
| | 经常参加体育活动人数占总人口的比例 | C33 | % |
| | 社会体育指导员的数量 | C34 | 个/10 万人 |
| 满意程度 | 总体满意度 | C4 | % |

## 二、指标权重

评价指标体系确立后，由于评价目标不同，构成评价指标体系的系列指标在进行综合评价时，对评价对象作用的重要程度不同。为了反映不同指标在评价指标体系中的重要性差异，需要赋予各个指标不同的权重。权重是以某种数量形式对比、权衡被评价事物总体中诸因素相对重要程度的量值。权重的大小，通过权重系数予以反映。权重系数越大，对评价目标的影响越大；权重系数越小，对评价目标的影响越小。在综合评价中，使用同一评价指标体系，赋予不同的权重系数，其综合评价结果会出现明显差异，甚至产生截然相反的评价结果。因此，合理确定权重对评价或决策有重要意义。

通常情况下，确认评价指标权重的方法大体上可以分为以下 4 类。

（1）层次分析法（analytic hierarchy process，AHP）和优序图法。首先利用专家的主观经验对评价指标的重要性程度进行打分，然后利用分数的相对大小信息进行权重计算。层次分析法是一种定性和定量相结合的计算权重的方法，采用两两比较的方法，建立矩阵，通过对同一层次各级评价指标相对重要性进行比较，来综合计算评价指标的权重系数。优序图法同样是根据专家按照各个评价指标重要性程度的打分来进行权重计算。在具体操作层面，先计算评价指标得分的平均值，再对评价指标进行两两比较，即评价指标 A 与评价指标 B 相对比，若重要则 A 得 1 分；若同等重要则 A 得 0.5 分；若不重要则 A 得 0 分。

（2）因子分析和主成分分析法。该类方法主要借鉴了数据信息的浓缩原理，通过方差解释率来反映评价指标的重要性程度，从而对评价指标进行赋权。主成分分析是通过对数据进行降维，将系列评价指标，浓缩为几个维度的综合性评价指标。主成分分析可同时计算主成分权重及指标权重。因子分析与主成分分析计算权重的原理基本一致，区别在于因子分析加带了“旋转”的功能，“旋转”功能可以让因子更具有解释意义，如果希望提取出的因子具有可解释性，一般使用因子分析法更好。

（3）熵值法（熵权法）；该类方法利用数据熵值信息即信息量大小进行权重计算。熵值法属于一种客观赋值法，利用数据携带的信息量大小计算权重，得到较为客观的指标权重。熵值是不确定性的一种度量，熵越小，数据携带的信息量越大，权重越大；相反，熵越大，信息量越小，权重越小。

（4）客观赋权法（CRITIC）、独立性权重和信息量权重。此类方法主要是利用数据的波动性或者数据之间的相关关系进行权重计算。CRITIC 权重法是一种客观赋权法，其思想是需要用对比强度和冲突性两项指标。对比强度用标准差表示，数据标准差越大，说明波动越大，权重就越大；冲突性用相关系数表示，如果指标之间的相关系数值越大，说明冲突性越小，那么其权重也就越小。独立性权重是一种仅考虑指标相关性的权重计算方法，其思想在于利用指标之间的共线性强弱来确定权重。信息量权重是一种仅考虑指标变异程度的权重计算方法，变异系数越大，说明其携带的信息越大，因此权重也会越大。

由于层次分析法常用于确定指标权重，所以本部分对其进行具体介绍。

### （一）层次分析法基本原理

在体育领域中，往往会遇到决策问题，如球队选择球员的问题、教练员选材的问题和体育场地设施的选址问题等。在做出最后的决定前，决策者必须考虑很多方面的因素或者判断准则，最终通过这些准则做出选择。例如，某球队选择一个球员时，既要考虑球员转会的价格，也要考虑球员的技战术水平；体育场地设施的选址，既需考虑交通情况，也需考虑建设的成本，以及未来的场地设施经营管理等。这些因素是相互制约、相互影响的。这样的复杂系统称为一个决策系统，该系统中很多因素之间的比较往往无法用定量的方式描述，此时需要将半定性、半定量的问题转化为定量计算问题。层次分析法是解决这类问题行之有效的方法。

**层次分析法**是美国运筹学家托马斯·L.萨蒂等人在 20 世纪提出的一种多目标决策方法。层次分析法是将评价人的经验判断定量化，以提高评价人对内容评价的准确性。该方法对结构较复杂且数据统计有难度的指标更加适用。

#### 1. 层次结构模型

首先通过分析，将因素分解为不同层次的要素，构成递阶层次结构。

例如，某运动服装品牌生产 3 种新款式运动服，想了解消费者对 3 种款式运动服的接受程度。运动服新款式接受程度的评价主要包括式样、价格、舒适度、耐用度 4 个方面。根据上述因素，构造了新款式运动服接受程度评价层次结构模型，如图 14-1-1 所示。

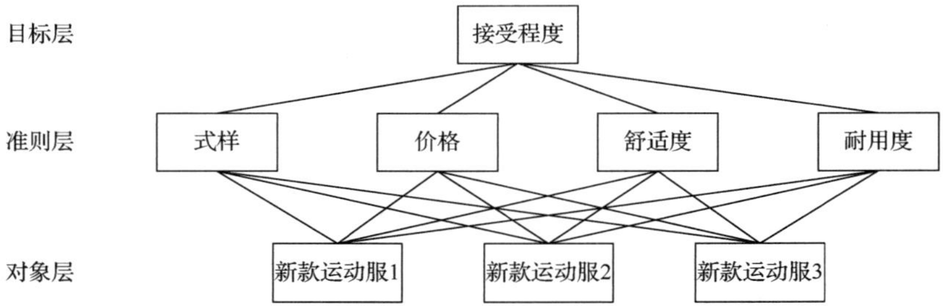


图 14-1-1　层次结构模型

2. 构造判断矩阵

判断矩阵的构造是应用层次分析法的关键一步。在建立层次结构模型后，请专家对各个层次中的指标两两比较其重要性，以便得出它们的权重。构建判断矩阵时，本研究采用了 1～9 比例标度，这是由于这种比例标度比较符合人们进行判断时的思维习惯。各个等级及其对应的比例标度如表 14-1-3 所示。

**表 14-1-3 判断矩阵的元素采用的 1～9 比例标度方法**

| 标度 | 含义 |
|---|---|
| 1 | 表示两个因素相比，具有相同的重要性 |
| 3 | 表示两个因素相比，前者比后者稍重要 |
| 5 | 表示两个因素相比，前者比后者明显重要 |
| 7 | 表示两个因素相比，前者比后者强烈重要 |
| 9 | 表示两个因素相比，前者比后者极端重要 |
| 2,4,6,8 | 表示上述相邻判断的中间值 |
| 倒数 | 如果因素 $i$ 与因素 $j$ 的重要性之比为 $A_{ij}$，那么因素 $j$ 与因素 $i$ 的重要性之比为 $A_{ji}$ |

每个专家根据上述判断规则进行判断分析，都可以逐层写出比较判断矩阵。依据每个专家的个体判断写出的矩阵，称为个体判断矩阵。由于不同的专家在分析认识上可能存在一定的偏见或差异，往往会出现一些偏激判断（即偏离正常结果或多数人的意见），给合理确定权重带来不利影响，所以还需要有效地剔除个体判断矩阵中的偏激判断信息，然后综合成群体判断矩阵。剔除的方法是计算所有专家个体判断矩阵中每个信息元素的算术平均数和标准差，剔除超出平均数两个标准差以外的个体信息，然后再次计算算术平均数，以此作为专家群体的综合判断信息。对每个信息元素依次进行上述判断，就可以综合成专家群体的综合判断矩阵。

两两判断矩阵的建立，是对同一层次的各元素关于上一层中某一准则的重要性进行相互比较后得出的。

3. 一致性检验

要检验各元素重要度之间是否协调，就需要进行一致性检验。一致性指标的计算公式为

$$\mathrm{CI}=\frac{\lambda_{\max}-n}{n-1} \tag{14-1-1}$$

式中，$\lambda_{\max}$ 为判断矩阵的最大特征值。

定义 CR 为一致性比率，一致性比率的计算公式为

$$\mathrm{CR}=\frac{\mathrm{CI}}{\mathrm{RI}} \tag{14-1-2}$$

式中，RI 为随机一致性指标。

当 $\mathrm{CR}<0.1$ 时，称判断矩阵具有满意的一致性，否则需要对判断矩阵进行相应的调整，使一致性比率具有满意的一致性。

对于 $n=1$ ～11，随机一致性指标 RI 如表 14-1-4 所示。

表 14-1-4　随机一致性指标 RI

| $n$ | 1 | 2 | 3 | 4 | 5 | 6 | 7 | 8 | 9 | 10 | 11 |
|---|---|---|---|---|---|---|---|---|---|---|---|
| RI | 0 | 0 | 0.52 | 0.89 | 1.12 | 1.26 | 1.36 | 1.41 | 1.46 | 1.49 | 1.52 |

4. 确定权重

先由判断矩阵计算被比较元素对于该准则的相对权重，再计算各层元素对系统目标的合成权重，并进行排序。

（二）层次分析法应用

城市基本公共体育服务力评价中，指标权重的确定过程如下。

**步骤 1**：按照层次分析法确定权重的步骤，通过专家咨询，分别建立一级指标及下属二级指标的判断矩阵，计算各指标的单排序，并进行一致性检验。检验结果显示，各级指标都满足了检验要求。其中，一级指标判断矩阵、一致性检验及单排序结果如表 14-1-5 所示。

表 14-1-5　一级指标判断矩阵、一致性检验及单排序

| C | C1 | C2 | C3 | C4 | 权重 |
|---|---|---|---|---|---|
| C1 | 1 | 3 | 3 | 5 | 0.52049 |
| C2 | 1/3 | 1 | 1 | 3 | 0.20096 |
| C3 | 1/3 | 1 | 1 | 3 | 0.20096 |
| C4 | 0.2 | 1/3 | 1/3 | 1 | 0.07759 |
| $V_{max}=4.043$ | | | | CI = 0.014 | |
| RI = 0.882 | | | | CR = CI/RI = 0.016 < 0.1 | |

**步骤 2**：同理获得一级指标下属二级指标的判断矩阵、一致性检验及单排序结果。

**步骤 3**：进行指标体系的总排序。各指标权重和总排序权重计算结果如表 14-1-6 所示。

表 14-1-6　公共体育服务力评价指标及权重系数

| 一级指标 | 权重 | 二级指标 | 权重 | 总权重 | |
|---|---|---|---|---|---|
| C1 经费投入 | 0.52049 | C11 年人均公共体育服务经费 | 0.63699 | 0.3315 | 0.3594 |
| | | C12 公共体育设施经费投入占体育经费支出比例 | 0.25828 | 0.1344 | 0.1457 |
| | | C13 体育投入占 GDP 的比例 | 0.10473 | 0.0545 | 0.0591 |
| C2 场地设施 | 0.20096 | C21 人均公共体育场馆面积 | 0.40539 | 0.0815 | 0.0883 |
| | | C22 每万人拥有公共体育场（馆）数量 | 0.48064 | 0.0966 | 0.1047 |
| | | C23 公共体育场地设施向社会开放率 | 0.11397 | 0.0229 | 0.0248 |
| C3 健身服务 | 0.20096 | C31 健身站点（全民健身路径）覆盖率 | 0.43434 | 0.0873 | 0.0946 |
| | | C32《国民体质监测标准》合格率 | 0.09010 | 0.0181 | 0.0196 |
| | | C33 经常参加体育活动人数占总人口的比例 | 0.31533 | 0.0634 | 0.0687 |
| | | C34 社会体育指导员的数量 | 0.16023 | 0.0322 | 0.0349 |
| C4 满意程度 | 0.07759 | C4 总体满意度 | 1 | 0.0776 | — |

注：由于没有获取满意度指标的具体数据，因此，后续评价时不再列入这个指标。

# 第二节　综合评价方法

综合评价方法是一个多学科边缘交叉、相互渗透、多点支撑的新兴研究领域。综合评价方法有很多，按照评价与所使用信息特征的关系，可分为基于数据的评价、基于模型的评价、基于专家知识的评价。在选择评价方法时，应根据综合评价对象和综合评价任务的要求，结合现有资料状况，做出科学的选择。

近年来，一些用于多指标相互作用下的综合评价方法也逐渐应用于体育领域，如层次分析法（AHP）、逼近于理想解（technique for order preference by similarity to an ideal solution，TOPSIS）评价法、模糊综合评判法（fuzzy comprehensive evaluation，FCE）、灰色综合评价法、数据包络分析法（data envelopment analysis，DEA）、人工神经网络评价法（artificial neural network，ANN）等。本节主要介绍层次分析法和 TOPSIS 评价法的应用。

## 一、基于层次分析法的综合评价

### （一）评价指标数据

陕西省 10 个地市各指标的原始数据如表 14-2-1 所示。

**表 14-2-1　各指标原始数据**

| 地区 | C11 | C12 | C13 | C21 | C22 | C23 | C31 | C32 | C33 | C34 |
|---|---|---|---|---|---|---|---|---|---|---|
| 西安市 | 1.77 | 15.82 | 1.63 | 1.48 | 16.27 | 81.15 | 98.22 | 91.68 | 43.00 | 22.24 |
| 铜川市 | 0.24 | 41.26 | 6.89 | 0.88 | 21.58 | 73.58 | 83.24 | 83.54 | 43.08 | 20.02 |
| 宝鸡市 | 1.79 | 17.68 | 3.29 | 1.27 | 14.81 | 76.33 | 86.85 | 90.08 | 38.41 | 8.75 |
| 咸阳市 | 0.89 | 25.44 | 2.14 | 1.00 | 8.49 | 74.25 | 72.54 | 85.21 | 35.60 | 14.35 |
| 渭南市 | 1.52 | 41.02 | 5.06 | 0.74 | 5.78 | 78.31 | 77.28 | 89.14 | 40.05 | 4.55 |
| 延安市 | 1.49 | 35.33 | 3.11 | 1.09 | 16.30 | 68.75 | 81.85 | 86.89 | 35.51 | 14.48 |
| 汉中市 | 0.86 | 41.02 | 7.43 | 1.51 | 11.68 | 78.44 | 84.12 | 92.75 | 38.00 | 7.30 |
| 榆林市 | 0.61 | 29.53 | 2.47 | 1.41 | 11.60 | 67.28 | 71.55 | 85.21 | 40.50 | 13.97 |
| 安康市 | 0.49 | 39.79 | 4.59 | 0.79 | 8.86 | 73.54 | 79.28 | 89.11 | 36.11 | 9.29 |
| 商洛市 | 0.38 | 47.25 | 6.08 | 0.74 | 8.90 | 76.12 | 78.67 | 91.02 | 37.28 | 8.79 |

注：各指标单位参见表 14-1-2。

### （二）归一化处理

**标准化分**的公式为

$$Y=\frac{x}{\sum x}$$

式中，$x$ 为各指标的原始数据；$Y$ 为标准化分数。经标准化分后数据如表 14-2-2 所示。

**表 14-2-2　标准化分数数据**

| 地区 | C11 | C12 | C13 | C21 | C22 | C23 | C31 | C32 | C33 | C34 |
|---|---|---|---|---|---|---|---|---|---|---|
| 西安市 | 0.1762 | 0.0473 | 0.0382 | 0.1356 | 0.1309 | 0.1085 | 0.1207 | 0.1036 | 0.1110 | 0.1797 |
| 铜川市 | 0.0239 | 0.1235 | 0.1614 | 0.0809 | 0.1737 | 0.0984 | 0.1023 | 0.0944 | 0.1112 | 0.1618 |
| 宝鸡市 | 0.1787 | 0.0529 | 0.0770 | 0.1164 | 0.1192 | 0.1021 | 0.1067 | 0.1018 | 0.0991 | 0.0707 |
| 咸阳市 | 0.0884 | 0.0761 | 0.0502 | 0.0912 | 0.0683 | 0.0993 | 0.0892 | 0.0963 | 0.0919 | 0.1160 |
| 渭南市 | 0.1511 | 0.1228 | 0.1185 | 0.0682 | 0.0465 | 0.1047 | 0.0950 | 0.1008 | 0.1033 | 0.0368 |
| 延安市 | 0.1484 | 0.1057 | 0.0728 | 0.0999 | 0.1312 | 0.0919 | 0.1006 | 0.0982 | 0.0916 | 0.1170 |
| 汉中市 | 0.0852 | 0.1228 | 0.1740 | 0.1382 | 0.0940 | 0.1049 | 0.1034 | 0.1048 | 0.0981 | 0.0590 |
| 榆林市 | 0.0606 | 0.0884 | 0.0579 | 0.1294 | 0.0933 | 0.0900 | 0.0879 | 0.0963 | 0.1045 | 0.1129 |
| 安康市 | 0.0492 | 0.1191 | 0.1075 | 0.0720 | 0.0713 | 0.0983 | 0.0974 | 0.1007 | 0.0932 | 0.0751 |
| 商洛市 | 0.0383 | 0.1414 | 0.1424 | 0.0682 | 0.0717 | 0.1018 | 0.0967 | 0.1029 | 0.0962 | 0.0711 |

（三）计算综合评价得分及排名

$$综合评分 = 标准化分数 \times 权重系数 = Y \times 权重系数$$

综合评分数据如表 14-2-3 所示。

**表 14-2-3　综合评分数据**

| 地区 | C11 | C12 | C13 | C21 | C22 | C23 | C31 | C32 | C33 | C34 | 得分 | 排名 |
|---|---|---|---|---|---|---|---|---|---|---|---|---|
| 西安市 | 0.0633 | 0.0069 | 0.0023 | 0.0120 | 0.0137 | 0.0027 | 0.0114 | 0.0020 | 0.0076 | 0.0063 | 0.1282 | 1 |
| 铜川市 | 0.0086 | 0.0180 | 0.0095 | 0.0071 | 0.0182 | 0.0024 | 0.0097 | 0.0019 | 0.0076 | 0.0056 | 0.0887 | 6 |
| 宝鸡市 | 0.0642 | 0.0077 | 0.0046 | 0.0103 | 0.0125 | 0.0025 | 0.0101 | 0.0020 | 0.0068 | 0.0025 | 0.1231 | 2 |
| 咸阳市 | 0.0318 | 0.0111 | 0.0030 | 0.0081 | 0.0072 | 0.0025 | 0.0084 | 0.0019 | 0.0063 | 0.0040 | 0.0842 | 7 |
| 渭南市 | 0.0543 | 0.0179 | 0.0070 | 0.0060 | 0.0049 | 0.0026 | 0.0090 | 0.0020 | 0.0071 | 0.0013 | 0.1120 | 4 |
| 延安市 | 0.0533 | 0.0154 | 0.0043 | 0.0088 | 0.0137 | 0.0023 | 0.0095 | 0.0019 | 0.0063 | 0.0041 | 0.1197 | 3 |
| 汉中市 | 0.0306 | 0.0179 | 0.0103 | 0.0122 | 0.0098 | 0.0026 | 0.0098 | 0.0021 | 0.0067 | 0.0021 | 0.1041 | 5 |
| 榆林市 | 0.0218 | 0.0129 | 0.0034 | 0.0114 | 0.0098 | 0.0022 | 0.0083 | 0.0019 | 0.0072 | 0.0039 | 0.0828 | 8 |
| 安康市 | 0.0177 | 0.0174 | 0.0064 | 0.0064 | 0.0075 | 0.0024 | 0.0092 | 0.0020 | 0.0064 | 0.0026 | 0.0779 | 10 |
| 商洛市 | 0.0138 | 0.0206 | 0.0084 | 0.0060 | 0.0075 | 0.0025 | 0.0091 | 0.0020 | 0.0066 | 0.0025 | 0.0791 | 9 |

由表 14-2-3 的评价结果，可排出陕西省各地市公共体育服务经费的评价结果由高到低依次为西安市、宝鸡市、延安市、渭南市、汉中市、铜川市、咸阳市、榆林市、商洛市、安康市。

## 二、基于熵权 TOPSIS 综合评价法的综合评价

### （一）TOPSIS 综合评价法基本原理

**TOPSIS 综合评价法**是一种基于与理想方案相似性进行顺序选优的技术，通俗理解为与数据大小有优劣关系，数据越大越优，数据越小越劣，结合数据间的大小找出正、负理想解及其距离，并且在最终得到接近程度 $C$（综合评价得分）值，结合 $C$ 值排序得出优劣方案排序。TOPSIS 综合评价法的基本思路是定义决策问题的理想解和负理想解，然后在可行方案中找到一个方案，使其距理想解的距离最近，距负理想解的距离最远。理想解一般是设想最好的方案，它所对应的各个属性至少达到各个方案中的最优值；负理想解是假定最坏的方案，其对应的各个属性至少不优于各个方案中的最劣值。方案排队的决策规则，是把实际可行解与正理想解及负理想解做比较，通过计算某一方案与最好方案及最劣方案间的加权欧氏距离，得出该方案与最好方案的接近程度，以此作为评价各方案优劣的依据。若某个可行解最靠近理想解，同时又最远离负理想解，则此解是方案集的满意解。

### （二）TOPSIS 综合评价法综合评价应用

#### 1. 确定评价指标体系

为了对城市基本公共体育服务力进行综合评价，建立的评价指标体系包括城市的经费投入、场地设施、健身服务和满意程度 4 个方面。具体指标体系如表 14-1-6 所示。

#### 2. 无量纲化处理

（1）建立原始数据矩阵。

设有 $m$ 个评价对象，$n$ 个评价指标，第 $i$ 个评价对象第 $j$ 个指标值为 $y_{ij}$，可以得到原始数据矩阵为 $\boldsymbol{Y}=(y_{ij})_{m\times n}$，即

$$\boldsymbol{Y}=\begin{matrix}\boldsymbol{A}_1\\\boldsymbol{A}_2\\\vdots\\\boldsymbol{A}_m\end{matrix}\begin{pmatrix}y_{11} & y_{12} & \cdots & y_{1n}\\ y_{21} & y_{22} & \cdots & y_{2n}\\ \vdots & \vdots & & \vdots\\ y_{m1} & y_{m2} & \cdots & y_{mn}\end{pmatrix}$$

式中，$\boldsymbol{A}_i(i=1,2,\cdots,m)$ 为第 $i$ 个评价对象。

对于给定的 $j$，$y_{ij}$ 差异越大，不同评估对象间指标值的相对差距就越大，指标对评估对象的比较作用也越大，携带和传递的信息就越多。

陕西省 10 个地市各指标的原始数据如表 14-2-1 所示。原始数据矩阵 $\boldsymbol{Y}$ 为

$$\boldsymbol{Y}=\begin{pmatrix} 1.77 & 0.1582 & 1.63 & 1.48 & 16.27 & 0.8115 & 0.9822 & 0.9168 & 0.43 & 22.24 \\ 0.24 & 0.4126 & 6.89 & 0.88 & 21.58 & 0.7358 & 0.8324 & 0.8354 & 0.431 & 20.02 \\ 1.79 & 0.1768 & 3.29 & 1.27 & 14.81 & 0.7633 & 0.8685 & 0.9008 & 0.384 & 8.75 \\ 0.89 & 0.2544 & 2.14 & 1 & 8.49 & 0.7425 & 0.7254 & 0.8521 & 0.356 & 14.35 \\ 1.52 & 0.4102 & 5.06 & 0.74 & 5.78 & 0.7831 & 0.7728 & 0.8914 & 0.401 & 4.55 \\ 1.49 & 0.3533 & 3.11 & 1.09 & 16.3 & 0.6875 & 0.8185 & 0.8689 & 0.355 & 14.48 \\ 0.86 & 0.4128 & 7.43 & 1.51 & 11.68 & 0.7844 & 0.8412 & 0.9275 & 0.38 & 7.3 \\ 0.61 & 0.2953 & 2.47 & 1.41 & 11.6 & 0.6728 & 0.7155 & 0.8521 & 0.405 & 13.97 \\ 0.49 & 0.3979 & 4.59 & 0.79 & 8.86 & 0.7354 & 0.7928 & 0.8911 & 0.361 & 9.29 \\ 0.38 & 0.4725 & 6.08 & 0.74 & 8.9 & 0.7612 & 0.7867 & 0.9102 & 0.373 & 8.79 \end{pmatrix}$$

（2）指标同趋势化。

在综合评价过程中，有些是高优评价指标（即该指标值越高表示越好），有些是低优评价指标（即该指标值越低表示越好）。在进行评价时，要求所有指标的变化方向一致，即同趋势化，也就是将所有指标都转化成为高优指标或低优指标。常见的转化方法有倒数法、差值法。

① 倒数法：

$$y'_{ij}=\frac{1}{y_{ij}} \tag{14-2-1}$$

② 差值法：

$$y'_{ij}=\frac{y_{ij}-y_j^{\min}}{y_j^{\max}-y_j^{\min}},\quad j=1,2,\cdots,m \tag{14-2-2}$$

本例各指标都是高优指标。

（3）归一化处理。

归一化的公式为

$$Z'_{ij}=\frac{y_{ij}}{\sum_{i=1}^{m}y_{ij}} \tag{14-2-3}$$

由此计算得本例中的 $\boldsymbol{Z'}$ 矩阵为

$$\boldsymbol{Z'}=\begin{pmatrix} 0.1762 & 0.0473 & 0.0382 & 0.1356 & 0.1309 & 0.1085 & 0.1207 & 0.1036 & 0.1110 & 0.1797 \\ 0.0239 & 0.1234 & 0.1614 & 0.0809 & 0.1737 & 0.0984 & 0.1023 & 0.0944 & 0.1112 & 0.1618 \\ 0.1787 & 0.0529 & 0.0770 & 0.1164 & 0.1192 & 0.1021 & 0.1067 & 0.1018 & 0.0991 & 0.0707 \\ 0.0884 & 0.0761 & 0.0502 & 0.0912 & 0.0683 & 0.0993 & 0.0892 & 0.0963 & 0.0919 & 0.1160 \\ 0.1511 & 0.1227 & 0.1185 & 0.0682 & 0.0465 & 0.1047 & 0.0950 & 0.1008 & 0.1033 & 0.0368 \\ 0.1484 & 0.1057 & 0.0728 & 0.0999 & 0.1312 & 0.0919 & 0.1006 & 0.0982 & 0.0916 & 0.1170 \\ 0.0852 & 0.1234 & 0.1740 & 0.1382 & 0.0940 & 0.1049 & 0.1034 & 0.1048 & 0.0981 & 0.0590 \\ 0.0606 & 0.0883 & 0.0579 & 0.1294 & 0.0933 & 0.0900 & 0.0879 & 0.0963 & 0.1045 & 0.1129 \\ 0.0492 & 0.1190 & 0.1075 & 0.0720 & 0.0713 & 0.0983 & 0.0974 & 0.1007 & 0.0932 & 0.0751 \\ 0.0383 & 0.1413 & 0.1424 & 0.0682 & 0.0717 & 0.1018 & 0.0967 & 0.1029 & 0.0962 & 0.0711 \end{pmatrix}$$

（4）用熵权法确定指标权重。

按照熵的思想，计算出的熵权可以作为指标权重，熵权越大，权重越大，对应指标就越重要。

第 $j$ 项指标的熵为

$$H_j = -\sum_{i=1}^{m} Z'_{ij} \ln Z'_{ij} \tag{14-2-4}$$

计算指标差异度为

$$K_j = 1 - \frac{H_j}{\ln m} \tag{14-2-5}$$

计算熵权为

$$w_j = \frac{k_j}{\sum_{j=1}^{n} k_j} \tag{14-2-6}$$

经计算，得

$$\begin{matrix} H_j \\ K_j \\ w_j \end{matrix} \begin{pmatrix} 2.1389 & 2.2511 & 2.1969 & 2.2671 & 2.2369 & 2.3011 & 2.2987 & 2.3020 & 2.3002 & 2.2084 \\ 0.0711 & 0.0223 & 0.0459 & 0.0154 & 0.0285 & 0.0007 & 0.0017 & 0.0002 & 0.0010 & 0.0409 \\ 0.3121 & 0.0981 & 0.2015 & 0.0677 & 0.1253 & 0.0029 & 0.0074 & 0.0011 & 0.0045 & 0.1796 \end{pmatrix}$$

3. 建立归一化矩阵 $\boldsymbol{Z}$

$$Z_{ij} = \frac{y_{ij}}{\sqrt{\sum_{i=1}^{m} (y_{ij})^2}} \text{（原始数据是高优指标）} \tag{14-2-7}$$

$$Z_{ij} = \frac{y'_{ij}}{\sqrt{\sum_{i=1}^{m} (y'_{ij})^2}} \text{（原始数据是低优指标）} \tag{14-2-8}$$

$$\boldsymbol{Z} = \begin{pmatrix} z_{11} & z_{12} & \cdots & z_{1n} \\ z_{21} & z_{22} & \cdots & z_{2n} \\ \vdots & \vdots & & \vdots \\ z_{m1} & z_{m2} & \cdots & z_{mn} \end{pmatrix}$$

本例中，$\boldsymbol{Z}$ 矩阵为

$$\boldsymbol{Z} = \begin{pmatrix} 0.4869 & 0.1430 & 0.1099 & 0.4145 & 0.3427 & 0.3802 & 0.3275 & 0.3500 & 0.5211 \\ 0.0660 & 0.3730 & 0.4643 & 0.2472 & 0.3107 & 0.3223 & 0.2985 & 0.3507 & 0.4693 \\ 0.4936 & 0.1598 & 0.2217 & 0.3556 & 0.3223 & 0.3362 & 0.3218 & 0.3127 & 0.2050 \\ 0.2442 & 0.2300 & 0.1445 & 0.2787 & 0.3135 & 0.2808 & 0.3044 & 0.2898 & 0.3363 \\ 0.4174 & 036708 & 0.3411 & 0.2083 & 0.3307 & 0.2992 & 0.3185 & 0.3260 & 0.1068 \\ 0.4100 & 0.3194 & 0.2096 & 0.3052 & 0.2903 & 0.3169 & 0.3104 & 0.2891 & 0.3395 \\ 0.2353 & 0.3732 & 0.5006 & 0.4223 & 0.3312 & 0.3257 & 0.3314 & 0.3093 & 0.1710 \\ 0.1673 & 0.2670 & 0.1666 & 0.3952 & 0.2841 & 0.2770 & 0.3044 & 0.3297 & 0.3275 \\ 0.1360 & 0.3597 & 0.3093 & 0.2201 & 0.3105 & 0.3069 & 0.3184 & 0.2940 & 0.2177 \\ 0.1059 & 0.4272 & 0.4098 & 0.2084 & 0.3214 & 0.3046 & 0.3252 & 0.3035 & 0.2061 \end{pmatrix}$$

4. 计算加权矩阵

$$X=(x_{ij})_{m\times n}=(w_j\times z_{ij}) \qquad (14\text{-}2\text{-}9)$$

$$X=\begin{pmatrix} x_{11} & x_{12} & \cdots & x_{1n} \\ x_{21} & x_{22} & \cdots & x_{2n} \\ \vdots & \vdots & & \vdots \\ x_{m1} & x_{m2} & \cdots & x_{mn} \end{pmatrix}$$

本例中，加权矩阵 $\boldsymbol{X}$ 为

$$X=\begin{pmatrix}
0.1519 & 0.0140 & 0.0221 & 0.0281 & 0.0487 & 0.0010 & 0.0028 & 0.0003 & 0.0016 & 0.0936 \\
0.0206 & 0.0366 & 0.0936 & 0.0167 & 0.0646 & 0.0009 & 0.0024 & 0.0003 & 0.0016 & 0.0843 \\
0.1540 & 0.0157 & 0.0447 & 0.0241 & 0.0443 & 0.0009 & 0.0025 & 0.0003 & 0.0014 & 0.0368 \\
0.0762 & 0.0226 & 0.0291 & 0.0189 & 0.0254 & 0.0009 & 0.0021 & 0.0003 & 0.0013 & 0.0604 \\
0.1303 & 0.0364 & 0.0687 & 0.0141 & 0.0173 & 0.0009 & 0.0022 & 0.0003 & 0.0015 & 0.0192 \\
0.1279 & 0.0313 & 0.0422 & 0.0207 & 0.0488 & 0.0008 & 0.0024 & 0.0003 & 0.0013 & 0.0610 \\
0.0734 & 0.0366 & 0.1099 & 0.0286 & 0.0350 & 0.0009 & 0.0024 & 0.0004 & 0.0014 & 0.0307 \\
0.0522 & 0.0262 & 0.0336 & 0.0268 & 0.0347 & 0.0008 & 0.0021 & 0.0003 & 0.0015 & 0.0588 \\
0.0424 & 0.0353 & 0.0623 & 0.0149 & 0.0265 & 0.0009 & 0.0023 & 0.0003 & 0.0013 & 0.0391 \\
0.0331 & 0.0419 & 0.0826 & 0.0141 & 0.0267 & 0.0009 & 0.0023 & 0.0003 & 0.0014 & 0.0370
\end{pmatrix}$$

5. 确定正理想解 $x^+$ 和负理想解 $x^-$

$$x_j^+=\max(x_{1j},x_{2j},\cdots,x_{mj})\text{，}\quad j=1,2,\cdots,n \qquad (14\text{-}2\text{-}10)$$

$$x_j^-=\min(x_{1j},x_{2j},\cdots,x_{mj})\text{，}\quad j=1,2,\cdots,n \qquad (14\text{-}2\text{-}11)$$

6. 计算各评价对象指标值与正理想解 $x^+$ 和负理想解 $x^-$ 的距离

$$D_i^+=\sqrt{\sum_{j=1}^{n}(x_{ij}-x^+{}_j)^2}\text{，}\quad i=1,2,\cdots,m \qquad (14\text{-}2\text{-}12)$$

$$D_i^-=\sqrt{\sum_{j=1}^{n}(x_{ij}-x^-{}_j)^2}\text{，}\quad i=1,2,\cdots,m \qquad (14\text{-}2\text{-}13)$$

7. 计算各评价对象的综合评价指数

计算各评价对象的综合评价指数 $C$，按综合评价指标由大到小排列方案的优劣次序。

$$C_i=\frac{D^-{}_i}{D_i^++D_i^-}\text{，}\quad i=1,2,\cdots,m \qquad (14\text{-}2\text{-}14)$$

$C_i$ 的取值范围为[0,1]，$C_i$ 值越接近 1，表明评价对象越接近正理想解；$C_i$ 值越接近 0，表明评价对象越接近负理想解。本例中，综合评价结果如表 14-2-4 所示。

表 14-2-4　综合评价结果

| 地区 | $D^+$ | $D^-$ | $C$ | 排序 |
|---|---|---|---|---|
| 西安市 | 0.0850 | 0.1548 | 0.6455 | 1 |
| 铜川市 | 0.1346 | 0.1100 | 0.4497 | 6 |
| 宝鸡市 | 0.0866 | 0.1395 | 0.6169 | 3 |
| 咸阳市 | 0.1196 | 0.0707 | 0.3715 | 7 |
| 渭南市 | 0.0981 | 0.1212 | 0.5528 | 4 |
| 延安市 | 0.0749 | 0.1225 | 0.6206 | 2 |
| 汉中市 | 0.1066 | 0.1007 | 0.4858 | 5 |
| 榆林市 | 0.1313 | 0.0576 | 0.3047 | 9 |
| 安康市 | 0.1364 | 0.0550 | 0.2874 | 10 |
| 商洛市 | 0.1408 | 0.0706 | 0.3340 | 8 |

由表 14-2-4 可以看出，陕西省各地市公共体育服务力的评价结果由高到低依次为西安市、延安市、宝鸡市、渭南市、汉中市、铜川市、咸阳市、商洛市、榆林市和安康市。

## 第三节　SPSSPRO 综合评价操作举例

SPSSPRO（scientific platform serving for statistics professional，专业统计服务的科学平台）是一款区别于 SPSS、SAS 等传统客户端模式的全新在线数据分析平台。基于数据处理、分析算法等核心能力，SPSSPRO 将面向高校师生、市场调研人员、科研人员等提供在线化、低门槛的在线数据分析服务，是一款集成专业统计方法与数据算法于一体的在线式数据处理、分析平台，可广泛运用于科研、商业、数据挖掘、问卷调查等领域。

### 一、层次分析法实例操作

为了对陕西省 10 个地市的城市基本公共体育服务力进行综合评价，建立的评价指标体系为城市的经费投入 C1、场地设施 C2、健身服务 C3 和满意程度 C4。按照层次分析法确定权重的步骤，通过专家咨询，建立了一级指标的判断矩阵，计算各指标的单排序，并进行一致性检验。

评价体系的一级指标判断矩阵如表 14-3-1 所示。

表 14-3-1　一级指标判断矩阵

| C | C1 | C2 | C3 | C4 |
|---|---|---|---|---|
| C1 | 1 | 3 | 3 | 5 |
| C2 | $\frac{1}{3}$ | 1 | 1 | 3 |
| C3 | $\frac{1}{3}$ | 1 | 1 | 3 |
| C4 | $\frac{1}{5}$ | $\frac{1}{3}$ | $\frac{1}{3}$ | 1 |

### 1. SPSSPRO 层次分析法的分析步骤

（1）填写判断矩阵，构建主观评价矩阵。

（2）查看各指标权重，这里采用方根法求取特征向量。

（3）使用一致性检验判断所构建的判断矩阵是否存在逻辑错误，若不通过，则需重新构建判断矩阵。

### 2. SPSSPRO 操作步骤

（1）选择“数据分析”→“选择算法”菜单→“综合评价”→“层次分析法（AHP 简化版）”命令，打出如图 14-3-1 所示的对话框。

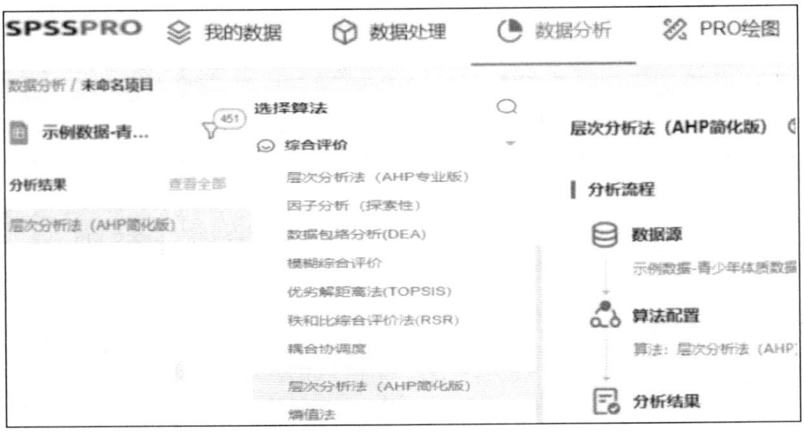


图 14-3-1　指标权重计算方法选取

（2）在“请选择判断矩阵阶层”下拉列表中选择“4”。指标 1 中填入“C1”，指标 2 中填入“C2”，指标 3 中填入“C3”，指标 4 中填入“C4”。将一级指标判断矩阵数据依次填入，如图 14-3-2 所示。

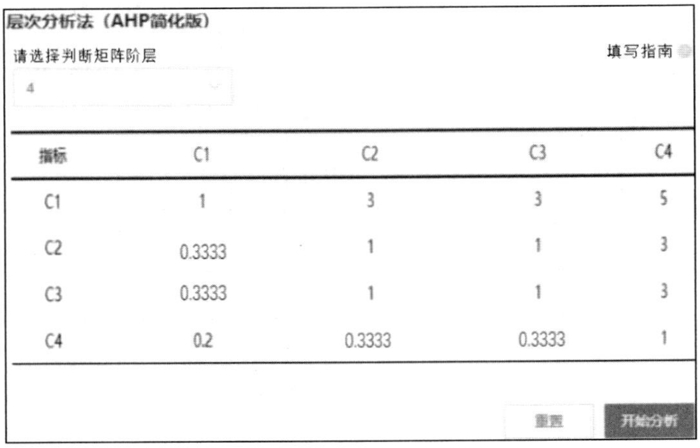


| 指标 | C1 | C2 | C3 | C4 |
|---|---|---|---|---|
| C1 | 1 | 3 | 3 | 5 |
| C2 | 0.3333 | 1 | 1 | 3 |
| C3 | 0.3333 | 1 | 1 | 3 |
| C4 | 0.2 | 0.3333 | 0.3333 | 1 |

图 14-3-2　综合评价模型构建

（3）单击“开始分析”按钮，完成一级指标层次分析法的权重计算，输出结果如图 14-3-3～图 14-3-5 所示。

图 14-3-3 是一级指标判断矩阵。

输出结果1：指标指数　　复制

| 指标 | C1 | C2 | C3 | C4 |
|---|---|---|---|---|
| C1 | 1 | 3 | 3 | 5 |
| C2 | 0.3333 | 1 | 1 | 3 |
| C3 | 0.3333 | 1 | 1 | 3 |
| C4 | 0.2 | 0.3333 | 0.3333 | 1 |

图 14-3-3　综合评价结果输出（1）

图 14-3-4 是 AHP 层次分析结果，权重计算结果显示，C1 的权重为 52.049%，C2 的权重为 20.096%，C3 的权重为 20.096%，C4 的权重为 7.759%。

输出结果2：AHP层次分析结果　　复制

AHP层次分析结果

| 项 | 特征向量 | 权重值(%) | 最大特征根 | CI值 |
|---|---|---|---|---|
| C1 | 2.59 | 52.049 | 4.043 | 0.014 |
| C2 | 1 | 20.096 | | |
| C3 | 1 | 20.096 | | |
| C4 | 0.366 | 7.759 | | |

图 14-3-4　综合评价结果输出（2）

图 14-3-5 是一致性检验结果。其中，最大特征根为 4.043，对应的 RI 值为 0.882，因此 $CR = CI/RI \approx 0.016 < 0.1$，通过一致性检验。

输出结果3：一致性检验结果　　复制

一致性检验结果

| 最大特征根 | CI值 | RI值 | CR值 | 一致性检验结果 |
|---|---|---|---|---|
| 4.043 | 0.014 | 0.882 | 0.016 | 通过 |

图 14-3-5　综合评价结果输出（3）

经过整理，可得出符合科研规范的评价结果，如表 14-3-2 所示。

**表 14-3-2　一级指标权重系数**

| 指标 | C1 | C2 | C3 | C4 | 权重 |
|---|---|---|---|---|---|
| C1 | 1 | 3 | 3 | 5 | 0.52049 |
| C2 | 0.3333 | 1 | 1 | 3 | 0.20096 |
| C3 | 0.3333 | 1 | 1 | 3 | 0.20096 |
| C4 | 0.2 | 0.3333 | 0.3333 | 1 | 0.07759 |

## 二、灰色综合评价方法实例操作

运动员能力评价是以选材中规定的若干指标为依据，根据被评运动员选材指标数据，确定出运动员选材各指标最优值，以此为参考序列，对被评对象进行评价。

为了建立某省男子赛艇 16 岁组高水平运动队，需对该省 8 名 16 岁组男子赛艇运动员的运动水平进行综合评价，测得形态类、功能类、素质类、专项类和战术类数据资料，如表 14-3-3 所示。

**表 14-3-3　某省赛艇运动员选材指标数据**

| 一级指标 | 二级指标 | 运动员 1 | 运动员 2 | 运动员 3 | 运动员 4 | 运动员 5 | 运动员 6 | 运动员 7 | 运动员 8 | 参考序列 |
|---|---|---|---|---|---|---|---|---|---|---|
| 形态类 | 身高/cm | 175.6 | 172.0 | 178.5 | 170.3 | 180.4 | 176.8 | 174.6 | 173.3 | 180.4 |
| | 下肢长/cm | 97.4 | 95.5 | 96.2 | 94.6 | 98.7 | 93.6 | 94.4 | 95.6 | 98.7 |
| 功能类 | 肺活量/mL | 4520 | 4354 | 4610 | 4752 | 4450 | 4760 | 4520 | 4550 | 4752 |
| | 最大摄氧量/(L/min) | 4.3 | 4.5 | 4.6 | 4.2 | 4.7 | 4.6 | 4.5 | 4.4 | 4.7 |
| 素质类 | 负重深蹲/kg | 75.0 | 82.5 | 80.0 | 83.5 | 76.0 | 79.5 | 81.5 | 77.0 | 83.5 |
| | 3000 米跑/s | 695.6 | 670.5 | 685.8 | 690.6 | 680.5 | 690.4 | 682.0 | 693.0 | 670.5 |
| 专项类 | 水感 | 8.0 | 7.0 | 9.0 | 7.0 | 6.0 | 8.0 | 7.0 | 8.0 | 9.0 |
| | 划船效果 | 7.0 | 9.0 | 8.0 | 8.0 | 9.0 | 8.0 | 7.0 | 7.0 | 9.0 |
| 战术类 | 速度感 | 7.0 | 7.0 | 7.0 | 8.0 | 7.0 | 7.0 | 8.0 | 9.0 | 9.0 |

### 1. 灰色综合评价方法分析步骤

（1）针对数据进行无量纲化处理（均值化、初值化）。初值化就是把这一个序列的数据统一除以最开始的值，由于同一个因素的序列的量级差别不大，所以通过除以初值就能将这些值都整理到 1 这个量级附近。均值化就是把这个序列的数据除以均值，由于数量级大的序列均值比较大，所以除掉以后就能归一化到 1 的量级附近。

（2）求解母序列（对比序列）和特征序列之间的灰色关联系数值。

（3）求解灰色关联度值。

（4）对灰色关联度值进行排序，得出结论。

### 2. SPSSPRO 操作步骤

（1）在变量视图窗口中，上传“身高”“下肢长”“肺活量”“最大摄氧量”“负重深蹲”“3000 米跑”“水感”“划船效果”“速度感”共 9 个变量，如图 14-3-6 所示。

| 二级指标 | 运动员1 | 运动员2 | 运动员3 | 运动员4 | 运动员5 | 运动员6 | 运动员7 | 运动员8 | 参考序列 |
|---|---|---|---|---|---|---|---|---|---|
| 身高(cm) | 175.6 | 172 | 178.5 | 170.3 | 180.4 | 176.8 | 174.6 | 173.3 | 180.4 |
| 下肢长(cm) | 97.4 | 95.5 | 96.2 | 94.6 | 98.7 | 93.6 | 94.4 | 95.6 | 98.7 |
| 肺活量(mL) | 4520 | 4354 | 4610 | 4752 | 4450 | 4760 | 4520 | 4550 | 4752 |
| 最大摄氧量(L/min) | 4.3 | 4.5 | 4.6 | 4.2 | 4.7 | 4.6 | 4.5 | 4.4 | 4.7 |
| 负重深蹲(kg) | 75 | 82.5 | 80 | 83.5 | 76 | 79.5 | 81.5 | 77 | 83.5 |
| 3000米跑(s) | 695.6 | 670.5 | 685.8 | 690.6 | 680.5 | 690.4 | 682 | 693 | 670.5 |
| 水感 | 8 | 7 | 9 | 7 | 6 | 8 | 7 | 8 | 9 |
| 划船效果 | 7 | 9 | 8 | 8 | 9 | 8 | 7 | 7 | 9 |
| 速度感 | 7 | 7 | 7 | 8 | 7 | 7 | 8 | 9 | 9 |

图 14-3-6 评价数据录入

（2）选择“数据分析”→“综合评价”菜单→“灰色关联分析”命令，打开如图 14-3-7所示的对话框。

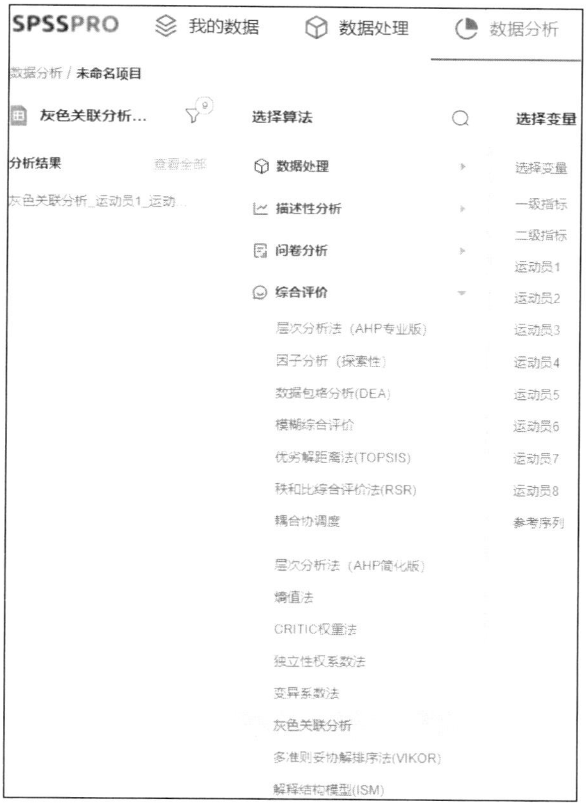


图 14-3-7 评价方法选取

（3）将“运动员 1”“运动员 2”“运动员 3”“运动员 4”“运动员 5”“运动员 6”“运动员 7”“运动员 8”共 8 个变量移入“放入特征序列［定量］变量”列表框中，将“参考序列”移入“放入母序列［定量］变量”列表框中，将“二级指标”放入“放入索引项［定类］变量”列表框中，在“无量纲化处理”下拉列表中选择“均值”选项，如

图 14-3-8 所示。其中分辨系数 $\rho \in (0,\infty)$，$\rho$ 越小，分辨力越大，一般 $\rho$ 的取值区间为 $(0,1)$，具体取值可视情况而定。当 $\rho \leqslant 0.5463$ 时，分辨力最好，通常取 $\rho = 0.5$。

图 14-3-8　评价模型构建

（4）单击“开始分析”按钮，完成计算。输出结果如图 14-3-9～图 14-3-11 所示。

| | 关联系数结果 | | | | | | | |
|---|---|---|---|---|---|---|---|---|
| | 运动员1 | 运动员2 | 运动员3 | 运动员4 | 运动员5 | 运动员6 | 运动员7 | 运动员8 |
| 身高(cm) | 0.9321 | 0.8690 | 0.9294 | 0.7586 | 0.7618 | 0.8902 | 0.9512 | 0.9714 |
| 下肢长(cm) | 0.9233 | 0.8853 | 0.9950 | 0.8856 | 0.8540 | 0.8580 | 0.9917 | 0.9911 |
| 肺活量(mL) | 0.3962 | 0.3334 | 0.5131 | 0.9656 | 0.3618 | 0.9678 | 0.4474 | 0.4408 |
| 最大摄氧量(L/min) | 0.9932 | 0.9957 | 0.9999 | 0.9848 | 0.9922 | 0.9969 | 1.0000 | 0.9958 |
| 负重深蹲(kg) | 0.8539 | 0.8567 | 0.9535 | 0.9996 | 0.9063 | 0.8849 | 0.9560 | 0.8945 |
| @3000米跑(s) | 0.3739 | 0.3822 | 0.4994 | 0.6151 | 0.4009 | 0.6316 | 0.4398 | 0.4034 |
| 水感 | 0.9795 | 0.9563 | 0.9934 | 0.9411 | 0.9229 | 0.9693 | 0.9495 | 0.9783 |
| 划船效果 | 0.9491 | 0.9790 | 0.9756 | 0.9697 | 0.9849 | 0.9693 | 0.9495 | 0.9481 |
| 速度感 | 0.9491 | 0.9563 | 0.9459 | 0.9697 | 0.9520 | 0.9408 | 0.9800 | 0.9903 |

图 14-3-9　关联系数结果

图 14-3-9 是关联系数分析结果，其中针对 8 个评价项（运动员 1～运动员 8）及 9 项数据进行灰色关联度分析，并且以参考序列作为“参考值”（母序列），研究 8 个评价项

（运动员 1～运动员 8）与参考序列的关联关系（关联度），并基于关联度提供分析参考，使用灰色关联度分析时，分辨系数取 0.5，结合关联系数计算公式计算出关联系数值，并根据关联系数值计算出关联度值用于评价判断。

图 14-3-10 是关联系数图，其中关联系数代表着该子序列运动员 1～运动员 8 与母序列对应维度上的关联程度值（数字越大，代表关联性越强）。

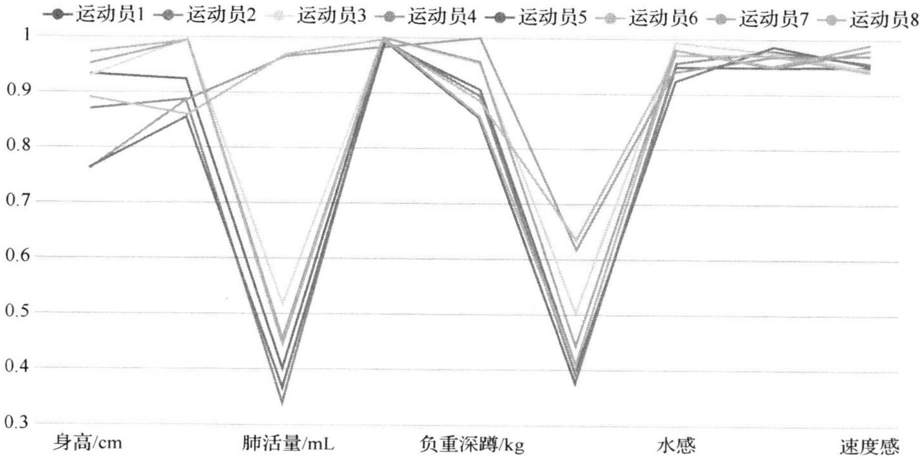


图 14-3-10　关联系数图

图 14-3-11 是灰色关联度，其中关联度表示各评价项与“参考值”（母序列）之间的相似关联程度，其是由关联系数计算平均值得出的，关联度值范围为 0～1，该值越大，表示评价项与“参考值”（母序列）相关性越强，关联度越高，意味着评价项与“参考值”（母序列）之间关系越紧密，因而其评价越高。结合关联度值，针对所有评价项进行排序，得到各评价项排名。

关联度结果

| 评价项 | 关联度 | 排名 |
|---|---|---|
| 运动员6 | 0.901 | 1 |
| 运动员4 | 0.899 | 2 |
| 运动员3 | 0.867 | 3 |
| 运动员7 | 0.852 | 4 |
| 运动员8 | 0.846 | 5 |
| 运动员1 | 0.817 | 6 |
| 运动员2 | 0.802 | 7 |
| 运动员5 | 0.793 | 8 |

图 14-3-11　关联度结果

经过整理，可得出符合科研规范的评价结果，如表 14-3-4 所示。

**表 14-3-4　某省赛艇运动员运动选材综合评价结果**

| 运动员 | 关联度 | 排名 |
|---|---|---|
| 运动员 1 | 0.817 | 6 |
| 运动员 2 | 0.802 | 7 |
| 运动员 3 | 0.867 | 3 |
| 运动员 4 | 0.899 | 2 |
| 运动员 5 | 0.793 | 8 |
| 运动员 6 | 0.901 | 1 |
| 运动员 7 | 0.852 | 4 |
| 运动员 8 | 0.846 | 5 |

结合上述关联系数结果进行加权处理，从表 14-3-4 中可以看出，针对本次 8 个评价项，运动员 6 的综合评价最高，关联度为 0.901；其次是运动员 4，关联度为 0.899。按照关联度大小对 8 名运动员进行了排名，可得排序结果为运动员 6 > 运动员 4 > 运动员 3 > 运动员 7 > 运动员 8 > 运动员 1 > 运动员 2 > 运动员 5。

## 三、TOPSIS 综合评价法实例操作

某研究课题中，4 个直辖市的城市基本公共体育服务力状况表现为城市经费投入（1）、场地设施（C2）、健身服务（C3）和满意程度（C4）4 个方面。具体指标体系如表 14-3-5 所示，4 个直辖市的原始数据如表 14-3-6 所示。

**表 14-3-5　城市基本公共体育服务力综合评价指标体系**

| 一级指标 | 二级指标 | 单位 |
|---|---|---|
| C1 经费投入 | C11 年人均群众体育投入经费 | 元/人 |
| | C12 体育场馆经费投入占体育经费支出比例 | % |
| | C13 体育投入占 GDP 的比例 | 万分之，%% |
| | C14 全民健身路径工程投资总额 | 元/人 |
| C2 场地设施 | C21 人均体育场馆面积 | $m^2$/人 |
| | C22 人均全民健身场地面积 | $m^2$/万人 |
| | C23 全民健身路径工程数量 | 个/10 万人 |
| C3 健身服务 | C31《国民体质监测标准》合格率 | % |
| | C32 经常参加体育活动人数占总人口的比例 | % |
| | C33 社会体育指导员的累积数量 | 个/10 万人 |
| C4 满意程度 | 总体满意度 | % |

**表 14-3-6　4 个直辖市各指标的原始数据**

| 地区 | C11 | C12 | C13 | C14 | C21 | C22 | C23 | C31 | C32 | C33 | C4 |
|---|---|---|---|---|---|---|---|---|---|---|---|
| 北京 | 18.97 | 10.71 | 8.87 | 4.54 | 2.25 | 288.75 | 8.79 | 89.2 | 49.8 | 40.07 | 59.64 |
| 天津 | 5.01 | 31.13 | 5.2 | 3.91 | 2.15 | 190.39 | 7.64 | 93 | 42 | 20.17 | 59.94 |
| 上海 | 18.48 | 29.67 | 6.25 | 2.64 | 1.83 | 127.55 | 5.22 | 95.8 | 42.2 | 36.28 | 71.3 |
| 重庆 | 2.42 | 26.68 | 3.92 | 0.9 | 1.7 | 107.58 | 3.7 | 92.7 | 44 | 15.07 | 61.84 |

注：各指标单位参见表 14-3-5。

1. TOPSIS 综合评价法分析步骤

（1）准备好数据，并且进行同趋势化处理与量纲问题处理。

（2）确认各指标权重，可使用熵权法、自定义权重法（需自行处理，可使用量化 AHP）。

（3）找出最优和最劣矩阵向量（系统自动处理）。

（4）分别计算评价对象与正理想解距离 $D^{+}$或负理想解距离 $D^{-}$。

（5）结合距离值计算得出综合度得分 $C$ 值，并且进行排序，得出结论。

2. SPSSPRO 操作步骤

（1）在“变量视图”窗口中，上传 C11、C12、C13、C14、C21、C22、C23、C31、C32、C33、C4 共 11 个变量，如图 14-3-12 所示。

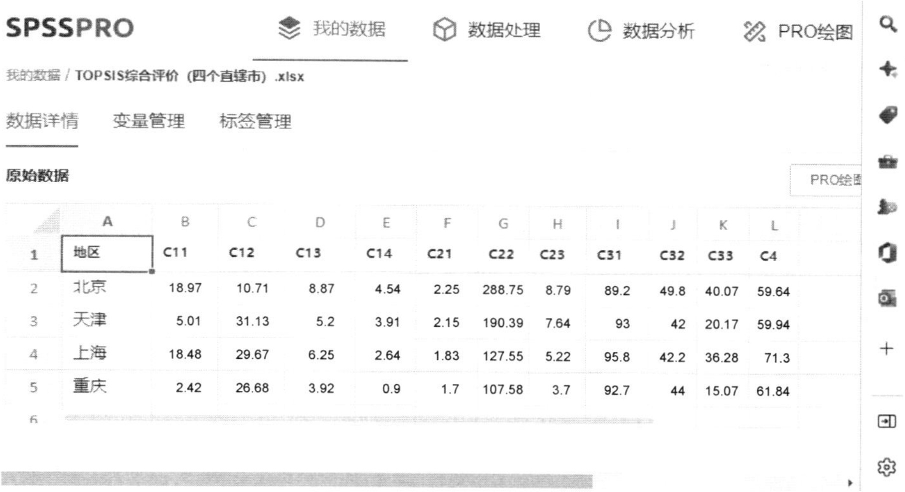


| | A | B | C | D | E | F | G | H | I | J | K | L |
|---|---|---|---|---|---|---|---|---|---|---|---|---|
| 1 | 地区 | C11 | C12 | C13 | C14 | C21 | C22 | C23 | C31 | C32 | C33 | C4 |
| 2 | 北京 | 18.97 | 10.71 | 8.87 | 4.54 | 2.25 | 288.75 | 8.79 | 89.2 | 49.8 | 40.07 | 59.64 |
| 3 | 天津 | 5.01 | 31.13 | 5.2 | 3.91 | 2.15 | 190.39 | 7.64 | 93 | 42 | 20.17 | 59.94 |
| 4 | 上海 | 18.48 | 29.67 | 6.25 | 2.64 | 1.83 | 127.55 | 5.22 | 95.8 | 42.2 | 36.28 | 71.3 |
| 5 | 重庆 | 2.42 | 26.68 | 3.92 | 0.9 | 1.7 | 107.58 | 3.7 | 92.7 | 44 | 15.07 | 61.84 |
| 6 | | | | | | | | | | | | |

图 14-3-12　数据导入

（2）选择“数据分析”→“选择算法”→“综合评价”菜单→“优劣解距离法（TOPSIS）”命令，将 C11、C12、C13、C14、C21、C22、C23、C31、C32、C33、C4 共 11 个变量移入“放入正向指标［定量］变量”列表框中，将“地区”移入“放入［定类］变量”列表框中，在“变量权重”下拉列表中选择“熵权法”选项，如图 14-3-13 所示。

图 14-3-13　评价方法选取

（3）单击“开始分析”按钮，完成计算。其结果如图 14-3-14 和图 14-3-15 所示。

图 14-3-14 是 TOPSIS 综合评价法中指标权重计算，其中，熵权法的权重计算结果显示，C11 的权重为 9.057%，C12 的权重为 5.508%，C13 的权重为 8.11%，C14 的权重为 6.206%，C21 权重为 7.892%，C22 的权重为 10.414%，C23 的权重为 7.292%，C31 的权重为 6.223%，C32 的权重为 14.905%，C33 的权重为 8.303%，C4 的权重为 16.091%。

图 14-3-15 是 TOPSIS 综合评价法计算结果，其中 $D^+$ 和 $D^-$ 值分别代表评价对象与最优解或最劣解（即 $A^+$ 或 $A^-$）的距离（欧氏距离），此两值的实际意义是，评价对象与最优解或最劣解的距离，值越大说明距离越远，即研究对象 $D^+$ 值越大，说明与最优解距离越远；$D^-$ 值越大，说明与最劣解距离越远。最理解的研究对象是 $D^+$ 值越小同时 $D^-$ 值越大。

输出结果1：指标权重计算 复制

| 熵权法 | | | |
|---|---|---|---|
| 项 | 信息熵值e | 信息效用值d | 权重(%) |
| C11 | 0.653 | 0.347 | 9.057 |
| C12 | 0.789 | 0.211 | 5.508 |
| C13 | 0.689 | 0.311 | 8.11 |
| C14 | 0.762 | 0.238 | 6.206 |
| C21 | 0.697 | 0.303 | 7.892 |
| C22 | 0.601 | 0.399 | 10.414 |
| C23 | 0.72 | 0.28 | 7.292 |
| C31 | 0.761 | 0.239 | 6.223 |
| C32 | 0.429 | 0.571 | 14.905 |
| C33 | 0.682 | 0.318 | 8.303 |
| C4 | 0.383 | 0.617 | 16.091 |

图 14-3-14 评价结果输出（1）

输出结果2：TOPSIS评价法计算结果 复制

| 索引值 | 正理想解距离（D+） | 负理想解距离（D-） | 综合得分指数 | 排序 |
|---|---|---|---|---|
| 北京 | 0.46489358 | 0.70890684 | 0.60394154 | 1 |
| 天津 | 0.64896943 | 0.37275959 | 0.36483215 | 3 |
| 上海 | 0.52518997 | 0.5650274 | 0.51827041 | 2 |
| 重庆 | 0.74286218 | 0.19795515 | 0.21040763 | 4 |

图 14-3-15 评价结果输出（2）

综合评价得分 $C$ 值的公式为

$$C = \frac{D^-}{D^+ + D^-}$$

$D^-$ 值相对越大，说明该研究对象距离最劣解越远，则研究对象越好；$C$ 值越大，说明研究对象越好。

从图 14-3-15 可以看出，4 个直辖市的城市基本公共体育服务力评价排序结果为北京市、上海市、天津市、重庆市。

拓展知识：SPSSPRO 综合评价功能简介

思政课堂

习题 14

习题 14 参考答案

# 第十五章　SPSS 体育应用实例

SPSS 是当今世界上较受欢迎的统计软件之一。SPSS 原意为 statistical package for the social sciences，意思是社会科学统计软件包，在 2000 年更名为 statistical product and service solutions，即统计产品与服务解决方案，这意味着公司会向客户提供更为广泛的产品组合。

SPSS 是由斯坦福大学 3 位研究生于 1968 年研制开发的。1975 年，独立的 SPSS 公司在芝加哥成立，2009 年公司被 IBM 收购，所以之后的产品名称前都标有 IBM 的字样。

SPSS 具有以下显著特点：

（1）操作简单，多数操作可以通过“菜单”“按钮”“对话框”完成，体现出公司所秉承的“真正统计，确实简单”的理念；

（2）统计功能强大：它提供了从简单描述统计到复杂的多元统计分析等功能；

（3）图表丰富：可以根据数据绘制各种图形。

本章内容以 IBM SPSS Statistics 26 为例，并将其简称为 SPSS。

## 第一节　建立调查问卷数据文件

演示视频：SPSS 数据文件建立实例

### 一、SPSS 操作基础

#### （一）SPSS 的主界面

##### 1. 启动与退出

启动：选择“开始”→“程序”→“IBM SPSS Statistics 26”命令，即可打开 SPSS 界面。

退出：选择“文件”→“退出”菜单，或者单击标题栏的“关闭”按钮，回答系统提出的“是否需要存储原始数据、计算结果”后，即可退出 SPSS。

##### 2. SPSS 的主窗口

SPSS 的主窗口是 SPSS 的基本操作环境，即数据编辑窗口。数据编辑窗口由标题栏、菜单栏、工具栏、编辑栏、变量名栏、内容区、窗口切换标签和状态栏组成，如图 15-1-1 所示。

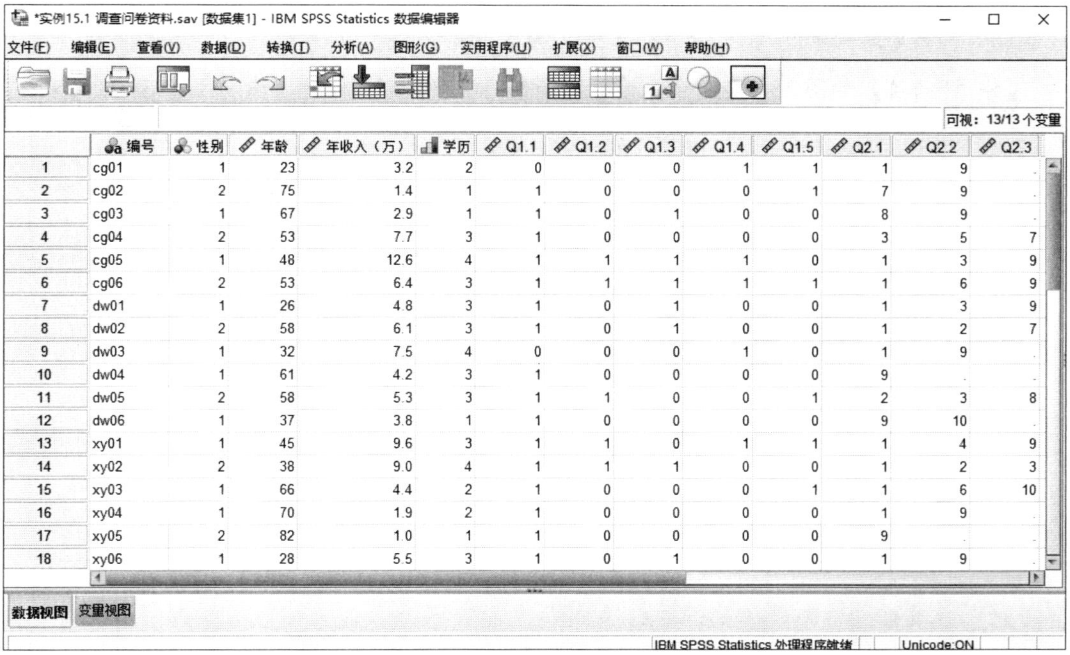


| | 编号 | 性别 | 年龄 | 年收入（万） | 学历 | Q1.1 | Q1.2 | Q1.3 | Q1.4 | Q1.5 | Q2.1 | Q2.2 | Q2.3 |
|---|---|---|---|---|---|---|---|---|---|---|---|---|---|
| 1 | cg01 | 1 | 23 | 3.2 | 2 | 0 | 0 | 0 | 1 | 1 | 1 | 9 | . |
| 2 | cg02 | 2 | 75 | 1.4 | 1 | 1 | 0 | 0 | 0 | 1 | 7 | 9 | . |
| 3 | cg03 | 1 | 67 | 2.9 | 1 | 1 | 0 | 1 | 0 | 0 | 8 | 9 | . |
| 4 | cg04 | 2 | 53 | 7.7 | 3 | 1 | 0 | 0 | 0 | 0 | 3 | 5 | 7 |
| 5 | cg05 | 1 | 48 | 12.6 | 4 | 1 | 1 | 1 | 1 | 0 | 1 | 3 | 9 |
| 6 | cg06 | 2 | 53 | 6.4 | 3 | 1 | 1 | 1 | 1 | 1 | 1 | 6 | 9 |
| 7 | dw01 | 1 | 26 | 4.8 | 3 | 1 | 0 | 1 | 0 | 0 | 1 | 3 | 9 |
| 8 | dw02 | 2 | 58 | 6.1 | 3 | 1 | 0 | 1 | 0 | 0 | 1 | 2 | 7 |
| 9 | dw03 | 1 | 32 | 7.5 | 4 | 0 | 0 | 0 | 1 | 0 | 1 | 9 | . |
| 10 | dw04 | 1 | 61 | 4.2 | 3 | 1 | 0 | 0 | 0 | 0 | 9 | . | . |
| 11 | dw05 | 2 | 58 | 5.3 | 3 | 1 | 1 | 0 | 0 | 1 | 2 | 3 | 8 |
| 12 | dw06 | 1 | 37 | 3.8 | 1 | 1 | 0 | 0 | 0 | 0 | 9 | 10 | . |
| 13 | xy01 | 1 | 45 | 9.6 | 3 | 1 | 1 | 0 | 1 | 1 | 1 | 4 | 9 |
| 14 | xy02 | 2 | 38 | 9.0 | 4 | 1 | 1 | 1 | 0 | 0 | 1 | 2 | 3 |
| 15 | xy03 | 1 | 66 | 4.4 | 2 | 1 | 0 | 0 | 0 | 1 | 1 | 6 | 10 |
| 16 | xy04 | 1 | 70 | 1.9 | 2 | 1 | 0 | 0 | 0 | 0 | 1 | 9 | . |
| 17 | xy05 | 2 | 82 | 1.0 | 1 | 1 | 0 | 0 | 0 | 0 | 9 | . | . |
| 18 | xy06 | 1 | 28 | 5.5 | 3 | 1 | 0 | 1 | 0 | 0 | 1 | 9 | . |

图 15-1-1　数据编辑窗口

标题栏显示的是当前打开的数据文件名，如图 15-1-1 中所编辑的数据文件名为“实例 15.1 调查问卷资料.sav”。

变量名栏显示的是当前数据文件中的具体变量名，如图 15-1-1 包括 13 个变量，分别是编号、性别、年龄、年收入（万）、学历、Q1.1、Q1.2、Q1.3、Q1.4、Q1.5、Q2.1、Q2.2、Q2.3。

数据编辑窗口的左下方有两个标签：数据视图和变量视图，数据视图用于显示具体的数据，一行代表一个观测个体，如一位受访者的问卷数据，一列代表一个属性，在 SPSS 中称作变量，如受访者的性别；变量视图则专门显示有关变量的信息，包括变量名称、类型、格式等。

（二）“调查问卷资料”数据表的建立

SPSS 中建立数据文件有两种方式：一种是利用 SPSS 读取其他数据格式的资料，如可以使用“文件”→“打开”→“数据”菜单项，在“打开数据”对话框的“文件类型”中选择“Excel”类型；另一种是将原始数据录入 SPSS，大致可以归纳为 3 个步骤：定义变量、录入数据、保存文件。

## 二、建立数据文件

首先对问卷调查表中的单选题、多选题、填空题进行编码和变量赋值，并把调查结果输入 SPSS 数据文件中。

### （一）问卷题型分类

**【例 15-1-1】** 如图 15-1-2 所示，为一份调查问卷中的部分问题，请建立 SPSS 数据文件。

****地区经常参加体育锻炼人群调查问卷**

尊敬的受访者，您好！

为了解本地区经常参加体育锻炼人群的基本情况、锻炼目的及锻炼项目，我们在居民主要锻炼场所开展此次匿名抽样调查，调查数据仅供研究需要，请您如实填写。衷心感谢您的配合！

填写说明：①根据《国民体质健康标准》有关界定，将每周参加体育锻炼 3 次以上，每次体育锻炼持续时间在 30 分钟及以上，每次体育锻炼的运动强度达到中等以上的人群，称为“经常参加体育锻炼人群”；②选择题在对应选项打“√”，填空题填写在相应横线上。

第一部分：

1. 您的性别：①男　　②女
2. 您的年龄：______岁
3. 您的年收入约：______万元（保留 1 位小数）
4. 您的学历：
　①初中以下　　②高中　　③大学（或大专）　　④研究生

第二部分

1. 您参加体育锻炼的目的是（多选）
　①增强体质　　②减压　　③减肥
　④完成任务（打卡、考勤等）　　⑤其他
2. 您通常参加什么项目的体育锻炼（限选 3 项）
　①跑步　②健身　③篮球　④羽毛球　⑤足球
　⑥乒乓球　⑦游泳　⑧跳舞　⑨健步走　⑩其他

图 15-1-2　调查问卷部分题目

**分析**：问卷包括两个部分，第一部分有两道单选题和两道填空题（开放题）；第二部分为多选题，受访者可以选择两个或更多选项，其中一道限选 3 项。

对于第一部分的“年龄”“年收入”题目，输入的数据均为数字。

对于单选题“性别”“学历”，为方便录入，所有选项都进行数字编码。例如，题目“性别”中，有两个选项，将选项“①男”编码为 1，将选项“②女”编码为 2，录入时直接录入编码即可。

对于多选题，根据是否“限选”分成两类，分别采用多重二分法和多重分类法。所谓多重二分法，指多项选择题中有几个选项，就定义几个变量，每个选项都要定义成一个二分类量。本例中题目“您参加体育锻炼的目的是”未限定选项个数，本题共 5 个选项，则需要定义 5 个变量，可以分别为 Q1.1、Q1.2、Q1.3、Q1.4、Q1.5，每个变量各对应一个选项的选择结果，受访者“选择”用“1”表示，“未选择”用“0”表示。如图 15-1-1 中，个案 1 选择了第 4 个选项和第 5 个选项，即选择了“完成任务（打卡、考勤等）”和“其他”。而题目“您通常参加什么项目的体育锻炼（限 3 项）”共有 10 个选项，受访者被限定回答最多 3 个选项，如果使用多重二分法，则大多数数据需要录入“未选择”。对于这类限选题，则较多使用多重分类法，多重分类法由限选数目确定变量数。例如，限定最多选择 3 个选项，则只需定义 3 个变量，每个变量为受访者的一次选择。如图 15-1-1 所示，本例定义变量名分别为 Q2.1、Q2.2、Q2.3，个案 1 选择了“①跑步”和“⑨健步走”两个选项，而个案 4 选择了“③篮球”“⑤足球”和“⑦游泳”3 个选项。

（二）建立数据文件

1. 定义变量

启动 SPSS 后，显示的是一个空文件，在输入数据前要先定义变量。定义变量包括定义变量名、变量类型、变量长度、变量标签（或值标签）和变量的格式等。单击数据编辑窗口左下方的"变量视图"标签或双击列的题头（变量），进入变量定义视图，如图 15-1-3 所示。

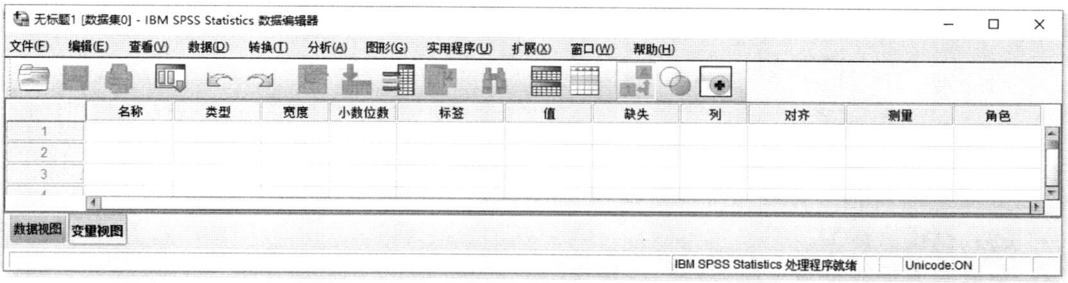


图 15-1-3 变量定义视图窗口

（1）定义名称。

任何一个变量都要定义一个名称，变量名称应符合系统要求，如首字符不能是空格或数字，一些逻辑词语也不能作为变量名称，如果变量名不符合要求，系统会给出提示，用户可重新命名。本例在变量第 1 行输入"编号"，按 Enter 键，在第 2 行输入"性别"，类似地依次定义完所有变量，包括"年龄""年收入"等。

（2）定义变量类型。

变量类型的不同会影响到数据统计的方式，所以在定义完变量名称之后，需要选择其对应类型，SPSS 中包含三大数据类型：数值型、字符型和日期型，其中数值型根据显示方式不同分为 7 种，最为常用的是数字。在变量视图中的某个变量行选择"类型"单元格，单击右侧按钮，打开"变量类型"对话框，如图 15-1-4 所示。本例中将编号变量设置为"字符串"，其他变量均设置为"数字"。

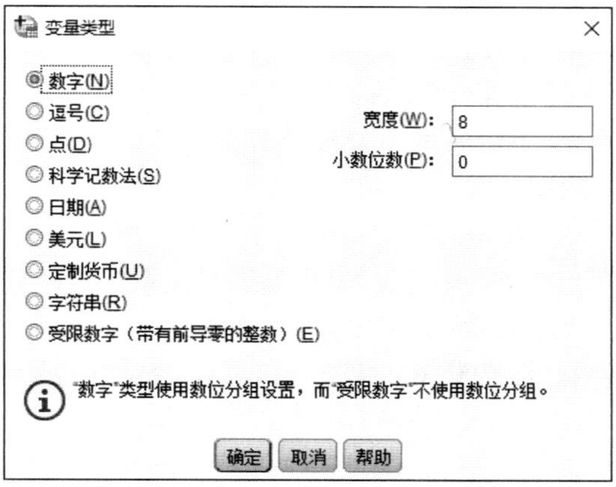


图 15-1-4 "变量类型"对话框

（3）设置小数位数。

变量的宽度根据所在列数据最大宽度值定义，数字型定义时，要注意如果有小数，那么小数点和小数位数要包含在总宽度中。根据问卷要求，本例将“年收入（万）”变量的小数位数设置为“1”。

（4）设置变量标签。

标签是对变量名的注释说明，如果变量名字面含义不明确，可以进行变量标签的设置，如变量 Q1.1 的含义是“为增强体质而锻炼”，那么可以在标签中加以说明，如图 15-1-5 所示。用户可以根据需要选择使用变量标签。

| 名称 | 类型 | 宽度 | 小数位数 | 标签 |
|---|---|---|---|---|
| 年收入（万） | 数字 | 8 | 1 | |
| 学历 | 数字 | 8 | 0 | |
| Q1.1 | 数字 | 8 | 0 | 为增强体质而锻炼 |

图 15-1-5　变量标签的设置

（5）设置值标签。

变量的值标签是对变量取值的注释说明。本例中，为了输入方便，将性别中的“男”用“1”代替，“女”用“2”代替，其含义可以在值标签中进行说明。设置值标签的操作过程：选择“性别”变量的“值”单元格，单击右侧“…”按钮，打开“值标签”对话框，在“值”后的文本框输入“1”，在“标签”后的文本框输入“男”，单击“添加”按钮。同理再分别输入“2”“女”，如图 15-1-6 所示，再单击“添加”按钮。最后单击“确定”按钮完成“性别”变量值标签的设置。

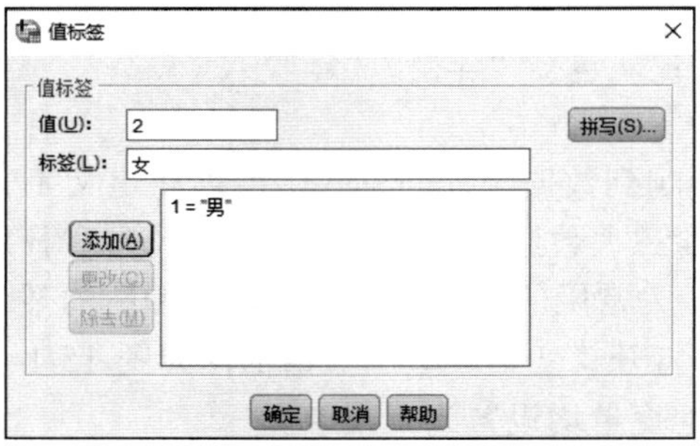


图 15-1-6　设置值标签

另外，在后续数据输入完成后，我们可以选中“查看”菜单的“值标签”，使数据显示为相应的“男”或“女”，也可以单击工具栏中的值标签按钮“”进行值标签的查看。

（6）设置变量测量水平。

变量的测量属性共有 3 种：标度、有序和名义，对于可进行数学运算的数据，如身高、100 米跑速度等，可将其设置为“标度”；有程度递进关系的有序分类数据，如学历、运动员技术等级等，则选择“有序”；而没有大小次序关系的分类或属性，如性别、籍贯等，可选择“名义”。本例将编号、性别变量设置为名义，学历设置为有序，其余均设置为标度。

2. 录入数据

定义完变量后，则切换到数据视图，进行第 2 步操作：录入数据。录入数据的原则是，每个个案占一行，每个变量占一列，每个个案最好设置一个唯一的编号用以区分其他个案，如本例的“编号”变量。在输入时，如果逐列进行，可以按 Enter 键将当前单元格向下切换；如果逐行输入，可以配合使用 Tab 键。

3. 保存文件

保存数据的具体操作：选择“文件”菜单→“保存”命令，打开“将数据另存为”对话框，选择文件路径和输入文件名（图 15-1-7），单击“保存”按钮即可。默认的数据文件扩展名为.sav。

图 15-1-7　“将数据另存为”对话框

## 第二节　描述统计应用实例

演示视频：描述统计实例

**【例 15-2-1】**某省高考体育类专业考试项目共有 4 项，分别为 100 米跑、立定跳远、原地推铅球、800 米跑。某地区随机选取 99 名高三体育类专业男生进行测试，结果如图 15-2-1 所示，请计算该组男生每项成绩的平均值、最大值、最小值和标准差。

可视：6/6 个变量

| | 考号 | 性别 | @100米跑 | 立定跳远 | 原地推铅球 | @800米跑 |
|---|---|---|---|---|---|---|
| 4 | 0201180012 | 1 | 13.67 | 2.62 | 8.54 | 160.36 |
| 5 | 0201180016 | 1 | 13.05 | 2.51 | 9.23 | 133.88 |
| 6 | 0201180022 | 1 | 13.14 | 2.69 | 10.45 | 143.28 |
| 7 | 0201180024 | 1 | 13.87 | 2.62 | 10.81 | 147.37 |
| 8 | 0201180026 | 1 | 12.80 | 2.82 | 10.82 | 138.41 |
| 9 | 0201180028 | 1 | 12.17 | 2.60 | 10.43 | 144.28 |
| 10 | 0201180030 | 1 | 13.41 | 2.65 | 9.79 | 145.09 |

数据视图　变量视图

图 15-2-1　测试成绩

**分析**：数据文件中包含考号、性别和 100 米跑、立定跳远、原地推铅球、800 米跑的测试成绩，其中，性别一列均为男生，所以不需要进行数据分组。分析时可以将 4 个项目同时选入变量列表，从而得到每项的描述统计结果。

**解**：SPSS 操作如下。

**步骤 1**：依次选择“分析”→“描述统计”→“描述”命令，打开如图 15-2-2 所示的“描述”对话框。

**步骤 2**：双击“100 米跑”“立定跳远”“原地推铅球”“800 米跑”4 个变量，将其选入“变量”框中。

**步骤 3**：单击“选项”按钮，打开“描述：选项”对话框，选中“平均值”“标准差”“最小值”“最大值”这 4 个统计量，如图 15-2-3 所示，然后单击“继续”按钮，返回上一级对话框。

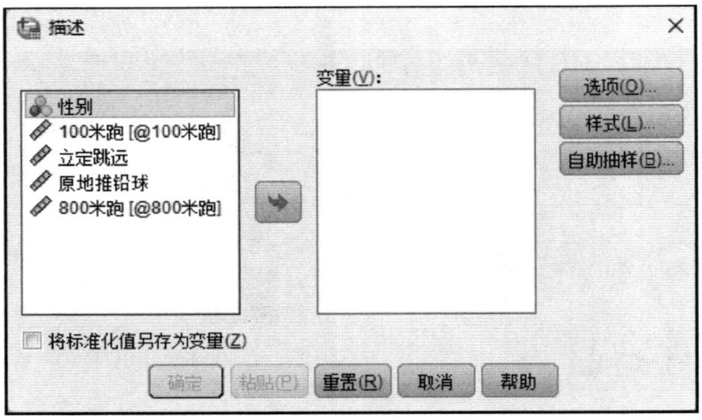


图 15-2-2 “描述”对话框

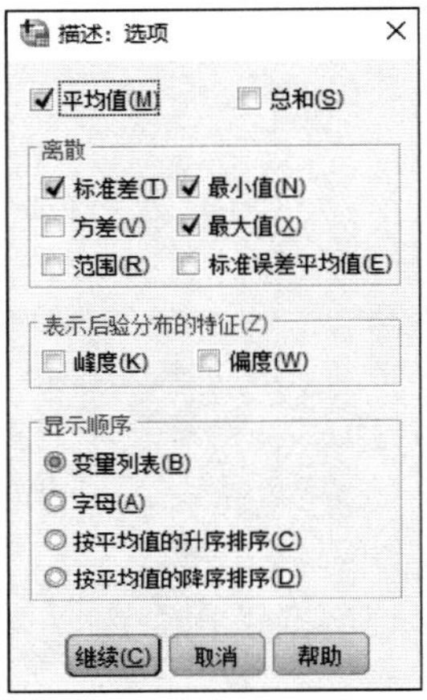


图 15-2-3 “描述：选项”对话框

**步骤 4**：单击“确定”按钮，完成计算，其统计结果如表 15-2-1 所示。

**表 15-2-1 描述统计表**

| 统计项目 | $N$ | 最小值 | 最大值 | 平均值 | 标准差 |
|---|---|---|---|---|---|
| 100 米跑/s | 99 | 11.65 | 14.63 | 13.1808 | 0.58305 |
| 立定跳远/m | 99 | 2.18 | 2.82 | 2.5274 | 0.12951 |
| 原地推铅球/m | 99 | 7.08 | 11.50 | 9.1320 | 0.96525 |
| 800 米跑/s | 99 | 131.58 | 175.12 | 147.8154 | 8.37629 |
| 有效个案数（成列） | 99 | | | | |

4 个项目的样本含量、最小值、最大值、平均值、标准差通过表格呈现，如 100 米跑的统计结果：有效个案数为 99，100 米跑最好成绩为 11.65s，最差成绩为 14.63s，平均成绩为 13.1808s，标准差为 0.58305s。

需要说明的是，如果想要统计百分位值或者中位数、众数等统计量，可以选择 SPSS 中的“分析”菜单→“描述统计”→“频率”命令，“频率”命令不仅可以分析定量类型的数据，还可以分析定类类型的数据，且“频率：统计”对话框中提供了更丰富的统计量，如图 15-2-4 所示。

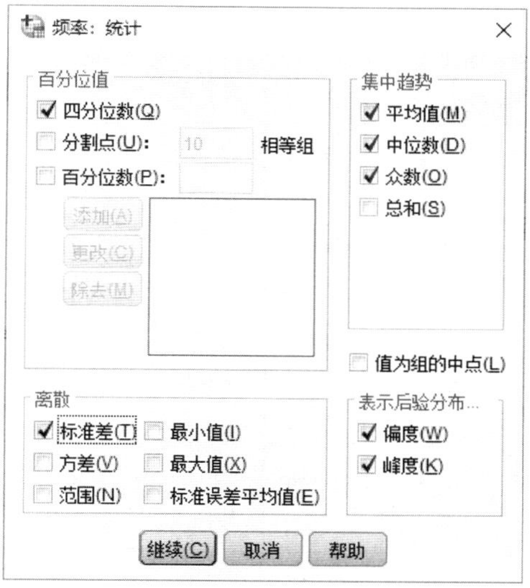


图 15-2-4　“频率：统计”对话框

## 第三节　*t* 检验应用实例

演示视频：独立样本 *t* 检验实例

**【例 15-3-1】**为了研究铜川考区和延安考区体育生身体素质的差异情况，随机抽取了两地男性考生的样本数据，其中铜川 34 人，延安 38 人，测得考生高考 100 米跑、立定跳远、原地推铅球、800 米跑 4 项素质的数据作为原始资料进行统计分析，如表 15-3-1 所示。

**表 15-3-1　两地区男生高考 4 项素质指标数据**

| 地区 | 100 米跑/s | 立定跳远/m | 原地推铅球/m | 800 米跑/s | 地区 | 100 米跑/s | 立定跳远/m | 原地推铅球/m | 800 米跑/s |
|---|---|---|---|---|---|---|---|---|---|
| 铜川 | 12.94 | 2.73 | 8.46 | 169.43 | 铜川 | 13.64 | 2.18 | 7.46 | 146.61 |
| 铜川 | 12.63 | 2.68 | 9.86 | 140.65 | 铜川 | 12.76 | 2.76 | 9.76 | 152.16 |
| 铜川 | 13.03 | 2.49 | 9.48 | 147.21 | 铜川 | 13.64 | 2.30 | 8.69 | 153.13 |
| 铜川 | 13.67 | 2.62 | 8.54 | 160.36 | 铜川 | 12.35 | 2.55 | 8.47 | 152.96 |
| 铜川 | 13.05 | 2.51 | 9.23 | 133.88 | 铜川 | 12.46 | 2.59 | 8.72 | 137.07 |
| 铜川 | 13.14 | 2.69 | 10.45 | 143.28 | 铜川 | 12.69 | 2.68 | 9.65 | 149.39 |
| 铜川 | 13.87 | 2.62 | 10.81 | 147.37 | 铜川 | 13.39 | 2.55 | 9.10 | 148.19 |
| 铜川 | 12.80 | 2.82 | 10.82 | 138.41 | 铜川 | 13.65 | 2.44 | 8.85 | 142.73 |
| 铜川 | 12.17 | 2.60 | 10.43 | 144.28 | 铜川 | 12.98 | 2.43 | 9.83 | 142.92 |
| 铜川 | 13.41 | 2.65 | 9.79 | 145.09 | 铜川 | 12.48 | 2.67 | 8.71 | 144.31 |
| 铜川 | 13.30 | 2.40 | 8.80 | 144.86 | 铜川 | 12.60 | 2.70 | 9.31 | 137.99 |
| 铜川 | 12.51 | 2.42 | 10.58 | 145.42 | 铜川 | 14.41 | 2.31 | 8.69 | 152.38 |
| 铜川 | 12.92 | 2.60 | 7.09 | 146.93 | 铜川 | 14.21 | 2.33 | 7.55 | 142.86 |

续表

| 地区 | 100 米跑/s | 立定跳远/m | 原地推铅球/m | 800 米跑/s | 地区 | 100 米跑/s | 立定跳远/m | 原地推铅球/m | 800 米跑/s |
|---|---|---|---|---|---|---|---|---|---|
| 铜川 | 13.26 | 2.51 | 8.12 | 134.96 | 延安 | 13.15 | 2.58 | 9.52 | 143.98 |
| 铜川 | 14.17 | 2.43 | 8.11 | 151.07 | 延安 | 13.05 | 2.61 | 9.14 | 148.52 |
| 铜川 | 13.61 | 2.47 | 8.69 | 149.01 | 延安 | 13.15 | 2.60 | 9.77 | 149.15 |
| 铜川 | 13.91 | 2.37 | 7.08 | 147.22 | 延安 | 13.19 | 2.65 | 7.59 | 139.19 |
| 铜川 | 13.04 | 2.51 | 8.70 | 161.78 | 延安 | 12.71 | 2.60 | 9.96 | 149.76 |
| 铜川 | 12.71 | 2.66 | 10.68 | 137.71 | 延安 | 12.70 | 2.66 | 10.03 | 143.24 |
| 铜川 | 12.99 | 2.55 | 9.58 | 154.26 | 延安 | 13.74 | 2.39 | 7.46 | 155.69 |
| 铜川 | 13.23 | 2.53 | 9.69 | 145.39 | 延安 | 12.97 | 2.46 | 8.97 | 148.47 |
| 延安 | 12.96 | 2.76 | 9.30 | 149.00 | 延安 | 13.54 | 2.39 | 9.09 | 140.96 |
| 延安 | 13.16 | 2.47 | 9.62 | 150.38 | 延安 | 13.23 | 2.50 | 9.48 | 156.30 |
| 延安 | 13.50 | 2.37 | 8.53 | 147.35 | 延安 | 12.93 | 2.48 | 8.68 | 158.75 |
| 延安 | 13.77 | 2.24 | 8.29 | 160.29 | 延安 | 13.29 | 2.62 | 9.63 | 166.10 |
| 延安 | 13.06 | 2.64 | 10.15 | 140.50 | 延安 | 14.17 | 2.47 | 8.93 | 155.07 |
| 延安 | 13.88 | 2.29 | 7.91 | 149.59 | 延安 | 13.13 | 2.46 | 7.63 | 152.71 |
| 延安 | 13.69 | 2.37 | 7.61 | 145.42 | 延安 | 13.05 | 2.58 | 8.91 | 142.05 |
| 延安 | 13.80 | 2.54 | 9.48 | 151.74 | 延安 | 13.11 | 2.53 | 9.63 | 152.46 |
| 延安 | 13.67 | 2.40 | 9.35 | 151.64 | 延安 | 14.05 | 2.58 | 7.87 | 148.86 |
| 延安 | 13.69 | 2.50 | 8.33 | 150.89 | 延安 | 13.74 | 2.47 | 8.38 | 169.47 |
| 延安 | 13.40 | 2.36 | 9.81 | 150.61 | 延安 | 13.72 | 2.55 | 8.21 | 151.71 |
| 延安 | 13.59 | 2.46 | 10.01 | 145.82 | 延安 | 14.60 | 2.28 | 8.06 | 164.59 |
| 延安 | 13.93 | 2.39 | 8.67 | 162.55 | 延安 | 14.14 | 2.37 | 8.33 | 158.88 |
| 延安 | 13.65 | 2.62 | 8.63 | 150.74 | 延安 | 13.90 | 2.39 | 8.33 | 152.94 |
| 延安 | 12.88 | 2.60 | 8.82 | 175.12 | 延安 | 13.12 | 2.58 | 9.24 | 148.65 |

**分析**：根据两个独立样本数据，比较总体均值，采用独立样本 $t$ 检验。

**解**：SPSS 操作如下。

**步骤 1**：建立数据文件。在“变量视图”窗口中，建立“考号”“性别”“考区”“100 米跑”“立定跳远”“原地推铅球”“800 米跑”共 7 个变量，在值标签中，定义性别为“1=男，2=女”，同理，定义考区为“1 = 铜川，2 = 延安”，如图 15-3-1 所示，然后切换至“数据视图”窗口录入数据。

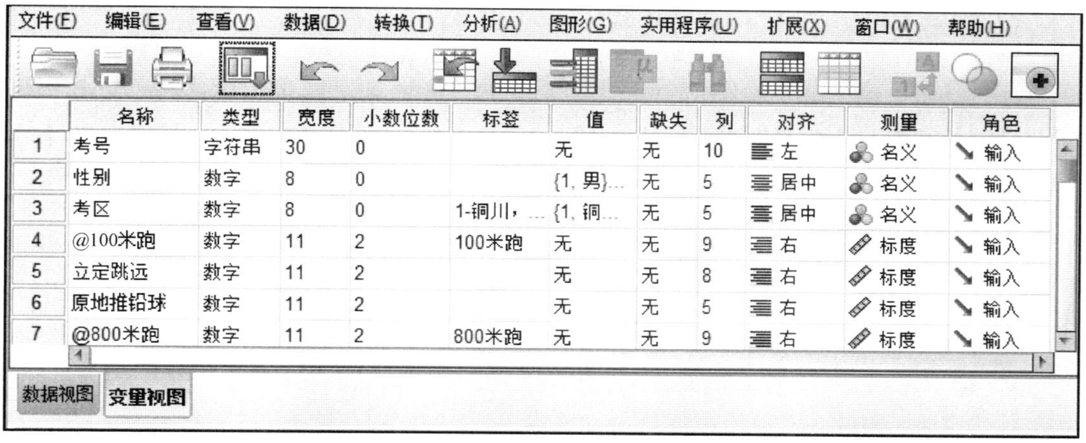


图 15-3-1 “变量视图”窗口

**步骤 2**：依次选择“分析”菜单→“比较平均值”→“独立样本 T 检验”命令，如图 15-3-2 所示。

图 15-3-2 选择“独立样本 T 检验”命令

**步骤 3**：打开“独立样本 T 检验”对话框，将“100 米跑”“立定跳远”“原地推铅球”“800 米跑”4 个变量移入“检验变量”列表框中，如图 15-3-3 所示。将“考区”移入“分组变量”列表框中，单击“定义组”按钮，定义“组 1”的值为“1”，“组 2”的值为“2”，如图 15-3-4 所示，单击“继续”按钮返回上一级对话框。

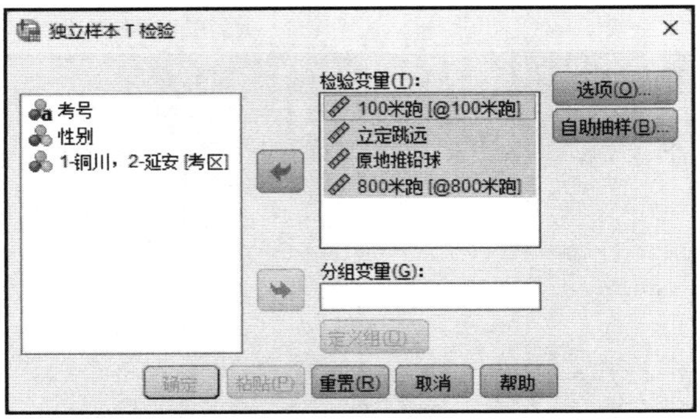


图 15-3-3 “独立样本 T 检验”对话框

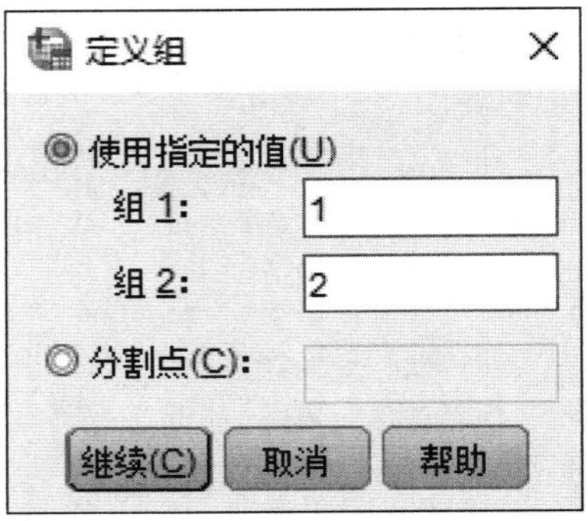


图 15-3-4 “定义组”对话框

**步骤 4**：单击“独立样本 T 检验”对话框中的“确定”按钮，完成计算，统计结果如图 15-3-5 所示。

组统计

| | 1-铜川，2-延安 | 个案数 | 平均值 | 标准 偏差 | 标准 误差平均值 |
|---|---|---|---|---|---|
| 100米跑 | 铜川 | 34 | 13.1653 | .56659 | .09717 |
| | 延安 | 38 | 13.4476 | .44653 | .07244 |
| 立定跳远 | 铜川 | 34 | 2.5400 | .14659 | .02514 |
| | 延安 | 38 | 2.4942 | .11974 | .01942 |
| 原地推铅球 | 铜川 | 34 | 9.1110 | 1.02428 | .17566 |
| | 延安 | 38 | 8.8766 | .77503 | .12573 |
| 800米跑 | 铜川 | 34 | 146.8021 | 7.58649 | 1.30107 |
| | 延安 | 38 | 152.0826 | 7.97887 | 1.29434 |

独立样本检验

| | | 莱文方差齐性检验 | | 均值的 t 检验 | | | | | | |
|---|---|---|---|---|---|---|---|---|---|---|
| | | | | | | | | | 差值 95% 置信区间 | |
| | | F | 显著性 | t | 自由度 | Sig.（双尾） | 平均值差值 | 标准误差差值 | 下限 | 上限 |
| 100米跑 | 假定等方差 | 1.650 | .203 | -2.360 | 70 | .021 | -.28234 | .11961 | -.52090 | -.04378 |
| | 不假定等方差 | | | -2.330 | 62.621 | .023 | -.28234 | .12120 | -.52456 | -.04011 |
| 立定跳远 | 假定等方差 | 1.219 | .273 | 1.458 | 70 | .149 | .04581 | .03141 | -.01684 | .10847 |
| | 不假定等方差 | | | 1.442 | 63.862 | .154 | .04581 | .03177 | -.01766 | .10928 |
| 原地推铅球 | 假定等方差 | 2.333 | .131 | 1.102 | 70 | .274 | .23445 | .21273 | -.18984 | .65873 |
| | 不假定等方差 | | | 1.085 | 61.156 | .282 | .23445 | .21602 | -.19749 | .66638 |
| 800米跑 | 假定等方差 | .082 | .776 | -2.869 | 70 | .005 | -5.28057 | 1.84046 | -8.95125 | -1.60989 |
| | 不假定等方差 | | | -2.877 | 69.728 | .005 | -5.28057 | 1.83524 | -8.94110 | -1.62005 |

图 15-3-5 独立样本 T 检验统计结果

**结果分析**：

在图 15-3-5 中，“组统计”表显示的是数据的简单描述统计结果，包括每个项目中铜川地区和延安地区的样本含量、平均值、标准差、标准误。“独立样本检验”表显示独立样本 $t$ 检验的统计结果，4 个项目的方差齐性检验结果 $P$ 值均大于 0.05，表明方差齐性，所以检验结果对应“假定等方差”所在行的统计结果。例如，“100 米跑”项目，方差齐性检验的 $P=0.203>0.05$，表明方差齐性，则查看“假定等方差”行对应的 $t$ 值，$t=-2.360$，$P=0.021$；其他项目同理。

根据检验结果可以看出，铜川地区和延安地区高考男生 100 米跑的平均水平之间，$P=0.021<0.05$，差异具有显著性意义，结合平均成绩说明铜川好于延安。两地区男生立定跳远和原地推铅球项目的 $P$ 值均大于 0.05，说明平均水平差异不显著。800 米跑项

目，两地区男生的平均水平比较，$P=0.005<0.01$，说明差异具有非常显著性意义，同样是铜川的平均水平好于延安。

## 第四节　单因素方差分析应用实例

演示视频：单因素方差分析实例

**【例 15-4-1】**为了研究陕西省铜川、延安和西安 3 个考区男生 4 项体育成绩的平均水平有无显著性差异，随机抽取了 34 名铜川考生、38 名延安考生和 27 名西安考生，对他们高考 100 米跑、立定跳远、原地铅球、800 米跑 4 项成绩进行统计分析。其中个案序号 1 ~ 72 号是抽取的铜川地区和延安地区的考生，数据资料如表 15-3-1 所示，序号 73 ~ 99 号是抽取的西安地区考生，数据资料如表 15-4-1 所示。

**表 15-4-1　西安地区男生 4 项素质指标数据**

| 地区 | 100 米跑/s | 立定跳远/m | 原地推铅球/m | 800 米跑/s | 地区 | 100 米跑/s | 立定跳远/m | 原地推铅球/m | 800 米跑/s |
|---|---|---|---|---|---|---|---|---|---|
| 西安 | 13.17 | 2.65 | 10.17 | 147.58 | 西安 | 12.54 | 2.62 | 10.65 | 133.59 |
| 西安 | 13.40 | 2.45 | 8.31 | 148.27 | 西安 | 12.54 | 2.60 | 9.84 | 131.58 |
| 西安 | 13.18 | 2.68 | 9.99 | 149.89 | 西安 | 14.63 | 2.24 | 7.15 | 163.39 |
| 西安 | 12.88 | 2.47 | 8.37 | 156.60 | 西安 | 12.63 | 2.41 | 8.50 | 139.70 |
| 西安 | 13.36 | 2.44 | 9.65 | 144.48 | 西安 | 12.66 | 2.64 | 9.69 | 140.74 |
| 西安 | 12.88 | 2.49 | 8.72 | 146.72 | 西安 | 13.00 | 2.54 | 8.74 | 140.77 |
| 西安 | 12.70 | 2.56 | 11.01 | 139.14 | 西安 | 12.30 | 2.64 | 10.07 | 139.04 |
| 西安 | 11.65 | 2.55 | 9.12 | 141.90 | 西安 | 11.94 | 2.73 | 11.26 | 136.71 |
| 西安 | 13.24 | 2.50 | 11.50 | 147.65 | 西安 | 12.75 | 2.61 | 10.40 | 143.24 |
| 西安 | 11.70 | 2.52 | 8.96 | 136.96 | 西安 | 13.02 | 2.52 | 8.66 | 134.37 |
| 西安 | 13.21 | 2.76 | 9.44 | 136.91 | 西安 | 12.65 | 2.62 | 8.67 | 142.13 |
| 西安 | 12.25 | 2.66 | 10.58 | 140.74 | 西安 | 13.28 | 2.40 | 8.61 | 150.00 |
| 西安 | 13.01 | 2.59 | 9.43 | 148.85 | 西安 | 13.11 | 2.59 | 10.42 | 141.77 |
| 西安 | 12.59 | 2.62 | 9.08 | 140.59 | | | | | |

**分析**：对于多组间样本均数的差异显著性检验，采用单因素方差分析。

**解**：SPSS 操作如下。

**步骤 1**：建立数据文件。在“变量视图”窗口中，建立“考号”“性别”“考区”“100 米跑”“立定跳远”“原地推铅球”“800 米跑”共 7 个变量，在值标签中，定义性别为“1=男，2=女”，定义考区为“1=铜川，2=延安，3=西安”，然后切换至“数据视图”录入数据。

**步骤 2**：依次选择“分析”菜单→“比较平均值”→“单因素 ANONA 检验”命令，打开“单因素 ANONA 检验”对话框，将 4 个体育项目移入“因变量列表”列表框中，将考区移入“因子”列表框中，如图 15-4-1 所示。

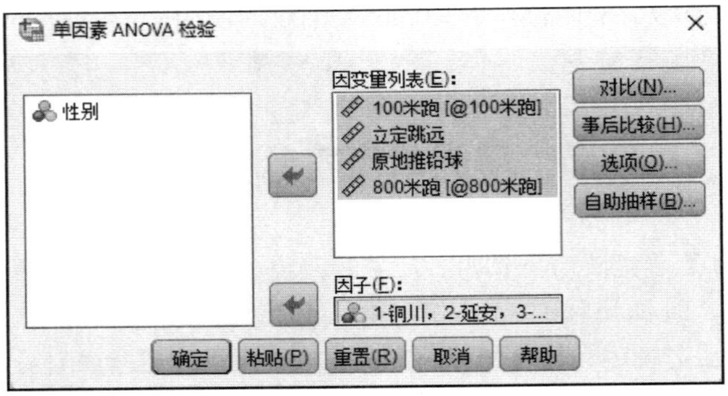


图 15-4-1 “单因素 ANONA 检验”对话框

**步骤 3**：单击“选项”按钮，打开“单因素 ANONA 检验：选项”对话框，选中“方差齐性检验”复选框进行方差齐性检验，如图 15-4-2 所示。单击“继续”按钮，返回上一级对话框。

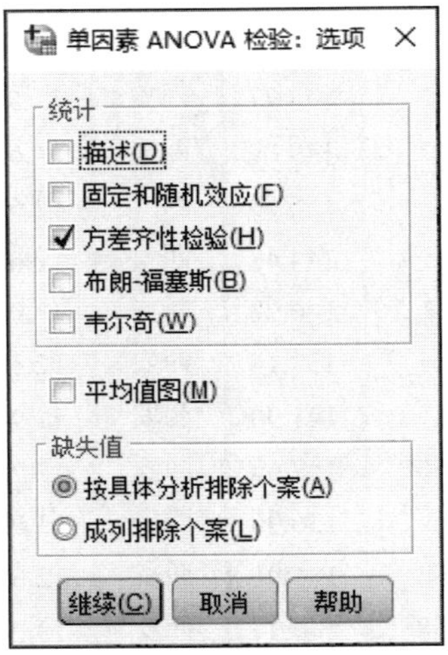


图 15-4-2 “单因素 ANONA 检验：选项”对话框

**步骤 4**：单击“确定”按钮，提交系统分析并输出一系列结果。方差齐性检验结果中，截取其中“基于平均值”数据，如图 15-4-3 所示。可以看出，“100 米跑”“立定跳远”“原地推铅球”“800 米跑”项目的莱文统计量分别为 0.632、1.482、1.536 和 0.087，与之对应的显著性水平分别为 0.534、0.232、0.220 和 0.917，*P* 值均大于 0.05，说明 3 个地区 4 项成绩方差差异不显著，即方差齐性。

方差齐性检验

| | | 莱文统计 | 自由度 1 | 自由度 2 | 显著性 |
|---|---|---|---|---|---|
| 100米跑 | 基于平均值 | .632 | 2 | 96 | .534 |
| 立定跳远 | 基于平均值 | 1.482 | 2 | 96 | .232 |
| 原地推铅球 | 基于平均值 | 1.536 | 2 | 96 | .220 |
| 800米跑 | 基于平均值 | .087 | 2 | 96 | .917 |

图 15-4-3 方差齐性检验

图 15-4-4 所示的是方差分析结果，100 米跑、原地推铅球、800 米跑 3 个变量的 $P$ 值均小于 0.05，说明 3 个地区考生这 3 项指标的平均值水平之间存在显著性差异；而立定跳远的 $P$ 值为 0.111，$P$ 大于 0.05，说明 3 个地区考生立定跳远的平均值水平之间差异不具有显著性。

ANOVA

| | | 平方和 | 自由度 | 均方 | F | 显著性 |
|---|---|---|---|---|---|---|
| 100米跑 | 组间 | 6.135 | 2 | 3.068 | 10.835 | .000 |
| | 组内 | 27.179 | 96 | .283 | | |
| | 总计 | 33.315 | 98 | | | |
| 立定跳远 | 组间 | .074 | 2 | .037 | 2.247 | .111 |
| | 组内 | 1.570 | 96 | .016 | | |
| | 总计 | 1.644 | 98 | | | |
| 原地推铅球 | 组间 | 6.518 | 2 | 3.259 | 3.690 | .029 |
| | 组内 | 84.789 | 96 | .883 | | |
| | 总计 | 91.307 | 98 | | | |
| 800米跑 | 组间 | 1330.894 | 2 | 665.447 | 11.521 | .000 |
| | 组内 | 5545.006 | 96 | 57.760 | | |
| | 总计 | 6875.900 | 98 | | | |

图 15-4-4 方差分析结果

如果方差分析判断总体均值间存在显著性差异，则可以进一步通过多重比较对每个水平间的均值进行比较，以判断哪些水平间存在显著性差异。本例中，方差分析结果显示 3 个地区的 100 米跑、原地推铅球和 800 米跑总体均值差异显著时，并不能判定 3 个地区两两之间差异均显著，那么究竟哪两个地区水平间差异显著，哪两个地区之间不显著呢？对此，需要进行 3 个地区两两之间的多重比较。

**步骤 5**：重新打开“单因素 ANONA 检验”对话框，单击“事后比较”按钮，弹出“单因素 ANONA 检验：事后多重比较”对话框，本例已检验出方差齐性，可以选中“假定等方差”区域中的“邦弗伦尼”复选框进行两两比较，如图 15-4-5 所示。“邦弗伦尼”算法在对比组别数量较少时使用，结果相对保守。当然，用户也可以选择其他算法，对不同方法的检验结果进行比较分析。单击“继续”按钮，返回上一级对话框。

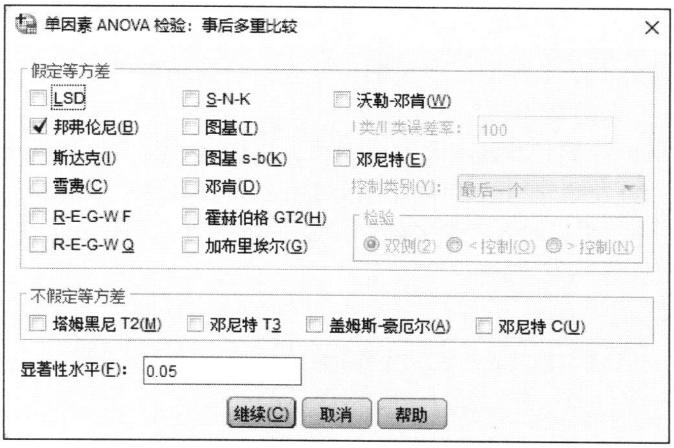


图 15-4-5 “单因素 ANONA 检验：事后多重比较”对话框

**步骤 6**：单击“确定”按钮，提交系统分析，多重比较的结果如图 15-4-6 所示。

**多重比较**

邦弗伦尼

| 因变量 | (I) 1-铜川，2-延安，3-西安 | (J) 1-铜川，2-延安，3-西安 | 平均值差值 (I-J) | 标准 错误 | 显著性 | 95% 置信区间 | |
|---|---|---|---|---|---|---|---|
| | | | | | | 下限 | 上限 |
| 100米跑 | 铜川 | 延安 | -.28234 | .12561 | .081 | -.5884 | .0237 |
| | | 西安 | .34048* | .13716 | .044 | .0063 | .6747 |
| | 延安 | 铜川 | .28234 | .12561 | .081 | -.0237 | .5884 |
| | | 西安 | .62282* | .13393 | .000 | .2965 | .9491 |
| | 西安 | 铜川 | -.34048* | .13716 | .044 | -.6747 | -.0063 |
| | | 延安 | -.62282* | .13393 | .000 | -.9491 | -.2965 |
| 立定跳远 | 铜川 | 延安 | .04581 | .03019 | .397 | -.0278 | .1194 |
| | | 西安 | -.01855 | .03297 | 1.000 | -.0989 | .0618 |
| | 延安 | 铜川 | -.04581 | .03019 | .397 | -.1194 | .0278 |
| | | 西安 | -.06436 | .03219 | .145 | -.1428 | .0141 |
| | 西安 | 铜川 | .01855 | .03297 | 1.000 | -.0618 | .0989 |
| | | 延安 | .06436 | .03219 | .145 | -.0141 | .1428 |
| 原地推铅球 | 铜川 | 延安 | .23445 | .22185 | .880 | -.3061 | .7750 |
| | | 西安 | -.40700 | .24226 | .289 | -.9973 | .1833 |
| | 延安 | 铜川 | -.23445 | .22185 | .880 | -.7750 | .3061 |
| | | 西安 | -.64145* | .23655 | .024 | -1.2178 | -.0651 |
| | 西安 | 铜川 | .40700 | .24226 | .289 | -.1833 | .9973 |
| | | 延安 | .64145* | .23655 | .024 | .0651 | 1.2178 |
| 800米跑 | 铜川 | 延安 | -5.28057* | 1.79412 | .012 | -9.6522 | -.9089 |
| | | 西安 | 3.71650 | 1.95911 | .182 | -1.0572 | 8.4902 |
| | 延安 | 铜川 | 5.28057* | 1.79412 | .012 | .9089 | 9.6522 |
| | | 西安 | 8.99708* | 1.91293 | .000 | 4.3359 | 13.6582 |
| | 西安 | 铜川 | -3.71650 | 1.95911 | .182 | -8.4902 | 1.0572 |
| | | 延安 | -8.99708* | 1.91293 | .000 | -13.6582 | -4.3359 |

* 平均值差值的显著性水平为 0.05。

图 15-4-6　多重比较结果

图 15-4-6 显示的是 4 个项目不同地区均值差异检验结果，第一行数据的因变量为 100 米跑成绩，数据（I）地区为“铜川”，数据（J）地区为“延安”，对应的概率 $P$ 值为 $0.081>0.05$，说明在 100 米跑项目上，铜川地区和延安地区的均值无显著性差异。其他两两比较方法同理，不再赘述。

总体上，在 0.05 显著水平下，西安地区和铜川地区、延安地区考生之间在 100 米跑项目上存在显著性差异，延安地区和西安地区考生之间在原地铅球项目上存在显著性差异，延安地区和铜川地区、西安地区考生之间在 800 米跑项目上存在显著性差异，3 个地区在立定跳远项目上无显著性差异。

## 第五节　线性相关分析应用实例

演示视频：相关分析实例

在运动员选材指标中，身体形态是非常重要的参考指标，研究运动员的身高、体重、坐高等指标间是否密切关联及相关程度的大小具有实际意义。

**【例 15-5-1】** 测得 42 名运动员的 6 项身体形态指标：身高、体重、坐高、上肢长、胸围、腰围数据，如图 15-5-1 所示，这 6 个变量均为连续型数据，请进行相关分析。

| | 体重 | 身高 | 坐高 | 上肢长 | 胸围 | 腰围 |
|---|---|---|---|---|---|---|
| 1 | 58.4 | 166.0 | 87.5 | 71.2 | 91.1 | 73.2 |
| 2 | 53.0 | 162.0 | 87.4 | 70.0 | 81.0 | 64.5 |
| 3 | 56.5 | 166.0 | 89.0 | 71.0 | 82.0 | 70.0 |
| 4 | 57.0 | 163.0 | 88.7 | 68.7 | 83.5 | 69.4 |
| 5 | 56.0 | 170.0 | 88.6 | 75.0 | 79.0 | 66.0 |
| 6 | 51.8 | 166.0 | 89.5 | 71.0 | 78.3 | 66.8 |
| 7 | 53.4 | 167.8 | 91.0 | 75.5 | 80.1 | 67.2 |
| 8 | 53.3 | 160.0 | 88.0 | 67.6 | 83.5 | 64.7 |
| 9 | 67.6 | 174.3 | 93.5 | 75.6 | 84.0 | 70.3 |
| 10 | 57.5 | 162.0 | 85.0 | 72.0 | 87.0 | 69.0 |
| 11 | 61.4 | 167.8 | 91.1 | 69.3 | 83.9 | 72.3 |
| 12 | 60.5 | 172.5 | 91.5 | 73.8 | 84.0 | 70.0 |
| 13 | 47.7 | 157.5 | 86.4 | 66.5 | 81.2 | 61.9 |
| 14 | 50.6 | 161.0 | 83.6 | 62.5 | 81.4 | 63.7 |
| 15 | 51.1 | 161.3 | 87.3 | 67.7 | 76.7 | 64.2 |
| 16 | 62.0 | 175.0 | 93.3 | 72.0 | 86.0 | 70.5 |
| 17 | 60.8 | 161.0 | 89.0 | 68.5 | 94.0 | 75.0 |
| 18 | 53.7 | 164.0 | 86.2 | 82.5 | 80.0 | 63.6 |
| 19 | 63.3 | 171.0 | 93.5 | 73.0 | 84.3 | 69.5 |
| 20 | 61.1 | 166.4 | 91.1 | 74.4 | 90.1 | 71.0 |
| 21 | 47.0 | 159.0 | 85.0 | 66.4 | 79.0 | 61.0 |
| 22 | 60.0 | 164.0 | 89.5 | 67.0 | 84.5 | 69.2 |
| 23 | 53.8 | 166.0 | 85.2 | 65.8 | 80.2 | 67.0 |
| 24 | 51.1 | 159.5 | 87.8 | 66.9 | 82.4 | 63.6 |
| 25 | 55.2 | 164.1 | 87.3 | 70.3 | 81.9 | 66.3 |
| 26 | 48.0 | 158.4 | 84.3 | 65.0 | 86.5 | 66.5 |
| 27 | 55.5 | 160.0 | 87.5 | 67.4 | 88.5 | 71.1 |
| 28 | 55.1 | 161.5 | 89.2 | 68.5 | 85.2 | 66.8 |
| 29 | 56.4 | 166.0 | 89.0 | 71.0 | 82.0 | 70.0 |
| 30 | 56.0 | 169.0 | 88.6 | 75.0 | 79.0 | 66.0 |
| 31 | 53.3 | 164.2 | 88.0 | 67.6 | 83.5 | 64.7 |
| 32 | 61.5 | 170.2 | 91.1 | 69.3 | 83.9 | 72.3 |
| 33 | 50.6 | 161.0 | 83.6 | 62.5 | 81.4 | 63.7 |
| 34 | 53.7 | 164.0 | 86.2 | 78.5 | 80.0 | 63.6 |
| 35 | 48.0 | 160.0 | 85.0 | 66.4 | 79.0 | 61.0 |
| 36 | 53.8 | 166.0 | 85.2 | 65.8 | 80.1 | 67.0 |
| 37 | 51.2 | 159.5 | 87.8 | 66.9 | 82.4 | 63.6 |
| 38 | 52.9 | 162.0 | 87.4 | 70.0 | 81.0 | 64.5 |
| 39 | 53.3 | 165.3 | 88.0 | 67.6 | 83.5 | 64.7 |
| 40 | 57.3 | 162.0 | 85.2 | 71.9 | 87.0 | 69.0 |
| 41 | 48.1 | 158.4 | 86.4 | 66.5 | 81.2 | 62.1 |
| 42 | 51.2 | 161.4 | 87.3 | 67.7 | 76.7 | 63.2 |

图 15-5-1 6 项身体形态指标数据

**解：** SPPS 操作如下。

**步骤 1：** 计算相关系数。打开数据文件后，依次选择“分析”菜单→“相关”→“双变量”命令，打开“双变量相关性”对话框，如图 15-5-2 所示。将 6 个变量移入“变量”列表框中。本例中所有的变量均为连续型变量，所以“相关系数”区域保持默认选项“皮尔逊”。“显著性检验”区域一般选中“双尾”单选按钮，单击“确定”按钮。

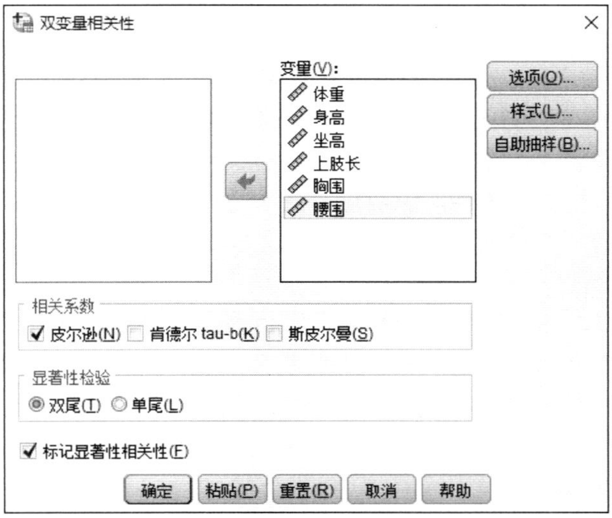


图 15-5-2 “相关系数”对话框

**步骤 2：** 系统的计算结果如图 15-5-3 所示。

**相关性**

| | | 体重 | 身高 | 坐高 | 上肢长 | 胸围 | 腰围 |
|---|---|---|---|---|---|---|---|
| 体重 | 皮尔逊相关性 | 1 | .768** | .763** | .473** | .534** | .840** |
| | Sig.（双尾） | | .000 | .000 | .002 | .000 | .000 |
| | 个案数 | 42 | 42 | 42 | 42 | 42 | 42 |
| 身高 | 皮尔逊相关性 | .768** | 1 | .748** | .558** | .061 | .541** |
| | Sig.（双尾） | .000 | | .000 | .000 | .701 | .000 |
| | 个案数 | 42 | 42 | 42 | 42 | 42 | 42 |
| 坐高 | 皮尔逊相关性 | .763** | .748** | 1 | .453** | .240 | .575** |
| | Sig.（双尾） | .000 | .000 | | .003 | .125 | .000 |
| | 个案数 | 42 | 42 | 42 | 42 | 42 | 42 |
| 上肢长 | 皮尔逊相关性 | .473** | .558** | .453** | 1 | .015 | .245 |
| | Sig.（双尾） | .002 | .000 | .003 | | .927 | .118 |
| | 个案数 | 42 | 42 | 42 | 42 | 42 | 42 |
| 胸围 | 皮尔逊相关性 | .534** | .061 | .240 | .015 | 1 | .725** |
| | Sig.（双尾） | .000 | .701 | .125 | .927 | | .000 |
| | 个案数 | 42 | 42 | 42 | 42 | 42 | 42 |
| 腰围 | 皮尔逊相关性 | .840** | .541** | .575** | .245 | .725** | 1 |
| | Sig.（双尾） | .000 | .000 | .000 | .118 | .000 | |
| | 个案数 | 42 | 42 | 42 | 42 | 42 | 42 |

** 在 0.01 级别（双尾），相关性显著。

图 15-5-3　相关系数矩阵

**结果分析：**

图 15-5-3 中显示了每两个变量间的相关系数、显著性检验程度和个案数，表的下方对双星号做出了注释，即在显著性水平 0.01 下，认为标记的相关系数是显著的。

以身高和体重的皮尔逊相关分析的结果为例进行说明。首先来看个案数，42 就是样本数，显著性 $P$ 值小于 0.01，则说明它们之间存在显著相关关系，进而查看其相关系数，$r$ 为 0.768，大于 0，说明是正相关关系，且高度相关。

整体上，从图 15-5-3 的相关系数矩阵可以看出，体重、身高、坐高和腰围，两两之间相关系数均具有显著性，上肢长和体重、身高、坐高之间具有相关显著性，胸围和体重、腰围之间也具有相关显著性，说明这些变量之间的相关系数可靠，能够代表变量之间的相关关系。但胸围和身高、坐高、上肢长之间不具有相关显著性，腰围和上肢长之间也不具有相关显著性。

从相关程度来看，体重和腰围的相关系数值最高，达到 0.840，为高度相关，说明这两项指标之间具有非常密切的关系。上肢长和坐高相对而言 $r$ 值最低，为 0.453，为 0.473，但也达到了中度相关。本例中，其他相关系数值可以以 0.7 为分界点，大于等于 0.7 表明两者之间达到了高度相关；小于 0.7 表明两者之间为中度相关。

## 第六节　线性回归分析应用实例

演示视频：多元线性回归实例

体育研究中的许多现象，往往受多个因素影响。根据现象与因素之间的关系，可以建立一个因变量和多个自变量的回归模型，以自变量的值计算、预测因变量的值。

**【例 15-6-1】** 测得某高中 28 名男生的 200 米跑、立定跳远、30 米起跑及 100 米跑的成绩如图 15-6-1 所示，建立 100 米跑与其他 3 项指标的多元线性回归方程。

| | @200米跑 | 立定跳远 | @30米起跑 | @100米跑 |
|---|---|---|---|---|
| 1 | 34.3 | 192 | 5.3 | 16.1 |
| 2 | 34.1 | 200 | 5.3 | 15.6 |
| 3 | 30.6 | 235 | 4.8 | 14.0 |
| 4 | 30.5 | 215 | 4.5 | 14.5 |
| 5 | 33.1 | 210 | 5.2 | 15.5 |
| 6 | 34.2 | 212 | 5.3 | 15.8 |
| 7 | 31.2 | 225 | 4.8 | 14.6 |
| 8 | 31.3 | 236 | 5.0 | 14.8 |
| 9 | 31.9 | 238 | 4.8 | 14.1 |
| 10 | 28.1 | 238 | 4.5 | 13.2 |
| 11 | 29.8 | 237 | 4.4 | 13.5 |
| 12 | 29.8 | 235 | 4.8 | 14.0 |
| 13 | 31.7 | 216 | 5.0 | 15.1 |
| 14 | 31.3 | 205 | 4.9 | 15.0 |
| 15 | 36.3 | 214 | 4.8 | 16.1 |
| 16 | 34.0 | 196 | 5.2 | 15.9 |
| 17 | 32.7 | 200 | 5.2 | 15.0 |
| 18 | 37.7 | 190 | 5.4 | 16.6 |
| 19 | 32.2 | 236 | 4.8 | 14.1 |
| 20 | 34.4 | 214 | 5.0 | 15.8 |
| 21 | 32.9 | 214 | 4.7 | 14.3 |
| 22 | 33.7 | 214 | 5.0 | 15.3 |
| 23 | 33.0 | 228 | 4.6 | 14.2 |
| 24 | 31.5 | 217 | 5.2 | 15.2 |
| 25 | 28.4 | 230 | 5.4 | 13.4 |
| 26 | 35.1 | 220 | 5.2 | 16.3 |
| 27 | 34.3 | 232 | 5.0 | 15.5 |
| 28 | 35.6 | 247 | 5.1 | 14.7 |

图 15-6-1 4 项成绩原始数据

**分析**：本例是分析多个连续型变量与另一个连续型变量在数值上的线性依存关系，故采用多元线性回归分析方法。

**解**：SPSS 操作如下。

**步骤 1**：打开数据文件后，依次选择“分析”菜单→“回归”→“线性”命令，打开“线性回归”对话框。将“100 米跑”移入“因变量”列表框中，将“200 米跑”“立定跳远”“30 米起跑”3 个变量移入“自变量”列表框中，“方法”默认为“输入”，其含义为所有变量进入模型方程，不剔除任何变量，仅建立一个模型。其他选项均为默认值，如图 15-6-2 所示，单击“确定”按钮。

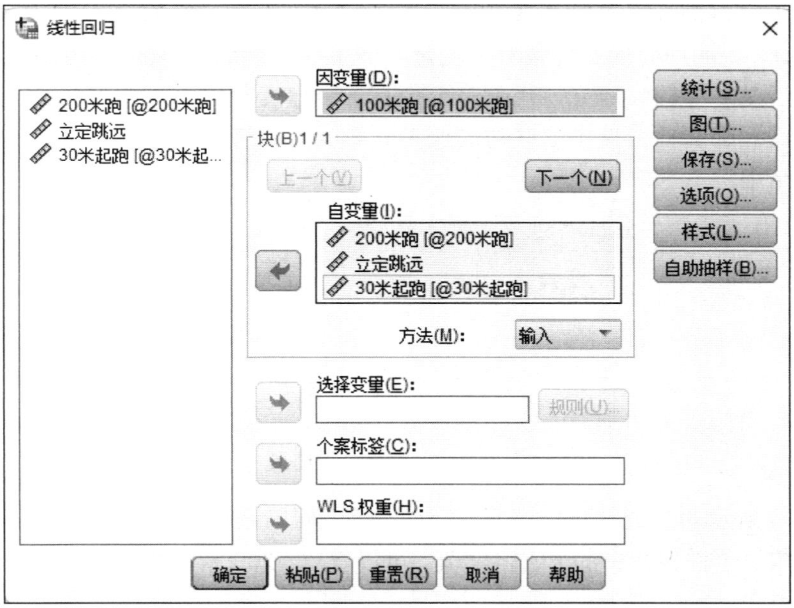


图 15-6-2 “线性回归”对话框

**步骤 2**：统计结果解读。本例的线性回归结果显示 4 张表（图 15-6-3～图 15-6-6）。

如图 15-6-3 所示的结果说明统计中使用的回归方法是“输入”，3 个自变量全部强行进入回归方程进行计算。

**输入/除去的变量**[a]

| 模型 | 输入的变量 | 除去的变量 | 方法 |
|---|---|---|---|
| 1 | @30米起跑<br>@200米跑<br>立定跳远[b] | | 输入 |

a. 因变量：@100米跑。

b. 已输入所请求的所有变量。

图 15-6-3　输入/除去变量列表

图 15-6-4 所示的表为模型摘要，判定线性拟合方程与原始数据的拟合程度，多元回归调整后 $R^2$ 取值范围为(0,1)，其大小反映了回归贡献的相对程度，其值越接近 1，说明模型的拟合度越好。本例调整 $R^2$ 为 0.846，说明线性拟合方程能够反映原始数据的 84.6%，即回归模型自变量可以解释因变量 100 米跑 84.6%的变异，解释度较高。

**模型摘要**

| 模型 | R | R 方 | 调整后 R 方 | 标准估算的错误 |
|---|---|---|---|---|
| 1 | .929[a] | .863 | .846 | .3621 |

a. 预测变量：(常量), @30米起跑, @200米跑, 立定跳远

图 15-6-4　模型摘要

图 15-6-5 所示的是方差分析表，主要反映回归方程是否有意义，它的原假设是所有的自变量均不会对因变量产生显著影响，基于这种原假设，计算所得的 $F$ 值为 50.418，$P$ 值小于 0.01，说明所有的自变量对因变量不产生显著影响的可能性接近 0，所以我们拒绝原假设，于是备择假设成立，也就是至少有一个自变量可以影响因变量，回归模型具有统计学意义。那么自变量中哪些对因变量有影响？或者影响量怎么样呢？还需要观察第 4 张统计结果。

**ANOVA**[a]

| 模型 | | 平方和 | 自由度 | 均方 | F | 显著性 |
|---|---|---|---|---|---|---|
| 1 | 回归 | 19.837 | 3 | 6.612 | 50.418 | .000[b] |
| | 残差 | 3.148 | 24 | .131 | | |
| | 总计 | 22.984 | 27 | | | |

a. 因变量：@100米跑。

b. 预测变量：(常量), @30米起跑, @200米跑, 立定跳远 。

图 15-6-5　方差分析结果

图 15-6-6 所示的系数表包括模型的回归系数、回归系数标准误差、标准化回归系数，以及回归系数显著性检验中的 $t$ 值和 $P$ 值。可以看出，200 米跑和立定跳远的回归系数显著性检验的 $P$ 值均小于 0.05，说明这两项显著影响因变量，而 30 米起跑的 $P$ 值为 0.092，大于 0.05，说明它不具有显著性意义。

| 系数[a] | | | | | | |
|---|---|---|---|---|---|---|
| | | 未标准化系数 | | 标准化系数 | | |
| 模型 | | B | 标准错误 | Beta | t | 显著性 |
| 1 | (常量) | 8.664 | 2.545 | | 3.404 | .002 |
| | @200米跑 | .244 | .036 | .607 | 6.698 | .000 |
| | 立定跳远 | -.020 | .006 | -.337 | -3.586 | .001 |
| | @30米起跑 | .537 | .306 | .164 | 1.753 | .092 |

a. 因变量：@100米跑。

图 15-6-6　系数表

以上方法建立的模型将作用不显著的自变量也引入了回归方程，这种情况下，可以考虑采用逐步回归的方法重新建模，逐步回归将可供选择的自变量逐步选择加入或剔除，直至没有变量被引入或剔除为止。

**步骤 3**：使用逐步回归方法建立模型。再次选择“分析”菜单→“回归”→“线性”命令，打开“线性回归”对话框，在图 15-6-2 的基础上，将“方法”选择为“步进”，然后单击“确定”按钮。

**步骤 4**：“逐步回归”统计结果解读。系统统计后共显示了 5 张结果表（图 15-6-7～图 15-6-11）。

图 15-6-7 所示的结果中说明统计中使用的回归方法是“步进”。分析中，最先引入的自变量是 200 米跑，建立了模型 1，第 2 步引入变量立定跳远，没有自变量被除去，建立了模型 2。

| 输入/除去的变量[a] | | | |
|---|---|---|---|
| 模型 | 输入的变量 | 除去的变量 | 方法 |
| 1 | @200米跑 | . | 步进（条件：要输入的F的概率<=.0.50，要除去的F的概率>=.100）。 |
| 2 | 立定跳远 | . | 步进（条件：要输入的F的概率<=.0.50，要除去的F的概率>=.100）。 |

a. 因变量：@100米跑。

图 15-6-7　各模型“输入/除去变量列表”

图 15-6-8 显示的是模型 1 和模型 2 的拟合度，可以看出，模型 2 的拟合度高于模型 1，可以初步选定模型 2。

| 模型摘要 | | | | |
|---|---|---|---|---|
| 模型 | R | R 方 | 调整后 R 方 | 标准估算的错误 |
| 1 | .850[a] | .723 | .713 | .4946 |
| 2 | .920[b] | .846 | .833 | .3769 |

a. 预测变量：(常量), @200米跑。

b. 预测变量：(常量), @200米跑, 立定跳远。

图 15-6-8　各模型摘要

各模型的方差分析结果如图 15-6-9 所示，结果显示，两个模型的 $P$ 值均小于 0.05，即两个方程的线性关系都是显著的。

| ANOVA[a] | | | | | | |
|---|---|---|---|---|---|---|
| 模型 | | 平方和 | 自由度 | 均方 | F | 显著性 |
| 1 | 回归 | 16.624 | 1 | 16.624 | 67.955 | .000[b] |
| | 残差 | 6.360 | 26 | .245 | | |
| | 总计 | 22.984 | 27 | | | |
| 2 | 回归 | 19.434 | 2 | 9.717 | 68.419 | .000[c] |
| | 残差 | 3.551 | 25 | .142 | | |
| | 总计 | 22.984 | 27 | | | |

a. 因变量：@100米跑；

b. 预测变量：(常量), @200米跑；

c. 预测变量：(常量), @200米跑, 立定跳远。

图 15-6-9　各模型方差分析结果

图 15-6-10 显示的各模型的回归系数表明，各自变量对应的回归系数都具有显著性意义。

| 系数[a] | | | | | | |
|---|---|---|---|---|---|---|
| | | 未标准化系数 | | 标准化系数 | | |
| 模型 | | B | 标准错误 | Beta | t | 显著性 |
| 1 | (常量) | 3.787 | 1.356 | | 2.793 | .010 |
| | @200米跑 | .342 | .041 | .850 | 8.243 | .000 |
| 2 | (常量) | 11.538 | 2.026 | | 5.696 | .000 |
| | @200米跑 | .263 | .036 | .655 | 7.275 | .000 |
| | 立定跳远 | -.024 | .005 | -.401 | -4.448 | .000 |

a. 因变量：@100米跑

图 15-6-10　各模型系数表

各模型所排除的自变量情况如图 15-6-11 所示。模型 1 中，如果将排除的变量立定跳远、30 米起跑保留在模型中，其标准化回归系数分别为-0.401 和 0.294，回归系数的检验值均是显著的，所以还需引入立定跳远和 30 米起跑；模型 2 中，如果将排除的变量 30 米起跑保留，回归系数检验的概率值为 0.092，是不显著的，所以应该排除变量 30 米起跑。

| 排除的变量[a] | | | | | | |
|---|---|---|---|---|---|---|
| | | | | | | 共线性统计 |
| 模型 | | 输入 Beta | t | 显著性 | 偏相关 | 容差 |
| 1 | 立定跳远 | -.401[b] | -4.448 | .000 | -.665 | .762 |
| | @30米起跑 | .294[b] | 2.809 | .010 | .490 | .769 |
| 2 | @30米起跑 | .164[c] | 1.753 | .092 | .337 | .653 |

a. 因变量：@100米跑

b. 模型中的预测变量：(常量), @200米跑；

c. 模型中的预测变量：(常量), @200米跑, 立定跳远。

图 15-6-11　各模型排除变量情况

通常情况下，多元线性回归还要考虑变量之间是否存在共线性问题，如果两个自变量存在很强的共线性，可以把这两个自变量看成同一个自变量。本例我们可以通过容忍度进行观察，一般来说，如果容忍度小于 0.1，则存在严重的共线性问题，最后一列显示的是容差值，即容忍度远高于 0.1，说明回归模型共线性的问题不大。

综合上面的分析，采纳第 2 个模型，得本例构建的回归方程为

$$\hat{y}=11.538+0.263\times @200米跑-0.024\times 立定跳远$$

## 第七节　综 合 实 例

**【例 15-7-1】**从 A、B 两所学校 10～11 岁的男生中，随机抽取样本进行研究（A 校 27 人、B 校 25 人，共计 52 人）。测得身高、体重、胸围、肺活量、立定跳远、斜体向上、仰卧起坐、立卧撑 8 项指标数据，如图 15-7-1 和图 15-7-2 所示。

| | 学校 | 年龄 | 身高 | 体重 | 胸围 | 肺活量 | 立定跳远 | 斜体向上 | 仰卧起坐 | 立卧撑 |
|---|---|---|---|---|---|---|---|---|---|---|
| 1 | 1 | 11 | 143 | 37.3 | 68.5 | 1600 | 187 | 43 | 42 | 27 |
| 2 | 1 | 10 | 142 | 32.6 | 67.5 | 2400 | 167 | 20 | 26 | 21 |
| 3 | 1 | 11 | 145 | 34.0 | 66.5 | 1800 | 180 | 31 | 38 | 26 |
| 4 | 1 | 11 | 146 | 31.2 | 63.0 | 1500 | 175 | 28 | 30 | 26 |
| 5 | 1 | 10 | 147 | 37.5 | 65.5 | 1800 | 175 | 40 | 26 | 21 |
| 6 | 1 | 10 | 146 | 39.5 | 69.0 | 1800 | 162 | 27 | 28 | 21 |
| 7 | 1 | 11 | 146 | 38.0 | 70.0 | 1700 | 170 | 23 | 43 | 26 |
| 8 | 1 | 11 | 147 | 36.5 | 67.0 | 2200 | 165 | 28 | 23 | 23 |
| 9 | 1 | 11 | 152 | 37.5 | 68.0 | 2200 | 148 | 25 | 30 | 22 |
| 10 | 1 | 11 | 148 | 38.6 | 69.5 | 2100 | 161 | 28 | 37 | 22 |
| 11 | 1 | 11 | 151 | 45.8 | 73.0 | 2300 | 139 | 26 | 26 | 22 |
| 12 | 1 | 11 | 152 | 45.5 | 75.0 | 2430 | 167 | 26 | 24 | 23 |
| 13 | 1 | 11 | 157 | 41.5 | 71.0 | 2200 | 150 | 24 | 30 | 22 |
| 14 | 1 | 10 | 125 | 24.2 | 58.5 | 1500 | 137 | 22 | 24 | 18 |
| 15 | 1 | 11 | 133 | 27.5 | 62.5 | 1600 | 170 | 24 | 31 | 24 |
| 16 | 1 | 11 | 136 | 29.0 | 63.0 | 1600 | 158 | 27 | 21 | 24 |
| 17 | 1 | 11 | 136 | 36.5 | 64.5 | 1400 | 150 | 20 | 34 | 22 |
| 18 | 1 | 10 | 135 | 35.6 | 67.5 | 1900 | 149 | 33 | 23 | 25 |
| 19 | 1 | 10 | 138 | 28.5 | 62.0 | 1300 | 147 | 26 | 50 | 23 |
| 20 | 1 | 10 | 138 | 32.5 | 63.5 | 1300 | 158 | 38 | 46 | 24 |
| 21 | 1 | 10 | 138 | 30.0 | 61.5 | 2000 | 175 | 40 | 38 | 25 |
| 22 | 1 | 10 | 138 | 31.0 | 64.0 | 1900 | 142 | 40 | 39 | 24 |
| 23 | 1 | 10 | 141 | 30.5 | 60.0 | 1600 | 155 | 33 | 36 | 26 |
| 24 | 1 | 10 | 141 | 34.5 | 64.5 | 1600 | 140 | 43 | 26 | 25 |
| 25 | 1 | 10 | 144 | 43.5 | 72.5 | 1900 | 150 | 26 | 30 | 26 |
| 26 | 1 | 11 | 143 | 32.0 | 63.0 | 2000 | 140 | 20 | 43 | 27 |
| 27 | 1 | 11 | 143 | 38.7 | 71.0 | 1500 | 165 | 27 | 23 | 27 |
| 28 | 2 | 10 | 144 | 36.6 | 72.0 | 1200 | 146 | 26 | 36 | 22 |
| 29 | 2 | 10 | 140 | 26.0 | 60.0 | 2200 | 130 | 29 | 30 | 22 |
| 30 | 2 | 11 | 150 | 47.0 | 78.0 | 1700 | 139 | 31 | 36 | 21 |
| 31 | 2 | 11 | 147 | 37.3 | 70.0 | 1500 | 164 | 29 | 42 | 25 |
| 32 | 2 | 10 | 148 | 37.0 | 65.0 | 2100 | 159 | 26 | 15 | 18 |
| 33 | 2 | 10 | 145 | 31.0 | 64.0 | 1520 | 155 | 40 | 40 | 22 |
| 34 | 2 | 11 | 151 | 33.0 | 60.0 | 1500 | 149 | 47 | 35 | 20 |
| 35 | 2 | 11 | 144 | 31.0 | 64.0 | 1400 | 142 | 46 | 30 | 22 |
| 36 | 2 | 11 | 148 | 32.8 | 61.0 | 1800 | 141 | 41 | 35 | 24 |
| 37 | 2 | 11 | 148 | 36.5 | 68.5 | 2600 | 141 | 47 | 28 | 22 |
| 38 | 2 | 10 | 153 | 36.5 | 65.5 | 1510 | 151 | 38 | 35 | 21 |
| 39 | 2 | 11 | 156 | 56.0 | 81.0 | 2200 | 170 | 46 | 46 | 25 |
| 40 | 2 | 11 | 137 | 28.0 | 60.5 | 1600 | 140 | 23 | 25 | 24 |
| 41 | 2 | 11 | 136 | 32.0 | 66.5 | 1400 | 137 | 20 | 24 | 21 |
| 42 | 2 | 10 | 134 | 29.5 | 60.5 | 1600 | 125 | 26 | 27 | 17 |
| 43 | 2 | 10 | 134 | 31.0 | 63.6 | 1700 | 130 | 33 | 40 | 22 |
| 44 | 2 | 10 | 138 | 26.8 | 58.5 | 1800 | 158 | 36 | 35 | 20 |
| 45 | 2 | 10 | 138 | 28.5 | 59.5 | 1490 | 145 | 24 | 30 | 20 |
| 46 | 2 | 11 | 140 | 32.0 | 63.5 | 1400 | 128 | 36 | 31 | 18 |
| 47 | 2 | 11 | 147 | 30.0 | 63.5 | 2300 | 140 | 40 | 40 | 19 |
| 48 | 2 | 11 | 142 | 33.5 | 64.5 | 1600 | 145 | 44 | 39 | 20 |
| 49 | 2 | 10 | 145 | 36.0 | 63.5 | 1560 | 160 | 34 | 45 | 20 |
| 50 | 2 | 10 | 142 | 34.3 | 65.0 | 1500 | 144 | 39 | 35 | 22 |
| 51 | 2 | 11 | 147 | 35.8 | 65.0 | 2200 | 140 | 44 | 36 | 22 |
| 52 | 2 | 11 | 157 | 46.8 | 73.5 | 2520 | 170 | 47 | 46 | 25 |

图 15-7-2　52 名小学男生的指标数据

试进行以下统计分析。

（1）对 8 项指标数据进行描述性统计分析，要求计算出平均值、标准差、最小值、最大值、均值的标准误、偏态系数和峰态系数。

（2）试比较 A、B 两所学校男生 8 个项目的平均水平是否存在显著性差异。

（3）计算身高、体重、胸围、肺活量 4 个项目两两间的直线相关系数。

（4）对 52 名小学生的身高、体重、胸围、肺活量、立定跳远、斜体向上、仰卧起坐、立卧撑共 8 项指标，进行 R 型聚类分析（聚成 3 类）。

（5）对身高、体重、胸围、肺活量、立定跳远、斜体向上、仰卧起坐、立卧撑共 8 项指标，进行因子分析（提取 4 个因子）。

（6）试建立用身高、胸围、肺活量推测体重的多元最优线性回归方程。

**解：**SPSS 操作如下。

**步骤 1**：选择“分析”菜单→“描述统计”→“描述”命令，在打开的对话框中，选择身高、体重、胸围、肺活量、立定跳远、斜体向上、仰卧起坐、立卧撑，共 8 个变量，单击按钮，将其移入“变量”列表框中。单击“选项”按钮，在打开的“描述：选项”对话框中，选择需要的统计量，如图 15-7-3 所示。

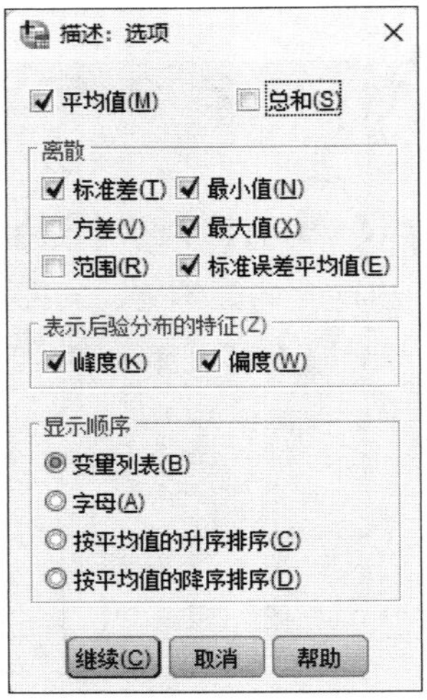


图 15-7-3 “描述：选项”对话框

单击“继续”按钮，返回“描述”对话框。再单击“确定”按钮，输出的描述统计结果经整理后，如表 15-7-1 所示。

**表 15-7-1 描述统计量**

| 变量 | 最小值 | 最大值 | 平均值 | 均值的标准误 | 标准差 | 偏态系数 | 峰态系数 |
|---|---|---|---|---|---|---|---|
| 身高 | 125 | 157 | 143.34 | 0.911 | 6.572 | −0.093 | 0.146 |
| 体重 | 24.2 | 56.0 | 34.892 | 0.8426 | 6.0763 | 1.075 | 1.874 |
| 胸围 | 58.5 | 81.0 | 65.925 | 0.6826 | 4.9224 | 0.897 | 0.796 |
| 肺活量 | 1200 | 2600 | 1789.04 | 48.992 | 353.283 | 0.567 | −0.696 |
| 立定跳远 | 125 | 187 | 152.52 | 2.011 | 14.500 | 0.289 | −0.626 |
| 斜体向上 | 20 | 47 | 32.31 | 1.169 | 8.433 | 0.313 | −1.217 |
| 仰卧起坐 | 15 | 50 | 33.23 | 1.076 | 7.758 | 0.052 | −0.597 |
| 立卧撑 | 17 | 27 | 22.62 | 0.350 | 2.522 | −0.118 | −0.575 |

**步骤 2**：选择“分析”菜单→“比较均值”→“独立样本 T 检验”命令，在打开的“独立样本 T 检验”对话框中，将 8 个变量选入“检验变量”列表框中，将“学校”移入“分组变量”列表框中，单击“定义组”按钮，打开“定义组”对话框，设置“组 1”的值为“1”，“组 2”的值为“2”。单击“继续”按钮，返回“独立样本 T 检验”对话框，如图 15-7-4 所示。

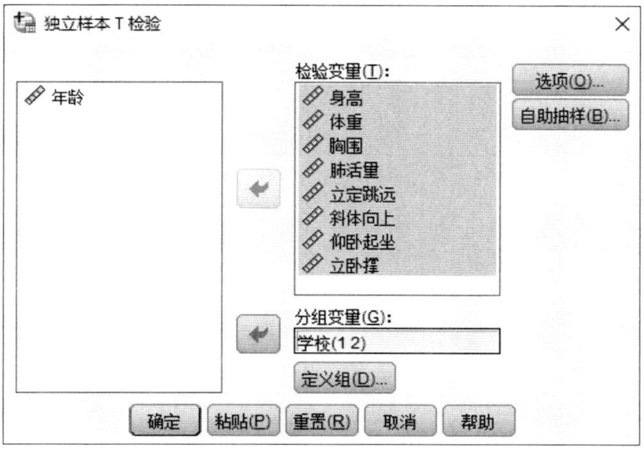


图 15-7-4　定义检验变量和分组值

单击“独立样本 T 检验”对话框中的“确定”按钮，完成计算。其结果如表 15-7-2 和表 15-7-3 所示。

**表 15-7-2　分组统计量**

| 变量 | 学校 | 样本含量 | 平均值 | 标准差 | 均值的标准误 |
|---|---|---|---|---|---|
| 身高 | A 校 | 27 | 142.46 | 6.738 | 1.297 |
| | B 校 | 25 | 144.29 | 6.387 | 1.277 |
| 体重 | A 校 | 27 | 35.167 | 5.4359 | 1.0461 |
| | B 校 | 25 | 34.596 | 6.8022 | 1.3604 |
| 胸围 | A 校 | 27 | 66.352 | 4.1829 | 0.8050 |
| | B 校 | 25 | 65.464 | 5.6663 | 1.1333 |
| 肺活量 | A 校 | 27 | 1819.63 | 329.130 | 63.341 |
| | B 校 | 25 | 1756.00 | 381.674 | 76.335 |
| 立定跳远 | A 校 | 27 | 158.59 | 13.818 | 2.659 |
| | B 校 | 25 | 145.96 | 12.394 | 2.479 |
| 斜体向上 | A 校 | 27 | 29.19 | 7.115 | 1.369 |
| | B 校 | 25 | 35.68 | 8.572 | 1.714 |
| 仰卧起坐 | A 校 | 27 | 32.11 | 8.078 | 1.555 |
| | B 校 | 25 | 34.44 | 7.366 | 1.473 |
| 立卧撑 | A 校 | 27 | 23.78 | 2.276 | 0.438 |
| | B 校 | 25 | 21.36 | 2.177 | 0.435 |

**表 15-7-3　独立样本 *t* 检验结果**

| 变量 | | 方差的齐性检验 | | 均值的 *t* 检验 | | | | |
|---|---|---|---|---|---|---|---|---|
| | | *F* | Sig. | *t* | df | Sig.（双侧） | 均值差值 | 标准误差 |
| 身高 | 假设方差相等 | 0.003 | 0.954 | −1.000 | 50 | 0.322 | −1.825 | 1.824 |
| | 假设方差不相等 | | | −1.003 | 49.969 | 0.321 | −1.825 | 1.820 |
| 体重 | 假设方差相等 | 0.098 | 0.756 | 0.335 | 50 | 0.739 | 0.5707 | 1.7014 |
| | 假设方差不相等 | | | 0.333 | 45.946 | 0.741 | 0.5707 | 1.7162 |
| 胸围 | 假设方差相等 | 0.517 | 0.475 | 0.646 | 50 | 0.521 | 0.8879 | 1.3741 |
| | 假设方差不相等 | | | 0.639 | 43.991 | 0.526 | 0.8879 | 1.3901 |
| 肺活量 | 假设方差相等 | 0.555 | 0.460 | 0.645 | 50 | 0.522 | 63.630 | 98.622 |
| | 假设方差不相等 | | | 0.641 | 47.598 | 0.524 | 63.630 | 99.192 |
| 立定跳远 | 假设方差相等 | 0.867 | 0.356 | 3.460 | 50 | 0.001 | 12.633 | 3.651 |
| | 假设方差不相等 | | | 3.475 | 49.955 | 0.001 | 12.633 | 3.636 |
| 斜体向上 | 假设方差相等 | 1.794 | 0.187 | −2.982 | 50 | 0.004 | −6.495 | 2.178 |
| | 假设方差不相等 | | | −2.960 | 46.804 | 0.005 | −6.495 | 2.194 |
| 仰卧起坐 | 假设方差相等 | 1.123 | 0.294 | −1.083 | 50 | 0.284 | −2.329 | 2.150 |
| | 假设方差不相等 | | | −1.087 | 49.991 | 0.282 | −2.329 | 2.142 |
| 立卧撑 | 假设方差相等 | 0.235 | 0.630 | 3.908 | 50 | 0.000 | 2.418 | 0.619 |
| | 假设方差不相等 | | | 3.915 | 49.942 | 0.000 | 2.418 | 0.618 |

表 15-7-2 是两学校各项指标的描述统计结果，表 15-7-3 是独立样本 *t* 检验的结果。

由表 15-7-3 可以看出，8 项指标方差齐性检验的结果中，显著性水平 *P* 值均大于 0.05，说明 8 项指标 A 校和 B 校方差齐性。均值的 *t* 检验结果为身高、体重、胸围、肺活量、仰卧起坐各项目两校的平均值无显著性差异，*P* 值大于 0.05；立定跳远、斜体向上、立卧撑 3 项指标的 $P<0.05$，说明两校的平均水平有显著性差异。结合实例表 15-7-2 可以看出，立定跳远、立卧撑成绩 A 校好于 B 校，而斜体向上成绩 B 校高于 A 校。

独立样本 *t* 检验结果经过整理后，得到表 15-7-4。

**表 15-7-4　独立样本 *t* 检验表**

| 变量 | 学校 | 样本含量 | 平均值 | 标准差 | *t* 值 | *P* 值 |
|---|---|---|---|---|---|---|
| 身高 | A 校 | 27 | 142.46 | 6.738 | −1.000 | 0.322 |
| | B 校 | 25 | 144.29 | 6.387 | | |
| 体重 | A 校 | 27 | 35.167 | 5.4359 | 0.3354 | 0.739 |
| | B 校 | 25 | 34.596 | 6.8022 | | |
| 胸围 | A 校 | 27 | 66.352 | 4.1829 | 0.6461 | 0.521 |
| | B 校 | 25 | 65.464 | 5.6663 | | |
| 肺活量 | A 校 | 27 | 1819.63 | 329.130 | 0.645 | 0.522 |
| | B 校 | 25 | 1756.00 | 381.674 | | |

续表

| 指标 | 学校 | 样本含量 | 平均值 | 标准差 | $t$ 值 | $P$ 值 |
|---|---|---|---|---|---|---|
| 立定跳远 | A 校 | 27 | 158.59 | 13.818 | 3.460 | 0.001 |
| | B 校 | 25 | 145.96 | 12.394 | | |
| 斜体向上 | A 校 | 27 | 29.19 | 7.115 | −2.982 | 0.004 |
| | B 校 | 25 | 35.68 | 8.572 | | |
| 仰卧起坐 | A 校 | 27 | 32.11 | 8.078 | −1.083 | 0.284 |
| | B 校 | 25 | 34.44 | 7.366 | | |
| 立卧撑 | A 校 | 27 | 23.78 | 2.276 | 3.908 | 0.000 |
| | B 校 | 25 | 21.36 | 2.177 | | |

**步骤 3**：选择“分析”菜单→“相关”→“双变量”命令，打开“双变量相关”对话框。将身高、体重、胸围、肺活量 4 个变量移入“变量”列表框中，单击“确定”按钮，完成计算。计算结果整理后，如表 15-7-5 所示。

**表 15-7-5 相关系数矩阵表**

| 变量 | 身高 | 体重 | 胸围 | 肺活量 |
|---|---|---|---|---|
| 身高 | 1 | 0.745* | 0.636* | 0.498* |
| 体重 | 0.745* | 1 | 0.928* | 0.414* |
| 胸围 | 0.636* | 0.928* | 1 | 0.379* |
| 肺活量 | 0.498* | 0.414* | 0.379* | 1 |

* 在 0.01 级别（双侧），相关性显著。

从表 15-7-5 中可以看出，身高、体重、胸围、肺活量 4 项指标两两之间相关系数均达到 0.01 水平上的相关显著性，说明相关系数可靠，能代表两指标间的相关关系。从相关程度上看，胸围和体重的相关程度最高，$r = 0.928$，其次是身高和体重 $r = 0.745$，达到了高度相关。身高和胸围 $r = 0.636$，身高和肺活量 $r = 0.498$，相关程度为中度接近高度相关。肺活量和体重、胸围的相关程度较低。

**步骤 4**：选择“分析”菜单→“分类”子菜单→“系统聚类”命令，打开“系统聚类分析”对话框。将身高、体重、胸围、肺活量、立定跳远、斜体向上、仰卧起坐、立卧撑 8 个变量移入“变量”列表框中。在“聚类”框中，选择“变量”，表示本例进行 R 型聚类。

单击“系统聚类分析”对话框中的“统计”按钮，打开“系统聚类分析：统计”对话框。在“聚类成员”框中“单个解”下的“聚类数”文本框中输入“3”，单击“继续”按钮返回。再单击“系统聚类分析”对话框中的“方法”按钮，打开“系统聚类分析：方法”对话框，选择“测量”的“区间”下拉列表中的“Pearson 相关性”，单击“继续”按钮返回。在“系统聚类分析”对话框中，单击“确定”按钮，进行运算。分类结果如表 15-7-6 所示。

表 15-7-6　聚类结果

| 变量 | 3 群集 |
| --- | --- |
| 身高 | 1 |
| 体重 | 1 |
| 胸围 | 1 |
| 肺活量 | 1 |
| 立定跳远 | 2 |
| 斜体向上 | 3 |
| 仰卧起坐 | 3 |
| 立卧撑 | 2 |

从表 15-7-6 中可以看出，变量聚类分析聚成 3 类，身高、体重、胸围、肺活量属于第一类，主要为形态指标；立定跳远、立卧撑属于第二类，主要反映下肢力量及协调能力；斜体向上、仰卧起坐属于第三类，主要反映上肢及腹部力量。

**步骤 5**：选择“分析”菜单→“降维”→“因子分析”命令。在打开的“因子分析”对话框中，从左侧的变量列表中选择身高、体重、胸围、肺活量、立定跳远、斜体向上、仰卧起坐、立卧撑共 8 个变量，移入“变量”列表框中。

单击“描述”按钮，打开“因子分析：描述”对话框，选中“KMO 和巴特利特球形度检验”复选框。单击“继续”按钮，返回“因子分析”对话框。

（1）单击“提取”按钮，弹出“因子分析：提取”对话框，选用“主成分”方法，选中“因子的固定数量”单选按钮，并在该选项后面文本框中输入“4”，指定提取的因子个数为 4。单击“继续”按钮，返回“因子分析”对话框。

（2）单击“旋转”按钮，打开“因子分析：旋转”对话框，选中“最大方差法”单选按钮。单击“继续”按钮，返回“因子分析”对话框。

（3）单击“确定”按钮，输出计算结果，如表 15-7-7～表 15-7-9 所示。

表 15-7-7 是 KMO 和巴特利特球形度检验结果，由表可以看出，$KMO = 0.658$，值略低；巴特利特球形度检验结果（$\chi^2 = 193.742$，$P = 0.000$），$P < 0.05$，因此，拒绝巴特利特球形度检验的零假设，说明 8 个变量之间不是独立的，即适合进行因子分析。

表 15-7-7　KMO 和巴特利特球形度检验

| 取样足够度的 KMO 度量 | | 0.658 |
| --- | --- | --- |
| 巴特利特球形度检验 | 近似 $\chi^2$ | 193.742 |
| | *df* | 28 |
| | Sig. | 0.000 |

表 15-7-8 是因子分析后因子提取和因子旋转的结果。本例提取了 4 个因子，累积方差贡献率为 83.183%。

表 15-7-8 解释的总方差

| 成分 | 初始特征值 | | | 提取平方和载入 | | | 旋转平方和载入 | | |
|---|---|---|---|---|---|---|---|---|---|
| | 合计 | 方差百分比/% | 累积百分比/% | 合计 | 方差百分比/% | 累积百分比/% | 合计 | 方差百分比/% | 累积百分比/% |
| 1 | 3.151 | 39.389 | 39.389 | 3.151 | 39.389 | 39.389 | 2.545 | 31.818 | 31.818 |
| 2 | 1.488 | 18.596 | 57.985 | 1.488 | 18.596 | 57.985 | 1.554 | 19.421 | 51.239 |
| 3 | 1.244 | 15.549 | 73.534 | 1.244 | 15.549 | 73.534 | 1.407 | 17.589 | 68.828 |
| 4 | 0.772 | 9.649 | 83.183 | 0.772 | 9.649 | 83.183 | 1.148 | 14.354 | 83.183 |
| 5 | 0.549 | 6.869 | 90.051 | | | | | | |
| 6 | 0.475 | 5.935 | 95.986 | | | | | | |
| 7 | 0.267 | 3.340 | 99.326 | | | | | | |
| 8 | 0.054 | 0.674 | 100.000 | | | | | | |

由表 15-7-9 可以看出，在因子 1 上负荷较大的是身高、体重和胸围，可命名为形态因子；在因子 2 上负荷较大的是立定跳远和立卧撑，可命名为下肢力量及协调因子；在因子 3 上负荷较大的是斜体向上和仰卧起坐，可命名为上肢及腹部力量因子；在因子 4 上负荷较大的是肺活量，可命名为肺功能因子。

表 15-7-9 旋转成分矩阵*

| 变量 | 成分 | | | |
|---|---|---|---|---|
| | 1 | 2 | 3 | 4 |
| 身高 | 0.751 | 0.093 | 0.334 | 0.344 |
| 体重 | 0.953 | 0.141 | 0.054 | 0.128 |
| 胸围 | 0.944 | 0.181 | −0.081 | 0.056 |
| 肺活量 | 0.346 | 0.049 | 0.069 | 0.824 |
| 立定跳远 | 0.149 | 0.846 | 0.045 | 0.150 |
| 斜体向上 | 0.016 | −0.027 | 0.903 | 0.172 |
| 仰卧起坐 | 0.151 | 0.218 | 0.680 | −0.511 |
| 立卧撑 | 0.127 | 0.852 | 0.037 | −0.138 |

注：提取方法为主成分分析法。

旋转方法：具有 Kaiser 标准化的正交旋转法。

* 旋转在 6 次迭代后收敛。

**步骤 6**：选择“分析”菜单→“回归”→“线性”命令。在打开的“线性回归”对话框中，从左侧的变量框中选择体重移入“因变量”列表框中，选择身高、胸围、肺活量移入“自变量”列表框中。在“方法”中选择“步进”，表示采用逐步回归分析方法。单击“确定”按钮，即可得到 SPSS 线性回归分析结果，如表 15-7-10～表 15-7-12 所示。

表 15-7-10 中的模型 2 为最终的逐步回归模型。在模型 2 中，复相关系数 $R$ 为 0.950，判定系数 $R^2$ 为 0.902，调整判定系数为 0.898，回归估计值的标准误差为 1.9362。本例的复相关系数较高，说明线性回归效果较好。

**表 15-7-10　模型汇总**

| 模型 | $R$ | $R$ 方 | 调整 $R$ 方 | 标准估计的误差 |
|---|---|---|---|---|
| 1 | 0.928* | 0.862 | 0.859 | 2.2793 |
| 2 | 0.950** | 0.902 | 0.898 | 1.9362 |

* 预测变量：（常量），胸围。

** 预测变量：（常量），胸围，身高。

表 15-7-11 为方差分析表，模型 2 的 $F = 226.630$ ，$P < 0.01$，说明自变量胸围和身高与因变量体重之间确有线性回归关系。

**表 15-7-11　方差分析表**

| 模型 | | 平方和 | $df$ | 均方 | $F$ | Sig. |
|---|---|---|---|---|---|---|
| 1 | 回归 | 1623.226 | 1 | 1623.226 | 312.458 | 0.000* |
| | 残差 | 259.751 | 50 | 5.195 | | |
| | 总计 | 1882.977 | 51 | | | |
| 2 | 回归 | 1699.275 | 2 | 849.638 | 226.630 | 0.000** |
| | 残差 | 183.702 | 49 | 3.749 | | |
| | 总计 | 1882.977 | 51 | | | |

注：因变量为体重。

* 预测变量：（常量），胸围。

** 预测变量：（常量），胸围，身高。

**表 15-7-12　系数***

| 模型 | | 非标准化系数 | | 标准系数 | $t$ | Sig. |
|---|---|---|---|---|---|---|
| | | $B$ | 标准误差 | 试用版 | | |
| 1 | （常量） | −40.666 | 4.286 | | −9.488 | 0.000 |
| | 胸围 | 1.146 | 0.065 | 0.928 | 17.676 | 0.000 |
| 2 | （常量） | −61.699 | 5.922 | | −10.419 | 0.000 |
| | 胸围 | 0.942 | 0.071 | 0.763 | 13.198 | 0.000 |
| | 身高 | 0.241 | 0.053 | 0.260 | 4.504 | 0.000 |

* 因变量：体重。

表 15-7-12 为系数表，从中可以看出，最终预测体重的最优线性回归模型为

$$\hat{y} = -61.699 + 0.942 \times 胸围 + 0.241 \times 身高$$

思政课堂　　习题 15　　习题 15 参考答案

# 第十六章　问卷的信效度分析

问卷的信度与效度是衡量调查问卷可靠性、有效性的主要指标。问卷调查时，要用数据说话，用事实说话，一切从实际出发，实事求是。通过科学的问卷调研方法，遵循规范的数据采集流程，搜集真实可信的数据，有利于提高问卷的信度和效度，得出合理的结论。本章主要介绍问卷信度、效度的相关概念，以及 SPSS 软件操作。

## 第一节　信 度 分 析

信度分析的目的在于研究样本数据是否真实可靠。通俗来讲，就是研究受访者是否真实地回答了各个题项。如果受访者没有真实回答，则信度不达标。有时即使他们真实回答，也可能因为题项设计不规范，未对反向题进行反向处理等因素导致信度不达标。信度有内在信度（internal reliability）与外在信度（external reliability）两大类。内在信度通常用于检验多项目量表中各个项目（各个维度）的一致性，主要包含 $\alpha$ 系数、折半信度。外在信度通常指不同时间测量时量表一致性的程度，常使用重测信度检验法。信度分析分类如图 16-1-1 所示。

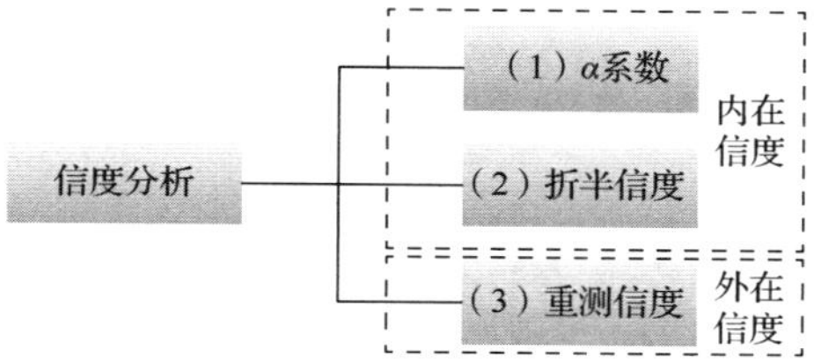


图 16-1-1　信度分析分类

### 一、内在信度

1. $\alpha$ 系数

$\alpha$ 系数即内部一致性系数。此类信度分析较为常见，常用于李克特式量表。克隆巴赫（Cronbach）以 $\alpha$ 系数来代表量表的内部一致性信度，$\alpha$ 系数越高，代表量表的内部一致性越好。通常情况下，$\alpha$ 系数表示的是量表的信度质量，即是否会由于量表题项设计存在问题导致信度质量不达标。如果出现问题，就需要对题项的问法进行修改或者对题项进行删除处理。而针对设计完善的正式问卷，信度分析只需要关注 $\alpha$ 系数即可，一般可通过软件计算出 $\alpha$ 系数，并且用其进行信度水平判断。

$\alpha$ 系数的计算公式为

$$\alpha = \frac{K}{K-1}\left(1-\frac{\sum S_i^2}{S^2}\right) \qquad (16\text{-}1\text{-}1)$$

式中，$K$ 为量表的题项数；$\sum S_i^2$ 为量表题项的方差总和；$S^2$ 为量表题项加总后方差。

从式（16-1-1）可以发现，量表的题项数越多，$\frac{K}{K-1}$ 的值越接近 1，$\frac{\sum S_i^2}{S^2}$ 的值越接近 0，因而内部一致性 $\alpha$ 系数也会接近 1。因此，量表所包含的题项数越多，内部一致性 $\alpha$ 系数一般而言会越高。

关于内部一致性 $\alpha$ 系数的判断标准，如表 16-1-1 所示。其中，分层面最低的内部一致性信度系数要在 0.5 以上，最好能高于 0.60；整个量表最低的内部一致性信度系数要在 0.70 以上，最好能高于 0.80。

**表 16-1-1　内部一致性信度系数**

| 内部一致性信度系数值 | 层面或构念 | 整个量表 |
|---|---|---|
| $\alpha$ 系数 < 0.50 | 不理想，舍弃不用 | 非常不理想，舍弃不用 |
| 0.50 ≤ $\alpha$ 系数 < 0.60 | 可以接受，增列题项或修改语句 | 不理想，重新编制或修订 |
| 0.60 ≤ $\alpha$ 系数 < 0.70 | 尚佳 | 勉强接受，最好增列题项或修改语句 |
| 0.70 ≤ $\alpha$ 系数 < 0.80 | 佳（信度高） | 可以接受 |
| 0.80 ≤ $\alpha$ 系数 < 0.90 | 理想（甚佳，信度很高） | 佳（信度高） |
| $\alpha$ 系数 ≥ 0.90 | 非常理想（信度非常好） | 非常理想（甚佳，信度很高） |

$\alpha$ 系数信度分析的具体操作如下。

**步骤 1：** 选择“分析”菜单→“刻度”→“可靠性分析”命令，如图 16-1-2 所示。

图 16-1-2　选择“可靠性分析”命令

**步骤 2**：打开对话框，将分析变量的对应题项移入“项”列表框中，“模型”选择输出“Alpha”系数，如图 16-1-3 所示。

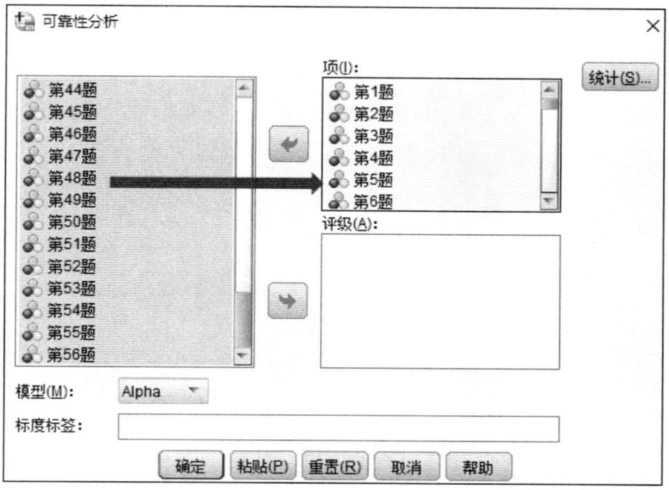


图 16-1-3　“可靠性分析”对话框

**步骤 3**：单击“统计”按钮，在打开的对话框中选中“描述”区域中的“删除项后的标度”复选框，如图 16-1-4 所示，单击“继续”按钮，返回上一级对话框后，单击“确定”按钮，输出结果。

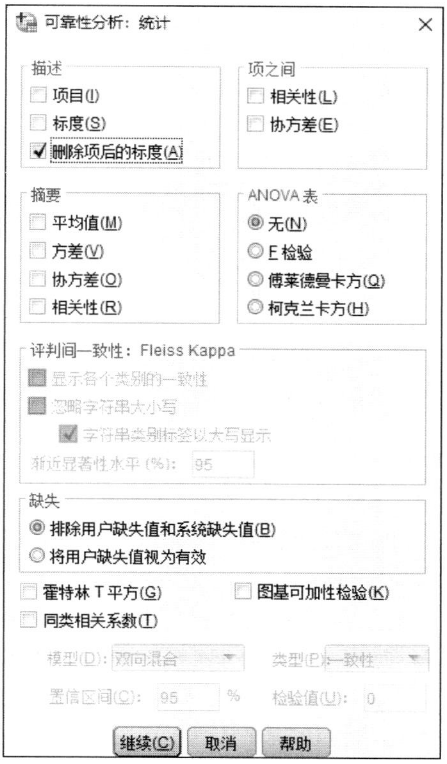


图 16-1-4　“可靠性分析：统计”对话框

**结果分析：**

图 16-1-5 所示结果显示，本例的 $\alpha$ 系数为 0.945，大于 0.9，说明信度非常好。

可靠性统计

| 克隆巴赫 Alpha | 项数 |
|---|---|
| .945 | 56 |

图 16-1-5　可靠性统计结果

选中“删除项后的标度”复选框，就会单独输出“项总计统计”表格，具体结果如图 16-1-6 所示。

项总计统计

| | 删除项后的标度平均值 | 删除项后的标度方差 | 修正后的项与总计相关性 | 删除项后的克隆巴赫Alpha |
|---|---|---|---|---|
| 第1题 | 134.38 | 1474.893 | .447 | .945 |
| 第2题 | 133.64 | 1433.042 | .643 | .943 |
| 第3题 | 134.38 | 1454.470 | .603 | .944 |
| 第4题 | 133.89 | 1456.679 | .442 | .945 |
| 第5题 | 133.79 | 1449.745 | .540 | .944 |
| 第6题 | 133.75 | 1461.689 | .447 | .944 |
| 第7题 | 133.60 | 1445.513 | .507 | .944 |
| 第8题 | 133.79 | 1446.437 | .541 | .944 |
| 第9题 | 133.91 | 1433.356 | .607 | .944 |
| 第10题 | 132.85 | 1457.208 | .444 | .945 |
| 第11题 | 133.70 | 1444.869 | .550 | .944 |
| 第12题 | 133.00 | 1437.269 | .547 | .944 |
| 第13题 | 133.62 | 1418.816 | .723 | .943 |
| 第14题 | 134.04 | 1448.999 | .511 | .944 |
| 第15题 | 134.00 | 1440.000 | .621 | .944 |
| 第16题 | 132.34 | 1428.421 | -.269 | .948 |
| 第17题 | 133.70 | 1424.176 | .740 | .943 |
| 第18题 | 133.81 | 1469.618 | .347 | .945 |
| 第19题 | 133.81 | 1432.887 | .586 | .944 |

图 16-1-6　项总计统计结果

$\alpha$ 系数也可以用于问卷预测试，但问卷预测试需要结合 CITC 值（修正后的项与总计相关性值）和删除项后的克隆巴赫 $\alpha$ 系数值判断是否修正或删除题。通常来讲，当 CITC 值小于 0.4，或者项已删除的 $\alpha$ 系数值增加了 0.1 左右时，应该考虑对题进行修正或删除处理。

“修正后的项与总计相关性”列表示的是该题项与其余所有题项加总后的积差相关，以例题中的第 16 题为例，题项 16 与其他题项相加总分数的积差相关系数为-0.269，属于低度相关（低于 0.4）。“删除项后的克隆巴赫 Alpha”系数表示删除该题后，整个量表的 $\alpha$ 系数改变情形，以第 16 题为例，删除第 16 题后，使整个量表的 $\alpha$ 系数从 0.945 变成 0.948，有所提高，所以可以考虑对第 16 题进行修改或删除。

2. 折半信度

**折半信度**是指将一份测验或量表依奇数题或偶数题分割成两个次分量表或次测验，或者是依据题项数的排序将前半部分题项和后半部分题项分割成两个部分，然后通过公式计算得到折半信度系数值，以此衡量信度质量。

心理学、教育学的经典量表常使用此类方法衡量信度质量。其判断标准可参考$\alpha$系数的判断标准。

折半信度分析的具体操作如下。

**步骤 1**：选择“分析”菜单→“刻度”→“可靠性分析”命令。

**步骤 2**：打开“可靠性分析”对话框，如图 16-1-7 所示将分析变量的对应题项移入“项”列表框中，“模型”选择输出“折半”系数。

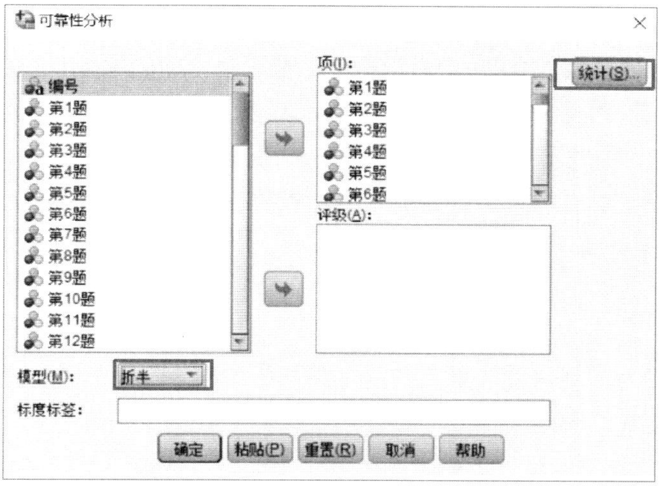


图 16-1-7　“可靠性分析”对话框

**步骤 3**：单击“统计”按钮，在打开的对话框中选中“描述”区域中的“删除项后的标度”复选框，单击“继续”按钮，返回上一级对话框后，单击“确定”按钮，输出结果如图 16-1-8 所示。

**可靠性统计**

| | | | |
|---|---|---|---|
| 克隆巴赫Alpha | 第一部分 | 值 | .926 |
| | | 项数 | 28[a] |
| | 第二部分 | 值 | .875 |
| | | 项数 | 28[b] |
| | 总项数 | | 56 |
| 形态之间的相关性 | | | .809 |
| 斯皮尔曼-布朗系数 | 等长 | | .895 |
| | 不等长 | | .895 |
| 格特曼折半系数 | | | .891 |

图 16-1-8　“可靠性统计”结果

“形态之间的相关性”代表将一份测验或量表依奇数题或偶数题分割成两个次分量表或次测验，或者是依据题项数的排序将前半部分题项和后半部分题项分割成两个部分，两个次分量表之间的相关系数。

两个次分量表分别以第一部分、第二部分表示，两部分（两个子量表）间的相关为折半相关，又称折半信度系数。在 SPSS 折半信度结果中会输出两个部分（两个子量表）分别的信度系数、两个子量表形态间的相关性、两个子量表题项数相等时的斯布系数、两个子量表题项数不相等时的斯布校正系数、格特曼折半系数等。若是分量表题项为偶数，则两个子量表的题项数相等，此时，“等长”栏的斯布系数会等于“不等长”栏的斯布校正系数。

上述折半信度结果中，子量表 1 包含 28 个题项，其内部一致性 $\alpha$ 系数为 0.926；子量表 2 包含 28 个题项，其内部一致性 $\alpha$ 系数为 0.875。分量表的题项总数为 56 题，两个子量表间的积差相关系数为 0.809。由于两个子量表包含的题项数相等，因而看“等长”行的斯皮尔曼-布朗（Spearman-Brown）系数，其值为 0.895。

如果分量表包含的题项数为奇数，分量表折半后两个子量表包含的题项数不相等，此时的折半信度要采用斯布校正公式将信度值加以校正，那么采用的数据为“不等长”行的斯皮尔曼-布朗系数值。

## 二、外在信度

外在信度主要为重测信度，重测信度是指同样的样本在不同的时间回答同样一份问卷，计算两组问卷数据的相关系数，并且通过相关系数衡量信度质量，一般重测时间间隔 2～4 周为宜。重测信度可以评估时间差异带来的数据误差，但在实际操作中有诸多不便，因此在信度分析中较为少用。重测信度的判断标准：

0.95～0.99 为非常可信；

0.90～0.94 为可信；

0.80～0.89 为信度可以接受；

0.70～0.79 为信度较差；

0.70 以下一般认为不能使用。

重测信度分析的具体操作如下。

**步骤 1**：选择“分析”菜单→“相关”→“双变量”命令，如图 16-1-9 所示。

**步骤 2**：在打开的“双变量相关性”对话框中，将分析变量的对应题项放入“变量”列表框中，选中“相关系数”区域中的“皮尔逊”和下方的“标记显著性相关性”复选框，如图 16-1-10 所示，单击“确定”按钮，输出结果。

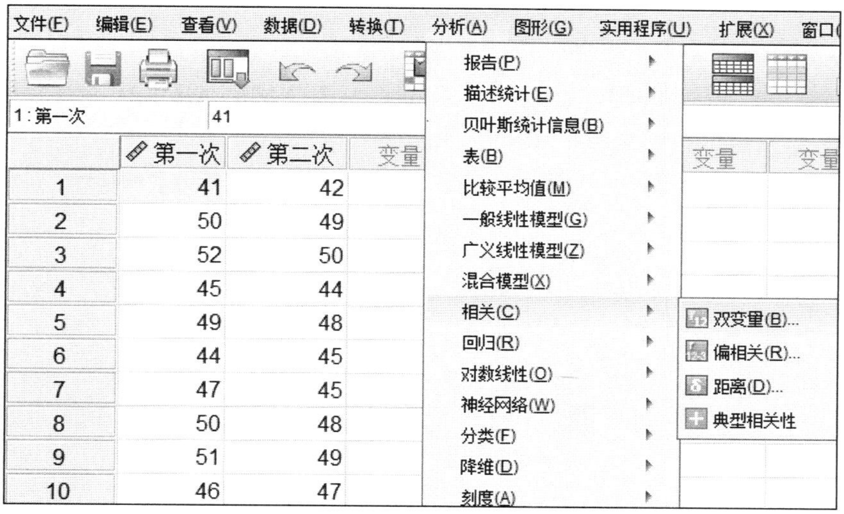

图 16-1-9　选择“双变量”命令

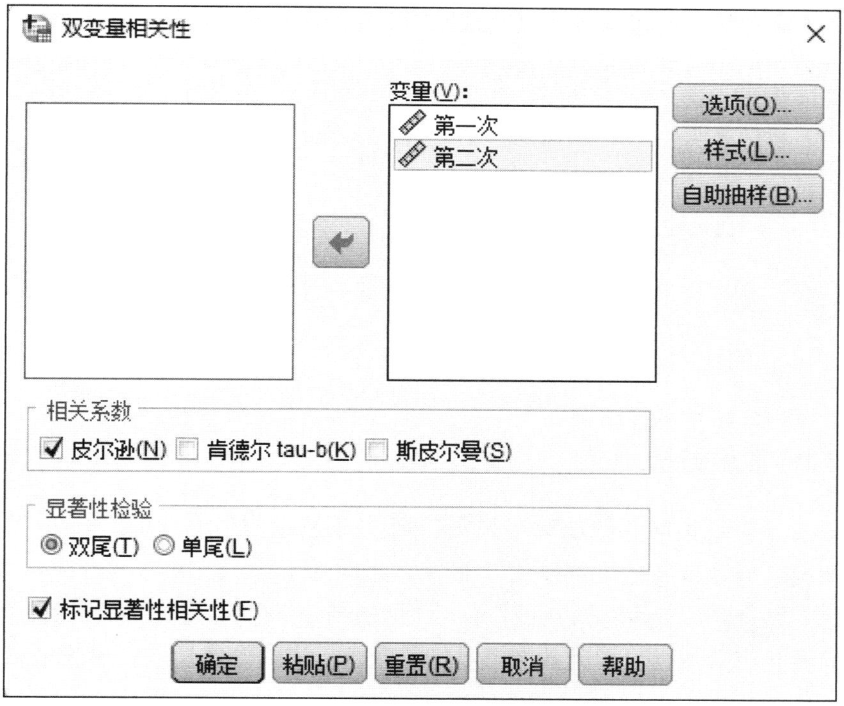

图 16-1-10　“双变量相关性”对话框

**结果如下：**

图 16-1-11 是计算的相关系数，它以矩阵的形式表示。每个变量显示三行内容，分别是皮尔逊相关系数、$P$ 值和个案数。由图 16-1-11 可以看出，问卷的重测信度为 0.951，$P=0.000<0.01$，说明相关系数在 0.01 水平上具有相关显著性。

| 相关性 | | | |
|---|---|---|---|
| | | 第一次 | 第二次 |
| 第一次 | 皮尔逊相关性 | 1 | .951** |
| | Sig.（双尾） | | .000 |
| | 个案数 | 10 | 0 |
| 第二次 | 皮尔逊相关性 | .951** | 1 |
| | Sig.（双尾） | .000 | |
| | 个案数 | 10 | .10 |

**. 在0.01级别（双尾），相关性显著。

图 16-1-11　相关性系数

# 第二节　效 度 分 析

效度分析的目的在于判断题项是否可以有效测量研究人员需要测量的变量。通俗来讲，就是分析测量问卷的题项是否准确有效。常见的效度分析包括内容效度分析、结构效度分析。建议研究人员通过内容效度分析和结构效度分析两方面对问卷进行效度分析。效度分析分类如图 16-2-1 所示。

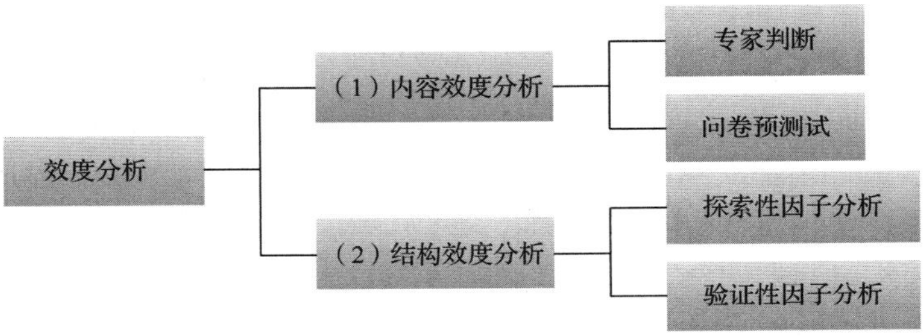


图 16-2-1　效度分析分类

## 一、内容效度分析

内容效度分析是指问卷题项对相关概念测量的适用性情况，简单来讲，即题项设计的合理性情况。内容效度分析可以从以下两个方面进行说明。

第一，专家判断。专家具有权威性，因此如果专家对问卷进行判断并得出肯定答复，那么说明问卷具有有效性。此处的专家是指行业内专家或参考量表、权威来源等。

第二，问卷预测试。针对预测试数据进行分析，并结合分析结论对问题或选项进行修正，此处理过程可用于论证问卷设计的有效性。

在具体分析过程中，通常内容效度分析主要体现在题的设计是否有参考量表，是否经过专家、教师的认可，是否得到同专业相关人员的认可，以及研究人员是否对问卷进行修正工作，如对问卷进行预测试后发现问题并做出修正等。内容效度分析不必使用 SPSS 软件，直接进行文字描述即可。在问卷研究过程中，一般需要对内容效度分析进行说明。

## 二、结构效度分析

评估量表的效度通常采用结构效度分析。结构效度是指量表对某一理论概念或维度测量的程度，即某量表测验的实际得分能解释总体或各维度指标的程度。其测量方法主要是探索性因子分析。

探索性因子分析是当前使用最广泛的结构效度分析方法，其主要功能是从问卷全部题目中提取一些公因子，各公因子分别与某一维度高度关联，这些公因子即代表了问卷的基本结构，此分析方法可以通过 SPSS 软件实现。使用探索性因子分析进行结构效度分析时，首先需要对 KMO 值进行说明（最为简单的效度分析是直接对每个变量进行探索性因子分析，并且通过 KMO 值判断，不需要判断题项与因子的对应关系等情况，但是此种判断方法过于简单，使用较少），KMO 值指标的常见标准是大于 0.6。然后需要详细说明探索因子的数量、每个因子的方差解释率、总共方差解释率，并且详细描述各个问题与因子的对应关系。如果对应关系与预期相符（符合专业知识预期），就说明问卷有良好的结构效度。在使用探索性因子分析进行效度分析时，很可能会删除对应关系与预期不一致的题项或因子载荷系数绝对值较低的题项。

利用探索性因子分析进行效度验证，可以通过 SPSS 实现，具体操作步骤如下。

**步骤 1**：选择“分析”菜单→“降维”→“因子”命令，如图 16-2-2 所示。

图 16-2-2　选择“因子”命令

**步骤 2**：在打开的“因子分析”对话框中，将分析变量移入“变量”列表框中，如图 16-2-3 所示。

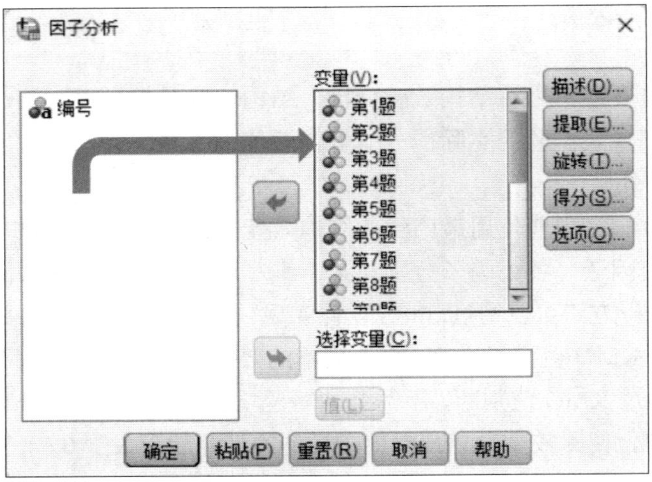


图 16-2-3　“因子分析”对话框

**步骤 3**：设置相关选项，单击“确定”按钮。

设置相关选项可能涉及 4 个选项，分别是“描述”“提取”“旋转”“选项”。设置“描述”选项的目的是输出 KMO 值，设置“提取”选项的目的是设置因子数量，设置“旋转”选项的目的是设置因子旋转，设置“选项”选项主要是满足“旋转成分矩阵”的显示格式需要。

（1）“描述”选项。

“描述”选项可以输出 KMO 值（默认不输出），具体操作步骤为单击“描述”按钮，在打开的“因子分析：描述”对话框中选中“KMO 和巴特利特球形度检验”复选框，单击“继续”按钮，如图 16-2-4 所示。

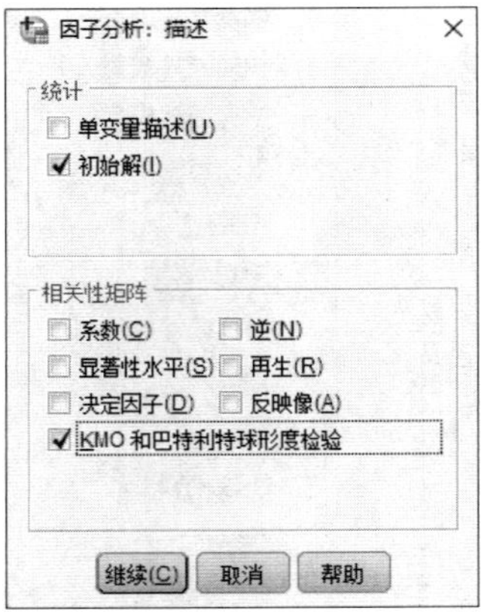


图 16-2-4　“因子分析：描述”对话框

（2）“提取”选项。

单击“提取”按钮，在打开的“因子分析：提取”对话框中选中“因子的固定数目”单选按钮，在“要提取的因子数”文本框内输入因子数量，单击“继续”按钮，如图 16-2-5 所示。如果不设置此项，则 SPSS 软件默认特征值大于 1 作为因子提取个数。

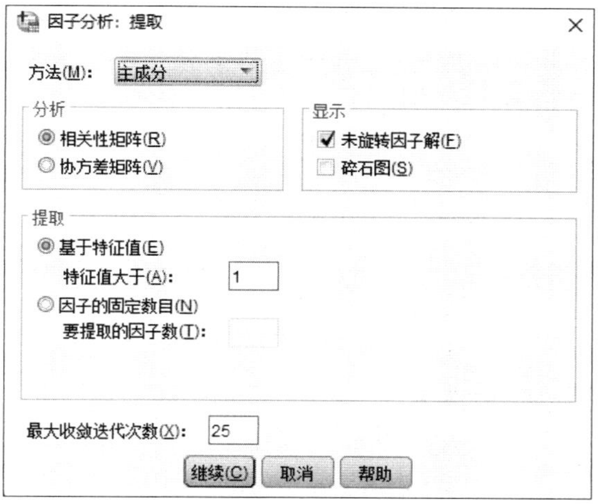


图 16-2-5 “因子分析：提取”对话框

（3）“旋转”选项。

设置“旋转”选项的目的在于将题项进行空间旋转，类似于魔方旋转，将属于同一个变量的题项放置在一起。一般问卷研究中大都使用“最大方差法”进行旋转。具体操作步骤：单击“旋转”按钮，在打开的“因子分析：旋转”对话框中选中“最大方差法”单选按钮，单击“继续”按钮，如图 16-2-6 所示。

（4）“选项”选项。

设置“选项”选项可以确定 SPSS 软件输出结果的格式，包括两项，分别是“按大小排序”和“禁止显示小系数”。“按大小排序”是指输出的旋转结果矩阵会按大小进行排序；“禁止显示小系数”是指输出的旋转结果矩阵不显示小于某值（自己设定）的信息。此选项为可选项，在多数情况下并不需要进行此项设置，具体操作步骤：单击“选项”按钮，在打开的“因子分析：选项”对话框中选中对应选项，单击“继续”按钮，如图 16-2-7 所示。

图 16-2-6 “因子分析：旋转”对话框

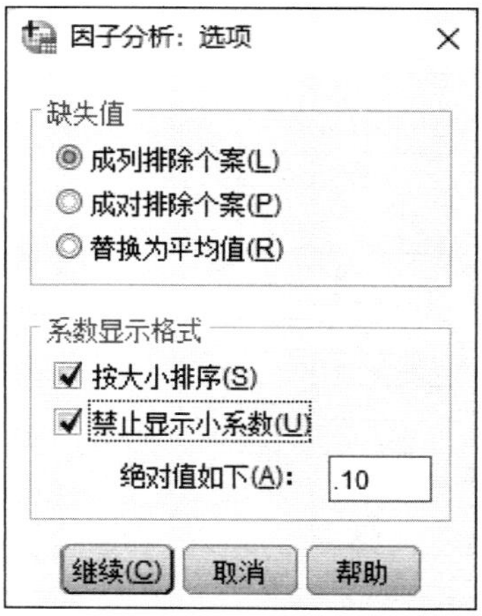


图 16-2-7 “因子分析：选项”对话框

探索性因子分析结果中，共有 4 个表格为有用信息，分别是“KMO 和巴特利特球形度检验”表格、“公因子方差”表格、“解释的总方差”表格和“旋转后的成分矩阵”表格，分别如图 16-2-8～图 16-2-11 所示。

| | | |
|---|---|---|
| KMO取样适切性量数。 | | .803 |
| 巴特利特球形度检验 | 近似卡方 | 735.787 |
| | 自由度 | 210 |
| | 显著性 | .000 |

图 16-2-8　“KMO 和巴特利特球形度检验”结果

“KMO和巴特利特检验”表格中包括KMO值和巴特利特球形度检验结果，如图16-2-8所示。本例中，KMO 的值为 0.803，并且巴特利特球形度检验对应的 $P$ 值为 0.000，说明适合进行探索性因子分析，具体的 KMO 值的范围可参考表 16-2-1。

**表 16-2-1　KMO 值的范围**

| KMO 统计值 | 判别说明 |
|---|---|
| [0.9,1) | 极适合进行因素分析 |
| [0.8,0.9) | 适合进行因素分析 |
| [0.7,0.8) | 尚可以进行因素分析 |
| [0.6,0.7) | 勉强可以进行因素分析 |
| [0.5,0.6) | 不适合进行因素分析 |
| [0,0.5) | 非常不适合进行因素分析 |

图 16-2-9 为公因子方差表，代表每个变量的初始共同性，以及主成分分析法抽取主成分后的共同性。共同性越低，说明该变量越不适合投入主成分分析中；共同性越高，表示该变量与其他变量可测量的共同特质越多，该变量越有影响力。共同性的高低也可作为项目分析时筛选题项是否合适的指标之一，通常题项的共同性低于 0.20 可考虑将该项删除。

公因子方差

| | 初始 | 提取 |
|---|---|---|
| 第1题 | 1.000 | .554 |
| 第2题 | 1.000 | .845 |
| 第3题 | 1.000 | .718 |
| 第4题 | 1.000 | .848 |
| 第5题 | 1.000 | .715 |
| 第6题 | 1.000 | .823 |
| 第7题 | 1.000 | .748 |
| 第8题 | 1.000 | .636 |
| 第9题 | 1.000 | .606 |
| 第10题 | 1.000 | .770 |
| 第11题 | 1.000 | .535 |
| 第12题 | 1.000 | .876 |
| 第13题 | 1.000 | .621 |
| 第14题 | 1.000 | .749 |
| 第15题 | 1.000 | .681 |
| 第16题 | 1.000 | .647 |
| 第17题 | 1.000 | .728 |
| 第18题 | 1.000 | .737 |
| 第19题 | 1.000 | .689 |
| 第20题 | 1.000 | .673 |
| 第21题 | 1.000 | .805 |

提取方法：主成分分析法。

图 16-2-9　“公因子方差”结果

图 16-2-10 为解释的总方差表，表示了具体提取因子的个数，以及每个因子的特征根值、方差解释率和总方差解释率情况等。对于特征根值，软件会自动以 1 作为标准设置探索出的因子个数，但大部分时候研究人员需要自行设置因子个数，以得到更为合理的结论。方差解释率代表某个因子代表的信息量，如当其为 18.681%时，说明该因子可以代表整个问卷 18.681%的信息。总方差解释率代表全部因子合起来可以解释整个问卷的信息量情况，该值并没有固定标准，通常情况下该值越大，说明分析效果越好。本例总方差解释率为 71.455%，说明这 5 个因子可以解释整个问卷 71.455%的信息量。

如果研究人员不主动设置因子个数，那么软件会自动默认以特征根值大于 1 作为标准设置因子个数。按此标准，本例自动提取了 5 个因子，其旋转后的方差解释率分别为18.681%,15.338%,15.158%,12.024%,10.254%，总共累积方差解释率为 71.455%。

总方差解释

| 成分 | 初始特征值 | | | 提取载荷平方和 | | | 旋转载荷平方和 | | |
|---|---|---|---|---|---|---|---|---|---|
| | 总计 | 方差百分比 | 累积百分比 | 总计 | 方差百分比 | 累积百分比 | 总计 | 方差百分比 | 累积百分比 |
| 1 | 8.882 | 42.294 | 42.294 | 8.882 | 42.294 | 42.294 | 3.923 | 18.681 | 18.681 |
| 2 | 1.798 | 8.563 | 50.858 | 1.798 | 8.563 | 50.858 | 3.221 | 15.338 | 34.018 |
| 3 | 1.603 | 7.632 | 58.490 | 1.603 | 7.632 | 58.490 | 3.183 | 15.158 | 49.176 |
| 4 | 1.517 | 7.225 | 65.714 | 1.517 | 7.225 | 65.714 | 2.525 | 12.024 | 61.201 |
| 5 | 1.206 | 5.741 | 71.455 | 1.206 | 5.741 | 71.455 | 2.153 | 10.254 | 71.455 |
| 6 | .971 | 4.625 | 76.080 | | | | | | |
| 7 | .759 | 3.614 | 79.694 | | | | | | |
| 8 | .719 | 3.426 | 83.120 | | | | | | |
| 9 | .568 | 2.705 | 85.825 | | | | | | |
| 10 | .534 | 2.541 | 88.366 | | | | | | |
| 11 | .466 | 2.219 | 90.585 | | | | | | |
| 12 | .419 | 1.997 | 92.582 | | | | | | |
| 13 | .363 | 1.731 | 94.313 | | | | | | |
| 14 | .253 | 1.205 | 95.517 | | | | | | |
| 15 | .243 | 1.158 | 96.675 | | | | | | |
| 16 | .172 | .821 | 97.496 | | | | | | |
| 17 | .148 | .705 | 98.201 | | | | | | |
| 18 | .120 | .573 | 98.774 | | | | | | |
| 19 | .106 | .505 | 99.279 | | | | | | |
| 20 | .093 | .442 | 99.721 | | | | | | |
| 21 | 0.59 | .279 | 100.000 | | | | | | |

图 16-2-10　解释的总方差

图 16-2-11 为旋转后的成分矩阵表，其中共有 5 个因子，即 5 列（数字 1～5）。首先寻找出每行数字绝对值的最大值，如第一行数字绝对值的最大值为 0.827，而且其对应编号为 1 的因子，这说明第 7 题归属于因子 1。

旋转后的成分矩阵[a]

| | 成分 | | | | |
|---|---|---|---|---|---|
| | 1 | 2 | 3 | 4 | 5 |
| 第7题 | .827 | -.145 | .188 | .086 | .001 |
| 第18题 | .676 | .405 | .332 | -.001 | .072 |
| 第19题 | .659 | .455 | .127 | .179 | -.022 |
| 第20题 | .585 | .180 | .069 | .542 | .007 |
| 第11题 | .577 | .251 | .123 | 174 | .306 |
| 第9题 | .561 | .485 | .094 | .163 | .144 |
| 第8题 | .472 | .210 | .384 | .465 | .079 |
| 第2题 | .046 | .855 | .300 | .148 | .18 |
| 第5题 | .285 | .605 | .156 | .127 | .477 |
| 第16题 | .504 | .535 | .229 | .220 | .075 |
| 第1题 | .256 | .507 | .127 | -.062 | .460 |
| 第6题 | .085 | .322 | .834 | .094 | .084 |
| 第10题 | .025 | .172 | .824 | .132 | .210 |
| 第14题 | .373 | .284 | .723 | -.081 | -.013 |
| 第15题 | .394 | -.052 | .668 | .250 | .119 |
| 第17题 | .075 | .022 | .015 | .839 | -.131 |
| 第12题 | .234 | .570 | .173 | .632 | .259 |
| 第4题 | .086 | .495 | .266 | .624 | .369 |
| 第13题 | .234 | -.004 | .437 | .487 | .372 |
| 第21题 | -.110 | .084 | .140 | .014 | .875 |
| 第3题 | .544 | .135 | .090 | .057 | .626 |

提取方法：主成分分析法。
旋转方法：凯撒正态化最大方差法。
a. 旋转在8次迭代后已收敛。

图 16-2-11　旋转后的成分矩阵

本例的 5 个因子中，第 5 个因子只包括两个题项，即第 21 题和第 3 题，如要进行第二次探索性因子分析，可考虑先将此二题删掉。

通常进行预测试时，可能会出现因子与题项对应关系严重不符的现象，此时应该记录下不对应的题项，并且对其进行修正处理（也可以进行删除处理），以保证在正式研究时对应关系良好。进行正式效度分析时，需要多次进行探索性因子分析，并且可能会涉及题项删除等处理，以保证最终使用的数据具有良好的效度水平。

总的来说，信度主要回答测量结果的一致性、稳定性和可靠性问题，效度主要回答测量结果的有效性和正确性问题。信度与效度既有明显的区别，又存在相互联系、相互制约的关系。信度是效度的必要条件，也就是说，效度应建立在信度的基础上，但如果没有效度的测量，即使信度再高，测量也是没有意义的。信度与效度的具体关系如图 16-2-12 所示。

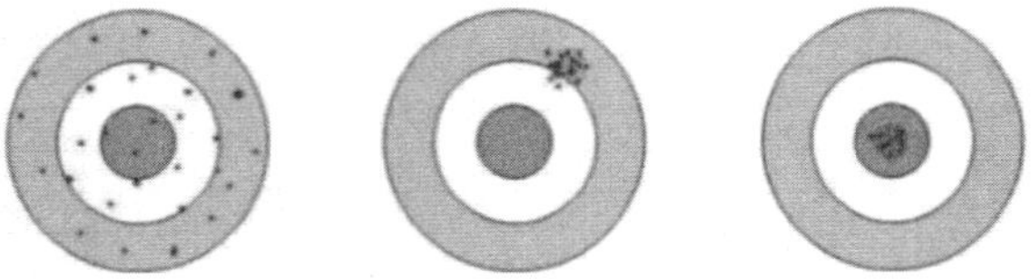

（a）低信度、低效度　（b）高信度、低效度　（c）高信度、高效度

图 16-2-12　信度与效度的关系

思政课堂　　习题 16　　习题 16 参考答案

# 附　　录

附表 1　标准正态分布表（1）

附表 2　标准正态分布表（2）

附表 3　$t$ 值表

附表 4　$F$ 值表（方差齐性检验用）

附表 5　$F$ 值表（方差分析用）

附表 6　$\chi^2$ 值表

附表 7　相关系数界值表

附表 8　等级相关系数界值表

# 参考文献


[1] 权德庆．体育统计学[M]．北京：人民体育出版社，2011．

[2] 雷福民，权德庆．体育统计教程[M]．北京：科学出版社，2010．

[3] 全国体育学院教材委员会．体育统计[M]．北京：人民体育出版社，2002．

[4] 李健，谭平平．体育统计学[M]．桂林：广西师范大学出版社，2006．

[5] 张龙，周跃，邱勇．体育统计学[M]．北京：北京师范大学出版社，2010．

[6] 丛湖平．体育统计[M]．北京：高等教育出版社，1998．

[7] 贾俊平，何晓群，金勇进．统计学[M]．6 版．北京：中国人民大学出版社，2015．

[8] 韩旭里，谢永钦．概率论与数理统计（修订版）[M]．上海：复旦大学出版社，2010．

[9] 袁荫棠．概率论与数理统计（修订版）[M]．北京：中国人民大学出版社，1990．

[10] 周誓达．概率论与数理统计[M]．4 版．北京：中国人民大学出版社，2018．

[11] 袁荫棠．概率论与数理统计[M]．北京：高等教育出版社，2009．

[12] 贾俊平，何晓群，金勇进．统计学[M]．8 版．北京：中国人民大学出版社，2021．

[13] 雷福民，李伟平，魏德祥．城市基本公共体育服务力综合评价[M]．北京：人民体育出版社，2022．

[14] 丛湖平．体育统计学[M]．3 版．北京：高等教育出版社，2015．

[15] 吴喜之．统计学：从数据到结论[M]．4 版．北京：中国统计出版社，2013．

[16] 贾俊平，何晓群，金勇进．统计学[M]．7 版．北京：中国人民大学出版社，2018．

[17] 张文彤．SPSS 统计分析基础教程[M]．北京：高等教育出版社，2017．

[18] 赵书祥．实用体育统计学[M]．北京：北京体育大学出版社，2019．

[19] 李晓松．卫生统计学[M]．8 版．北京：人民卫生出版社，2017．

[20] 孙振球，徐勇勇．医学统计学[M]．4 版．北京：人民卫生出版社，2014．

[21] 杨小平．统计分析方法与 SPSS 应用教程[M]．北京：清华大学出版社，2008．

[22] 吴喜之．统计学：从数据到结论[M]．北京：中国统计出版社，2004．

[23] 王苏斌，郑海涛，邵谦谦，等．SPSS 统计分析[M]．北京：机械工业出版社，2003．

[24] 雷福民．体育统计方法与实例[M]．北京：高等教育出版社，2017．

[25] 梅雪雄，魏德祥．SPSS 在体育统计中的应用[M]．北京：人民体育出版社，2008．

[26] 温忠麟．心理与教育统计[M]．广东：广东高等教育出版社，2006．

[27] 张力为．体育科研方法[M]．北京：高等教育出版社，2002．

[28] 张文彤．SPSS 11 统计分析教程：高级篇[M]．北京：北京希望电子出版社，2002．

[29] 宋志刚，谢蕾蕾，何旭洪．SPSS 16 实用教程[M]．北京：人民邮电出版社，2008．

[30] 李静萍，谢邦昌．多元统计分析方法与应用[M]．北京：中国人民大学出版社，2008．

[31] 余建英，何旭宏．数据统计分析与 SPSS 应用[M]．北京：人民邮电出版社，2003．

[32] 郭志刚．社会统计分析方法：SPSS 软件应用[M]．北京：中国人民大学出版社，2015．

[33] 邱皓政，林碧芳．结构方程模型的原理与应用[M]．北京：中国轻工业出版社，2009．

[34] 侯杰泰，温忠麟，成子娟，等．结构方程模型及其应用[M]．北京：教育科学出版社，2004．

[35] 李静萍，高敏雪．经济社会统计[M]．3 版．北京：中国人民大学出版社，2015．

[36] GUDMUND R. IVERSEN, MARY GERGEN．统计学[M]．吴喜之，程博，柳林旭，译．北京：高等教育出版社，2000．

[37] 全国信息分类与编码标准化技术委员会. 学科分类与代码：GB/T 13745—2009［S］. 北京：中国标准出版社，2009.

[38] Wang J D. The Unity of Social Statistics and Mathematical Statistics[M]. 北京：中国经济出版社，2010.

[39] 中国体育科学学会. 体育科学学科发展报告（2014—2015）[M]. 北京：中国科学技术出版社，2016.

[40] 中国体育科学学会. 体育统计学科发展报告（2016—2019）[M]. 北京：中国科学技术出版社，2019.

[41] 梁小筠，祝大平. 抽样调查的方法和原理[M]. 上海：华东师范大学出版社，1994.

[42] 风笑天. 社会学研究方法[M]. 3 版. 北京：中国人民大学出版社，2009.

[43] EMC EDUCATION SERVICES. 数据科学与大数据分析[M]. 曹逾，刘文苗，李枫林，译. 北京：人民邮电出版社，2016.

[44] 维克托·迈尔·舍恩伯格，肯尼思·库克耶. 大数据时代[M]. 盛杨燕，周涛，译. 杭州：浙江人民出版社，2012.

[45] 邓杰. Hadoop 大数据挖掘从入门到进阶实战（视频教学版）[M]. 北京：机械工业出版社，2018.

[46] KARAU H, KONWINSKI A, WENDELL P，等. Spark 快速大数据分析[M]. 王远道，译. 北京：人民邮电出版社，2015.